中国社会科学院学部委员专题文集

ZHONGGUOSHEHUIKEXUEYUAN XUEBUWEIYUAN ZHUANTI WENJI

追踪与溯源

当今世界伊斯兰教热点问题

吴云贵◎著

中国社会科学出版社

图书在版编目(CIP)数据

追踪与溯源：当今世界伊斯兰教热点问题／吴云贵著．—北京：中国社会
科学出版社，2013.1

(中国社会科学院学部委员专题文集)

ISBN 978 - 7 - 5161 - 2073 - 6

Ⅰ.①追…　Ⅱ.①吴…　Ⅲ.①伊斯兰教—文集　Ⅳ.①B96 - 53

中国版本图书馆 CIP 数据核字(2013)第 014449 号

出 版 人	赵剑英	
出版策划	曹宏举	
责任编辑	黄燕生	
责任校对	邓晓春	
责任印制	戴　宽	

出　　版　中国社会科学出版社

社　　址　北京鼓楼西大街甲 158 号 (邮编 100720)

网　　址　http://www.csspw.cn

　　　　　中文域名:中国社科网　　010 - 64070619

发 行 部　010 - 84083685

门 市 部　010 - 84029450

经　　销　新华书店及其他书店

印刷装订　环球印刷(北京)有限公司

版　　次　2013 年 1 月第 1 版

印　　次　2013 年 1 月第 1 次印刷

开　　本　710×1000　1/16

印　　张　21.25

插　　页　2

字　　数　337 千字

定　　价　66.00 元

前　言

　　哲学社会科学是人们认识世界、改造世界的重要工具，是推动历史发展和社会进步的重要力量。哲学社会科学的研究能力和成果是综合国力的重要组成部分。在全面建设小康社会、开创中国特色社会主义事业新局面、实现中华民族伟大复兴的历史进程中，哲学社会科学具有不可替代的作用。繁荣发展哲学社会科学事关党和国家事业发展的全局，对建设和形成有中国特色、中国风格、中国气派的哲学社会科学事业，具有重大的现实意义和深远的历史意义。

　　中国社会科学院在贯彻落实党中央《关于进一步繁荣发展哲学社会科学的意见》的进程中，根据党中央关于把中国社会科学院建设成为马克思主义的坚强阵地、中国哲学社会科学最高殿堂、党中央和国务院重要的思想库和智囊团的职能定位，努力推进学术研究制度、科研管理体制的改革和创新，2006 年建立的中国社会科学院学部即是践行"三个定位"、改革创新的产物。

　　中国社会科学院学部是一项学术制度，是在中国社会科学院党组领导下依据《中国社会科学院学部章程》运行的高端学术组织，常设领导机构为学部主席团，设立文哲、历史、经济、国际研究、社会政法、马克思主义研究学部。学部委员是中国社会科学院的最高学术称号，为终生荣誉。2010 年中国社会科学院学部主席团主持进行了学部委员增选、荣誉学部委员增补，现有学部委员 57 名（含已故）、荣誉学部委员 133 名（含已故），均为中国社会科学院学养深厚、贡献突出、成就卓著的学者。编辑出版《中国社会科学院学部委员专题文集》，即是从一个侧面展示这些学者治学之道的重要举措。

　　《中国社会科学院学部委员专题文集》（下称《专题文集》），是中国社会科学院学部主席团主持编辑的学术论著汇集，作者均为中国社会科学院学部委员、荣誉学部委员，内容集中反映学部委员、荣誉学部委员在相关学科、专业方向中的专题性研究成果。《专题文集》体现了著作者在科学研究实践中长期关注的某一专业方向或研究主题，历时动态地展现了著作者在这一专题中不断深化的研究路径和学术心得，从中不难体味治学道路之铢积寸累、循序渐进、与时俱进、未有穷期的孜孜以求，感知学问有道之修养理论、注重实证、坚持真理、服务社会的学者责任。

2011 年，中国社会科学院启动了哲学社会科学创新工程，中国社会科学院学部作为实施创新工程的重要学术平台，需要在聚集高端人才、发挥精英才智、推出优质成果、引领学术风尚等方面起到强化创新意识、激发创新动力、推进创新实践的作用。因此，中国社会科学院学部主席团编辑出版这套《专题文集》，不仅在于展示"过去"，更重要的是面对现实和展望未来。

这套《专题文集》列为中国社会科学院创新工程学术出版资助项目，体现了中国社会科学院对学部工作的高度重视和对这套《专题文集》给予的学术评价。在这套《专题文集》付梓之际，我们感谢各位学部委员、荣誉学部委员对《专题文集》征集给予的支持，感谢学部工作局及相关同志为此所做的组织协调工作，特别要感谢中国社会科学出版社为这套《专题文集》的面世做出的努力。

《中国社会科学院学部委员专题文集》编辑委员会

2012 年 8 月

目　　录

第三编　伊斯兰教法与伊斯兰文化

第四编　近当代伊斯兰教著名代表人物

结　　语

自 序

几十年来，我在宗教学研究领域一直以伊斯兰教研究为专业方向。在学术生活中，我的一个挥之不去的愿望是，不仅在专业研究和著述中力求有所建树，而且要尽最大的努力为学科建设作出自己的贡献。宗教学在我国哲学社会科学的百花园中属于新兴分支学科，起步较晚，起点不高，在发展进程中至今仍面临着诸多困难和问题。做学问不易，在宗教学领域做学问尤其艰难，这是我数十年来在科研实践中的一点体会和感悟。

现代宗教学研究尤为重视方法论问题，而不大重视研究主体的治学态度和价值取向问题。或许是由于受到近现代西方宗教学各流派的影响，如今在我国宗教学理论研究中有一种流行观点，简单地将研究主体的立场、观点、方法、态度乃至价值判断、价值取向一律都归结、化约为"研究进路"问题，似乎宗教学研究可以随意采取任何一种自认为科学、有效的方法。我不赞同这种说法。在方法论问题上，我在伊斯兰教研究中力图把马克思主义唯物史观作为一种科学的世界观和方法论，运用到科研实践中去，作为观察、思考、研判人类宗教现象的基本指导原则。我的基本研究思路是在研究实践中尽力将历史、现状、理论三者有机地结合起来。历史意识，是指用唯物史观来研究作为历史现象的宗教，用人类社会经验史来说明宗教自身的"神创史"。现实关切，是指研究宗教要密切关注现实，将现状研究作为宗教研究重要的关注点和出发点之一。不问现实，宗教学研究有迷失方向的危险。理论兴趣，是指研究主体用什么样的理论观点为指导原则去研究宗教现象、宗教问题。作为中国的哲学社会科学工作者，我们在宗教学研究领域当然要坚持以马克思主义宗教观为最高指导原则，同时又要在实践中开拓创新，不断丰富和发展马克思主义。马克思主义宗教观最重要的一条基本原则是实事求是，具体问题具体分析。

　　作为我国第一代从事宗教学专业研究的学者之一，几十年来，我几乎是把大半生的心血精力都倾注在伊斯兰教研究工作上。专业研究的使命感和报效党和国家培养教育的情怀，成为一种巨大的精神动力，不断激励我们一代人在平凡的岗位上努力工作，在科研实践中逐步提高自己的学术水平。作为学者，我想我们在漫长的学术生活中往往都会有某种共同的经历和心路历程。我们最兴高采烈的时刻，莫过于我们首次看到自己辛勤劳作的学术成果公开出版之时。如今我们又面临这样的时刻，所不同的是，这次以《中国社会科学院学部委员专题文集》名义结集出版的学术论文，都是以前曾经发表过的旧作。但我们有理由相信，这类专题文集不论在成果的分量上还是在学术水平上，都不逊色于其他种类的研究成果。在这部专题文集即将面世之际，我想就相关技术问题作几点说明。

　　首先，关于本书的书名。多年来我在伊斯兰教现状研究方面倾注了巨大的精力，相关著作除了以此为主题的学术专著、工具书、调研报告、通俗读物外，还有数十篇在各种学术期刊上发表过的论文。这些以现状研究为基本内容的论文涉及范围相当广泛，但绝大部分都可以归类于当代世界伊斯兰教研究的范围之内。这里选编集结的 26 篇文章虽然发表于不同时期，但都环绕一个基本主题，即从不同视角和层面讨论当今伊斯兰世界与宗教相关的热点问题，故称《追踪与溯源：当代伊斯兰教热点问题》。

　　其次，这部专题论文集用四编的篇幅来揭示主题，各部分之间在内容上既有区别又有内在联系。第一编收入论文 5 篇，从不同角度或层面分别就当代伊斯兰复兴运动所涉及的广泛内容进行了系统的解读。始自 20 世纪 70 年代末 80 年代初的伊斯兰复兴运动，是从宗教文化传统角度对伊斯兰世界现代化、世俗化、西方化进程所做出的一种批判、抵制和回应，曾在西亚、北非、中亚、南亚、东南亚等地的穆斯林民众的宗教与社会生活中产生广泛的影响。这一主题的相关论述对深入理解和把握当代伊斯兰教的趋势具有重要的意义。第二编收入论文 7 篇，主要内容是从宗教与政治之间的密切关系为出发点，分析、论述、评估当代伊斯兰复兴主义思潮对地区政治、世界政治格局造成的影响和冲击。这部分论文是为适应和满足现状研究需求而进行的跨学科研究成果。这些成果既从宗教历史传统角度解读国际政治行为，同时也从国际政治学角度解读宗教社会现象，特色较为鲜明。第三编收入论文8篇，这些论文涵盖的基本内容是就称为"真主之言"、"真主之道"的伊斯兰教法（又称沙里亚法）与伊斯兰文化传统之间的关系问题展开讨论。本编所讨论的主题虽然在逻辑结构上并非直接与当代伊斯兰复兴主义思潮相联系，但从宗教文化传统视角来解读当代伊斯兰教的态势依然是宗教保守主义的基本理念。第四编收入论文5篇，主要内容是就近当代伊斯兰教知名度较高的几位宗教思想家的生平、著述和思想进行研究和评述。相较于思辨性的哲学、宗教教义思想，由于有宗教教职阶层和传道士的存在，往往更容易为处于社会基层的广大民众所了解所崇信。因此，了解宗教思想家们的思想是怎样达到民众的，是宗教学研究不应忽视的一个内容。本编即是为此目的而设立的。

最后，我想就编排本文集过程中涉及的几个细节问题略予说明。其一，收入本文集的所有文章都是本书作者独立完成的严肃学术著作。其二，收入的所有文章都在文末注明了原来发表时的出处及相关信息资料，以供查阅原文。其三，这本文集虽然按照学术专著的体例分两个层次予以编排，但为了保持论文的原貌，没有用更简洁的文字设二级标题，这是"顾此失彼"造成的一种缺憾。为此，作者敬希读者见谅。书末的"结语"是本书作者四年前发表的一篇长文，就当今世界伊斯兰教若干重大问题予以评述。这个结语使这部文集"有头有尾"，在外观上更像一部完整的著作。

是为序。

第一编

当代伊斯兰复兴运动

席卷全球的伊斯兰浪潮

一　迅猛发展的势头

如果说十年前原教旨主义尚处在"投石问路"阶段，而今它则以咄咄逼人的架势全面出击，以来势猛、发展快、波及面广为基本特征。目前，形形色色的原教旨主义运动已遍及西亚、北非、中亚、南亚、东南亚等地，各种合法的、非法的宗教政党、组织不断涌现，极为活跃，令人眼花缭乱，甚至在欧美的穆斯林民众中间也出现了原教旨主义思潮和组织。在许多国家，原教旨主义作为一支重要的社会力量，已成为有组织的政治反对派，对政府和执政党构成巨大威胁，造成政局动荡、社会混乱，危及正常的社会、经济生活。在一些"热点"地区，人们对原教旨主义恐怖活动惊惧不已，谈虎色变。

热点之一：北非

继伊朗、阿富汗之后，北非现已成为原教旨主义争夺的重点地区。至20 世纪 70 年代末，除在当代原教旨主义的故乡埃及外，北非其他国家只有一些规模很小的原教旨主义政党、组织。但自 90 年代起，它们在国内外环境的影响下，迅速发展壮大，成为举足轻重的社会政治力量，引起各国政府的高度警惕。

埃及，自 70 年代以来，在萨达特总统"纠偏"政策的庇护下，"穆斯林兄弟会"终于东山再起，主流派发展为有影响的反对党之一。而由其母体中衍生而出的"伊斯兰解放组织"、"圣战组织"和"反思与迁徙组织"三个派系则演变为暴力组织。80 年代初，他们在光天化日之下刺杀了萨达特总统及其他几位政府要员。近年来，他们更是为所欲为，抢劫军火武器，袭击警察哨所，破坏公共交通，杀害外国游客，严重扰乱了社会治安。为稳定局势，1993 年 3 月以来，埃及政府发动了多次"治安清剿行动"，击毙、逮捕了数千名原教旨主义极端分子，破获了一批秘密组织，但恐怖与反恐怖的斗争还远没有结束。同年 10 月，极端组织出于报复，又暗杀了负责反恐怖活动的内政部长。

在阿尔及利亚这个全国人口约 3000 万的国家，有影响的原教旨主义政党、组织竟多达二十几个。始建于 1989 年的全国性的"伊斯兰拯救阵线"，两年间就发展到 300 余万之众，成为实力强大的反对党。1991 年年末，阿举行独立 30 年来首次多党议会选举，刚刚"亮相"的"伊阵"就出人意料地在首轮选举中获得全胜，使政府惊慌失措。为阻止原教旨主义势力夺取政权，不得不由军方出面干预，迫使沙德利总统下台，组成以布迪亚夫①为首的五人"最高国务会议"，宣布取缔"伊阵"，取消第二轮选举。军方虽靠铁腕控制了局势，但原教旨主义势力已转入地下武装斗争，胜负尚未成定局。阿尔及利亚的动荡局势，对邻国突尼斯和摩洛哥也有明显的影响。

在东北部非洲的苏丹，尼迈里总统实行的自上而下的"伊斯兰化"政策未能给国家带来安宁，反而为反对派所利用。1985 年 4 月，首都喀土穆发生人民暴动，推翻了尼迈里政府。以哈桑·图拉比为首的原教旨主义势力乘机崛起，成立了"苏丹全国伊斯兰阵线"，成为实力最强大的反对党。它在短短的 3 年间就以和平演变的方式夺取了政权。外电指出，巴希尔军政府表面上在苏丹掌权，而真正发号施令的则是幕后的以哈桑·图拉比为总书记的"伊阵"。目前，"伊阵"已在全国范围内颁布、实施了伊斯兰教法，废止了世俗法制，控制了政府主要部门的实权，掌握了国家的经济命脉，并建有一支由 10 万穆斯林民兵组成的"国民卫队"。国际观察家们指出：苏丹现已成为继伊朗之后的另一个伊斯兰原教旨主义的策源地。

---

① 1992 年 6 月 29 日，布迪亚夫在安纳巴市讲演时遇刺身亡。

热点之二：中东

由于帝国主义、霸权主义势力在中东的激烈争夺，"二战"以来的四次阿以战争、两伊战争、海湾战争以及黎巴嫩长达15年的无休止的内战，使中东地区永无宁日，这一地区自然也就成为原教旨主义的温床。

20世纪70年代末80年代初，当伊朗的"伊斯兰革命"蓬勃兴起之际，其冲击波首先在敏感多事的中东地区引起回荡。其间，发生了一系列成为国际新闻热点的事件，诸如原教旨主义极端分子武装占领麦加圣寺，什叶派穆斯林在沙特阿拉伯东部省举行暴动，美国、法国驻科威特使馆发生爆炸事件，巴林发生反政府的未遂政变，叙利亚发生企图推翻复兴党政府的暴动，伊拉克发生支持霍梅尼革命、反对复兴党统治的游行示威等。不过较之北非，中东地区在经历了首次惊涛骇浪之后，目前似乎处于某种相对平静的状态。但原教旨主义能量在这一地区已积蓄了很久，一有风吹草动，就会爆发出来。尤其值得注意的是，在外部势力的支持下，在局部地区如黎巴嫩、巴勒斯坦被占领土、约旦等地，近年来原教旨主义势力已呈明显上升之势。

在黎巴嫩，由于"二战"前旧殖民统治体制遗留下来的权力分配的弊病，不同教派间长期纷争，内战连绵不断。黎巴嫩全国有6个政治性的伊斯兰教组织，逊尼派与什叶派平分秋色，各有3个组织。原来什叶派穆斯林组织以"阿迈勒运动"最具实力，它拥有2万余名民兵，控制着黎南部什叶派穆斯林聚居区和首都贝鲁特西区。但自1985年以来，由于它紧跟叙利亚，多次进攻巴解组织和巴勒斯坦难民营，使战斗力不断削弱，威望明显下降。与此同时，以黎南部为基地、得到伊朗资助的什叶派原教旨主义组织"真主党"，近年来则实力大增，其影响甚至已超过"阿迈勒运动"。它的不妥协态度引起以色列的"强烈反应"，近年来以色列军队多次对其阵地发动地面进攻和空袭。"真主党"与"阿迈勒运动"之间的冲突，时常要由伊朗出面调解。"真主党"、"伊斯兰圣战组织"等原教旨主义势力的兴起，使原教旨主义成为黎巴嫩举足轻重的一支政治力量。

在被占巴勒斯坦领土，以巴解组织为代表的巴勒斯坦抵抗运动，在极端困难的情况下，长期坚持各种形式的斗争，赢得了阿拉伯国家和世界人民的同情和支持。80 年代以来，由于埃以单方面和解等原因，巴勒斯坦运动孤立无援，内部多次发生分化。1987 年年末，被占领土的巴勒斯坦人举行起义，一个称为"哈马斯"（伊斯兰抵抗运动）的原教旨主义武装组织宣告成立。它在向外界散发的传单中自称为"穆斯林兄弟会"在巴勒斯坦的分支，号召通过"圣战"收复全部被占领土，建立一个伊斯兰国家，宣称真主赐予的土地是不容谈判的，只有伊斯兰教才能拯救巴勒斯坦人民。"哈马斯"有严密的组织：外围组织是以公开身份活动的"穆兄会"，它在加沙地带拥有 160 余座清真寺，在当地商会、工会、学生会中有广泛的影响，得到沙特、卡塔尔等阿拉伯国家的资助。核心组织为秘密组织，由"哈马斯"的骨干分子组成，负责内部协调、筹措经费、收集情报等工作。军事组织即地下的武装力量，经常在被占领土上从事暴力、恐怖活动，令以色列当局防不胜防。"哈马斯"运动既反对中东和谈、巴以和解，又主张在被占领土上举行自治选举。它对巴解组织政治路线的抵制，对以色列的不妥协态度，将使中东和平进程变得复杂化。

热点之三：中亚

过去的十余年间，中亚的政治形势发生了剧变。"伊斯兰革命"后的伊朗成为原教旨主义的大本营，它以"不要东方，不要西方，只要伊斯兰"为基本国策，不断对外"输出革命"。在阿富汗，亲苏政权的倒台成为该国政局的转折点，它标志着中亚又一个原教旨主义政权的诞生。目前亲沙特与亲伊朗的两派穆斯林组织正在为控制国家政权而进行激烈的角逐，但无论结局如何，原教旨主义主宰阿富汗的格局则是不可逆转的。原教旨主义势力在伊朗和阿富汗的崛起，已成为影响中亚地缘政治的重大因素之一，而 90 年代初苏联的解体则为伊斯兰教在整个中亚地区的复兴提供了历史契机。

内外两方面的因素刺激了原教旨主义势力在中亚的抬头。苏联中亚地区有 5 个加盟共和国，总人口约 6000 万，其中大多数为穆斯林民族。苏联当局长期奉行压制宗教信仰自由、同化弱小民族的政策，高压之下人们敢怒而不敢言，潜伏着深刻的危机。如今中亚五国相继独立，在政治民主、民族自决、信仰自由等口号下，长期受压抑的宗教、民族情绪得以宣泄，出现了空前的宗教狂热。其主要表现有二：一是宗教活动的热度突然升高。1989 年前，整个苏联中亚地区开放的清真寺约有 160 座，经常参加宗教活动的人数有限，而到 1992 年已猛增到 5000 座，其中很大一部分是由民间集资或国外资助兴建起来的，但许多清真寺仍人满为患。在宗教影响较深的乌兹别克斯坦，过去由于苏联当局多方限制，每年只有极少数穆斯林获准到圣地麦加朝觐，而 1993 年，前往朝觐者多达 4000 余人。一位前往中亚五国采访的西方记者描述了人们宗教感情的加深："许多办公室里原来摆放着列宁著作，如今却改换为《古兰经》。"二是出现了宗教干预政治的新趋势。苏联解体后，宗教团体政治化的趋向愈益明显，出现了一些宗教政党和带有政治色彩的宗教组织。1990 年，"全苏联伊斯兰复兴党"宣告成立，来自各地的百余名代表出席了成立大会，号召在世界和苏联复兴伊斯兰教，取代共产主义意识形态。此后，类似的政党、组织不断涌现，其中包括乌兹别克斯坦的"统一意志人民运动"、"正义组织"、哈萨克斯坦的"九月党"、吉尔吉斯斯坦的"吉尔吉斯运动"、塔吉克斯坦的"伊斯兰复兴党"等。其中尤以塔吉克斯坦的"伊斯兰复兴党"最为活跃，它在不到两年间就发展到近 10 万人的规模，并与"民主派"联合，以暴力一度推翻以纳比耶夫为总统的塔吉克斯坦政府，成为"倒阁运动"中的主要力量，其政治纲领与霍梅尼的"伊斯兰革命思想"酷似。

中亚伊斯兰教狂热的出现有明显的国际背景。苏联解体后，中亚五国为摆脱国内经济危机，急于打开同周边国家的关系，开展地区性经济合作，以改变以往过分依赖俄罗斯的被动地位。这一"离心"倾向不久就引起外部势力的注意。眼下有三种国际力量都试图对中亚这一意识形态"真空地带"施加影响。一是泛突厥主义，其基本战略构想是企图创建一个以突厥文化为基础，西起巴尔干、中贯外高加索和中亚、东至中国新疆地区的"泛突厥经济文化圈"。为此，近年来土耳其向中亚五国发起猛烈的外交攻势，与之签订了多项双边经贸、科技、文化合作协议，并建立起地区性的"黑海经济区"和"中亚经济合作组织"。土总理德米雷尔 1992 年 5 月出访中亚五国时曾直言不讳地说："在亚得里亚海与长城之间有一个突厥世界，土耳其对突厥世界有不容推辞的责任。"二是以伊朗为代表的原教旨主义势力。伊朗凭借其地缘优势及历史上与中亚五国的宗教、文化联系，积极开展"笑脸外交"，与之签订了一系列双边、多边经济合作协定，以取得中亚五国的信任。与此同时，近年来它还向中亚五国派遣了万余名宣教人员，赠送了大量《古兰经》和宗教宣传品，资助兴建了几百座清真寺和伊斯兰文化中心，可谓用心良苦。由于宗教和语言的亲缘关系，伊朗对塔吉克斯坦的影响尤为显著。三是以沙特阿拉伯为代表的温和的伊斯兰力量。长期以来，沙特是泛伊斯兰主义的积极鼓吹者和核心力量，它通过伊斯兰会议组织、伊斯兰世界联盟等国际组织，通过支援巴勒斯坦抵抗运动、支援阿富汗穆斯林抵抗运动、维护各国穆斯林少数民族的权益等方式不断扩大影响，树立起"正统"伊斯兰监护人的形象。但伊朗革命后，它不仅同样受到原教旨主义的巨大压力，其"正统"地位也受到霍梅尼思想的严重威胁。沙特自然不会退出对中亚的争夺。自从苏联解体后，沙特就把中亚五国视为"绿化"（伊斯兰化）地带，以石油美元开道，大力进行"宗教感情投资"，不断施加影响，企图将中亚五国拉入伊斯兰会议组织的势力范围。1989 年，沙特曾向中亚五国一次性赠送《古兰经》100 万册，对来自中亚五国的朝觐者免费提供食宿，并为数百名中亚留学生发放奖学金，频频向中亚穆斯林挥手召唤。但因鞭长莫及、力不从心，目前除在阿富汗外，它在中亚五国的影响远不及伊朗和土耳其。至于中亚五国本身的态度则比较复杂，一方面它们因国内经济困难，对外援采取"来者不拒"、甚至饥不择食、降格以求的态度，有时不得不表现出对中亚经济圈、文化圈的"特殊兴趣"；另一方面它们又对来之不易的政治独立甚为珍重，对原教旨主义的破坏、颠覆保持高度警惕，眼下还看不出它们对政教分离的泛突厥主义或政教合一的原教旨主义模式抱完全赞同的态度。

　　总之，正如一些国际观察家所指出的：从现实情况看，原教旨主义势力对哈萨克斯坦、吉尔吉斯斯坦、土库曼斯坦三国尚未构成威胁，但对塔吉克斯坦政局业已产生了明显的影响。至于乌兹别克斯坦，尽管它在独立后通过的新宪法中确认了政教分离原则，并对原教旨主义势力严加打击，但因宗教影响很深，且在费尔干纳盆地等局部地区已出现宗教狂热，因而形势未可乐观。

二　暴力趋向愈益明显

伊斯兰的本意是"顺从"，意即顺从真主的意志（主命）就可获得和平和安宁、今生与来世的幸福。故此，伊斯兰教常被描绘为爱好和平的宗教。诚然，伊斯兰教也主张为弘扬主道而举行"圣战"视为穆斯林应尽的义务。"圣战"，通常是指当穆斯林的信仰和生存受到外敌严重威胁时，可在宗教领袖率领下，举行自卫性的战斗。近代以来，"圣战"观念愈益淡化。然而，自从伊朗"伊斯兰革命"兴起后，"圣战"思想经当代原教旨主义者的解释、发挥，影响十分广泛，现已成为诉诸暴力手段的合法外衣。在极端的原教旨主义者看来，弘扬主道的神圣使命高于一切，而采取的手段则是无关紧要的，只要是为了复兴伊斯兰，什么手段都可以采取，并心安理得，没有丝毫内疚之感。这样，暴力、恐怖活动便成为当前原教旨主义运动的基本形态和主要趋向，由此他们在大众传媒、特别是在西方传媒中也就完全败坏了自己的形象，被描绘为"好斗的伊斯兰"、"穆斯林暴乱分子"、"穆斯林极端分子"、"原教旨主义恐怖分子"，等等。甚至人们一听说"原教旨主义"，便立即联想到骇人听闻的暴力恐怖活动，联想到暗杀、爆炸、绑架、劫持飞机和人质等易引起公愤的、令人发指的暴行。

本来在当代伊斯兰复兴运动内部一直明显地存在着两种不同的潮流和派别。人数众多的主流派，如埃及及各国的"穆斯林兄弟会"、巴基斯坦的"伊斯兰教促进会"、印尼的前"马斯友美党"等，被外界称为"温和派"。他们属于公开的、合法的宗教政党或群众团体，主张以合法的、渐进的方式，实现国家政权、社会制度、社会生活方式的"伊斯兰化"，号召建立一个以"真主之法度"（伊斯兰教法）为基础的、名副其实的伊斯兰国家、伊斯兰社会、伊斯兰秩序。另一派别组织是所谓的"激进派"，即崇尚暴力的极端主义派别组织。"极端派"主要是在西亚和北非的阿拉伯世界，据说有数以百计的大小组织，属于被当局取缔的"非法组织"，虽人数相对较少，但以"行动主义"著称，能量和影响较大。在极端派看来，目前世界穆斯林的苦难固然是由帝国主义、殖民主义一手造成的，但更直接的内因则是穆斯林国家统治者的离经叛道、腐败无能，因而只有推翻各国不义的统治者，才是改变困境的唯一出路。为此，他们不放弃各种形式的合法斗争，一旦合法渠道被堵塞，便诉诸暴力。他们秘密发展组织，抢劫军火武器，建立地下武装，策动士兵哗变，破坏交通设施，袭击警察哨所，杀害外国游客，绑架、暗杀政府要员，制造社会动乱，组织罢工、罢课、罢市，直至发动政变、武装夺取政权，无所不用其极。目前，许多国家的原教旨主义力量已经不单是一种宗教社会势力，而且是拥有武装力量的政治反对派，一旦时机成熟，他们便要发难，夺取国家政权。20世纪80年代以来，恐怖与反恐怖的斗争逐渐成为许多伊斯兰国家原教旨主义势力与政府政治斗争的主要形式。为稳定政局，各国政府采取了多种措施，包括：推迟或取消大选；逮捕原教旨头面人物，取缔原教旨主义组织；派兵清剿原教旨主义武装分子；禁止政党活动；实行新闻出版检查；禁止利用宗教场所从事政治活动；防止外部原教旨主义势力渗透；等等。

　　穆斯林世界动荡不安的形势亦直接影响到西方的对外政策，以美国为首的西方力促巴以和谈，也有稳定中东局势、防止原教旨主义蔓延的目的。据报道，一些西方大财团近年来已把是否能有效地制止原教旨主义活动视为政局是否稳定的重要标志，作为是否向发展中的伊斯兰国家提供经济援助、军事援助的一项基本原则。

三　国际化趋势愈益突出

　　伊斯兰教作为普世性宗教，以全人类为宣教对象，宣扬"天下穆斯林皆为兄弟"，其思想基础是一种企望突破国家与民族界限的泛伊斯兰主义。19世纪下半叶，著名宗教思想家阿富汗尼曾以泛伊斯兰主义为旗帜，动员东方被压迫的穆斯林民族联合起来，反对欧洲殖民统治，争取民族独立。20世纪30年代兴起于埃及的"穆斯林兄弟会"，也以泛伊斯兰团结为纽带，其活动舞台不限于埃及本土，其分支组织遍及埃及、叙利亚、约旦、巴勒斯坦、黎巴嫩、苏丹、土耳其、巴基斯坦、马来西亚等地。自60年代末起，民族主义影响渐衰，泛伊斯兰团结在国际关系中再度受到重视，以沙特为首的"伊斯兰会议组织"提出了在国际舞台上"用一个声音讲话"的立场。然而,近 10 余年来原教旨主义的崛起,已使传统的泛伊斯兰主义黯然失色,它不再泛泛地强调共同宗教信仰基础上的手足之情,而以是否赞同原教旨主义政治纲领画线站队、重新组合。极端的原教旨主义派别不仅把以美国为首的西方列强和以色列视为宿敌,对本国世俗化的穆斯林统治者也丝毫不表温情,必欲置之死地而后快。与此相反,他们对别国的原教旨主义势力则不遗余力地予以人力、物力和道义上的支持,这一国际化趋势日益突出。

原教旨主义国际化的始作俑者当首推霍梅尼。早在 20 世纪 70 年代末客居邻国伊拉克时,霍梅尼就同当地什叶派圣城的宗教领袖巴基尔·沙德尔过往甚密、亲如手足,他曾多次号召伊拉克南部的什叶派穆斯林与巴格达当局对抗。据说萨达姆·侯赛因总统后来决定处决沙德尔、驱逐霍梅尼出境,正是为了防止"后院起火"。"伊斯兰革命"胜利后,霍梅尼"输出革命"的思想成为伊朗对外政策的基石。近 10 余年来,在伊朗的不断努力下,实际上已形成一个原教旨主义力量的国际阵线,与"伊斯兰会议组织"抗衡,而统一的穆斯林世界则已无可挽回地分裂了。

原教旨主义国际化趋向,以北非、中东地区尤为突出。海湾战争使号称世界第四军事强国的伊拉克大伤元气,加之国际政治格局突变,冷战结束,苏联解体,导致地区力量均势失衡,伊朗乘机崛起,企图取代伊拉克成为波斯湾军事强国。它一方面加紧增强军事实力,制订了一个在今后 5 年内用 500 亿美元研制、购买先进武器的计划;另一方面则以"输出革命"的方式扩大政治影响,寻求对原教旨主义广泛的国际支持。过去的数年间,伊朗的"输出革命"取得了明显的进展。在中亚,它通过受伊朗资助的塔吉克斯坦民兵,加强了对阿富汗原教旨主义势力的影响。在中东,它支持各国的原教旨主义势力,黎巴嫩的"真主党"、被占巴勒斯坦领土上的"哈马斯"成为它的左膀右臂,使中东问题更加复杂化。在北非,它通过支援苏丹的原教旨主义势力,找到了一个可靠的同盟军,一个向北非伊斯兰国家渗透的基地。国际舆论指出:目前在北非和中东,受伊朗资助和支持的极端原教旨主义组织多达 20 几个,其中包括活跃于加沙地带及约旦河西岸被占领土的"哈马斯"运动、黎巴嫩的什叶派穆斯林军事组织"真主党"、突尼斯的"伊斯兰复兴党"、阿尔及利亚的"伊斯兰拯救阵线"、埃及的"伊斯兰圣战组织"、苏丹的"全国伊斯兰阵线"等。

1991 年，在伊朗的资助下，于西非的尼日利亚成立了"非洲伊斯兰组织"，实为非洲原教旨主义势力的联合阵线，以抵消"伊斯兰会议组织"的影响。该组织于 1993 年 5 月举行的一次会议上，以哈桑·图拉比为总书记的苏丹原教旨主义组织"阿拉伯—伊斯兰大会"，正式宣布退出伊斯兰会议组织。1991 年 10 月，伊朗出面召开了"声援巴勒斯坦革命国际会议"，来自 40 余个国家和地区的代表出席了会议。这次会议名为"声援"巴勒斯坦革命，实际上是各国原教旨主义势力的一次大集结，以显示实力、扩大影响。

四　历史与现实的回应

所谓原教旨主义，实为一种以宗教文化为基础的政治复古主义，它是处于困境之中的穆斯林民众对历史与现实危机所作的一种回应。如果说宗教信仰中通常含有人类对真、善、美的向往，那么伊斯兰原教旨主义则把这种欲求推向极端。它的永恒性主题是：求本溯源、返璞归真，净化信仰、消除腐败。为此，必须笃信以经训、教法为基础的伊斯兰教基本信仰，修正一切不合原旨素朴教义的思想观念、行为举止、社会制度、政治体制、人际关系等，回归伊斯兰教初创时期的光荣传统。当代各国的原教旨主义者坚信，只有采取这种"托古改制"的方式，世界穆斯林各族人民才有前途和光明。

当代温和的原教旨主义将自身认同于历史上一切以改革与复兴为宗旨的伊斯兰运动，但这只是为论证历史连续性的一种说法，不必认真对待。从中世纪伊斯兰教的历史看，原教旨主义回归传统的宗教思想不时闪现，而被后人称为一种"周而复始"的现象，但它从来不是居主导地位的宗教形态，而多半表现为在急剧的社会发展潮流面前的因循守旧、不思进取和惊慌失措。就逊尼派宗教传统而论，近代以前原教旨主义曾有过三次较重要的闪现。第一次闪现以 9 世纪的宗教学者伊本·罕百勒为代表，表现为传统伊斯兰文化对外来文化的厌恶与抗拒。罕百勒学派以墨守经训、反对理性为特色，它留给后人的除了自视"正统"、"圣洁"和不容异己的偏执态度外，没有新思想。第二次闪现是在 13—14 世纪，以著名教法学家伊本·泰米叶为代表，表现为在社会危机面前传统伊斯兰文化的某种应变能力。伊本·泰米叶以主张"回归古兰经"、坚持宗教学者有权根据经典启示精神发表独立见解而受到当代原教旨主义者的推崇。第三次闪现是在 18 世纪，这便是发生于阿拉伯半岛的瓦哈比运动，它也是近代规模最大并获得成功的一次原教旨主义运动。就宗教思想而言，它的意义在于向后世的穆斯林昭示：当发生信仰与社会危机时，以传统的"圣战"方式来恢复信仰的纯洁性、从而渡过社会危机，是完全可行的。这也是当代原教旨主义者从历史经验中获得的最重要的启迪。

　　如果说历史是一面镜子，那么当代原教旨主义者从镜中所看到的只是其前驱者的尊容。他们的历史观是实用主义、功利主义的，是从现实价值取向出发对自身历史所作的一种"跳跃式"的选择和解释。他们美化、赞扬历史上的原教旨主义思潮，意在为现实斗争寻求历史依据。但历史上的原教旨主义规模较小，带有自发性，在深度、广度和社会内容上毕竟不能与当今的原教旨主义同日而语。那么历史上的原教旨主义是怎样过渡到当今的原教旨主义的呢？看来最重要的中间环节就是 20 世纪 30 年代兴起于埃及的"穆斯林兄弟会"。

　　伊斯兰教是两世兼重的宗教，它往往以积极的态度干预现实社会生活，这一特色是形形色色的伊斯兰思潮和运动由以产生的根本原因。从 19 世纪下半叶直到第二次世界大战结束，穆斯林世界面临的根本问题是摆脱殖民统治、争取民族独立的问题。由于伊斯兰教是穆斯林民族的主体文化，广大被压迫的东方穆斯林民族意识的觉醒，从一开始就同宗教文化传统有着血肉的联系，形成"宗教兴则民族兴"的思维模式。其间兴起的伊斯兰现代改良主义运动和泛伊斯兰运动都具有某种民族独立意识，但它们都未提出独立于伊斯兰教的民族主义理论，这在阿拉伯国家尤为明显。第一次世界大战后，由于土耳其资产阶级革命取得胜利，使伊斯兰教与民族主义的关系成为激烈争论的主题，直接关涉反帝统一战线内部的团结、合作问题。从总体趋势上看，各国于第一次世界大战后出现的世俗民族主义者及其政党，大多支持土耳其革命，而各国宗教观念较深的泛伊斯兰主义者和原教旨主义者，则持反对态度，认为土耳其的政教分离道路必将产生灾难性的后果。从此，穆斯林世界在争取民族独立斗争中便出现了民族主义与伊斯兰主义两股潮流，埃及的穆斯林兄弟会成为宗教集团中最有影响的原教旨主义派别。"穆兄会"坚信，伊斯兰教是自足的文化体系，它完全有能力依靠自我的潜力战胜殖民主义，赢得民族独立和自由，而现代主义、民族主义都源自西方文化传统，完全是"离经叛道"的"舶来品"。

如果说"二战"前伊斯兰教与民族主义的争论还只是反帝反殖统一战线内部的不同意见之争，那么随着民族独立的临近，这一争论便演变为独立后的国家走什么道路问题的争论，直接关涉国体、政体及不同派别的政治利益问题，斗争也愈益激烈。战后 50 年代到 70 年代两种政治力量的对抗中，民族主义力量在整个穆斯林世界普遍取得胜利，战后独立的伊斯兰国家实际上皆属现代民族国家，以民族主义为基本国策，宗教信仰得到保护，但宗教从属于政治。长期以来，各国在野的宗教政党和组织一直以多种方式同执政的民族主义政党进行斗争，但直到 70 年代中期，在部分伊斯兰国家，力量对比才开始发生某些明显的变化。

70 年代以来原教旨主义思潮的兴起，有深刻复杂的国际背景和现实的社会根源。各国的原教旨主义者因各种不同的原因而卷入运动之中，但原教旨主义运动之所以一呼百应，也有共同性的因素在起作用。首先，是中东战争的影响。战后阿拉伯穆斯林聚居的中东地区长期为战乱所困扰，连续四次阿以战争未能给阿拉伯国家赢得体面的和平，失地、丧权辱国，使风靡一时的阿拉伯民族主义遭到沉重打击。阿拉伯穆斯林痛定思痛，在反思中出现"信仰危机"，对阿拉伯民族主义失去信心。人们注意到，正是在 1967 年第三次中东战争之后，伊斯兰"圣战"的呼声骤然兴起，标志着原教旨主义开始占据人们的心灵。其次，是现代化建设遭到挫折。战后发展中的伊斯兰国家，在发展模式上深受苏联或西方经济理论的影响，缺乏独立自主性和稳定的政策。除中东几个盛产石油的国家外，它们大多属于贫困、落后国家，70 年代以来在西方转嫁经济危机的打击下，危机四伏，资金短缺，债台高筑，增长缓慢，通货膨胀加剧，失业人数不断增加，加之政治腐败，贫富不均，社会财富分配极不合理，引起普遍不满。所以从根本上说，以伊朗"伊斯兰革命"为主要标志的原教旨主义运动的兴起，正是穆斯林世界各种社会矛盾的必然产物；只要这些矛盾依然存在，原教旨主义就不会自消自灭。

（原载《世界宗教资料》1994 年第 2 期）

主要资料来源：

①J. L. 埃斯波西托：《伊斯兰复兴之呐喊》，牛津大学出版社 1983 年版。

②阿沙夫·侯赛因：《埃及、巴基斯坦、伊朗的伊斯兰运动》，伊斯兰堡，1984 年。

③海拉尔·迪克米坚：《革命中的伊斯兰》，纽约，1989 年。

④J. L. 埃斯波西托：《伊斯兰教与政治》，纽约，1991 年。

⑤J. L. 埃斯波西托：《伊朗革命的影响》，纽约，1990 年。

⑥J. L. 埃斯波西托：《过渡中的伊斯兰》，纽约，1985 年。

⑦霍梅尼：《伊斯兰教与革命》，巴克利，1982 年。

国内有关报刊资料，恕不一一注明。——作者

当代伊斯兰复兴之浅见

20 世纪 70 年代末，特别是 1979 年伊朗"伊斯兰革命"以来，亚非许多伊斯兰国家出现了一股声势浩大的宗教热潮，称之为"伊斯兰复兴"。今天这股浪潮的余波犹在，而它的巅峰似已过去，因而人们得以冷静的心态，加以认真的思索与回顾。

伊斯兰复兴的含义

"伊斯兰复兴"这一字眼近年来之所以流传得如此广泛，除伊朗政局变动引起的"连锁反应"外，与西方新闻界大量不准确、乃至耸人听闻的报道不无关系。这一社会现象以各种五花八门、无奇不有的字眼来描绘，诸如伊斯兰教的"复兴"、"复活"、"高潮"、"重建"、"重新定向"以及"基要主义"、"新基要主义"、"政治的伊斯兰"、"战斗的伊斯兰"，等等。这些随意性的解释早已引起东西方学者的不满，因而近年来出现了一种给予"正名"的倾向。目前，学者大多倾向于使用"伊斯兰复兴"这一称谓。

但是，对"伊斯兰复兴"仍有种种不同的解释。一种观点——主要是国外一部分穆斯林学者和宗教家的观点，可以称之为赞赏论者的观点。他们认为，当前的伊斯兰复兴标志着伊斯兰国家和民族的崛起，是一种不受国家和地域限制的普遍现象，也是这些国家和民族历史文化传统、近代的屈辱遭遇和现实困境的一种必然结果。因而，它不是新的，甚至也不是近代才有的。这种观点强调伊斯兰复兴的历史渊源，相信宗教传统的复兴能够解决伊斯兰国家当前所面临的种种问题。巴基斯坦前计划部长古来西·阿赫默德教授认为，当今的伊斯兰复兴运动实质上是"社会结构的调整"，旨在伊斯兰教的基础上"重建社会经济生活"。他认为,当今世界的基本主题即"变化与适应";历史在发展,时代在前进,人类要想在这个瞬息万变的世界上生存下去,就得不断地自我调整、自我更新、自我完善,以积极的态度去回答时代和人生提出的种种挑战。而伊斯兰国家今天面临的主要挑战来自西方世界。这种挑战不限于政治领域,也是一种新文明的挑战。西方世界具有自己的世界观、社会经济制度、历史文化传统、社会伦理规范。它寻求主宰世界。因此,要回击这种挑战,需要与挑战的力量进行积极的、全面的抗争,并以伊斯兰教作为新文明、新文化的社会基础。为此,需要以宗教为社会政治运动的动力,以恢复伊斯兰教的原初教义,重新发现它与当今时代的关联,并按照伊斯兰教之精神重建各种社会制度。朝向这一目标的一切宗教思潮和宗教社会运动,都可以视为当代伊斯兰复兴的体现和组成部分。

另一种观点——主要是一部分西方学者的观点,表现为略有不同的两种倾向。一种是从当代宗教的发展趋势和伊斯兰教的基本特征出发,把伊斯兰复兴界定为宗教表现形式的一种新趋向,即所谓"政治的伊斯兰"或"战斗的伊斯兰"。其基本特征是伊斯兰意识形态日益政治化,伊斯兰国家公共生活日益宗教化,而这些变化则是当前伊斯兰国家正在经历着的社会发展变化过程的一部分,并非仅仅是某些古老宗教传统的回复。持有这种观点者还认为,伊斯兰复兴含有某种"潜在的反西方的性质"。另一种倾向,是从伊斯兰国家所特有的宗教历史文化传统出发,把伊斯兰复兴归诸为被扭曲的传统宗教教义,即所谓原教旨主义的回归和勃兴,而这种回归由于采取了咄咄逼人的"战斗的伊斯兰"的形式,正以方兴未艾的气势席卷整个伊斯兰世界。这种观点的鼓吹者强调"伊斯兰革命"的普遍意义,认为大部分伊斯兰国家都面临着一系列难以解决的问题,因而在原教旨主义的压力下,很可能发生"连锁反应"。

此外,还有一种否认伊斯兰复兴的观点。印度穆斯林学者安瓦尔·穆阿沙姆认为,当代伊斯兰教主要表现为互相对立的两股潮流:现代主义与伊斯兰化。二者实质上都反映了一种文化需要。区别在于前者力求实现思想与社会的现代化,而后者热衷于保护和发扬自己所特有的传统文化。因此，当前伊斯兰世界所出现的宗教热潮，应当从两种文化间由来已久的冲突这一广阔历史背景来加以解释。所以，原教旨主义影响的加强，并非一种新潮流。所不同的，只是新近出现了一股以国家名义来推行伊斯兰化的新势头。

笔者认为，从分析、研究的观点出发，我们不妨沿用"伊斯兰复兴"来描述 20 世纪 70 年代以来一部分传统上以伊斯兰教为国教或居民的主要宗教信仰的国家在宗教社会思潮、社会运动方面出现的一系列明显的变化和趋向。但在使用时需要加以适当的限定，以免产生误解。

首先，"复兴"是个比较概念，意指衰落后又"兴盛"起来。承认"复兴"暗含着此前曾有过一段"衰落"时期，否则"复兴"便无从谈起。那么，今天所说的"复兴"是针对哪一"衰落"时期而言的呢？我以为，是指同"二战"后民族主义、伊斯兰社会主义、伊斯兰现代主义思潮居主导地位的 20 世纪五六十年代相比，传统宗教观念、宗教形式、宗教感情、宗教价值一定程度的回升和强调。也就是说，在现代宗教思潮与传统宗教思潮的冲突、对抗中，出现了明显的此消彼长的新趋向。

其次，传统伊斯兰教的基本特征之一是政教合一、族教混同，因而传统派宗教思想往往对伊斯兰教作"包容一切"的解释。但是，历史上除穆罕默德时代和麦地那哈里发时期外，几乎再未出现过名副其实的、政教合一的神权政体，而且战后一系列现代民族国家的出现，早已对传统伊斯兰教的概念作了事实上的修正。因之，即使在那些以穆斯林居民为主体的伊斯兰国家里，宗教与政治、宗教信仰与民族特性、宗教文化与历史传统、宗教伦理规范与人们的生活方式等虽有联系，但毕竟不是一回事。所以，国家主权的恢复、民族自信心的确立、社会经济的发展、文化教育事业的繁荣，不能与宗教的复兴画等号。如果一定要用"伊斯兰复兴"来表示，那也只不过是用宗教的语言来描绘社会的变化罢了。

最后，在谈及伊斯兰复兴时，显然需要对构成复兴的各种因素加以具体的分析，不可等量齐观、一概而论。稍加分析即可看出，它是由诸多互有联系而又明显不同的因素所促成。

伊斯兰复兴的种种表现

伊斯兰复兴是个包括不同层次、不同内涵、不同体现、广泛而复杂的社会现象。其主要表现包括：

（一）以国家名义推行伊斯兰化

第二次世界大战以后，伊斯兰国家的政教关系发生了很大变化。大部分伊斯兰国家在本国的社会改革过程中，都对传统伊斯兰教法采取了不同程度的改革，并根据本国的国情采纳了西方国家的民法、商法、刑法。结果，宗教在国家政治生活中的地位发生了明显的变化。许多国家的宪法中尽管宣布伊斯兰教为国教，国家总统必须是穆斯林，伊斯兰教法为立法的渊源之一，但国家实际上大多奉行近似于政教分离的政策，不容许宗教干预国家政治事务。传统伊斯兰法庭大多被撤销，教法作为一种"私法"，仅在涉及私人生活的事情上尚有一定的拘束力。

但是，20世纪70年代以来，在某些国家里出现了一股恢复传统宗教法制的新势头。1971年，利比亚政府在"伊斯兰文化革命"的高潮中成立了一个法制委员会，以根据伊斯兰法典来修订《利比亚私人身份法》。1972年，利比亚政府根据《古兰经》里的"律例"颁布新法令，禁止在民商交易中收取利息；同年10月，重申《古兰经》里规定的刑罚的约束力，宣布对偷盗犯实施断手刑，对通奸罪者处以石块击毙刑。1977年，继利比亚之后，巴基斯坦政府宣布，全面实行"国家体制伊斯兰化"。这项行政、立法改革方案，包括重建伊斯兰法庭；改组始建于1962年、充当国家总统顾问的"伊斯兰意识形态咨询委员会"；成立从中央到地方的各级专门机构，负责征收、分配天课；取消利息、实行无息借贷制度；严格遵照伊斯兰教法，对偷盗、私通、诬陷私通、酗酒四种犯罪实施"固定刑"（胡杜德）。此外，埃及、苏丹、毛里塔尼亚、科威特等国，也都采取了一些立法措施，适当加强了伊斯兰教法在国家立法中的地位和作用。

（二）宗教与政治的关系更加密切

20世纪70年代以来，随着国际环境的变化，传统宗教价值重新受到重视，宗教在许多国家里成为政治生活中颇为敏感的一个因素。变化最突出的是阿拉伯世界。60年代初期，已故埃及总统纳赛尔提倡的阿拉伯、伊斯兰教、社会主义三位一体的理论曾风靡一时，而今却被人们指摘为"舶来品"、"无神论"而遭到冷遇。与此同时，许多阿拉伯国家的领导人开始小心翼翼地对待群众的宗教感情，尽力创造一种融洽、宽松的政治气氛。宗教语言、宗教象征、宗教情感被广泛地引入国家的政治生活领域。伊斯兰教与民族主义再度紧紧地交织在一起。最典型的实例是1973年10月的第四次中东战争。其间埃及和其他阿拉伯国家的领导人纷纷通过报刊、广播、电视发表谈话，号召人民同心协力对以色列"魔鬼""举行圣战"，还把埃及军队强渡苏伊士运河、摧毁"巴列夫防线"的大捷喻为早期伊斯兰历史上的"白德尔战役"。一些国家在宗教政策中甚至显露出护教主义的情绪。例如，1975年北也门成立了一个"伊斯兰指导部"，以保护国家不受"外来反伊斯兰教意识形态"的侵害。

（三）形形色色的宗教组织空前活跃

进入20世纪70年代以后，各色各样的宗教组织十分活跃，成为伊斯兰化和泛伊斯兰活动的主要推动力量。活跃于各国的伊斯兰组织，大致可划分为两大类。一类是由谙熟经训、教法，以乌里玛著称的伊斯兰学者所组成，因墨守宗教传统，反对离经叛道，可以称为传统派。其中影响较大的有巴基斯坦伊斯兰学者联合会、印尼伊斯兰教师联合会、埃及爱资哈尔伊斯兰学者联合会、阿尔及利亚伊斯兰学者联合会等。另一类是介于现代派与传统派之间的所谓原教旨主义组织，它们既反对世俗化又反对因循守旧，而主张按照时代的需要，对伊斯兰教的基本教义和信仰作出新的解释。这类组织，包括埃及穆斯林兄弟会、约旦伊斯兰解放党、巴基斯坦伊斯兰促进会和印尼马斯友美党等。此外，还有许多目标不甚明确的较小的宗教组织和一度被取缔又重新恢复活动的组织。以上两类组织，有的还参加竞选，实际上是宗教政党。它们强烈呼吁修改宪法，实行伊斯兰法制，建立名副其实的伊斯兰国家。

(四) 泛伊斯兰思潮影响日增

泛伊斯兰主义原为 19 世纪伊朗著名思想家、社会活动家哲马鲁丁·阿富汗尼所创，主张建立一个不分国家、不分民族，不受地域限制的世界穆斯林共同体。第一次世界大战后，泛伊斯兰运动因土耳其革命的胜利和哈里发体制的废除而宣告失败。继 1926 年分别于开罗和麦加召开的两次无果的世界伊斯兰教大会后，部分宗教领袖曾提出建立一个象征性的"精神哈里发制度"，以统一行动、继续推进泛伊斯兰运动。但是，由于"二战"后民族主义运动的不断高涨，泛伊斯兰运动未取得实质性的进展，世界伊斯兰教仍处于分散的无中心的状态。

进入 20 世纪 70 年代后，泛伊斯兰运动出现新的转机。1967 年第三次中东战争以后，一批伊斯兰国家迫切感到需要加强在共同的宗教信仰基础上的国际团结，以共同对付以色列犹太复国主义者。1969 年 3 月在摩洛哥拉巴特会议上，伊斯兰国家首脑就此举行了磋商，旋于 1970 年 3 月举行的伊斯兰国家外长会议上，正式宣告成立了"伊斯兰会议组织"。从此，泛伊斯兰运动的规模有了新的发展，从民间性的所谓非政府机构转变为包括最高级、部长级和宗教组织一级的多层次的机构，侧重点则逐步转向伊斯兰国家间广泛的协调与合作。

目前，伊斯兰会议组织已有 48 个成员国。其重要性因以下两个因素日益为世界所瞩目。其一，它的部分成员国同时又是石油输出国组织的重要成员，因而有一定的经济实力；其二，它的成员国广泛参加多种国际组织的活动，诸如阿拉伯国家联盟、七十七国集团、东南亚国家联盟等。伊斯兰会议组织除定期举行最高级会议、外长、财长会议外，还通过它的各种专门机构，广泛开展多种活动。自 20 世纪 70 年代以来，在伊斯兰会议组织的支持下，陆续建立了伊斯兰国家广播事业联合体、伊斯兰红新月会联合会、伊斯兰开发银行、亚非伊斯兰会议组织、亚洲伊斯兰会议组织、欧洲伊斯兰协会、伊斯兰国家科学技术会议、国际伊斯兰教育协会、伊斯兰工业国家会议、国际穆斯林青年会议、国际伊斯兰通讯社等泛伊斯兰专门机构。其活动已远远超出通常人们所理解的宗教的范围，显现出积极参与国际事务、竭力介入"世俗界"的趋向。

伊斯兰会议组织在一些重大的国际问题上自然不可能完全一致,但强调"用一个声音讲话"。在阿以冲突、苏军撤出阿富汗、尽快结束两伊战争、建立国际新经济秩序、南南合作、裁减军备、防止核扩散、尊重人权、非殖民化、反对种族歧视以及广泛开展伊斯兰国家间的经济合作等问题上,成员国之间的立场是基本一致或相近的。

伊斯兰复兴的根源

前文已指出,伊斯兰复兴是个广泛而复杂的国际社会现象。限于篇幅,这里仅就某些共同性的原因加以探讨。

(一) 历史文化传统与民族社会心理的调整和回复

一个国家、一个民族的历史文化传统往往对其现代发展产生深远的影响。忽视本民族的传统文化或躺倒在古代文化上而不思进取,都可能带来灾难性的后果。所以,设计任何社会的现代发展蓝图,都离不开"可行性"研究,需要认真考虑、合理解决建设现代物质文明与精神文明的关系,寻求社会的稳定平衡发展,避免在决策上发生重大失误。

这类社会发展战略构想,对伊斯兰国家尤为重要。伊斯兰国家的共性包括它们在步入现代之前,都有过一段漫长的宗教历史文化传统,自近代以来又有酷似的历史遭遇。历史上,这些国家所在地区为伊斯兰教的传统流行区,绝大多数居民信奉伊斯兰教,在这些地区都曾建立形形色色的伊斯兰教封建政权。进入近代以后,这些地区大多沦为帝国主义的殖民地或保护领,从而丧失了国家独立、领土完整和民族尊严,传统文化也遭到野蛮的摧残。这种漫长的宗教文化传统和屈辱的历史际遇,对广大受压迫的穆斯林民众产生了深刻的历史影响,形成了不易为人们所理解的独特的民族特征和民族社会心理素质,它也是当今伊斯兰复兴的思想基础之一。其突出表现是:第一,含混不清的双重民族观念。在许多穆斯林民众的心目中,他们不仅属于某一现代民族国家的国籍,同时也是范围更广泛的世界穆斯林共同体的一员,而这种"大民族"的基础则是共同的宗教信仰,即所谓"穆斯林的兄弟情谊"。第二，族教混同观念。由于宗教信仰早已融入穆斯林大众的文化方式、伦理规范、风俗习尚之中，因而在许多穆斯林看来，一旦脱离传统的宗教生活，其民族特征也就不复存在了。第三，传统的思维方式。一个穆斯林，特别是老一辈的穆斯林，往往把国家的兴衰、民族的荣辱、个人的希望同宗教的命运联系在一起，因而在关系到国家、民族命运的重大历史关头往往依恋过去，希冀从宗教传统中求索答案，找到归宿。

但是，值得注意的是，这种长期形成的思维方式、价值尺度、思想观念，自近代以来一再受到现代资产阶级新思潮、新观念的猛烈冲击，由此而产生的反向社会文化心理，成为许多穆斯林大众社会观的重要内容，时常强烈地表现出来。所以，从根本上说，伊斯兰复兴反映了两种文化传统的冲突。这种冲突和抉择非自今日始。综观近代以来伊斯兰世界发生的重大宗教社会运动——自18世纪发生于阿拉伯半岛、以净化信仰为主旨的瓦哈比宗教改革运动，中经19世纪下半叶至20世纪初期的泛伊斯兰运动和现代主义运动，直到伊克巴尔提出"伊斯兰宗教思想之重建"，无不从各个侧面反映了传统宗教文化与现代西方文化之间的冲突、调整乃至痛苦的抉择。在这个意义上可以认为，伊斯兰复兴并非一种突然而至的新现象，而仅仅是宗教文化传统的调整，而且至今仍未完结，只不过是传统思潮略占上风罢了。

（二）宗教传统对现代化进程所做的反应

宗教作为一种意识形态与社会组织形式，其形态和趋向受各种社会关系的制约，在很大程度上取决于社会中占主导地位的力量。社会自身的进化、发展和演变，迫使宗教不断地自我调整、自我更新、自我完善，以适应时代与社会的潮流，在变革中求得生存和发展。这种变化与适应，构成当代世界三大宗教的基本发展趋势。当然，在此过程中，宗教又以其传统的力量反作用于社会，要求社会按照宗教的愿望发展或改变原貌。伊斯兰复兴反映了社会发展进程中受到冷落和压抑的传统宗教力量的反抗。第二次世界大战以后，随着国际反法西斯战争的胜利和民族解放运动的高涨，亚非一大批伊斯兰国家相继赢得了独立。国家的独立，民族的复兴，为战后伊斯兰教的迅猛发展提供了前提。但是，在新的历史条件之下，伊斯兰教又面临着诸多新因素的挑战。因而，发展是不平衡的，并非一帆风顺的。

首先，现代民族国家的建立使传统宗教受到一定的限制。战后，民族主义在大部分伊斯兰国家里成为最有魅力的社会思潮。在伊斯兰国家，民族主义与伊斯兰主义虽有联系，但并非一回事。民族主义主张建立国家、民族利益至上的现代民族国家，并非宗教或教权主宰一切的神权政体。现代民族国家的体制使传统宗教受到三个方面的限制。其一，国家实行代议制政体，宗教界人士可以参政但不居主导地位，因而无望建立神权政体；其二，国家实行现代世俗法律制度，传统伊斯兰法制或作为穆斯林民众的"私法"的一部分被保留下来或名存实亡；其三，国家在对外政策上以维护民族利益为基石，不支持超国家、超地域、超民族的泛伊斯兰主义。

其次，社会经济的发展、社会结构的调整削弱了传统宗教的社会物质基础。战后，伊斯兰国家转入国民经济的恢复、发展和国家的现代化建设时期，宗教只能服务于国家的中心目标而不是相反。为促进社会经济的发展，战后伊斯兰国家大多制订了国民经济与社会发展计划，不同程度地实行了包括土地改革、企业国有化、引进外资和技术设备在内的一系列经济体制调整。在此过程中，以封建自然经济为主体的旧经济体制及与之相适应的传统社会结构受到一定的冲击，以封建经济为依托的传统宗教开始衰落。最明显的变化是传统伊斯兰教所提倡的经济思想、税收政策和分配制度（诸如禁止利息、天课制度、宗教基金制度、平均分配社会财富等）日益受到冷落，代之而起的是工业化、都市化、现代化、社会的逐步世俗化及随之而来的社会分层化。这些传统宗教感到陌生和迷惑不解的社会现象，为传统派要求恢复宗教传统提供了根据，成为他们经常抱怨、谴责的话题。

最后，现代世俗教育的发展大大缩小了传统宗教教育的世袭领地。伊斯兰国家通常有两种不同的教育体制：以清真寺为基础的传统宗教教育和以学校为中心的现代世俗教育。前者以经训、教法、阿拉伯语、宗教知识为主课，以培训宗教职业者为主旨；后者以教授现代科学技术和文化知识为主，以培养文职官员和科技人才为目标。战后，由于国家大规模经济建设的需要，现代非宗教性的教育体制在许多伊斯兰国家开始成为主要的形式，而传统宗教教育尽管被保留下来，却不可避免地日见衰落。这种状态日益引起传统派宗教学者的不满，使他们产生今不如昔之感，因此，一有机会就表示强烈的抗议。

（三）多种宗教社会思潮交互影响的结果

当前伊斯兰世界出现的传统宗教的复兴，尽管主要表现为原教旨主义思潮的回复和勃兴，但并非单一的社会现象，而是各种社会力量、各种宗教社会思潮、社会运动交互影响的综合结果。欲说明这种复杂的社会现象，还需要从宗教与政治、宗教与社会的基本关系入手，作一些分析。

在伊斯兰世界，宗教问题不论在历史上还是在现实生活中，都不仅仅是信仰者个人的思想信仰问题，而且也是直接关系到社会政治问题、历史文化传统问题、伦理道德准则问题，乃至人们的社会生活方式问题。总之，这是一个重大而敏感的社会问题。惟其如此，所以宗教在世界这一部分人民群众的社会生活中占有某种极其特殊的地位，有着纷繁驳杂的表现。历史上，不仅封建统治者几乎没有例外地要借助宗教的权威来行使权力、发号施令，人民群众也经常不断地以宗教为旗帜举行各种形式的起义、斗争；进入近代以后，宗教运动又同民族主义、民族解放运动密切结合，紧紧地交织在一起；战后在新国家的建设中，宗教传统力量仍然是不可忽视的重要因素，不仅国家领导人仍然经常需要依靠宗教传统的核准来推行某种政策、实施某种社会变革，在野的宗教政党、宗教组织和人民群众也经常用宗教的语言来表达自己对现实社会问题的态度、意愿、主张和要求。总之，社会各阶层的人们仍然需要对宗教问题不断表明自己的立场。这一情况，使得宗教方面的重大变动往往带有不寻常的社会含义，从而使问题更加复杂化了。只有从宗教的社会关联出发，才能对促成当前伊斯兰复兴的诸种因素作出近于实际的分析。

首先，最高层次的"复兴"，即所谓国家体制的"伊斯兰化"，仅仅是部分伊斯兰国家宗教政策的适当调整，并非普遍性的潮流。目前，巴基斯坦、利比亚、苏丹、毛里塔尼亚等国采取的"伊斯兰化"措施，主要是出于本国国情考虑，适当恢复了伊斯兰教法，特别是伊斯兰教刑法在制约穆斯林私人生活方面的适用性，并未修改宪法、改变国体，因而不能看做伊斯兰法制的全面恢复。尽管如此，传统宗教界人士仍为此而感到鼓舞，因为它毕竟是传统宗教形式和宗教价值某种程度的再现。

其次，所谓原教旨主义的勃兴，反映了传统宗教思潮的再度活跃。原教旨主义是个颇有争议的话题。这一术语来自英语 fundamentalism 一词，过去通译为"基要主义"。基要主义产生于 19 世纪末期的美国，原为与基督教现代主义相对立的一个传统派神学派别，因编写神学小册子《基本要道》而得名。这一神学派别的突出特征是坚持《圣经》字句上绝无谬误，主张对《圣经》作字义上的解释，因其类似于伊斯兰教中与现代主义相对立的传统派，所以在西方学者的著作中往往把该派比附为基督教新教中的基要派。但是，值得注意的是，在伊斯兰教的传统派中包含有两个不同的派别。一派是以各国的乌里玛团体为代表，他们墨守经训，坚持自古以来的宗教传统，反对宗教社会改革，可以名副其实地称为伊斯兰教"正统派"或"传统派"。另一派是以各国既受过传统宗教教育又受过现代教育的一批宗教知识精英为主体，其宗教思想系由现代派分化而来，有时被称为"新正统派"或"新原教旨主义者"。它们尽管也主张遵循经训，但并非墨守传统，而是坚持按照现代条件，对经训的指导原则"重新加以解释"。两派的共同点在于都坚持宗教传统，但对传统的解释各异，因而在当前的宗教复兴中，它们仅仅是在反对社会世俗化和西方化方面结成了暂时的"统一战线"，而各自追求的目标却是完全不同的。而且迄今为止，除伊朗这一绝无仅有的例子外，这些素以传统派著称的宗教政党和宗教组织，在任何一个伊斯兰国家都未取得政权，参加政府。所以，它们的主张究竟能在多大程度上转化为现实，仍然是个未知数。但是有一点是确定无疑的：它们是当前传统宗教思潮勃兴的主要推动力量。

最后，简略谈谈国际性的泛伊斯兰思潮。20 世纪 70 年代以来泛伊斯兰思潮的兴起有其特定的历史背景。60 年代末期，国际形势的格局发生了巨大变化，出现了大动荡、大分化、大改组的新趋向。由于社会主义阵营的分裂，原来处于两个阵营之间的亚非拉国家发生新的组合，到 70 年代形成要求摆脱霸权主义和超级大国控制的第三世界发展中国家。第三次中东战争的爆发和阿拉伯国家发起的"石油战争"，促进了阿拉伯国家及伊斯兰国家的团结、协调、合作，终于形成了伊斯兰会议组织，从而为泛伊斯兰思潮的发展奠定了物质条件和组织基础。

但是，战后70年代以来的泛伊斯兰主义，在性质和趋向上同19世纪末和第一次世界大战期间的泛伊斯兰思潮有明显的区别。旧的泛伊斯兰主义具有反殖民主义的一面，但其根本目标是企图建立一个在统一的哈里发领导下的世界穆斯林共同体。这一目标由于土耳其革命的胜利和战后一系列民族国家的建立而不再成为可能。新的泛伊斯兰主义仅仅是伊斯兰国家团结、协调、合作的象征，其国际政治含义是主要的，而其宗教意义则是次要的。这充分反映在伊斯兰会议组织的内部构成上。它的决策机构是伊斯兰国家最高首脑会议以及外长、财长会议，而它的常务秘书处和仅有资格列席会议的伊斯兰世界联盟和世界穆斯林大会只是执行机构和协调机构。尽管如此，由于该组织是在泛伊斯兰团结的思想基础上开展活动，因而传统宗教思潮也通过这条方便的渠道得以广泛传播。但是，具体到某一个伊斯兰国家，泛伊斯兰思潮的影响仍取决于本国的国情。既然泛伊斯兰主义仅仅是伊斯兰国家对外政策的一部分，所以不应对此估计过高。

以上诸种因素促成了传统宗教的复兴。由于这一现象因伊朗"伊斯兰革命"而广为国际舆论所注意，一时间似乎具有"爆炸性"。但是，大量的事实一再表明，传统宗教的勃兴并非一定意味着信仰的虔诚，因为潜藏在宗教热潮背后的是人们对现实问题的关切和期待。一种宗教学说和思潮唯有有助于现实问题的解决，才能广为群众所接受，因而传统宗教的勃兴不大可能成为一成不变的永久现象。

（原载《世界宗教资料》1987年第2期）

伊斯兰教法与伊斯兰复兴

综观当今世界三大宗教，伊斯兰教可谓最为活跃或"烦躁不安"的一个，近30年间席卷世界各地的伊斯兰大潮就是最有力的证明。对于伊斯兰复兴运动，中外学者至今仍有各种不同的看法，这从一个侧面反映了研究的深度和广度，是很正常的。但在我看来，以往的研究仍有一个明显的缺失，就是很少从伊斯兰文化的本质特征出发来研究伊斯兰复兴运动。文化作为一个民族的基本思维方式，对其知与行有某种决定性的影响，研究一个民族而不研究它的文化是不可思议的。同样，研究伊斯兰复兴而没有充分注意它的文化基础也是认识上的一种局限，尽管伊斯兰文化是由奉教的世界多民族的文化板块所组成。因此，本文的一个基本着眼点就是从伊斯兰文化的本性或基本特征出发来解释错综复杂的伊斯兰复兴运动。

一　传统伊斯兰文化本质上是一种宗教政治文化

比较宗教学的常识告诉我们，不同的宗教文化具有不同的本性。不论作何解释，我们都应当承认佛教是一种不大过问现实的宗教。基督教也曾是积极干预政治的宗教，但自确立了政教分离原则以后，教会政治功能明显淡化。而伊斯兰教则不同，它不仅从诞生之日起就是一个政教合一、族教一体、两世生活（今生与来世）兼重的宗教，而且在经历了1400余年的风风雨雨之后，它依然没有真正完成从政教合一到政教分离的体制变革或角色转换。这是当今伊斯兰复兴运动由以产生和发展并积极参与政治事务的深层次根源。

伊斯兰教之所以成为政治性很强的宗教，与它产生的历史环境有直接的因果关系。7世纪伊斯兰教兴起之际，阿拉伯半岛的大部分地区尚处在原始公社制濒临解体、统一的民族和国家行将形成的社会转型时期。伊斯兰教的产生顺应了阿拉伯社会由分散的部落联合为统一的民族和国家的历史要求，而联合的旗帜和纽带正是后人称之为"宗教"（al-Din）的伊斯兰信仰。"伊斯兰"的本意是"和平"，意即"顺应"真主的意志即可在"伊斯兰秩序"下求得和平、幸福和安宁。可见，从一开始这一宗教就把建立国家和社会秩序与人们对真主和使者的信仰和崇拜联系在一起。伊斯兰教先知穆罕默德在麦地那所创建的第一个穆斯林社团（乌玛，Umma）既是以宗教信仰为基础的不完备的国家政权，也是族教一体的穆斯林社会。这一政教合一的体制，作为一种宗教理想，在其后的历史发展中成为一种正统思想，并一直延续至今。

严格说来，明确的民族、国家和宗教的概念都是近代资产阶级革命以后才有的，中世纪的民族和国家都是在宗教文化大背景下被人们解读的。在中世纪伊斯兰文化传统中，所谓民族是指与伊斯兰教信仰相联系的穆斯林社会共同体，即乌玛，而所谓国家则是指代行"真主主权"的一种管理体制，称为"哈里发制度"。在传统的伊斯兰文化背景下，中世纪出现过四种政治体制，即正统哈里发制度、阿拉伯帝国制度、哈里发帝国制度和苏丹制度，每一种都以伊斯兰教为统治思想，每一种都不是政教分离的制度。①其中第一种制度还保留了许多部落联盟制度的基本特征，而后三种制度都是以阶级压迫为本质特征的封建制度。但不同于公开为王权和宗法等级制度辩护的中国封建统治思想，传统的伊斯兰政治学说没有一种是直接肯定王权的，有的只是变相的"君权神授"思想，其特点是在充分肯定"真主主权"的前提下承认封建君主（哈里发、艾米尔、苏丹等）有"代替"真主统治臣民的权力。传统伊斯兰政治学说以协调真主、君主和宗教学者（Ulema）三者之间的关系为基本内容。"真主主权"的绝对性为封建制度的政治合法性提供了神学依据和宗教权威的核准，但君主不同于天主教的教宗，他不是宗教精神领袖，因此必须通过宗教学者的解释和支持才能取得政治合法性。而按照宗教学者构建的传统伊斯兰政治学说，代表

① 详见吴云贵、周燮藩《近现代伊斯兰教思潮与运动》，社会科学文献出版社2000年版，第3—11页。

民意的宗教学者与君主（哈里发）之间是一种"契约关系"。臣民的代表作为"立约和解约人"，在理论上可以通过"立约"和"效忠"仪式表示对君主的支持，也可以"真主主权"的名义"解约"，取消对不义君主的忠诚。中世纪伊斯兰统治思想的核心是《古兰经》（4:59）中反复告诫和重申的"两个服从"观念，即作为一个穆斯林，必须服从真主和使者，服从"你们中间的主事人"。经中所说的"主事人"，即上对真主负责、下对臣民负责、高高在上的封建君主哈里发。正统思想经过历代宗教学者的精心"包装"，后来成为一则必须遵循的圣训："服从真主就是服从我，服从伊玛目就是服从我；反叛我就是反叛真主，反叛伊玛目就是反叛我；若伊玛目是正义的，他必将得到酬报，而你当报以感激；若伊玛目是暴虐的，他必将受到责罚，而你当稍安勿躁。"①可见正统思想强调，服从真主和使者的宗教观念与服从君主的政治观念是完全一致的，反之亦然。尽管如此，由于正统思想将真主的"绝对主权"与君主的"相对主权"明确予以层次上的区别，加之有"废黜"不义君主的说法，它在特殊情况下还是可以起到某种"双刃剑"作用的。

传统伊斯兰政治理论中所体现的"政教合一"思想，其突出特征是把对真主、对使者的虔信转化为信徒的社会行为、政治行为。因而，所谓"合一"，不是指宗教领袖就是国家元首、宗教制度就是国家制度，而是指正统的宗教思想同时也是国家的统治思想，反对君主不仅是政治行为上的大逆不道，而且首先是对真主的"犯罪"行为。

封建正统思想的集中体现是称为"沙里亚"的伊斯兰教法。"沙里亚"（Sharia）一词，阿拉伯文的原意是"通往水源之路"，泛指"行为"、"道路"，特指真主通过先知指明的正确、得体的伊斯兰生活方式。凡是穆斯林都必须遵循伊斯兰教法，视为对真主应尽的宗教义务。封建君主也是穆斯林，在真主的法律面前是平等的，但教法对君主和穆斯林臣民显然具有不同的含义。君主只要在名义上宣布忠诚于"真主之法度"，其政权在道义上就是合法政权，而臣民则不仅要在言辞上表白对真主的信仰，还必

---

① 转引自 A. Lamboton, *State and Government in Medieval Islam*, Oxford University Press, 1981, p. 57。圣训中所讲的"伊玛目"即封建君主，与"哈里发"同义。

须身体力行地遵从教法的有关规定，做一个忠于真主、报效君主的好穆斯林。教法在社会层面起到整合作用，使穆斯林社团在泛伊斯兰团结和"圣战"旗帜下区别于非穆斯林社团。而在政治层面，教法则以服从真主、服从使者及其"代治人"（哈里发）的宗教诫命保障臣民对君主的忠诚。我们知道，信真主和信使者是伊斯兰教的两大基本信条，而服从真主和使者及其"在大地上的代治人"不过是宗教信条在政治行为上的延伸和具体体现，这也就是伊斯兰教"政教合一"传统的基本含义。所以，在近代以前"政教合一"的确切含义是指在政治理念和政治实践两方面都不存在独立于宗教的政治哲学和政治制度。传统伊斯兰文化之所以是一种宗教政治文化完全是它的以"信主独一"为核心的宗教意识形态所决定的。而当代（20 世纪 70 年代以来）伊斯兰复兴运动所欲"复兴"的正是在现代化、世俗化进程中逐渐丧失的伊斯兰教的主体地位或"本来精神"，因此是反历史主义的。

二　近现代伊斯兰复兴运动包含进步与保守两个方面

按照伊斯兰教自身的说法，18 世纪是伊斯兰教的"黑暗时期"。"黑暗"，是指政治衰落而不是信仰本身的危机，而政治衰落不仅是因为西方殖民主义扩张所引起，更是封建制度本身日趋衰亡的直接后果。从 18 世纪起，伊斯兰世界的三大帝国（土耳其的奥斯曼帝国、印度的莫卧尔帝国和波斯的卡加尔帝国）都已进入封建制度的晚期，伊斯兰教社会、政治活力的衰竭正是政治腐败和衰落的表征。因此，始自近代的伊斯兰复兴与改革思潮和运动，实质上都是在宗教的名义下掀起的社会、政治运动。问题在于伊斯兰教是否有能力凭借自身的力量解决社会、政治危机。

近现代伊斯兰复兴运动，按其性质划分，大体上有三种：一是 19 世纪下半叶至 20 世纪 20 年代的泛伊斯兰运动。哲马鲁丁·阿富汗尼（1838—1897）提出泛伊斯兰团结口号，企图联合全世界的穆斯林，在奥斯曼苏丹—哈里发的领导下以"圣战"来遏制欧洲列强的扩张势头，以彻底失败告终。泛伊斯兰主义的失败固然有多种复杂的原因，但归根结底是因为传统的宗教政治理念已经过时，几乎完全不起作用。从历史的眼光看，反对殖民扩张的斗争无疑是正义的，但正义的事业未必一定会取得胜利，因为政治理念是错误的乃至荒唐的。泛伊斯兰主义坚信"宗教兴则民族兴、国家兴"，它没有看到在泛伊斯兰的奥斯曼帝国内部早已充满着深重的阶级压迫和尖锐的民族矛盾，封建君主苏丹—哈里发根本没有号召力。泛伊斯兰运动失败以后不久，奥斯曼帝国就被凯末尔领导的土耳其资产阶级民主革命彻底埋葬，而当年的泛伊斯兰主义者后来大都成为反对进步与改革的保皇党人。泛伊斯兰主义与传统伊斯兰教法的唯一联系，在于对异教徒举行"圣战"的信条是教法规定的宗教义务之一。

近现代另一有影响的宗教运动，后人称之为伊斯兰现代主义运动。所谓现代主义，是西方的一种说法，伊斯兰教自身并未提出过这一概念。简而言之，现代主义是指伊斯兰教内部为适应现代社会发展潮流而兴起的一种具有改良主义倾向的思潮。现代主义两个著名代表人物是印度的赛义德·阿赫默德汗（1817—1898）和埃及的穆罕默德·阿布杜（1849—1905），他们所面对的是殖民统治的政治现实。不同于泛伊斯兰主义，现代主义是在与西方对抗失败后对殖民主义所作的一种宗教文化的回应，代表了伊斯兰复兴运动的一个新阶段。现代主义者所说的"复兴"，是指通过向先进的西方学习和实行现代改革来开辟一条穆斯林民族的复兴之路。因篇幅所限，我们无法进入历史细节，只想指出，现代主义面对的时代课题是如何协调伊斯兰文化传统与近代兴起的欧洲工业文明的关系问题。现代主义运动是少数穆斯林知识精英的运动，他们所追寻的是一条"文化救国"的道路。他们呼唤科学、提倡理性，主张发展现代教育、改革不合时宜的宗教传统。在宗教改革方面，现代主义最突出的业绩是改革伊斯兰教法。在他们的大力提倡和重新诠释之下，传统的包容一切的教法实体被压缩为只涵盖婚姻、家庭、遗产继承狭小领域的"穆斯林家庭法"，而传统教法中有关商事、民事、刑事以及有关国家体制、政治制度方面的许多"戒律"、规定，实际上被废弃不用了。

现代主义运动因历史环境不同表现出两种不同的倾向。印度的一派亲西方和"西化"的倾向较为突出，而埃及的一派因宗教历史包袱沉重表现出某种"托古改制"和回归传统的倾向。阿布杜的弟子在其死后大都转向了世俗民族主义，唯有拉希德·里达转向了更为保守的伊斯兰原教旨主义。现代主义运动的分裂主要是因为对待传统与现代关系的不同态度所引起。土耳其革命的胜利使伊斯兰教在 20 世纪面临一次重大挑战，对"土耳其道路"的两种不同态度使现代派与传统派无可挽回地分裂了。

如果说现代派一般都同情和支持土耳其革命，则可以说传统派无不对这场革命采取批判和否定的态度。核心问题是伊斯兰教与民族主义的关系问题。土耳其"革命之父"凯末尔对伊斯兰教的社会、政治作用采取断然否定的态度，凯末尔主义所提倡的六项原则，特别是世俗主义和民族主义原则，对传统派宗教学者简直就是离经叛道的"异端邪说"。传统派的堡垒是在以艾资哈尔大学这一最高学府而饮誉伊斯兰世界的埃及，因此埃及在现代主义运动终结以后又成为原教旨主义运动的大本营。但原教旨主义的代表人物不是出自艾资哈尔的宗教学者，而是出自一位既受过传统教育又受过现代教育的宗教思想家哈桑·班纳（1906—1949）。他创建和领导的埃及穆斯林兄弟会以及在其影响下在叙利亚、约旦、巴勒斯坦、伊拉克、黎巴嫩等地成立的兄弟会组织，在"二战"后成为与阿拉伯民族主义抗衡的宗教政治反对派。战后，随着殖民统治体系在全球范围内土崩瓦解和一系列现代民族国家的建立或恢复独立，以纳赛尔为代表的阿拉伯民族主义如日中天，而原教旨主义宗教政治反对派势力则江河日下，但斗争并未就此结束。所以，"二战"前的伊斯兰复兴运动不论有何局限或缺失，毕竟是对殖民统治政治现实所作的一种回应。而战后原教旨主义势力所鼓吹的"伊斯兰复兴"，则主要是企图改变阿拉伯的和各国的民族主义政党的主导地位及其所代表的世俗主义的政治方向、发展道路。

三　伊斯兰教法对伊斯兰复兴的决定性影响

当代伊斯兰复兴运动大体上始自 20 世纪 70 年代，迄今已有 30 余年的时间。其间出现过两次高潮：第一次高潮是从 70 年代末到 80 年代初，以伊朗"伊斯兰革命"的胜利及其对海湾伊斯兰国家的冲击为重要标志；伊朗革命胜利后仅 7 个月，沙特阿拉伯就发生了穆斯林极端分子武装占领麦加圣寺的暴力恐怖事件，东方省也爆发了什叶派穆斯林的武装暴动。第二次高潮是在 80 年代末至 90 年代初，以埃及、阿尔及利亚、苏丹等国的政治动荡为重要标志。在 80 年代末至 90 年代初的政治动荡中，苏丹发生军事政变，建立了原教旨主义政党控制的巴希尔军政府，阿尔及利亚宗教政治反对派几乎通过选举夺取，后因军方出面干预才控制了政局的恶化。

所谓伊斯兰复兴运动是由四个互有联系和区别的层面所组成，每一个层面都同已被泛化、政治化和工具化的伊斯兰教法（沙里亚）有直接的关系。第一个层面是民间的伊斯兰复兴，一般是自发的，没有明确的政治目的，主要表现为宗教活动日趋频繁，宗教感情愈益强烈，建寺热潮不断升温。它与教法的关联性在于它把宗教礼仪和个人的言行举止也作为教法的一部分。传统上尽管也重视有关宗教礼仪制度的教规，但它不具法律的强制性，如今一些国家则成立起民间性的"卫道组织"，强制要求人们严守宗教礼俗，甚至禁止不戴面纱的妇女上街购物。第二个层面是泛伊斯兰国际宗教组织和政治组织甚为活跃。这一态势的出现与沙特阿拉伯等保守的海湾伊斯兰国家的对外政策有密切的关系。70 年代以来，它们利用手中的"石油美元"资助世界各地的民间伊斯兰组织，提出所谓"绿化"（伊斯兰化）世界的口号，伊斯兰复兴所需要的国际环境与它们的大力营造是分不开的。这一层面与教法的关联性在于企图恢复教法对经济行为的指导作用。尽管传统伊斯兰经济思想早已不再被视为教法学说的一部分，但沙特等海湾国家出于资本输出需要，仍大张旗鼓地予以宣传。为此，它们还按照教法禁止利息的原则，在世界各地建立了几十家"无息"伊斯兰银行。第三个层面是官方伊斯兰化举措，它的直接影响是通过国家政权就传统教法的某一方面作出硬性规定。精于此道的国家一般都是强调权威主义的国家，其功利主义目的性十分突出。官方伊斯兰化的始作俑者是年轻时自称为纳赛尔主义者的利比亚的卡扎菲。他在 1969 年发动"伊斯兰革命"（军事政变）得手后强制颁布一系列法令，其中包括部分地恢复传统伊斯兰教刑罚（主要是对偷窃者断手，酗酒者处以鞭刑，通奸者处以石块击毙等）。70 年代步其后尘者首先是巴基斯坦的齐亚·哈克（1977—1988 年执政），他在政变上台后大力推行所谓"伊斯兰制度"，引进所谓"伊斯兰教法"，一时间闹得沸沸扬扬。齐亚·哈克以宗教名义颁布的政策、法令，涉及宗教礼仪制度、宗教思想教育、经济制度改革（废除利息）和传统宗教刑罚四个领域。继齐亚·哈克之后推行官方伊斯兰化的是东北非洲苏丹的军政强人尼迈里（1969—1985 年执政），他在 1983 年颁布的"九月法令"，成为任其随意诠释的伊斯兰教法的"官方版本"。其主要内容包括在民事、商事、婚姻与家庭生活、刑事等领域全面实施教法的有关规定。它与传统教法的关联性是直接的，所不同的在于传统教法不是由统治者而是由教法学家规定和诠释的，而尼迈里个人既是立法者又是释法者和执法者，大权独揽，为所欲为。官方伊斯兰化最突出的负面效应是强制性、随意性和功利主义目的性。在所有三国，恢复伊斯兰教法的决定都是军政强人以立法名义强制颁布的。例如，尼迈里强制实施教法的一个政治目的是为了用伊斯兰文化来同化苏丹南部信奉天主教和拜物教的居民，结果导致南北内战再起。

伊斯兰复兴第四个和最重要的层面是原教旨主义思潮和派别组织的勃然兴起，并在很大程度上决定和影响了外界对复兴运动的看法。"原教旨主义"一词源自基督教传统中的"基要主义"（fundamentalism）一词，中国语境中译为"原教旨主义"是很贴切的。宗教思想倾向上，原教旨主义强调正本清源、回归传统，是一种典型的文化保守主义。它是一种与世俗民族主义、现代改良主义相对立的宗教社会思潮，但它也反对因循守旧、不思进取的中世纪的传统主义。它与现代主义和传统主义既有区别又有联系，其立场和态度介于两者之间。在复兴与改革问题上，原教旨主义所鼓吹的"复兴"，不是要复归中世纪制度化的伊斯兰教传统，而是要弘扬先知时代即伊斯兰教初创时期的宗教文化精神；原教旨主义所提倡的"改革"，不同于世俗民族主义和现代主义所讲的改革，它所要"改掉"的是民族主义者和现代主义者在改革之路上已经取得的许多有价值的成果。因此，原教旨主义所提倡的正本清源、复归传统，是指通过复兴与改革"净化"伊斯兰教，恢复被外来的非伊斯兰文化严重污染和扭曲的伊斯兰教的"本来精神"和光荣传统。但在价值取向上，原教旨主义立足于现实需求，它对宗教文化传统的诠释具有强烈的政治功利主义目的性和随意性。例如，原教旨主义所肯定的宗教文化精神，仅限于伊斯兰教初期、阶级国家尚未形成之前的"宗教原型"，而对中世纪漫长的封建制度下所形成的伊斯兰文化传统，则采取有选择的"抽象继承"的态度，一般只肯定那些具有"反潮流"精神的派别组织和历史人物，即原教旨主义的"先驱者"。

这里指的是逊尼派原教旨主义的宗教历史观，非主流的什叶派的情况有所不同。前者所肯定和推崇的主要是具有反传统精神、思想偏激的新老罕百里学派的代表人物。

在政治思想方面，具有原教旨主义倾向的派别组织实际上都是宗教政党或没有取得合法地位的宗教政治反对派。"二战"以后，随着民族解放、民族独立运动不断夺取胜利，宗教与民族两股力量争权夺利的斗争日趋剧烈，成为许多伊斯兰国家政治生活的显著特色之一。宗教思想政治化、宗教组织政党化，既同反对殖民统治、争取民族独立的斗争密切相关，又是独立后各国不同的政治力量争权夺利斗争的直接结果。例如，战后在印巴次大陆的巴基斯坦，既有巴基斯坦运动的领导者穆斯林联盟党，又有与之对立的伊斯兰教促进会和伊斯兰学者协会，它们都是合法的宗教政党。在世界穆斯林人口最多的印度尼西亚，伊斯兰教政党（马斯友美党、伊斯兰学者协会和穆斯林联盟党）成为一支与印尼民族主义政党和印尼共产党相抗衡的宗教政治势力，而各宗教政党都是由独立前的伊斯兰教组织升格为政党的。在中东地区的埃及、叙利亚、约旦、巴勒斯坦、苏丹等国，在阿拉伯民族主义政党蓬勃兴起的同时，都出现了与之"道不合不相与谋"的穆斯林兄弟会组织，它们实际上也都是宗教政党，只是长期未取得合法政党地位。甚至在凯末尔革命胜利几十年后的土耳其，在这个以政教分离、世俗主义为主流政治意识形态的国家，70年代以后也出现了具有原教旨主义倾向并不断改头换面的宗教政党。土耳其的宗教政党如今称为"美德党"，为便于活动，它曾使用过"民族秩序党"、"救国党"、"繁荣党"等名称。1996年曾短暂组阁执政不足一年。这表明原教旨主义思潮和政党的兴起是一种相当普遍的现象。由此可见，所谓伊斯兰复兴的政治含义主要是指企图"复兴"宗教的社会、政治活力。

关于伊斯兰复兴运动的社会根源、历史根源和宗教文化根源，中外学者已做过大量的论述，这里不再讨论。需要特别引起我们注意的是，原教旨主义者是如何通过教法思想的政治化和意识形态化为自身的活动提供道义根据的。除什叶派之外，原教旨主义派别组织最重要、最有能量的社会基础是一批既受过现代教育又热衷于宗教政治的穆斯林知识分子，长期以来他们通过各种传媒所制造的社会舆论构成原教旨主义思想的基本内容。

什叶派原教旨主义主要是在"政治合法性"问题上大做文章。霍梅尼在流亡伊拉克期间秘密散发的题为"伊斯兰政府"的宣传小册子，成为这方面的代表作。这部后来正式出版的"伊斯兰革命"著作，集中从两方面讨论了"政治合法性"问题。一是通过反复引证《古兰经》、"圣训"，企图证明体现"真主主权"的"伊斯兰政府"既是宗教教义的一部分，又是不容争议的历史事实——因为穆罕默德时代的政治体制正是今天所说的"伊斯兰政府"。二是以经、训、人类理智和现实社会发展需求为依据，企图证明"伊斯兰政府"是上对真主负责、下对民众负责的"法治政府"，而精通伊斯兰教的教法学家则是奉真主之命的"监护人"，监护政府工作是一项义不容辞的"宗教义务"。①结论是巴列维国王政权因不符合"真主主权"和"伊斯兰政府"的基本原则，故为必须推翻的"非法政权"。

霍梅尼的诠释是否符合历史实际？这是一个甚至在革命胜利后许多年普通伊朗人也没有完全弄清楚的问题。但"存在的即是合理的"，不得人心的巴列维王朝已被推翻，推翻的理由似乎已经不那么重要了。实际上1400多年以前的先知时代连名副其实的国家都谈不上，何以会有"伊斯兰法治政府"？霍梅尼是什叶派精神领袖中最为激进的一个，他对什叶派宗教政治思想的现代诠释包括"创新"成分。例如，该派主流的十二伊玛目派教义思想的核心是一种政治无为主义，认为在什叶派末代伊玛目（宗教领袖）"隐遁"（实为下落不明）以后，一般信徒应当耐心等待伊玛目的复临，以便率领天兵天将铲除邪恶，使大地重见光明。这种消极等待的思想显然不利于现实斗争，因此霍梅尼提出当伊玛目不在时，当代的宗教领袖就是"活着的伊玛目"，有义务带领信徒起来斗争。革命胜利后，霍梅尼的尊称已从原来的"阿亚图拉"（真主的迹象）改为"伊玛目"（最高精神领袖）。

逊尼派原教旨主义的宗教政治思想以构建"四论"为主要内容。以下

---

① 详见 *Islam and Revolution*, *Writings and Declarations of Imam Hkomeini*, translated and annotated by Hamid Alqar, Mirza Press, Berkley, 1981。

所引述的是巴基斯坦宗教学者阿拉·毛杜迪的思想观点。[①] 四论也以对伊斯兰教法的现代诠释为基础，但其侧重点不在于重申教法学家监护、主政的权力，而企图把教法的四项原则转化为政治原则。其一是"真主主权论"，认为真主既是宇宙万物的创造者、主宰者、恩养者，当然也是国家唯一的主权者。因此，一切无视"真主主权"、拒绝以教法为国家根本大法的政权都是"非法政权"。其二是"先知权威论"，认为先知生前治理国家的历史经验对后世有永恒的指导作用，必须严格遵循。因此，一切否认先知权威的国家政权都是"非法政权"。其三是"代行主权论"，宣称国家自身没有本源性的政治、法律主权，但国家可以"代治人"的名义"代行"原本属于真主的权力。此外，人民也有权"代行"真主主权。因此，国家政府的权力实际上是真主的一种"信托"，但这种有限的权力不得超越绝对的"真主主权"。其四是"政治协商论"，宣称伊斯兰教历史上的"协商制度"是最优秀的一种政治制度，因此，伊斯兰国家必须实行政治协商制度，以充分体现人民的政治参与权利。历史上穆罕默德去世后的"四大哈里发时期"，曾通过小范围的协商来解决继承人问题，但"协商"从未形成一种制度，四大哈里发以后的国家都是封建王朝，谈不上"政治协商"。

以上所简略引述的是当代原教旨主义著名代表人物、原巴基斯坦伊斯兰促进会会长阿拉·毛杜迪的基本观点，在伊斯兰世界具有一定的代表性。从中不难看出，原教旨主义围绕"真主主权"问题所讲的教法原则，实际上是在诠释教法的名义下构建的宗教政治理论。原教旨主义对恢复教法某一领域的规定不感兴趣，它集中关注的是广义的伊斯兰教法（沙里亚）中涉及政治的部分，而这部分内容历史上从未被收入教法学家们编著的教法课本。由于原教旨主义宗教政党和派别组织是在讨论和界定"伊斯兰国家"的性质、特征的背景下提出"四论"的，而"四论"正是原教旨主义国家观的基础，因而格外引人注目。但"四论"所反映的只是观念保守的教权主义者的宗教政治理念，它与历史和政治现实相距甚远，如按此标准评判，恐怕当今世界伊斯兰会议组织的 56 个成员国无一可称为

---

① 详见 John L. Esposito, *Voices of Resurgent Islam*, Oxford University Press, 1983, pp. 115 – 131。

"伊斯兰国家"。

结　语

过去的30年间，伊斯兰复兴运动不论成功与否，它在世界各地所产生的轰动效应可以说是不争的事实。如今"伊斯兰问题"已成为政治决策不容忽视的因素之一：中东为数不少的伊斯兰国家政府在政治决策中要把妥善地处理好与宗教政治反对派的关系问题列入重要的议事日程予以考虑；自称在中东有重要利益的美国以及穆斯林移民人口较多的法国、英国和德国都把确保国家安全问题与"伊斯兰威胁论"联系在一起加以评估；在巴尔干的波黑、科索沃，北高加索的车臣、达吉斯坦，以及苏联的中亚五国和印巴次大陆的克什米尔等宗教、民族热点地区，与伊斯兰相关的宗教极端主义和民族分裂主义势力在外部势力的支持下不时引起动荡不安的局势，如此等等。照此而论，伊斯兰复兴所引起的全是"负面效应"。究竟应当怎样看待这个问题呢？这里不妨简要地谈三点原则看法。

首先，伊斯兰复兴运动的兴起不是空穴来风，而有其深刻、复杂的社会根源。原教旨主义提出的政治腐败、经济困顿、社会财富分配两极分化、文教落后、世风日下、道德沦丧等问题，并不是伊斯兰国家所特有，而是许多发展中国家所面临的共同的问题。这些问题以宗教的名义提出可以理解，因为伊斯兰教作为一种主体文化和具有深厚群众基础的宗教信仰，对社会现实有一种"居高临下"的文化批判精神。但宗教主宰一切的时代早已过去，宗教文化的批判精神并不是超越时代的"永恒真理"，因此伊斯兰文化在社会发展进程中不能只扮演冷漠的旁观者、挑剔者的角色，它自身也必须接受现代化的洗礼，迎接全球化的挑战。否则，它与时代潮流会更加格格不入。

其次，榜样的作用是巨大的，已有的三个样板将对伊斯兰复兴运动的前景产生重要影响。目前原教旨主义势力已在伊朗、苏丹、阿富汗三国夺取政权，人们将根据三国的施政记录对原教旨主义的是非功过作出评判。这三块样板中，伊朗"伊斯兰革命"的胜利是不满政治现实的群众运动"闹"出来的。宗教只起到旗帜和纽带的作用。这场风暴曾在许多伊斯兰国家产生强烈冲击，但实质性的影响未超出伊朗境内，未能在什叶派信徒众多的海湾国家引起"连锁反应"。苏丹的原教旨主义政权是通过军事政变"夺"过来的，其社会基础远不如伊朗。巴希尔政府执政 11 年来在发展经济、改善人民生活方面毫无起色，国家依然是一贫如洗，而怨声载道的"伊斯兰化"政策所带来的是南北内战再起的消极后果。阿富汗的塔利班政权既是各派军阀之间的内战"打"出来的，又是外部势力"扶"起来的。塔利班的国际形象是在伊斯兰"圣战"的名义下支持宗教极端主义，干预主权国家内部事务，而在医治战争创伤、维护社会稳定、发展国民经济等当务之急工作上却毫无建树。如果原教旨主义只能通过这三块样板来体现，人们很难相信它会有光明的前景。

　　最后，伊斯兰复兴运动最重要的根源是发展中的伊斯兰国家在现代化进程中所遭遇的困难、问题和挫折，而原教旨主义是否有能力解决发展中所出现的各种问题，也就成为其自身是否有生命力的决定因素。迄今原教旨主义总共提出过三个著名的口号：一是"不要东方，不要西方，只要伊斯兰"；二是"不要宪法，不要法律，古兰经就是一切"；三是"伊斯兰是解决方案"。第一个口号是伊朗宗教领袖霍梅尼在 20 世纪 80 年代初提出的。第二个口号是阿尔及利亚的宗教政治反对派在 1989 年全国大选中提出的竞选口号。第三个口号是埃及穆斯林兄弟会所提出，得到各国穆斯林兄弟会组织的响应。这些口号所表达的意义大体相同，即决心通过开发、利用伊斯兰自身的宗教文化资源来独立自主地解决前进中的困难和问题，坚定不移地走"伊斯兰发展道路"。但即便在原教旨主义取得政权的三个国家，它也未能提出任何具体的、行之有效的"解决方案"。人们只知道原教旨主义反对什么、企图打倒什么，而它要具体地建立什么、创造什么，至今仍不得而知，仍是一头雾水。而且，在当今的世界上，在"伊斯兰"的名义下可以包容许多东西，因此是否真的有一条明确的"伊斯兰发展道路"，恐怕连许多虔诚的穆斯林自己也是抱怀疑态度的。

（原载《中国社会科学院研究生院学报》2001 年第 5 期）

"原教旨主义"*与伊斯兰国家体制

当代伊斯兰复兴运动提出了一个流行口号："伊斯兰化"。其政治内涵是指国家体制"伊斯兰化"。它既是伊斯兰原教旨主义派别的政治纲领，即主张在当代条件下，"重建"一个以沙里亚为基础、以古代麦地那穆斯林神权政体为楷模、"名副其实"的伊斯兰国家、伊斯兰社会、伊斯兰秩序。它同时又是实现这一目标的手段，即以渐进的合法方式或以暴力夺取政权的突变方式，实现国体、政体的"伊斯兰化"。这个口号重申了一个一度被教界遗忘的命题：宗教政治化、政治宗教化。这就向学术界提出了一个严肃的课题：究竟应当怎样认识宗教教义与国家体制的关系问题。本文仅就此略抒己见，以期引起讨论。

一

何谓伊斯兰国家？它与伊斯兰教有何关系？这似乎没有讨论的必要，因为现代人视政教分离为时代发展的必然趋势。然而，就伊斯兰教而论，实情却未必如此，特别是原教旨主义就国家政治体制提出新界说以后，问题就更加复杂化了。故我们的讨论似应从两种不同的界说开始。

通常所说的伊斯兰国家，泛指大部分居民传统上以伊斯兰教为宗教信仰的国家，它并非一种严谨的政治、法律概念，而只表示一种同历史、现实相关联的事实。主要是：（1）居民的主体是穆斯林；（2）国家元首由穆斯林担任；（3）国家尊重信仰自由，保护、弘扬伊斯兰文化传统等。也

---

* 本书中"原教旨主义"一词是中性词，泛指伊斯兰复兴论者，即世界穆斯林社团中那些反对世俗化而主张大力弘扬宗教历史文化传统的派别、组织和个人。

有些国家穆斯林虽不占其人口总数的多数，但因受伊斯兰教影响较深，也称为伊斯兰国家，这可视为"例外"。此外，习惯上还有一个标准，即凡属伊斯兰会议组织成员国，皆为伊斯兰国家，这是同义反复。这些界说仍可以讨论，但都有一个共同点：伊斯兰国家种属总是同居民的宗教信仰相关联。这件事实提醒我们：宗教信仰问题是研究国体的一个重要因素。

伊斯兰国家的另一种界说亦非鲜为人知，这就是各国的原教旨主义者们的界说。他们称上述伊斯兰国家为"穆斯林国家"，而把他们鼓吹"重建"的神权政体称为"名副其实"的伊斯兰国家，以示区别。称谓上的差异常常引起严重的后果，属于敏感的政治问题，关系到国体、政体、宗教在国家政治、社会生活中的地位问题，直接关系到社会各阶级、集团、政党乃至个人的权益。

那么，二者的根本区别何在？这是个复杂的问题。首先，在原教旨主义者看来，一个穆斯林国家只表示一件习以为常的事实：居民主体为穆斯林，而全然不涉及其他。因之，一个穆斯林国家可以是政教分离的世俗性政权（如土耳其），也可以是政教合一的政权（如沙特）；可以采取资产阶级国家的民主共和制或君主立宪制，也可以采取封建国家的君主专制。而国家的基础则是以民族、地域等为主要标志的现代资产阶级民族国家理论。凡此种种，皆有悖于伊斯兰教教义。至于原教旨主义者所谓"名副其实"的伊斯兰国家，实际上众说纷纭，没有定论，而仅有一些基本框架或基本原则，尚未形成系统的理论学说。为展开讨论，我们不妨就流行的政反论两种界说作一粗线条的描述。

首先，我们引述当代原教旨主义三大理论家之一的毛杜迪（阿拉·毛杜迪，巴基斯坦伊斯兰促进会前任主席。著有120种著作，同赛义德·库特布、阿里·沙里亚蒂并称为当代伊斯兰原教旨主义三大思想家，其著作已被译为十几种文字。）的观点。他认为，伊斯兰国家是伊斯兰教义的政治体现，其理论基础源自安拉对宇宙万物的"绝对主权"，其性质、体制、特征皆为神圣沙里亚所明确规定。其四项基本原则是：

（1）承认安拉的绝对主权。安拉既为宇宙万物的创造者、主宰者，当然也是国家唯一主权者。国家以沙里亚为基础，实行伊斯兰法治，其立法权仅属于安拉。

（2）承认先知的权威。先知作为安拉在人世间的"使者"和"代理人"，拥有不容争议的政治、法律主权，其"圣言"、"圣行"为立法的基本渊源之一。

（3）承认国家有限的主权。国家自身虽无权力，但国家作为"安拉的代理人"有权代行安拉的司法权、行政权。故国家就其职能说来，应称为哈里制度（代行主权体制）。而世俗意义的"主权国家"，仅表示国家在其国度内的有限权威，但其权威不能超越"安拉之法度"。

（4）承认协商制原则，即教法确认的唯全体穆斯林一致协议是从的原则。协商（ijma），即伊斯兰教法的"公议"原则，原指以权威法学家的一致意见为核准法律推理的权威依据。这里所言"协商"源自一则"圣训"："我的教民绝不会就谬误取得一致。""协商"阿文亦作 shura。鉴于教法未就协商机制作过明确规定，可取直接或间接代表制形式。故基于自由协商基础上的"伊斯兰民主制"国家，应称为"安拉之国"或"神权民主政体"。[①]

关于这种理想中的国家体制的基本特征，毛杜迪提出了两点原则性说明。第一，国家具有"普世性"。如同历史上的"普世哈里发制"一样，国家的基本职能是以一种富于衡平的政治制度保障社会公正。为此，国家必须以一切手段强化干预作用，不容许任何领域脱离国家的监控，而任何退缩都意味着对"安拉主权"的背叛。故国家作为一种权威机关，既是极权主义的（毛杜迪认为他所主张的国家类似"现代法西斯国家"，而民主的差别即"极权主义的好坏之别。"），[②]又是"神权民主"的体制。第二，国家具有意识形态性质。伊斯兰国家实质上是由敬畏安拉的穆斯林大众结成的一种社会共同体（Umma）。伊斯兰教不仅是公民的共同信仰，也是国家的指导思想，而国家只是伊斯兰教"改造"人类社会的工具。因此，国家只能由忠诚于信仰的穆斯林来管理，非穆斯林无权享有同等的政治权利。

处于印巴分治特殊历史环境下的毛杜迪，其主张或许不足以体现原教

---

① 约翰·埃斯波西托：《复兴伊斯兰之呐喊》，牛津，1983 年版，第 117 页。
② 同上书，第 119 页。

旨主义国家观的全貌。我们不妨再引述原教旨主义派别另一领导人哈桑·图拉比（哈桑·图拉比，苏丹穆斯林兄弟会创始人，曾任苏丹政府司法部检察总长）的观点。他从反证角度提出了三项命题。

（1）伊斯兰国家不是世俗性国家。认为国家既以"认主独一"宇宙观为理论基础，全部公共生活自然是宗教性的，而国家的职能是"虔诚事主"。故国家只是宗教教义的一种体现。

（2）伊斯兰国家不是民族国家。认为国家既为信仰者的共同体，便只能有"一个主义、一种忠诚"，即信仰伊斯兰主义，绝对忠诚于安拉，而民族主义有悖于伊斯兰教的普世性，侵害了安拉的"绝对主权"。

（3）伊斯兰国家不是国家体制的原型，其原型是穆斯林共同体（Umma）。这就是说，先有穆斯林社会，后有维护其利益的国家，国家可以兴衰，而穆斯林社会永存。①

以上引述以明白无误的语言向人们昭示：伊斯兰原教旨主义国家观具有明显的反现实的倾向，它同战后广为流行的现代民族国家的理论和实践是背道而驰的。问题在于这种"反向性"是否符合逻辑，是否如同原教旨主义者所声称的为伊斯兰文化传统在当代的"继续"和"发扬"。要澄清这些问题，需要从历史、理论、现实三个层面作综合分析。

二

现实问题之所以要提升到历史的高度来认识，是因为非此不足以把握规律性的东西。伊斯兰教作为一种传统的历史性宗教，极其重视宗教传统的历史连续性，原教旨主义派别尤甚。而伊斯兰原教旨主义最突出的思想特征，就在于它是一个以现实的价值需要为出发点重新评价、修正自身历史的运动，它也是内化为宗教教义的一种传统历史文化心态的必然反映。加拿大著名学者史密斯先生指出，现代伊斯兰教的"顽症"是"关于伊斯兰历史过错的一种意识，而现代穆斯林的根本问题即如何修订那部历

---

① 约翰·埃斯波西托：《复兴伊斯兰之呐喊》，牛津，1983年版，第241—251页。

史"。①伊斯兰原教旨主义作为一种宗教政治学说，实际上正是步入现代社会的穆斯林以自己所珍视的传统宗教文化为框架反思、"修正"自我历史"过错"的一种产物。介于传统主义与现代主义之间、以"新传统派"著称的原教旨主义，既是伊斯兰文化传统的一部分，又不满足于传统，企图以"托古改制"方式"修正"其历史文化传统，而以传统的神权政体来代替现代民族国家的理论和实践，只是这种历史修订活动的现代政治篇章。

历史是不能倒退的，但历史又往往有惊人的相似之处。如果我们把当代原教旨主义的国家学说同历史上的哈里发学说加以对照，就会发现二者在总体架构上几乎别无二致。② 这里不妨略予回顾。

首先需要指出三件基本史实。第一，历史上由伊斯兰学者们（乌里玛）阐释的哈里发制度，由于它以神圣沙里亚的权威确认了伊斯兰教初创时期一度实行过的一种以经、训为依据的国家体制（正统哈里发制），加之阿拉伯历史上从未有过任何国家体制的模式，其影响确实相当广泛、深远。其意义主要在于它为国家政治制度的合法性提供了不可或缺的权威依据。第二，这种政治体制的原型，适应了当时刚刚形成、仍保有原始共产制残余的穆斯林共同体的社会发展状况，但只实行了30年（632—661）即因阶级国家的形成而化为泡影。留存下来的只是一种不可企及的政治理想，而这种理想并非超前或同步萌生的，而是回溯性的，它所反映的是一种已被现实打得粉碎的善良愿望。第三，当"正统哈里发制"已不复存在，仍在理论上坚持这种政治体制的仅仅是少数政治理想主义者，而他们也并未形成一致公认的理论学说。更令人惊异的是，同样自诩为伊斯兰文化遗产监护人的大部分逊尼派教法学家，并未参与公法理论活动，由他们精心创制的伊斯兰教法实体，事无巨细、无所不含，却唯独未涉及哈里发体制这一重大政治主题。这说明，当代伊斯兰学者所坚持的"名副其实"的伊斯兰国家体制，历史上就在这种体制的原型形成后不久即被政治现实所突破，被社会舆论所抛弃。若说它是伊斯兰"内在精神"之体现，那么

① 阿赫默德·阿齐兹：《印巴伊斯兰教现代主义》，牛津，1967年，第260页。
② 详见拙文《伊斯兰教与哈里发制度》，载《西亚非洲》1990年第2期。

这种精神已没有它赖以生存的物质基础；若说它是伊斯兰文化传统的一部分，则只能说它是一种阔别已久、中断了的传统。

然而，由于伊斯兰教所固有的主体性、内向性，历史上每当重大转折期来临之际，确曾多次出现过政治复古主义，其冲击力又非常之大，毕竟伊斯兰教曾是居统治地位的一种政治思想体系。历史上政治复古主义有过三次高潮，同传统政治体制危机相伴随、相始终，而每次危机过后，都出现过新正统主义。

第一次危机是在 7 世纪下半叶。在改朝换代中，"世俗化"的倭马亚王朝被推翻，而夺取政权的阿巴斯统治者最初曾标榜国体"伊斯兰化"，于是一批怀旧的宗教学者开始大发复古之幽情。但他们在美化古之哈里发制度的同时，很快就发现理想中的旧制与号称实行哈里发制度的新王朝根本不是一回事，于是只好以完美的政治理想聊以自慰。好在统治者毕竟在名义上承认沙里亚的神圣性，而这也就足够了。

第二次危机是在 1258 年。因外族入侵，阿巴斯王朝宣告解体，普世哈里发制随之覆灭。早已异化的哈里发制既无实体，又何以称为"体制"？然而，因循守旧的宗教学者们仍能修补千孔百疮的理论。他们一面违心地向不屑一顾的地方苏丹表示忠顺，一面炮制出"权力转移"说，声称解释沙里亚的权力已从先知"转移"到宗教学者们手里。这种对自我历史跳跃式的随意解释，却意外地为后世留下了一份难能可贵的历史遗产。人们记得：当代原教旨主义者们正是以提出"权力转移"说的伊本·泰米叶①为早期的思想源泉，而他们所"监护"的正是作为其世袭领地的神圣立法权，实际上也是"监护"其自身的地位。

第三次危机是在 1924 年。同年，土耳其大国民议会宣布废除封建的哈里发制，建立资产阶级民主共和国。这次打击具有致命性质，震撼了整个伊斯兰世界。土耳其人民以自己的政治选择结束了腐败的旧制，以民族主义代替了泛奥斯曼主义、泛伊斯兰主义，以政教分离、政教分立代替了政教合一的神权政体的理论和实践，同时以革命方式铲除了旧体制赖以生

---

① 伊本·泰米叶，罕百里派著名教法学家，其学说以坚持"正道"、批判"异端邪说"为特色。他曾全面修正传统哈里发学说。

存的社会基础，实行了广泛的宗教、社会改革。这一历史性变化揭示：社会自身的发展、演进势必突破宗教教条的禁束，而任何宗教欲生存、发展，必须同时代潮流相协调、相适应，因而必须使自身成为一个外向开放的体系。

　　土耳其革命确立了资产阶级民族主义的地位，同时也加剧了宗教界内部资产阶级"现代派"同封建阶级"正统派"的冲突，使伊斯兰现代主义者们面临着重大抉择：要么接受政教分离理论，向民族主义靠拢，要么坚持政教合一，同封建正统派合流。这种选择集中表现在是否赞同废除哈里发制度问题上。值得注意的是，正是在这个根本问题上，以埃及、印度为首的一批泛伊斯兰主义者站到了土耳其革命的对立面，他们先是呼吁土耳其大国民议会保留哈里发制度，继之又企图在土耳其境外重建一种象征性的"精神哈里发制度"。1926 年，就在土耳其宣布废除哈里发制度以后不到两年，各国的泛伊斯兰主义者们分别于开罗和麦加举行两次"世界伊斯兰教大会"，讨论恢复哈里发制问题。会议虽未取得实际结果，但泛伊斯兰哈里发制同民族主义国家体制间的冲突却远没有结束。而许多伊斯兰现代主义者正是在新旧政治体制的决裂中，因对民族主义、世俗主义的反感，而转向了封建正统派的营垒。所谓伊斯兰原教旨主义，正是这一历史条件下的产物，它的形成实际上也是逊尼派现代宗教政治思想的历史转折点和主要标志；它从产生之日起就带有明显的反现实、反历史主义的思想倾向，实为一种复古主义的政治学说。

　　国际伊斯兰教界因传统政治体制破灭而引起的思想窘困，成为这一时期宗教思想家们反思的主题，其中最有代表性的当推拉希德·里达（1865—1935）。他是伊斯兰现代主义同伊斯兰原教旨主义的连接点，在他身上既有尊重科学、重视理性的现代派气质，又有提倡正本清源、复归传统的原教旨主义本色。他在土耳其革命前夜发表的《哈里发制或至高无上的伊玛目制》一文中，首次提出了关于伊斯兰国家的理论。这部政治著作表达了一位宗教思想家因自己所珍重的传统政治体制破灭，寻求"政治补偿"的一种矛盾心态，它也是当代原教旨主义者们共同历史文化心态的写照。

　　里达首先回顾了历史上的哈里发制度，肯定这种国家体制是以神圣律法为基础的一种义务性的政治协商制度，指出历史上唯有短暂的"正统哈里发制"才是其真正精神的体现，而后来的种种变异体制徒具其名。接着他分析了在当代条件下恢复哈里发制度的各种实际困难，认为既没有合适的哈里发人选，也没有合适的哈里发的首府。为了寻求一种最近似原型的体制，他曾设想过一种"精神哈里发制"，但同样难以实现。最后于万般无奈之下，他才提出了"伊斯兰国家"①这一替代形式。其基本框架是：

（1）国家以一部宪法为基础，实行伊斯兰法治，以经、训和早年哈里发们的历史经验来处理国家的政治、经济、社会事务。

（2）国家实行"协商"制度。由所谓"亦张亦弛"的人士，即精通律法、德高望重、主持正义的宗教法学家作为全体穆斯林的代表，推举产生国家元首。国家元首必须熟谙宗教律法，有独立判断能力，尊重民意，维护民众的利益，通过同法学家们"协商"，决定国家大事。

（3）以沙里亚为国家的最高原则，宗教法学家为其权威诠释者。但在释法、执法中必须坚持"独立判断"原则，根据当代条件加以灵活变通的解释，以增强其活力。②

不难看出，这一"重建"伊斯兰国家的方案最明显的特点是只承认神权、不承认国权、民权，国家没有主权，人民亦没有立法权。因而所谓"名副其实"的伊斯兰国家，从这一理论产生之日起就是一种政治复古主义，其形态是古代哈里发制度的变种，其目的是企图抵消土耳其革命的影响。这表明：在理论上局限于护教论的伊斯兰现代主义已完成自己的历史使命，而代之而起的伊斯兰原教旨主义企图改变现代历史的进程。

三

理论的意义在于它的能动的指导作用。一种现实的政治体制必须以科学的理论为前提，反之基于谬误理论基础之上的政治体制也必然是不现实

---

① 在其著作中称为"伊斯兰政府"、"伊斯兰哈里发制"、"哈里发政府"。其含义近似后来的"伊斯兰国家"概念。见哈米德·埃纳亚特《现代伊斯兰政治思想》，奥斯汀，1982年，第77页。

② 见哈米德·埃纳亚特：前引书，第69—83页。

的。那么，原教旨主义的国家学说究竟是一种怎样的理论学说呢？

首先，让我们观察其哲学基础。原教旨主义的哲学基础是伊斯兰经院哲学家艾什尔里的新正统神学，以抬高天启、轻视理性为根本特征。这种宗教哲学颠倒了主客体的关系，将作为实践主体的人类置于对神明敬畏、屈从的被动者的地位上。在他看来，安拉为宇宙万物的本源，一切以安拉的意志为转移。安拉之所以"命人行善"，并非因为客物本身性善；之所以"止人作恶"，并非因为客物本身性恶。善恶、是非、真伪、美丑，皆取决于安拉的意志，这正是其哲学的基本命题。本来这种哲学思想近代以来已作过修正，阿布杜就曾明确宣布，《古兰经》中没有任何不符合理智的内容。不幸的是，原教旨主义者仍紧紧抱住这种新正统神学不放。既然不承认理性的地位，当然也不承认人类的创造活动，而国家只能是否认民权、"代行"神权的一种政体。然而，既为国家，其自身又无权力，这不是自相矛盾吗？

其次，让我们来考察其法治。原教旨主义者主张以沙里亚为国家宪法，实行伊斯兰法治。这使人联想到他们所主张的是一种"现代"法治国家。问题在于这是一种怎样的法治。传统上称为沙里亚的伊斯兰教法历史上为宗教法学家们所创制，故亦称"法学家法"。其根本特征是以天启来限制人的理性活动。它的"法哲学"充斥着悖论：一方面它以沙里亚的权威肯定经、训为"不谬"的法源，另一方面它又确认包含理性活动的类比判断为推导"律例"唯一合法的形式，而"易谬"的类推一经权威法学家们公议的核准，即成为不容更易的律例。历史上随着公议覆盖面的不断扩大，类推领域日趋狭小，许多问题都有了一成不变的结论，加盖上神圣律令的封印。传统法源理论体系的内在矛盾必然会限制法律实体的发展，终于导致"创制之门关闭"之说（意即"创制"伊斯兰教法的大业已告完成，其体系、学说、基本律例已经定型，不再需要"创制"，后世学者只能遵循传统），致使教法成为一个封闭的体系。为使教法恢复活力，现代派和原教旨主义派都提倡"独立判断"，要求重开"创制之门"，但这种新的理论原则仍未能使律法成为一个开放的体系。其原因在于教法渊源的基础结构并没有变，它仍以经、训为参照系，理性仍被局限于天启容许的狭窄范围内。经、训作为一种历史文化传统，其价值是不言而喻的，但任何一种文化传统都需要发展，而其发展却因为缺乏一种内部机制而困难重重。

顺便需要指出，原教旨主义者所珍视的神圣沙里亚的实体，自近代以来早已发生了巨大的变化。号称为"无所不包的法典"的伊斯兰教法，今天仅限于婚姻家庭、遗产继承两个门类，而商法、民法、刑法、瓦克夫法等领域已被现代世俗法规所代替。尤其值得注意的是，同政治体制有关的"公法"领域，从未形成系统的理论体系，历来不属于沙里亚范畴。试问：这种支离破碎的状况，何以适应现代国家立法的需要？若说尊重民意，那么传统法制为现代法制所取代不正是顺乎民意的一种历史潮流吗？

再次，关于民主制原则。原教旨主义者主张国家实行以政治协商为主的民主制原则，这使人联想到未来的国家是以法治为基础的现代民主政体。可是，这是一种怎样的民主呢？原来，所谓"协商"是从传统律法的公议原则演绎而来。公议，原指某一地区、某一世代权威教法学家们的一致意见。近代以后经过现代派的随意解释，公议成为"伊斯兰民主"的同义语，似乎有了一个表达民意的机制。但这种称之为"穆斯林法制议会"的代表制度，是一种极其有限的民主制。按照这种制度，唯有精通经、训、教法知识、有独立判断能力的少数"智者"、"精英"，有资格作为民意的代表者参政并决定国家大事，而作为社会主体的人民群众则在法律上和事实上被限制了充分的民主权利。这样的民主实质上是"为民作主"。

最后，关于国家的理论基础。原教旨主义者认为国家实质上是信仰者的社会共同体，其基础是共同的宗教信仰。因此，他们极力反对以共同语言、共同地域、共同经济生活、共同文化心理素质为主要标志的现代民族国家的理论。他们所主张的实际上是一种"族教混同"的泛伊斯兰主义国家概念。无可否认，一个民族的形成往往同该民族的宗教信仰、文化传统有密切的关系，但宗教信仰与民族特性毕竟不是一回事，国家作为一种社会共同体毕竟还有其他许多不容忽视的共同因素。国家本身并非一个"静态"的概念，而是个不断发展的概念。以阿拉伯国家为例，历史上有共同宗教信仰、共同文化传统的阿拉伯人曾经联合为一个伊斯兰封建帝国，但近代以后同属阿拉伯种族的各族人民却分属于不同的现代民族国家。何以解释这种历史现象？这至少可以说明，在新的历史条件下，仅以宗教信仰为国家一体化的基础，在实践上是行不通的，在理论上也是不能成立的。另一更明显的事实是，原教旨主义者之所以用"伊斯兰国家"来代替泛伊斯兰主义的"普世哈里发体制"，正是因为以共同信仰为基础的旧的国家理论学说实际上已经破产。

四

一种理论学说是否正确，要经过社会实践的检验，这在我国理论界已成为常识。那么，我们亦不妨用这把尺子来检验一下原教旨主义的理论学说。远的不说，我们仅以原教旨主义著名理论家毛杜迪在其故乡巴基斯坦的理论实践为例略加分析。

巴基斯坦是一个几乎全民信奉伊斯兰教的国家，而国家之基础又是建立在共同的宗教信仰和历史文化传统之上，按照原教旨主义理论，它早应是一个"名副其实"的伊斯兰国家了。然而，事实却远非如此。究竟是什么因素妨碍它沿着这个方向走下去呢？

1948 年年初巴基斯坦制订国家宪法前夕，真纳总督曾明确提出，未来国家宪法既不能有悖于沙里亚的精神，又不能仅以宗教律法为基础。这一折衷主义原则，后来成为立宪的指导原则，载入同年 3 月制宪议会通过的"目标决议"。其中规定："整个宇宙之主权仅属于万能之安拉，安拉通过人民授予巴基斯坦国家的有限权威是一项神圣委托。国家在伊斯兰架构内实行民主、自由、平等、宽容和社会公正的原则"。[1]与此同时，在宗教学者们的坚持下，国家成立了一个由权威宗教学者组成的"伊斯兰教义顾问委员会"，该委员会提出了一部"伊斯兰宪法草案"。其中规定：国家元首只能由穆斯林担任；伊斯兰学者有权废止违反经、训原则的立法；由穆斯林选民推举虔信之士主持政府工作等。这些反映教权主义政治要求的基本原则，大部分被制宪议会否决。但国体之争并未结束。1951 年 1 月，于宗教界举行的一次全国大会上，"伊斯兰促进会"主席毛杜迪就立宪基本原则问题与伊斯兰教义顾问委员会达成 22 条协议，重申被否决的宪法草

---

① 阿赫默德·阿齐兹：前引书，第 238 页。

案，致使制宪工作陷于困境。1953 年 1 月，"全巴穆斯林政党大会"成立一"行动委员会"，要求政府取缔"非伊斯兰"的阿赫默迪亚教派，解除该派信徒在政府中所任全部高级职务。与此同时，在西巴旁遮普地区发生了针对该派的暴力流血事件，使国体之争升级为"正统派"与"异端派"之间的教派冲突。为稳定政局，巴中央政府宣布对动乱中心拉合尔地区实行军法统治。毛杜迪本人也因煽动教派冲突被宣判死刑，后在国际舆论呼吁下始得豁免。然而，制宪工作却因此而一筹莫展。直到 1956 年，巴第二届制宪议会才通过一部宪法，重申了"目标决议"中关于国家体制的基本原则。同时对宗教界作了三点妥协：（1）定国名为"巴基斯坦伊斯兰共和国"；（2）设立"中央伊斯兰研究所"，协助政府以宗教教义为基础，"重建"伊斯兰社会；（3）设立一"法制监护委员会"，监察国家立法，并以经、训为据"修订"全部现行法规，逐步实现法制"伊斯兰化"。然而，国家虽在理论原则上作了让步，对国体逐步"伊斯兰化"作了承诺，但实际上又无意兑现，因此国体、政体之争长期得不到解决，而毛杜迪及其"伊斯兰促进会"则成为历届政府的政治反对派。

巴基斯坦国体之争之所以难以解决，不只是因为历届政府没有诚意，更深刻的原因还在于，任何一个现代民族主权国家实际上绝无可能仅以共同的宗教信仰为基础，而这个在现代条件下难以付诸实行的理论原则，却正是巴宗教界传统派和原教旨主义派的基本政治纲领。作为一个民族主权国家的执政者，巴历届政府无论其功过是非如何，都只能从维护国家和民族的整体利益出发，采取务实主义态度，实行灵活变通的政策，而不可能从宗教教义出发，实行教权主义政策。即使是对宗教界妥协、让步较多的齐亚·哈克政府，所奉行的亦并非教权主义政策。这一现实主义前提决定了原教旨主义政纲只能是一种不可企及的愿望。退一步说，即使原教旨主义派别夺取了政权，如革命后的伊朗，它也必须根据历史、现实情况，对自己的政纲加以修正。

政治是民众意识的体现，是时代的晴雨表，其潮流从来不是由少数政治家所左右。综观当今巴基斯坦之政局，一个引人注目的现象是，在当前汹涌澎湃的国际伊斯兰复兴浪潮的冲击下，被原教旨主义派别指责为世俗化、非伊斯兰的巴基斯坦人民党仍能顺利组阁，而未被"伊斯兰化"的浪潮冲垮。这件事实说明，即使处在伊斯兰复兴热潮中的国家，民众主体也并非注定会以宗教价值为政治选择的唯一尺度。反观以毛杜迪为首的"伊斯兰促进会"，情况却不美妙。诚然，该派曾提出许多合理的经济、政治主张，如铲除资本主义制度、反对少数人垄断社会财富、实行耕者有其田等，其组织纪律严明、分工细致、工作效率很高，而毛杜迪本人又是个有很高国际威望的宗教领袖，但其追随者却为数甚少，因而该组织在议会斗争中只能充当反对党联合阵线中的"小伙伴"。何以解释这一"反常"现象？看来一个重要原因就在于，他的不切实际的宗教神学教条限制了其自身的发展。民众所关心的是现实生活中的经济、政治和社会问题，而他却把这些现实问题的解决寄希望于宗教传统的复归，以致遥遥无期；他企图以伊斯兰原旨教义来解决现实社会问题，将理论、政策立足于宗教传统的基础之上，而所谓传统又只是原教旨主义者对自身历史所作的一种选择性的价值判断，而现实问题的解决其中亦包含否定原教旨主义视为珍宝的、不合时宜的旧传统、旧观念的因素。

由此推而广之，不妨认为，当前出现的范畴广泛的伊斯兰复兴运动，虽然提出了一系列亟待解决的重大问题，也确实影响了数目很大的一部分群众，并震动了整个伊斯兰世界，但它仍处在"投石问路"阶段，许多问题仍然是含混不清的。这些根本问题以宗教复兴的方式提出，绝不意味着宗教传统的复归注定能使问题得到圆满的解决。因循守旧的宗教家有成千上万条理由来诘难现实，而欲改变现实却显得十分渺小、力不从心。在事关发展道路，事关国体、政体这样一些带有全局性的重大问题上，"伊斯兰化"很难说是一种严肃、理智、成熟的政治选择。

（原载《西亚非洲》1990 年第 4 期）

战后的国际伊斯兰金融运动

　　历史上，欧洲商人在同穆斯林商人交往时，时常向他们的法律顾问提出这样的疑问：伊斯兰国家是否有一部独特的商法？穆斯林是否有一种特殊的商业道德或商业心理？回答总是含混不清的。因为若说有，历史上伊斯兰商法从未编纂为明确的条规；若说无，《古兰经》和圣训中确有不少关于商业活动的论述，而且对许多虔诚的穆斯林商人确有很大的约束力。这种状况今天仍没有根本的改变，但自20世纪70年代以来，特别是近年来，各国的伊斯兰学者显然越来越重视以经训为基础的传统经济思想，尤其是传统金融理论和实践，发表了大量的研究著作和报告，一些伊斯兰国家还采取了许多重大的改革措施。特别值得注意的是，在国际伊斯兰复兴运动的浪潮中，某些伊斯兰国家（如利比亚、伊朗、巴基斯坦等）的领导人提出伊斯兰国家有一条既非资本主义又非社会主义的"第三条道路"，伊斯兰世界还出现了一个以建立伊斯兰银行为主要特征的、范围广泛的国际伊斯兰金融运动。诸如此类的问题已经引起国际学术界的密切注意，而我国至今尚未见到这方面的系统研究。这种研究落后于现实需要的状况，原因固然很多，但其中很重要的一条就在于我们视野不广，对宗教问题往往偏重于理论和历史的探索，囿于既定之见，满足于传统的方法论，而忽视了宗教问题极为广泛的现实关联和现实社会意义。要改变这种状况，看来我们在观念上需要来一个更新；对重大而复杂的现状问题，需要突破学科界限，进入广阔而陌生的领域，开展全方位、多层次的综合研究。

　　本文在很大程度上还是资料性的，但笔者试图从更广阔的角度来认识当代世界的宗教问题，以期引起我国学者对诸如此类的现实问题的关注。

一　伊斯兰教与当代经济发展

在伊斯兰世界，现代派与传统派之争由来已久，只是 20 世纪 70 年代以来更加剧烈罢了。这个问题，过去我们多局限于从宗教思想发展史的角度加以研究，难以讲清楚，因为问题所及已经远远越出了人们通常所理解的宗教的范围。目前广为流行的伊斯兰金融运动更是如此。其产生的背景，至少应注意以下三个方面。

首先，从政治制度上看。战后，伊斯兰国家相继摆脱了殖民统治，取得了独立，但没有一个国家走上社会主义道路。其国家政权基本上是地主、资产阶级联合专政，基本形式是封建君主制和资产阶级议会制，对外以民族主义为基础，奉行不结盟政策。这两种政体的长短处可以不论，但有一点则是共同的，即大多数伊斯兰国家政权经常更迭，自 60 年代到 80 年代，军事政变不下几十次。而且，这些政权形式是广大穆斯林所不熟悉的。因此，原教旨主义者鼓吹的伊斯兰神权政体是有一定的社会基础的。

其次，从法制上看。历史上广大穆斯林群众熟知的唯一法制是以经、训为基础的伊斯兰教法。但战后教法的地位江河日下，大致有三种情况：一是以西化著称的土耳其，废除了伊斯兰法制，代之以欧洲的法律制度；二是以沙特为首的几个波斯湾国家，继续以教法为国家的基本法；三是大部分伊斯兰国家则在名义上给教法以一定的地位，实际上奉行政教分离政策，教法不再是国家的基本法。因此，原教旨主义者一再要求恢复宗教法制，包括恢复伊斯兰金融制度。

最后，从社会经济上看。战后伊斯兰国家的经济虽有不同程度的发展，但大部分国家仍处于穷困、落后的状态。据《世界银行》统计，从 20 世纪 60 年代至 80 年代的 20 年中，如果按人均国民生产总值计算，则伊斯兰国家中除利比亚、沙特阿拉伯、科威特、阿联酋四个重要的石油输出国属于高收入国家外，其余均属于中、下等收入国家；如按人均国民生产增长率计算，则大部分国家（25 个）低于 4%。而且，人均收入不能作为衡量一国经济状况的科学指数，因为它不能显示占社会大多数的中下层人的实际收入，也不能正确反映一国发达的程度。例如，海湾石油国家看来很富有，实际上社会基础设施、文教、科技、健康水平等仍不能同发达国家相比。尤其不容忽视的是，自70年代中期以来，世界经济形势一直动荡不安，发达国家与发展中国家经济增长普遍滞缓，国际、国内通货膨胀率扶摇直上，国际竞争日益加剧。发达国家为摆脱困境，一方面大幅度削减对发展中国家的投资和官方发展援助，另一方面采取非关税壁垒为特征的新贸易保护主义，使发展中国家深受其害。面对着日益严峻的国际、国内经济形势，发展中的伊斯兰国家不能不采取对策。正是在这种形势下，一批传统伊斯兰经济学家提出，发达国家在国际竞争中之所以处于优势，除了它们有资金、技术、商品市场的优势外，一个重要原因是它们垄断了国际金融市场。那么，发展中国家为什么不可以建立自己的国际金融市场呢？伊斯兰国家为什么不可以按照自己所特有的传统方式来组织社会经济生活呢？这些也许就是国际伊斯兰金融运动产生的思想背景。

二　伊斯兰的金融原则

那么，何为伊斯兰的金融原则？笔者试根据有关资料归纳如下：

（一）禁止重利

伊斯兰的商业思想反映了古阿拉伯人的习惯。其中有一项原则界限，即提倡买卖公平，反对投机倒把、高利盘剥。《古兰经》里明确谈到：真主准许买卖，而禁止重利（2：275），鼓励债主放弃赊欠的重利（2：278），或给予宽限（2：280），告诫人们不要吃"重复加倍的利息"（3：130），违禁并借诈术而侵吞他人之财物，必将在来世遭到"痛苦的刑罚"（4：161）。经典的原意本来是清楚的，即通过一切不正当手段牟取暴利应严加禁止，而正常交易获取的收入则应予保护。然而，这项原则随着现代商业的发展而变得越来越难以把握了。问题在于多高和以什么方式获取的利息构成"重利"？禁令是否适用于现代商业银行收取和发放的利息？商行的有息信贷是否也在禁止之列？这些新问题，经典里未有、也不可能涉及。自19世纪下半叶，随着欧洲商行的建立，伊斯兰国家在金融交易中逐渐形成三条不成文的惯例：其一，政府间的官方贷款准许收取利息；其二，满足日常生活需要的私人贷款不准收取利息；其三，银行商业信贷允许收取利息。但一部分虔诚的宗教家持有异议，认为凡属利息应一律加以禁止。

（二）区别实利息与虚利息

20 世纪 70 年代以后，通货膨胀率的上升使传统金融理论受到一次新的冲击。在这种情况下，国外的伊斯兰经济学家提出一项新原则：利息禁令只适用于实利息，而不适用于因通货膨胀而产生的"虚利息"（浮动利息）。理由是：如果限制银行提高利率，债权人（银行）势必遭受损失，等于变相补贴了债务人（借方），而《古兰经》里只提及债主在债户窘困时应给予"宽限"，但要求债主补贴债户则没有先例。

（三）借贷双方共担风险、共分利润

伊斯兰金融专家认为，目前世界上流行的借贷关系是不公正的，因为它有利于贷方而不利于借方，借方不论经营结果如何，都必须按期偿还本息，而贷方不担风险，在任何情况下都能获得利息。因而，固定利息是不可取的。然而，他们甚至更加强烈反对可变利息。理由是浮动利率取决于市场的供求关系和政府的政策，借贷双方都可能因为意外的原因（如政府突然宣布改变利率）而遭到打击，而最公平的原则是借贷双方同舟共济、互助合作，即银行与客户合资经营，双方共分红利（投资利润不是利息），共担亏损。

（四）反对视利息为货币价格

目前资本主义世界的流行金融观点，是把货币视为一种可变通的商品，利率作为价格机制，实际上是货币本身的市场价格。伊斯兰金融专家反对这一理论，因为按照传统伊斯兰教法的规定，唯有通过体力劳动生产的有形产品才有使用价值，作为商品投入市场流通才产生价格，而变幻不定的货币资本不能作为商品，当然也就没有价值和价格，更不能以利率形式作为价格机制。然而，伊斯兰金融专家同样拒绝马克思主义视资本为劳动的剩余价值的观点。他们认为资本家有权取得一定的报酬，但这种报酬

的取得不是因为他们拥有资本，而是因为他们参加经营和承担风险，即
《古兰经》里所说的各人所付出的"劳绩"（53：39）。因之，利息不应视
为资本的增值，而是资本家的"辛苦费"。固定利息不担风险，因而是不
正当的，应予禁止。

（五）以利润来代替利息

在现代条件下，要想从根本上取消利息显然是不现实的，为解决这一
困难，目前许多伊斯兰经济学家都主张采取一种变通方法，即在理论上和
道义上谴责利息，同时继续容许其存在。目前采取的最常见的一种办法，
是在银行和客户之间建立一种合作关系，双方共同经营，共担风险，共享
投资所得利润。由于利息已包含在投资利润中，双方的利益都得到了满
足，因而这种变通方法似乎既公平合理又符合伊斯兰的金融原则。

（六）提倡储蓄，反对囤积财富

伊斯兰教提倡储蓄，但储蓄同样必须受宗教道德的约束。伊斯兰金融
理论认为，储蓄是为了满足人们未来的消费，保证计划开支，防止因种种
不测原因而造成经济窘困。但是，为储蓄而储蓄则是不正当的。区别在
于，伊斯兰金融理论认为，人们选择储蓄还是消费，应当完全取决于他们
自己的家庭和亲属的经济状况和日常生活需要，而储蓄这件行为本身则毫
无价值可言，因而也无须给以报酬；如果以利息作为鼓励储蓄的手段，势
必使人们因贪欲而走向极端，把正当的储蓄变为不义的囤积社会财富，而
对窖藏金银者则应给予"痛苦的刑罚"（9：35）。现代伊斯兰金融理论还
对上述《古兰经》的禁令作了进一步的发挥，认为囤积财富使货币掌握在
少数人手里，妨碍流通，影响市场的消费水平，为投机商提供可乘之机。

三　伊斯兰的投资方式

伊斯兰金融专家认为，在现代国际经济环境下，仅仅谴责西方的金融
制度是不够的，更重要的是建立起一套以伊斯兰教义为基础的新的金融制
度。他们所提出的新的投资方式包括：

（一）充分发挥伊斯兰银行的作用

传统上，银行是经营货币、信用业务的金融企业机构，其主要职能是通过存款、放款、汇兑、储蓄、结算等业务充当信用的中介。由于常规银行的业务活动有悖于伊斯兰金融原则，而又无法简单地予以取消，伊斯兰金融专家主张除兴建伊斯兰银行外，应当对现有银行加以改造。伊斯兰银行除办理常规业务外，还应当按照伊斯兰教所特有的方式，直接参加企业的投资经营活动，调节借贷关系，成为发展国民经济、组织社会经济生活的得力工具。

（二）投资以利润分成为基础

伊斯兰银行的基本特征是取消或绕过利息。为此，伊斯兰金融专家提出，银行应当改变传统的放款方式，即银行可以直接参加投资经营，同客户建立一种共担亏损、共分利润的合作式的关系。这种新的合作关系是一种契约式的关系，称为"穆达拉巴"（mudarabah）。穆达拉巴合同最常见的一种形式是由伊斯兰银行向企业投资并承担股份风险，银行一方按照合同分红；如遇亏损，则全部由银行承担。在这种形式下，银行的职能由放款变为企业的信托人，相当于一家投资信托公司。由于银行的盈亏不仅取决于投资经营，而且取决于投资前企业的经营状况，因而银行极为重视可行性研究。只有那些基础好、实力强、赢利高的企业才能取得伊斯兰银行的支持。

（三）建立一种合营关系

绕过利息的另一种放款方式是在银行与企业（客户）之间建立一种合营关系，称为"穆沙拉卡"（musharaka）。这种合营关系的特点是银行一方以资金、技术与人力参加企业经营，赢利按合同分红，亏损则按出资比例分担。在这种形式下，银行的职能由放款变为合资经营的一方，相当于参加了一个有限责任公司。这种合同项目初期赢利很少，通常是长期的大型投资项目。穆沙拉卡合同不同于穆拉巴哈（murabaha，代购转销）合同，银行只有权分享投资后的利润，并分担可能产生的亏损，而与投资前企业的经营状况无关。

　　值得注意的是，以上前两种投资形式，银行虽然都以股权形式直接介入企业的经营，实际上因为种种困难，银行一般不参加公司董事会的日常工作，因而常被称为"沉睡的合伙人"。但如果企业经营亏损，则需要向银行说明原因。企业如因自身的原因而破产，银行有权冻结企业的固定资产抵债。伊斯兰银行因直接参加投资，其职能显然要大于西方商行。

四　伊斯兰的商业信贷和租赁

　　以上两种投资方式仅限于大型项目投资，资本回收期分别为 5 年（穆达拉巴）和 10 年（穆沙拉卡）。然而，许多中小穆斯林商人在日常经济活动中需要数额很低的短期信贷。所以，银行还需要想出办法，既能向他们提供信贷，又不违反利息禁令。这些变通手段实际上早在几年前就已经采用了，主要有：

（一）代购转销合同

　　代购转销合同称为"穆拉巴哈"（murabahah），即银行按照合同规定，以客户的名义购买一件商品，再转卖与客户，索取一定的酬金，银行通常给予客户 90—180 天的宽限，其间客户通过出售预付的商品，偿还银行的信贷和酬金。这样，从表面上看，银行所从事的并非有息信贷，而是正当的买卖，因此既能达到放款的目的，又不违背伊斯兰教法的规定。代购转销合同有两个优越性：一是银行资金充足，有条件为客户提供方便的短期信贷；二是银行为多家客户代购商品，便于讨价还价，可以减少客户的成本。

（二）租赁合同

　　银行采取的另一变通手段是租赁合同，称为"伊吉拉"（ijara），这同样是得到伊斯兰教法确认的一种手段（参见《古兰经》28：26，27，28），通常用以提供中、短期信贷。按照合同规定，银行以客户的名义购进货物如一套建筑设备，再按照预定的期限和租金将货物租赁与客户使用。客户按合同分期支付租金，租金通常相当或略低于买价，期满后客户可以买下设备或由银行以更低的租金转租与另一客户使用。这种先租后买的信贷，有利于解决客户的资金困难，受到中小穆斯林商人的欢迎。

五　伊斯兰的存款方式

伊斯兰的存款方式同它所主张的投资、信贷方式紧密相连、相辅相成。其特点是：

（一）活期储蓄不付利息

伊斯兰银行的活期储蓄不付利息或其他报酬，在这一点上不同于世界上所有常规银行。客户在伊斯兰银行开办活期储蓄户头，是为了满足日常开支。由于伊斯兰银行同其他银行没有结算业务，客户会感到不便，但客户可以在该系统的所有银行提款，亦可同其他指定的银行建立往来账户。伊斯兰银行不使用支票，但伊斯兰国家的大部分交易属于现金交易，不会带来很大的不便。

（二）定期存款以利润分成为基础

伊斯兰银行的定期储蓄业务是为了满足商业活动的需要而设立的，储户同银行的关系是共同投资或经营的商业合伙关系，其基础即前文提及的共担风险、共分投资利润原则。由于存入的资金数额较高，提款需要预先通知银行。银行获取的利润会有差别，但由于银行从事多种投资、转销、租赁等业务，其收入是有保证的，从而大大减小了客户的风险。银行的另一吸引力同样不容忽视，即许多虔诚的穆斯林出于宗教义务，宁愿把钱存入无息伊斯兰银行，何况利息损失还可以从投资利润中得到补偿。

六　战后伊斯兰银行的发展

近代以来，由于种种的历史原因，传统的伊斯兰金融思想和实践长期受到冷落，甚至在伊斯兰教界内部也曲高和寡，很少有人问津。但自20

世纪 70 年代后，随着原教旨主义的勃兴，情况发生了很大的变化。今天，伊斯兰银行已在许多国家的经济生活中发生了实际影响，日益引起人们的重视。

初期的尝试——巴基斯坦和埃及

耐人寻味的是，建立伊斯兰银行的呼声，最初并非来自近代伊斯兰原教旨主义的策源地中东地区，而是来自南亚次大陆的巴基斯坦。早在 20 世纪 50 年代，巴基斯坦的伊斯兰学者就一再提出，未来的巴基斯坦应以伊斯兰教法为国家的根本大法，而商业交易则应严格遵循伊斯兰的原则。1956 年，巴基斯坦的宗教界人士提出宪法修正案，要求把禁止利息条款载入国家宪法，这项动议后来被打入冷宫。

依法禁止利息的愿望落空后，巴基斯坦的宗教界开始转入实际行动。20 世纪 50 年代末，西巴旁遮普乡村地区出现了战后第一家伊斯兰银行。这是由少数虔诚的穆斯林地主建立的一家规模很小的无息银行。银行宗旨是发放无息贷款，救济贫困农户。由于受益者只需支付少许手续费即可获得信贷，因而深受当地农户的欢迎。不幸的是，施主把存放资金视为一劳永逸的"善行"，所以不久资金便枯竭了。到 60 年代初，这家银行几近倒闭。

然而，就在巴基斯坦的试验即将草草收摊时，另一项试验又在埃及上马了。1963 年 7 月，一家无息储蓄银行在尼罗河三角洲的乡村地区宣布开业。经理是后来出任伊斯兰银行国际协会秘书长的阿赫默德·纳加尔。这家银行同样是面向不知银行为何物的乡村农户，但它不同于巴基斯坦的尝试，是个互助银行，储户同时也是用户，客户只需将少量资金存入银行一年，即可获得一定数额的无息贷款。这家银行发展很快，开业仅 3 年，储户就达到 6 万余个。但在成功中也蕴涵着失败：由于银行不同客户分享投资所得利润，终于遭到同样的命运。

官方介入——纳赛尔社会银行

1972 年，阿赫默德·纳加尔在已故纳赛尔总统的支持下，于开罗创办了纳赛尔社会银行，它也是战后第一家面向城市的伊斯兰银行。为支持这家银行，埃及政府投入 200 万美元资金。银行的另一有利条件是，它的全部职员均为国家公务员，有终生的职业保障。纳赛尔社会银行以发放无息短期贷款为主，帮助那些从未同银行打过交道的小商人、小手工业者等社会下层解决生产、生活困难。贷款只限于社会开发用途，不得转存入其他有息银行或放债。这家银行首次采取了投资"盈亏共担"原则，并办理广泛的常规业务。到 1979 年，银行已在全国开设 25 家分行，实付资本达到 580 万美元。储蓄总额 3.45 亿美元，利润 1700 万美元。

纳赛尔社会银行兼有慈善机构的职能，为在埃及恢复天课做了大量的工作，曾在全国各地建立 700 多个宗教基金委员会，负责在自愿的基础上筹集宗教慈善基金，监督基金的分配和使用。银行的客户几乎全部是新储户，加之埃及的主要商业银行已被收归国有，所以这家伊斯兰银行的创建，没有同国内其他常规银行发生冲突。

海湾国家紧随其后——迪拜伊斯兰银行

纳赛尔社会银行尽管立足于埃及国内，其影响却十分广泛，不久就引起海湾伊斯兰国家的注意。行动最快的是阿联酋迪拜的石油巨商，他们于 1975 年创建了迪拜伊斯兰银行。建行的动机自然不乏宗教虔诚，但更重要的还是经济因素。70 年代初期，国际油价暴涨，迪拜的石油巨商手里掌握了大量的国际流动资本，亟待找到投资机会。同时，他们还想乘机吸收更多的资金，因为国内有一批金融资本家因宗教传统所缚，不愿同外国商行打交道。因此，这批阿拉伯商贾对伊斯兰银行报以格外的热情，他们的大力支持为这一新的金融机构在波斯湾地区的急剧发展奠定了物质基础。

如同纳赛尔社会银行一样，迪拜伊斯兰银行也是个综合性的无息银行，提供广泛的服务。但其主要业务活动是直接投资，特别是对大型工业项目投资，因而其职能更像一家投资公司。由于阿联酋市场狭小、投资机会有限，所以银行不久就向海外拓展。1978 年，银行在开罗开设了一家分行，还在巴林伊斯兰银行投入部分股本。投资所得利润相当可观：1976 年为 130 万美元，到 1982 年已达到 500 万美元。

迪拜伊斯兰银行现已起到示范作用，成为效法的"样板"。它的行规更加明确、具体，所有雇员均为有业务经验的、虔诚的穆斯林，来自阿拉伯国家、伊朗、巴基斯坦等国。它首次设立了两种账户：储蓄账户和投资账户。储蓄账户不付利息，相当于"通行证"或信用卡，据此储户可以从银行获得无息信贷。投资账户相当于定期存款，存入一年以后即可按合同获得一定份额的投资利润。它的另一示范作用是重视伊斯兰的金融原则。银行创建伊始就成立了一个由国内权威教法学家组成的伊斯兰顾问委员会，以保证银行的业务活动不偏离"正道"。由于资金充足，经营有方，这家银行办得很有生气。初创时实付资本仅为1300万美元，到1980年已超过1亿美元，5年中增长6倍以上。

　　70年代中期成立的迪拜伊斯兰银行，以其雄厚的资金、熟练的业务、优厚的实惠和突飞猛进的势头，在国际伊斯兰金融运动中扮演着重要角色。在其示范影响下，在海湾地区乃至整个伊斯兰世界，兴起了一股创建伊斯兰银行的热潮。据有关统计，目前世界上已有近40家伊斯兰金融机构，其中影响较大的有：伊斯兰开发银行、拉贾希货币兑换与商业公司（沙特）、巴林伊斯兰银行、马来西亚伊斯兰银行、迪拜伊斯兰银行（阿联酋）、埃及费萨尔伊斯兰银行、苏丹费萨尔伊斯兰银行、孟加拉国际伊斯兰银行、伊斯兰国际投资开发公司（埃及）、约旦伊斯兰金融投资银行、伊斯兰投资所（约旦）、科威特金融所、土耳其科威特金融所、卡塔尔伊斯兰银行、沙特—菲律宾伊斯兰开发银行、苏丹伊斯兰银行等。此外，在卢森堡、瑞士和丹麦还有三家伊斯兰金融机构。

沙特的领导地位——国际伊斯兰银行

　　建立伊斯兰银行的"创举"最初并非由素以原教旨主义著称的中东石油大国沙特阿拉伯所发起，但沙特的经济实力和它在伊斯兰世界的地位要求它发挥某种领导作用。这一微妙的关系一度使沙特进退两难。困难在于：一方面，沙特作为原教旨主义最早的实践者和圣地的监护人，对当代伊斯兰世界的新潮流不能无动于衷，何况它的巨额石油资本也需要向伊斯兰国家输出；而另一方面，沙特在国内金融政策上也有它的难言之苦，因为对"利息"这个令人头痛的问题，沙特早在1940年就已作出了自己"版本"的解释（理论上禁止利息，但银行放款允许收取手续费或酬金），因此在国内建立无息伊斯兰银行似无必要。所以，沙特政府对伊斯兰金融运动采取了一种有保留的支持态度。迟至 1983 年，沙特才批准在国内开设一家货币兑换与商业公司，它也是沙特本土内仅有的一家名副其实的伊斯兰银行。银行的主要业务活动是发放无息信贷、支付投资利润、兑换货币。客户主要是国内的中小商人、国外的朝觐者和在沙特工作的 200 万外籍劳工，业务活动是完全有保证的，它的存在不会对国内两家带有垄断性的大银行沙特国民银行和费萨尔银行构成威胁，这也正是沙特迟疑不决的原因之一。

　　但是，如果说沙特对在国内开办伊斯兰银行似乎不大起劲，而在国外提倡伊斯兰金融则是热情有余，也许其领导作用也正是在这里。这种态度同它几年前对原教旨主义运动采取的内外有别政策是一脉相承的。人们饶有兴趣地注意到，就在迪拜伊斯兰银行成立的同年，沙特也在吉达成立了一个资本最雄厚的（实付资本 20 亿美元）、面向国外的伊斯兰开发银行。其后开业的埃及费萨尔伊斯兰银行、苏丹费萨尔伊斯兰银行和沙特—菲律宾费萨尔银行等，都包含有 40% 以上的沙特私人和官方资本。此外，70年代后期成立的伊斯兰银行国际协会（总部在开罗，吉达设有办事处），也是在本·费萨尔王储的倡议、指导下建立的。这个研究与协调机构，经过 70 余名专家历时 3 年的努力，已经出版了一套系统论述伊斯兰金融理论与实践的丛书（阿文，4 卷本）。费萨尔个人的穿针引线以及沙特召开的一系列国际伊斯兰金融会议，正是沙特领导作用的体现。

商行的伊斯兰化——伊朗和巴基斯坦

　　由于社会经济问题牵连着千家万户，人们对每天都要与之打交道的银行利率格外关心，特别是生活窘迫的穆斯林大众对这方面的变动极为敏感。近年来，一些国家的穆斯林已不再满足于仅仅按照伊斯兰教的精神来处理私人间的经济往来，而要求将这种教义推向整个社会，成为国家制度的一部分。在金融领域，为此而采取的体制改革，称为"伊斯兰化"。目前这一雄心勃勃的改革计划的两个热点是伊朗和巴基斯坦。

　　伊朗金融体制的伊斯兰化始自 1980 年新政权建立以后，到 1984 年，国内大部分商业和金融活动已按照伊斯兰的原则进行。大部分银行的存放款业务也已改为以利润分成为基础，银行对信用贷款收取少量的手续费。

银行还通过代购转销合同和租赁合同为中小商人提供短期商业贷款，但不像阿拉伯国家那样普遍。总的看来，伊朗的金融体制改革缺乏周密的计划，政策常常不一致，不同银行之间差别很大。造成混乱的另一因素是政出多门，宗教领袖各行其是，清真寺成为变相的银行，宗教领袖通过清真寺存取宗教基金，不受国家控制。

相比之下，巴基斯坦银行体制的伊斯兰化则经过周密计划，进行的也更加彻底和稳妥。改革分为两个阶段。1979 年 2 月至 1981 年 6 月为准备阶段，其间齐亚·哈克总统颁布了一系列有关政策、法令，在拉合尔、白沙瓦、卡拉奇、基达及首都伊斯兰堡设立了伊斯兰法院和最高伊斯兰法院，恢复了伊斯兰思想顾问委员会。伊斯兰思想顾问委员会根据上述法院对国家全部立法审查之结果，于 1980 年向总统提交一份改革建议。第二阶段为实施阶段，始自 1981 年 7 月，此前全国所有商业银行已遵照国家的规定改为无息银行。自 1982 年 1 月 1 日起，银行停止接受有息存款，原有储户照例付予利息 5 年，此后按新规定处理；与此同时，对新客户，一律实行一套以"盈亏共负"为基础的定期存款两种账户，银行对账户不付利息，而付予账户所获利润的一部分；在放款方面，银行实行两种借贷制度：一种是合资经营（穆沙里卡），银行一方以资金、技术和人力同客户合营，盈利按合同分成，亏损按出资比例分担；另一种是合作经营（穆达拉巴），银行一方只出资金，客户一方出技术和人力并预先商定分红办法，如盈利，银行按合同分红，若亏损，则全部由银行承担。

七　前景展望

伊斯兰金融运动是 20 世纪 70 年代以来出现的新事物，它的产生既有宗教道德的原因，又有现实的经济需要。目前这一运动尚在发展之中，可能受到各种复杂的国际、国内因素的影响，不像一道数学四则运算题那样具有明显的规律性，因而不宜立即下结论。但我们不妨根据已知的情况作一些预测。

首先，面向发展中的伊斯兰国家的国际伊斯兰开发银行的出现，有利于穆斯林国家间的互通有无、相互支援，开展广泛的国际经济合作，因而是值得欢迎的。它有利于打破西方发达国家对国际金融市场的垄断控制，提高发展中国家的自信心和抗震力。但由于世界经济发展的不平衡性非短时期可以改变，发达国家不会因此而受到威胁，伊斯兰国家要想形成自己的国际商品市场和金融市场，势必遇到种种难以克服的困难。因而，前景不容乐观。

其次，面向国内的伊斯兰银行的建立，不仅是为了维护宗教道德，更重要的还在于调整社会经济关系，缩小贫富差距，以利于社会的稳定、平衡发展。伊斯兰银行使银行与客户的关系转变为契约式的合作关系，有利于提高中小商人和企业主的地位；在利润分配上，银行拿大头，中小商人拿小头，但后者可以少担风险，并得到银行的扶植和支持，因而有利于社会的稳定。但是，这种金融制度扩大了银行的职能，通过投资经营，金融资本家很可能同工商资本家互相勾结，形成新的垄断集团。而且，除商人外，社会其他阶层得不到任何实惠，很可能抱冷淡态度，因此不利于国家吸收社会上的闲散资金。目前，除伊朗、巴基斯坦外，伊斯兰银行在其他伊斯兰国家仅仅是作为常规银行的补充而存在，是否能取代常规银行，现在还难以断定。因为即使从思想观念上看，西方商行的影响同样是不容忽视的。

最后，伊斯兰银行尽管有打入发达国家、特别是西欧市场的计划，但在近期内绝无实现之可能。这主要是因为西方银行的行规根本不考虑伊斯兰金融原则，例如在结算方式上，欧洲商行只能以现金、支票或有息有价证券为结算手段，而伊斯兰银行还把商品、贵金属或商品所有权作为流动资本的一部分。此外，伊斯兰银行因为拒付利息、不接受支票、不办理国际通用信用卡等特殊惯例，难以同欧洲商行建立业务关系，所以在欧洲现有的三家伊斯兰银行，实际上只是投资公司。因而，伊斯兰银行不大可能在发达国家打开局面。

（原载《世界宗教资料》1989 年第 2 期）

第二编

伊斯兰教与国际政治

伊斯兰教与中东政治

第二次世界大战以后，在冷战格局下，中东因其丰富的石油资源成为霸权主义争夺的热点地区，中东研究随之成为东西方战略研究的组成部分。以往的中东研究几与宗教无涉，直到伊朗爆发"伊斯兰革命"以后，中东研究中的这一缺失才引起注意。我国中东研究起步较晚，近10余年间大有起色，但由于种种的原因，伊斯兰教与中东政治关系研究仍显薄弱。本文就这一前沿性课题略抒己见。

一　战后中东国家政教关系的深刻变化

就伊斯兰教而论，宗教与政治的关系历来是重大的研究课题。它直接关系到宗教在国家政治生活中的地位、作用以及宗教与政治的交互影响。中东地区的18个国家中（原为19国，后因南北也门合并，故为18个。），除以色列和塞浦路斯两国外，均属伊斯兰国家。伊斯兰教作为一种制度文化，对这些国家的政治与社会生活影响至深，成为中东研究中不容忽视的一个层面。

中东国家的政教关系深受国内外政治与社会环境的制约和影响，处于不断的演变之中。从"二战"后到60年代，伊斯兰教在中东国家的政治生活中渐趋次要的地位。这一阶段性的总体趋势为下述三大相关因素所决定。

其一，是时代与社会发展潮流的决定性影响。"二战"后中东民族独立运动风起云涌，成为社会进步的标志。战后在反对殖民统治进程中兴起的中东伊斯兰国家，在性质上属于现代民族国家。民族国家的基本特征是以政治的或文化的民族主义为立国之本，国家的根本宗旨是捍卫主权和领土完整，维护国家与民族的根本利益，显现出强烈的政治功利主义目的性，因而明显不同于中世纪以泛伊斯兰文化为背景的封建帝国。战后，发展民族经济、从事现代化建设成为中东国家的基本目标，各国的上层建筑随之发生了相应的变化，尤以政治制度、法律制度、教育制度的现代化、世俗化和西化更为突出。商品经济与现代社会发展的需求改变了人们的传统价值观念，明显降低了作为人文精神体现的伊斯兰教的政治地位。

其二，是传统的伊斯兰政治思想急剧衰落。战后阿拉伯民族主义、阿拉伯社会主义等非宗教性的现代社会思潮勃然兴起，作为新兴政治力量的精神体现，成为中东最具魅力的意识形态，得到社会舆论广泛的认同。相比之下，传统的伊斯兰政治思想则在新的时代潮流面前显得苍白无力，成为被人遗忘的古董。其社会基础也被严重削弱：作为传统伊斯兰社会精神支柱的乌里玛阶层地位明显下降，在许多国家几与政治无涉；作为社会群体的宗教组织多为松散的宗教团体，难以同掌握国家政权的执政党政府抗衡；经过法制与社会改革，伊斯兰教在司法、教育两大世袭领地的优势地位已不复存在。

其三，是宗教被置于从属国家政治的次要地位。战后中东国家的政教关系有三种类型。除采取政教分离的土耳其和政教合一的沙特阿拉伯两个特殊的典型外，大部分国家属于折衷主义类型。一方面这些国家在宪法中抽象肯定伊斯兰教的重要地位，包括规定伊斯兰教为国教，国家元首由穆斯林担任，伊斯兰教法为立法的渊源之一，等等；另一方面，官方意识形态、国家政治体制、政党组织、议会制度、政治领导作用等则是以世俗化为基本方向。20 世纪 50 年代末至 60 年代，由于埃及、叙利亚、伊拉克、南北也门等国发生了反封建的民主革命，致使政教关系发生了趋同性变化。革命后的各国新政权坚持独立自主的政治方向，对伊斯兰价值观予以更多的肯定，以增强政治合法性，但要求宗教服从政治，服务于经济建设。伊斯兰教的建设性作用主要体现在，作为阿拉伯民族主义、阿拉伯社会主义的一种补充，它为国家政权的正义性、合法性、庄严性提供了一种传统的依据和神圣的象征。

鉴于上述情况，人们曾经坚定不移地认为现代化与世俗化是伊斯兰教的必由之路。然而，人们深感意外的是，从 70 年代起，展现在世人眼前的却是伊斯兰复兴运动的狂涛巨浪，尤以中东地区更为火爆。这里我们不必列举更多的事实，而只需着重指明几件大事就足够了。

第一件大事是伊斯兰会议组织的建立。这一在第三次中东战争结束后宣告成立的泛伊斯兰国际政治组织（伊斯兰会议组织成立于 1969 年，当时有 26 个成员国，现有 51 个成员国。），呼唤加强在共同信仰、共同利益基础上的伊斯兰团结，"对外用一个声音讲话"。其潜在的政治含义是承认民族主义不足以作为伊斯兰国家联合反霸的旗帜，欲加强团结、互助、合作，还得靠更具权威性、更具凝聚力的伊斯兰信仰。中东这一政治风向的变化实际上也是伊斯兰教开始介入国际政治的一个信号。

第二件大事是中东一个地区大国埃及的"易帜"。早在第三次中东战争结束后，埃及报刊舆论就把战败的责任归结为"不按真主的意志办事"，埃及《祖国》杂志发表的一篇署名文章宣称："以色列人获胜是因为忠于自己的信仰，我们战败是因为我们的信仰还不够强烈。"① 这种以信仰论胜败的观点暗含着对纳赛尔主义的批评和疏离，说明伊斯兰复兴在埃及已形成小气候。果然就在埃及一代骄子纳赛尔总统去世后不久，继任的萨达特总统就断然采取了"非纳赛尔化"政策，排拒过去他曾坚信不疑、身体力行的纳赛尔主义，并为保守的穆斯林兄弟会的东山再起打开绿灯。中东一个地区大国突然热衷于打"伊斯兰王牌"，实际上是改变旗号，其负面影响不可低估。

第三件大事是 1979 年伊朗"伊斯兰革命"。伊朗反对君主专制的各派政治力量，在一位德高望重的宗教领袖领导下，一举推翻了亲美的巴列维王朝，建立了由教法学家执掌方向的伊斯兰共和国。这是 20 世纪一位宗教领袖在伊斯兰教旗帜下首次夺取政权，并成功地治理一个地区大国，其潜在的政治含义不容忽视。从此，伊斯兰原教旨主义跃居为中东政治舞台上的一支重要力量。

在伊斯兰复兴运动冲击下，中东国家的政教关系出现了三大突出变化。

第一，伊斯兰政治反对派勃然兴起。以往中东具有政治倾向的宗教组

---

① 海拉尔·迪克米坚：《革命中的伊斯兰》，纽约，1986 年版，第 85 页。

织只有埃及、叙利亚、约旦等国的穆斯林兄弟会，而各国的兄弟会组织在本国政府的严厉打击下早已大伤元气。可是从 70 年代起，宗教组织政治化、政党化已成为一种趋势。一方面，兄弟会等被取缔的原有的原教旨主义派别组织纷纷恢复活动，以合法的宗教政党或组织的名义积极参与政治事务；另一方面，又兴起了一批名目繁多的新组织，游离于各国的爱国宗教团体之外。据有关资料，截至 1986 年，仅阿拉伯国家有影响的原教旨主义派别组织就多达 91 个。[①]它们大多有明确的政治目的和一定的国外联系，其中半数以上属于地下组织或半公开的组织，有些属于极端组织，经常以暴力恐怖活动来宣泄不满情绪。原教旨主义派别的领袖人物除什叶派外，一般都不属于传统的乌里玛阶层，而是非宗教专业性的社会活动家，其支持者中包括为数众多的受过现代教育的穆斯林知识分子。这些活跃的被称为"大众伊斯兰"现象，同安分守己的"官方伊斯兰"形成强烈反差。伊斯兰政治反对派的兴起使中东国家政教关系复杂化，伊斯兰教再度成为政治斗争的工具。这是值得深入研究的一种宗教—政治—社会现象。

　　第二，传统的宗教政治思想得到更广泛的传播。以往中东的社会思潮以阿拉伯民族主义、阿拉伯社会主义和凯末尔主义为主。如今这些非宗教性的社会理想受到冷落，被视为不合国情、教情的舶来品遭到贬斥，而过去被社会舆论认定为保守主义的宗教思想却异常活跃，成为一种时尚。目前在中东地区广为流行的原教旨主义，实质上是对传统伊斯兰教教义、法理的一种现代诠释。其社会影响的剧增，并非因为这一宗教思想的客观真理性，而主要是因为它适应了中东社会转型过程中由于传统价值失衡而要求补偿的一种社会心态。原教旨主义的强点在于它对传统与现代的二元对立提出质疑，它对本土传统文化和宗教价值观的高扬颇得人心。原教旨主义的弱点在于它的文化保守主义倾向，它对非宗教性的东西方精神文化采取排拒的态度，便只能从伊斯兰文化传统中开出现代化模式来。原教旨主义提出的"真主主权论"、"先知权威论"、"代行主权论"、"伊斯兰协商论"[②]，都是为了完成传统伊斯兰政治思想的现代价值转化。它强调伊斯兰

---

① 　海拉尔·迪克米坚：《革命中的伊斯兰》，纽约，1986 年版，第 179—191 页。
② 　详见拙文《伊斯兰原教旨主义与当代国际政治》，载《战略与管理》1994 年第 3 期。

真理观与价值观的统一，社会发展观与宗教文化观的统一，因而视原教旨主义为终极的"真理"、价值的"替代"、摆脱危机的"方案"。但原教旨主义能否成功，只能由历史作出回答。眼下还只能说是一种"投石问路"。

第三，各国政府竞相利用伊斯兰教来增强政治合法性。所谓政治合法性，用中国人的话语来说，是指一个国家政权、一种政治制度合乎道统、顺乎民心，有广泛的群众基础。战后中东国家都很重视政治合法性，各国在宪法中肯定伊斯兰教的地位、尊重和保护宗教信仰自由，正是为了体现政治合法性而采取的具体措施。后来由于原教旨主义把政治合法性问题推向极端，企图以真主的权威来否定现行国家制度，因而各国政府在对宗教政治反对派严加防范和打击的同时，也都向伊斯兰教界作出某些让步，以争取民心。例如，萨达特执政后不久便在 1973 年宪法中，重新肯定了伊斯兰教的国教地位，确认伊斯兰教法为立法的主要渊源之一，并对穆斯林兄弟会实行安抚政策。由于实行广泛的宗教宽容政策，萨达特总统获得了"信仰者总统"的盛赞。叙利亚的阿萨德总统由于在 1973 年宪法中取消了伊斯兰教的国教地位，引起兄弟会的动乱。次年阿萨德赶忙完成了小朝功课，并经常到大马士革清真寺做礼拜。他还把斋月战争定名为白德尔战役，在广播讲话中把斋月战争称为"真主的战士"对"伊斯兰教的敌人"举行的一次"圣战"，把正义的事业、爱国主义与伊斯兰信仰联系在一起。甚至在战火纷飞的阿富汗，人们也并未忘记政治合法性的重要意义。当年以阿明为首的亲苏阿富汗政权得势之时，曾决定以红旗来代替原来具有宗教象征的三色旗，并取消了官方文书、广播节目中赞念真主的开首语。后来取代阿明的塔拉基政府执政后便采取纠偏措施，宣布尊重神圣的伊斯兰原则，以取悦于阿富汗宗教界人士。而当纳吉布拉政权行将覆灭时，更加寄希望于政治合法性，曾宣布国家将制定一部新宪法，恢复伊斯兰教的国教地位。

凡此种种现象表明：即使在现代民族国家框架下，真主在法理道义和宗教情感上仍具有价值超越性，伊斯兰教作为一种政治语言、文化传统和神圣象征，在特定的情况下完全可以成为政治合法性的权威依据。这些在非伊斯兰文化氛围下难以理解的现象，足以印证当代伊斯兰复兴运动的深度、广度、力度。

二 伊斯兰教对中东国际关系的深广影响

国际关系涵盖政治、经济、军事、文化、教育等诸多领域，这里主要讨论政治关系，即中东国际政治中的伊斯兰因素。为了简约思维，我们不妨就中东重大事件中的伊斯兰因素略予评述。

(一) 埃及与沙特两强争雄中的伊斯兰因素

战后两极体制下的中东政治格局，同世界总体格局一样，以东西方意识形态对抗为主导因素。处于两极之间的中东伊斯兰国家虽被矛盾双方争来争去，却处于可以讨价还价相对有利的地位。20 世纪 50—60 年代，中东政治格局的显著特点是埃及与沙特阿拉伯争雄抗衡，竞相争夺在阿拉伯世界的领导权。苏伊士运河危机事件后，埃及的国际威望空前提高，纳赛尔因抗击英、法入侵，一夜之间成为阿拉伯世界的民族英雄。60 年代初，纳赛尔在《革命哲学》中系统地阐述了他的革命思想。纳赛尔主义在国际关系问题上提出了阿拉伯、非洲、伊斯兰三大因素，称为"三个圈子"。其中阿拉伯民族主义和阿拉伯统一是纳赛尔终生为之奋斗的基本目标，非洲是埃及输出革命的对象，而伊斯兰教则是埃及对外政策的工具。为此，纳赛尔专门成立了世界伊斯兰教大会（总部在开罗），作为联系和影响保守的阿拉伯国家的一条渠道，同时也是为了削弱沙特在伊斯兰世界的盟主地位。如同埃及倾向于当时的社会主义阵营一样，沙特阿拉伯则明显倾向于资本主义阵营，因而在国际政治中与埃及对立。沙特的政治资本是它作为伊斯兰世界的盟主地位和丰富的石油资源。为了与纳赛尔对抗，沙特国王于 1962 年发起成立了伊斯兰世界联盟（总部在麦加），用泛伊斯兰团结来对抗阿拉伯民族主义。同样是伊斯兰，在中东国际关系中却扮演了两种不同的角色，其政治功能也截然不同。由此我们再次看到中东政治中的伊斯兰因素。埃及与沙特争雄抗衡的局面直到纳赛尔去世后才宣告结束。

(二) 中东战争中的伊斯兰因素

战后从 1948 年到 1973 年的 25 年间，阿拉伯国家与以色列之间发生了四次规模较大的战争，成为中东动荡不安的根源之一。阿以冲突是因为阿拉伯与犹太两个民族争夺狭小的生存空间所引起。中东战争本质上并非宗教战争，但宗教无疑是强化和延续中东战争的一个因素。在前三次中东战争中，宗教因素并不明显，尽管在每一次战争中埃及、叙利亚、约旦等阿拉伯国家都以伊斯兰教的名义动员人民，与"以色列恶魔"举行"圣战"。第三次中东战争以后，阿以冲突中的宗教因素明显增长。其导因是以色列军队在第三次中东战争中占领了被视为伊斯兰教第三大圣地的耶路撒冷旧城，发生了焚烧阿格萨清真寺事件，激起全世界穆斯林的愤怒。另一原因是战败使阿拉伯国家失地、丧权、辱国，阿拉伯民族主义被弄得威信扫地，改变旗帜成为国际斗争的一种需要。因此，作为第三次中东战争的一个直接结果，于1969年成立了伊斯兰会议组织，成为伊斯兰国家走向联合的政治标志。这一体现泛伊斯兰团结精神的国际组织，强调伊斯兰国家有共同的宗教信仰、相似的文化传统和近代历史遭遇，在国际事务中有共同的利益，应当加强团结、互相支持，开展广泛的国际合作。伊斯兰会议组织内部当然也有分歧，甚至发生过战争（如两伊战争），但在阿以冲突问题上则有比较一致的立场，特别是1973年的斋月战争（1973年10月正值伊斯兰教的斋月，故第四次中东战争又称斋月战争。）。以后，以沙特为首的阿拉伯国家以石油为武器，对在战争中支持以色列的西方大国予以反击，使美国、西欧和日本的经济遭到沉重打击，加速了西方的经济危机。阿拉伯国家在"石油战争"中的空前团结，与作为伊斯兰世界精神盟主的沙特的领导作用是分不开的，它是泛伊斯兰团结精神在国际斗争中的具体体现。

（三）伊朗输出革命中的伊斯兰因素

伊朗革命胜利后，霍梅尼的宗教思想成为伊朗伊斯兰共和国的官方意识形态，并积极向周边国家输出，以扩大影响。所谓"输出革命"，即通过和平宣教的方式，向国外传播伊斯兰原教旨主义思想和伊朗的革命经验。其主要内容包括：重新肯定伊斯兰教不仅是个人的精神信仰，而且是一种理想的社会制度、文化传统和广泛的生活方式；坚信西方宗教与国家分离的世俗化方向是导致穆斯林社会政治、军事、经济、文化弊端的根源；坚信回归伊斯兰是穆斯林国家获取权力和力量，摆脱资本主义和社会主义控制的必由之路；强调穆斯林国家欲建立一个充满道德和正义的理想的社会，首先必须重新引进真主之法度，实行伊斯兰法治；号召各国的穆斯林为弘扬主道而举行"圣战"，推翻腐败的、不义的各国"非法"政权。从1979年起，伊朗通过对外广播、散发小册子、录音盒带、举行报告会、研讨会直至派遣骨干人员支持、指导各国的伊斯兰运动等方式，掀起了一场对外"输出革命"的运动。它与周边伊斯兰国家的关系，特别是同沙特阿拉伯、埃及、伊拉克和海湾国家的关系日趋紧张。

因篇幅所限，这里仅就伊朗输出革命引起的重大后果作一粗线条的描述。一是由于对外输出革命，伊朗与沙特阿拉伯的关系急剧恶化，彼此间唇枪舌剑争论不时发生。伊朗在阿拉伯语对外广播节目中公开指责沙特是"美国利益的代理人"，沙特的伊斯兰教是"美国牌号的伊斯兰"，号召沙特的穆斯林推翻这一"非伊斯兰的"君主制度。沙特则指责霍梅尼政权"在穆斯林中间制造不和和分裂"。沙特社会舆论认为，1979年11月穆斯林极端分子占领麦加圣寺事件以及东部省什叶派穆斯林的动乱皆有伊朗背景。二是伊朗革命胜利后，两伊关系恶化到极点。霍梅尼公开谴责萨达姆·侯赛因是无神论者，号召伊拉克的什叶派穆斯林举行起义，推翻伊拉克的复兴党政权，实现"自我解放"；萨达姆·侯赛因则严词谴责伊朗的伊斯兰革命，号召伊朗的阿拉伯人推翻霍梅尼政权。双方的誓不两立终于导致两伊战争的爆发。三是伊朗输出革命引起海湾国家的恐惧。这种担心可以说是事出有因。早在70年代，因反对巴列维国王而被流放到巴林的伊朗宗教领袖哈迪·马达里，曾在巴林建立支持霍梅尼的什叶派秘密组织。伊朗革命胜利后，马达里回到德黑兰，通过"伊斯兰革命之声"广播电台进行"策反"，呼吁受伊朗支持的巴林伊斯兰解放阵线举行暴动，推翻巴林统治家族。在什叶派占30%人口的科威特，同样感受到伊朗伊斯兰革命的威胁。1983年科威特穆斯林极端分子在法国和美国驻科威特使馆制造了汽车炸弹爆炸事件。1987年和1989年，科威特政府宣布平息了两起什叶派暴乱事件。正是出于自身安全考虑，海湾国家于80年代初成立了海湾国家合作委员会。四是伊朗输出革命使黎巴嫩政局更加复杂化。伊朗革命胜利后，直接介入长期被教派冲突困扰的黎巴嫩内部事务，支持内战中的什叶派民族组织"阿迈勒运动"和以南部为基地的亲伊朗的真主党。伊朗伊斯兰革命卫队一千余人还开进黎巴嫩的贝卡山谷，支援真主党，对真主党武装人员进行培训。由于外部力量的支持，巴勒斯坦地区的哈马斯组织和黎巴嫩的真主党，成为反对中东和平进程的两支力量。

此外，进入90年代以后，由于各国的原教旨主义力量已经实现了联合，成立了阿拉伯伊斯兰人民大会，伊斯兰会议组织事实上已出现了分裂。中东伊斯兰国家因对原教旨主义的不同态度等原因，形成新的力量分化和组合。有论者指出，当今的中东至少存在着八种不同的政治力量。[①]

(四) 两伊战争中的伊斯兰因素

长达八年的两伊战争是战后中东地区规模最大、伤亡最惨重的战争之一。两伊战争由伊拉克和伊朗两国之间的领土纠纷、民族矛盾、历史积怨和地缘政治等因素所引起，宗教因素也是两伊战争的直接原因之一和战争的导火线。历史上由于人数众多的什叶派社团的存在，两伊的宗教界之间有某种宗教情感上的亲和力和密切的交往。长期以来，伊朗的什叶派穆斯林一直被位于伊拉克的什叶派的三大圣地所吸引，而伊拉克的什叶派社团则经常寻求伊朗穆斯林兄弟的政治支持，以消解来自本国逊尼派社团的政治压力。这种亲缘关系使伊拉克的什叶派在宗教思想上深受伊朗的影响。例如，20世纪70年代伊拉克的带有政治倾向的什叶派组织，如伊斯兰宣教党、法蒂玛党、伊斯兰革命党、圣战者组织等大都有伊朗背景。70年代末，伴随着伊朗伊斯兰革命的不断升温，在边界另一侧的伊拉克的宗教政治反对派，特别是宣教党反对本国政府的活动也十分活跃。1978年，由于两伊关系不断恶化，客居伊拉克什叶派圣城纳杰夫多年的伊朗宗教领袖阿亚图拉霍梅尼被驱逐出境，其心照不宣的原因是霍梅尼与宣教党的精神领袖阿亚图拉巴基尔·萨德尔过从甚密，经常煽动伊拉克的什叶派推翻本国政府。1979年伊朗革命胜利后，对邻国伊拉克构成了巨大的威胁，伊拉克的什叶派信徒于同年的阿术拉节举行游行示威，高呼反政府口号，要求使伊拉克成为名副其实的伊斯兰国家。伊拉克复兴党政府迫于压力，宣布宣

---

① 赵国忠：《海湾战争后的中东格局》，中国社会科学出版社1995年版，第5页。

教党为伊朗的"第五纵队"，并于同年 6 月把素以"伊拉克的霍梅尼"著
称的什叶派宗教领袖巴基尔·萨德尔逮捕入狱。巴基尔·萨德尔于 1980
年 4 月以"叛国罪"被判处死刑，此后双方的互相攻击的言论不断升级，
双边关系急剧恶化。由于伊朗把伊拉克看作对外输出革命的巨大障碍，而
伊拉克把革命后的伊朗看作来自外部的巨大威胁，终于铤而走险，采取先
发制人的主动出击，导致两伊战争的爆发。

两伊战争并非宗教战争，而宗教狂热却是两伊战争的直接导因。宗教
狂热与极端民族主义相结合，使战争中的双方在宗教情感和道义法理上没
有退路，也使国际社会和伊斯兰国家调节冲突的努力难以奏效。两伊战争
的长期性、残酷性同宗教狂热有很大的关系，这是易被忽视的一种现象。

三　原教旨主义兴起后中东国家与西方的关系

"二战"以后，美国以其强大的经济、军事实力入主中东，取代英、
法，成为主宰中东政治的新霸主。20 世纪 50 年代以后，异军突起的苏联
加入对中东的争夺，形成两超平分秋色的格局。从 80 年代起，伊斯兰原
教旨主义以其独特的方式介入国际政治，成为影响中东格局的一支新生力
量。进入 90 年代以后，由于苏东剧变、冷战结束，一个新的一超多极的
世界格局正在形成。美国独霸中东的趋势日渐明朗，强权政治成为中东的
强势话语，对中东各国造成巨大的压力。由于原教旨主义在国际事务中反
对霸权主义，坚持独立自主的原则，它与西方强权政治的冲突成为影响中
东政局的要素之一，并对中东与西方的关系产生了重大影响。两者的关系
可以分为两个阶段来讨论。

先说冷战时期。这一时期世界政治的特征是东西方意识形态对抗，社
会主义与资本主义之间进行着殊死的搏斗。当时处于两极之间的中东伊斯
兰国家成为双方争取的对象，美苏两极都未以主要精力来对付中间力量。
这种状况直到原教旨主义崛起后仍未根本改变。伊朗革命胜利后，霍梅尼
发出了"不要东方，不要西方，只要伊斯兰"的呼唤，公开宣布对外"输
出革命"，伊朗的强硬态度虽对西方的强权政治构成挑战，但西方迫于两
极格局，并未全力以赴地去对付原教旨主义力量。从 80 年代到 90 年代的

十年间，伊朗与西方大国间的关系不断恶化，双方间的唇枪舌剑从未停止。从西方的角度看，原教旨主义对西方在中东战略利益的主要威胁包括：1. 原教旨主义蔑视西方的强硬态度有可能改变中东的政治潮流，使中东伊斯兰国家在政治上疏离西方；2. 原教旨主义对外"输出革命"、公开支持各国的伊斯兰运动，很可能引起"多米诺骨牌"式的反应，从而导致中东亲西方的或保守的伊斯兰国家政局动荡；3. 原教旨主义在阿以冲突中的不妥协态度和对真主党、哈马斯等反对和谈力量的大力支持已经产生负面效应，任其发展下去，很可能使艰难启动的中东和平进程难上加难；4. 愈益猖獗的伊斯兰极端派别的暗杀、爆炸、暴力恐怖活动，直接威胁到美国和西方国家的安全。为了遏制原教旨主义的扩张势头，美国和西方盟国对伊朗采取了政治谴责、舆论丑化、外交孤立、经济封锁等多种手段，但仍留有余地。惟其如此，无非是企图把原教旨主义这把"邪火"引向西方主要的对手苏联，西方仍以遏制苏联为基本战略出发点，这在对阿富汗原教旨主义力量采取的"双重标准"问题上尤为明显。西方并未因为原教旨主义意识形态的反西方倾向而动摇支持阿富汗穆斯林游击队的决心。甚至直到1989年，美国兰德公司在一份研究报告中仍相信这样的神话：伊斯兰弧形地带动荡不安的局势很有可能蔓延到苏联的高加索地区和中亚五国，与那里的民族分离主义运动相结合，导致苏联内乱，从而使西方"不战自胜"。与此同时，中东的伊斯兰国家，特别是沙特阿拉伯、伊拉克、埃及、约旦、黎巴嫩和海湾诸小酋长国，它们也都强烈地感受到了来自原教旨主义的巨大压力，并采取了包括以攻为守（两伊战争）在内的诸多防范措施，但并未因此在政治上倾向西方。这一方面是因为危及阿拉伯国家共同利益的阿以冲突问题尚未解决，另一方面则是因为苏联这一超强大国的存在，因为两极世界格局未变。

再说冷战后时期。从90年代起，作为苏联解体的一个直接后果，两极世界格局不复存在，中东政治平衡随之出现了倾斜。在新的多极世界格局下，西方大国之间虽然也有权力和利益之争，但在维护共同利益上也有协调一致的一面，特别是在对付非西方国家威胁问题上更不乏共同语言。冷战后时期，由于西方不再担心"来自共产主义的威胁"，美国和西方从1991年起着手重新调整战略构想，加强了防范、遏制和打击原教旨主义的力度。西方新的战略构想是在海湾战争结束后提出的，反映了西方对冷战后世界形势的总体看法，必将对未来的中东政治格局产生深远的影响。

西方加强对原教旨主义力量的遏制是基于全局战略考虑，即把遏制原教旨主义作为全球战略的一部分，列入制止地区冲突的战略范围，这在北约修订后的新战略和《美国对中东安全的战略报告》①中十分明显。西方战略构想的基本依据是：1. 冷战结束后，过去被两极机制掩盖着的许多矛盾突然爆发，宗教与各种形态的民族主义成为争夺和维护权益的工具，导致连续不断的地区性冲突（海湾战争、波黑战争、索马里内战、塔吉克斯坦内乱、阿富汗内战等）；2. 当今世界上出现了三个原教旨主义力量掌权的国家（伊朗、阿富汗和苏丹），原教旨主义派别出现了由分散走向联合的趋势，而在原教旨主义极为活跃的中东地区不稳定因素很多，很可能导致失控的局势；3. 国际暴力恐怖活动愈演愈烈。近年来极端伊斯兰组织出于对霸权主义的报复，在西方许多大城市（纽约、巴黎、罗马、波恩、日内瓦、布鲁塞尔等）制造了多起爆炸、暗杀恐怖事件，使西方深感不安；4. 海湾战争后，中东国家间的矛盾激化，各国为了自身的安全竞相购买武器，使中东成为世界上最大的走私武器场所，潜伏着核扩散的危险性；5. 中东是美国、日本和欧洲经济的生命线。确保石油能源供应、占领中东市场、确立和稳固西方在中东的主导地位，对保障西方在 21 世纪国际竞争中的优势地位具有重要的战略意义。总之，冷战后美国和西方的一个新认识，是把原教旨主义和极端民族主义看作是苏联解体后对西方的新威胁。

上述防卫战略思想已开始付诸实施。西方为防范、遏制和打击原教旨主义、极端民族主义而采取的主要措施包括：1. 调整北约战略。在北约东扩的同时确保欧洲南翼的安全，以足够的军事力量来应付突发事件，制止随时可能发生的局部冲突；2. 提高防范意识，加强跟踪研究。为此，美国国务院不久前成立了研究伊斯兰问题的专门机构，为政府决策提供调研报告和咨询服务。美国中央情报局还与俄罗斯情报部门联手合作，交流情报资料，共同抑制原教旨主义；3. 调整对外投资战略。世界银行和西方跨国公司已决定，把有效地抑制政治反对派作为评估伊斯兰国家投资环境的重

---

① 参见刘江《冷战后的美国中东安全战略》，载《西亚非洲》1995 年第 6 期。

要依据。与此同时，西方还利用海湾战争后中东国家兴起的民主化、自由化潮流，鼓励有关国家政府开放政治，将伊斯兰政治反对派吸引到温和的议会斗争的道路上来；4. 大力推进中东和平进程，继续在国际上孤立、打击反对和谈的力量，孤立和打击奉行政治激进主义的伊朗、伊拉克和利比亚；5. 确保西方在中东的军事优势，美国国防部在不久前公布的《美国对中东安全战略报告》中就此作了详尽的部署。其基本指导思想是通过军事、外交、经济三管齐下的策略，确保美国在中东的霸主地位，并把中东国家纳入以美军实力为后盾的中东安全体系。

简言之，冷战后中东伊斯兰国家与西方的关系深受三个国际因素的影响。一是地区大国"两伊"的因素。伊朗自两伊战争结束后，明显压低了对外"输出革命"的调门，拉夫桑贾尼总统执政后把主要精力转移到国内经济建设上来，减小了对周边国家的压力。尽管如此，由于原教旨主义意识形态的扩张性，中东伊斯兰国家仍对伊朗保持一定的距离。伊拉克虽在海湾战争中遭到重创，但仍有很强的军事实力，政治上未屈服于西方制裁的压力。中东部分伊斯兰国家特别是海湾石油富国，由于对"两伊"怀有戒心，对西方散布的"伊斯兰威胁论"有某种程度的认同，因而在政治上倾向西方，在地区和国家安全上接受美国和西方大国的军事保护。二是中东和平进程的影响。冷战后和平与发展成为世界的主潮，苏联退出角逐后，美国确立了一家独霸中东的地位，抓住难得的历史机遇大力推进和平进程，主和成为中东政治的主流话语。政治上四分五裂的阿拉伯国家和处境极为艰难的巴解组织在国际压力下，只能靠美国主持下的中东和平进程求得自身的安全。因而，改善与西方大国的关系，已成为唯一的选择，因为对抗没有出路，也没有能力与西方对抗。三是海湾战争的负面影响。从表面上看，海湾战争是中东两个阿拉伯国家间的局部战争，实际上则是整个西方与东方伊斯兰世界的战争。美国为在国际上孤立伊拉克，以联合国决议的名义予以制裁，以 42 个国家组成了反伊国际联盟，动用了以美国为主的 29 个国家的多国部队，集结了"二战"后最强大的军事力量。海湾战争成为美国和西方显示实力、实施强权政治的一次成功的演习。有论者戏称，萨达姆·侯赛因帮了布什总统的大忙。的确如此。冷战结束后，强大的西方失去了正面之敌，一旦在中东动武便会陷入道义法理上师出无名的困境，难下决心。而伊拉克入侵科威特则为西方提供了一个求之不得的契机，美国布什总统不失时机地打赢了海湾战争，从而确立了美国在中东和世界的领导地位。可以认为，阿拉伯国家在海湾战争中没有赢家，它们全都落入了西方布下的陷阱。战后中东伊斯兰国家陷入空前的分裂，难以联合起来抵制西方霸权主义和强权政治。这实在是阿拉伯—伊斯兰世界的一场悲剧。

（原载《世界宗教研究》1997 年第 1 期）

伊斯兰原教旨主义与当代国际政治

　　近十余年来，随着伊斯兰原教旨主义的勃然兴起，宗教作为影响国际政治的重要因素，正日益引起人们的注意。美国和西方的政治学界甚至冒出"伊斯兰威胁论"，其显著特点是试图用文明方式或价值取向的冲突来解说国际政治冲突，故意夸大宗教的影响，企图使人相信西方正受到"来自伊斯兰教的威胁"。

　　西方的"伊斯兰威胁论"究竟出自何种心态，笔者这里无意评说，而原教旨主义的异军突起，却不能不引起严肃的思考。其理由有二：一是我国有十个少数民族几乎全民信仰伊斯兰教，总人口达到 1700 万人，"宗教兴则民族兴"的原教旨主义思想难免对我国信教群众产生不同程度的影响。二是开放的中国正在走向世界，面临着极其复杂的国际环境，中国作为发展中的大国，对重大敏感的国际问题应该做到胸中有数。

一　如何理解原教旨主义

　　科学的研究揭示：宗教的形态、趋向和功能，深受外界环境的影响，处在不断的演变之中，从未有常驻常在的"原型"。而原教旨主义所追求的正是某种难以企及的、纯而又纯的宗教原始精神，因而常被人们贬斥为"复古主义"。但原教旨主义者自视为"复兴与改革派"，坚信穆斯林民族只有采取"托古改制"的方式，才有出路和希望。其永恒性主题是：溯本求源、返璞归真，净化信仰、消除腐败。

　　原教旨主义（fundamentalism）一词，最早出现于 20 世纪 70 年代末，当时伊朗宗教领袖霍梅尼领导的"伊斯兰革命"即将取得胜利。由于西方新闻界、学术界急于找到一个词语来界定这一突如其来的事变，于是他们便选定 fundamentalism 一词，而这一词语（中译为"基要主义"）是个贬称，原指近代西方基督教界反对科学、理性，反对宗教改革的一个保守的宗派。此后，原教旨主义者一再为自己"正名"，但人们仍坚持这一习惯称谓，由此引出不少笔墨官司。

如果说十余年前以伊朗革命为主要标志的原教旨主义运动尚处在"投石问路"阶段，那么今天它则以咄咄逼人的势头全面出击，以来势猛、发展快、波及面广为基本特征。形形色色的原教旨主义运动现已遍及西非、北非、中亚、南亚、东南亚等地，甚至在欧美的穆斯林民众中也出现了原教旨主义思潮。

热点之一：北非

继在伊朗、阿富汗得手之后，北非现已成为原教旨主义重点争夺的地区。20 世纪 80 年代前，除在近代原教旨主义的故乡埃及外，北非只有为数很少的原教旨主义势力，而今他们则迅速发展壮大，成为举足轻重的社会力量。

在埃及，萨达特总统的"纠偏"政策（非纳赛尔化），导致被取缔的老牌原教旨主义组织"穆斯林兄弟会"的东山再起，其主流派发展为有影响的反对派之一，而非主流的三个派系则演变为暴力组织。80 年代初，他们为惩处"伊斯兰的叛逆"，于光天化日之下，刺杀了力主与以色列和解的萨达特总统。近年来，他们更是为所欲为，抢劫军火武器，袭击警察哨所，破坏公共交通，杀害外国游客，令政府防不胜防。

在阿尔及利亚，始建于 1989 年的"伊斯兰拯救阵线"，两年间就发展到 300 余万人，成为实力强大的反对党。1991 年年末，阿举行独立 30 年来首次多党议会选举，刚刚"亮相"的"伊阵"就出人意料地大获全胜，使政府惊慌失措。后来由军方出面干预，迫使沙德利总统下台，宣布国家进入"紧急状态"，组成以军人为主的五人"最高国务会议"，下令取缔"非法的""伊阵"，取消二轮选举；军方虽靠铁腕控制了政局，但原教旨主义势力已转入地下，胜负尚未成定局。

在东北非的苏丹，尼迈里总统自上而下的"伊斯兰化"举措，未能挽救民族政府的败局，到 1988 年，在全国动乱中崛起的"苏丹全国伊斯兰阵线"，只用了三年时间就以和平演变的方式夺取了政权，成为继伊朗之后另一个原教旨主义政权，并积极向阿尔及利亚等北非国家"输出革命"。目前"伊阵"已在全国废止了世俗法制，代之以宗教法制，并组建起一支由10万穆斯林民兵组成的"国民卫队"。外电称：在苏丹唱前台的是巴希尔军政府，而指挥棒却操在"伊阵"手里。

热点之二：中东

20世纪70年代末伊朗"伊斯兰革命"兴起之际，其冲击波首先便辐射到敏感多事的中东地区。其间，发生了一系列具有"轰动效应"的事件，诸如极端原教旨主义分子武装占领麦加圣寺，美国、法国驻科威特使馆被炸，巴林发生反政府的未遂政变，叙利亚和伊拉克发生企图推翻复兴党政府的示威暴动，等等。目前这一地区在经历了首次惊涛骇浪之后似乎比较平静，但仍有两大潜在威胁不容忽视。

首先是原教旨主义力量在长期被内战困扰的黎巴嫩的崛起。黎全国六大政治性的伊斯兰教组织中，什叶派穆斯林的民族主义组织"阿迈勒运动"颇具实力，它拥有2万民兵，控制着黎巴嫩南部和首都贝鲁特西区。但它在与巴解组织的内战中削弱了实力，威望明显下降。而同样以黎南部为基地、受伊朗支持的原教旨主义"真主党"则实力大增，已超过"阿迈勒"。它同以色列的对抗，同"阿迈勒运动"的冲突，皆同伊朗的态度有关。其次是"哈马斯"组织（伊斯兰抵抗运动）在被占巴勒斯坦领土的兴起。这个始建于1987年的原教旨主义组织拥有武装力量，它对巴以和谈极力反对，宣称真主赐予的土地不容谈判，只有"圣战"才能解救巴勒斯坦人民。"哈马斯"与以色列的对抗，对巴解组织的抵制，可能使中东和平进程难上加难。

热点之三：中亚

当今中亚的政治形势，既受总体国际环境的制约，又受地缘政治因素的影响，有诸多不稳定的因素。革命后的伊朗成为原教旨主义的大本营，它以"不要东方，不要西方，只要伊斯兰"为基本国策，不断对外"输出革命"。霍梅尼临终前，以"你办事，我放心"的方式（哈梅内伊"圣函")确定革命接班人,基本政策未变。苏军撤出阿富汗后,阿富汗实际上已转向原教旨主义营垒。眼下亲沙特的和亲伊朗的两派穆斯林组织正在为争夺权力和利益而自相残杀,但不论谁占上风,都不大可能改变既定的原教旨主义路线。

尤其值得注意的是苏联中亚五国的走向。苏联中亚地区是穆斯林民族聚居区,总人口约 6000 万(包括俄罗斯人),苏联长期奉行压制宗教信仰自由的政策,潜伏着深刻危机。如今中亚五国获得独立,在政治民主、民族自决、信仰自由的口号下,长期受压抑的民族、宗教情绪得以宣泄,出现了前所未有的宗教狂热。其显著标志,一是宗教活动的热度突然升高。近年来这里开放和兴建了数以千计的寺院,但清真寺仍人满为患。二是出现了宗教干预政治的新趋向。自 1990 年"全苏伊斯兰复兴党"宣告成立后,中亚五国皆出现了原教旨主义派别组织,有的(如塔吉克斯坦"伊斯兰复兴党")还与"民主派"联合,掀起"倒阁运动"。时下原教旨主义(伊朗)、泛突厥主义(土耳其)、温和的伊斯兰(沙特、巴基斯坦)三股力量都在以各种方式向中亚五国施加影响,企图填补这一地区的意识形态"真空"。

二　宗教政治化与政治宗教化

在我国,由于深受中国传统文化的影响,国人常把宗教视为某种"不食人间烟火"的精神现象,当然也就很少想到它的政治含义。在西方,经过文艺复兴、宗教改革运动,人的主体意识得到强化,因而视政教分离为社会进步的标志之一。而在当今的伊斯兰世界,原教旨主义却重申了一个久已被伊斯兰教淡忘的命题:宗教政治化,政治宗教化。意即把宗教作为一种政治意识形态,通过"伊斯兰化"途径,或以渐进的合法方式或突变的暴力方式夺取政权,创建一个以"真主之法度"为基础的、名副其实的伊斯兰国家、伊斯兰社会、伊斯兰秩序。这一由原教旨主义宗教家精心设计的政治理想,显然是同当今伊斯兰世界各国实际所奉行的现代民族国家的理论和实践背道而驰的,由此人们也就容易看清当代原教旨主义的政治含义。

最具代表性的原教旨主义政治学说，按其自身的解释，包括四个方面：

一是真主主权论。认为真主既是宇宙万物的创造者、主宰者，当然也是国家的唯一主权者。国家应以伊斯兰教法（又称"主命"）为基础，实行伊斯兰法治，其立法权仅属于真主。

二是先知权威论。认为先知（对伊斯兰教创始人的尊称）作为真主在人世间的"代理人"，享有不容争议的政治、法律主权，其"圣言"、"圣行"（即"圣训"）为国家立法的基本渊源之一。

三是国家有限主权论。认为国家自身虽无权威，但国家作为真主的"代理人"有权代行真主的司法权、行政权。所以国家就其职能而言，应当称为"哈里发制"（代行真主法权体制）。而世俗意义的主权国家，只在其国度内具有有限的权威，其权威不得超越"真主之法度"。

四是政治协商原则。即伊斯兰教法确认的唯全体穆斯林大众一致协议是从的原则。这一"伊斯兰民主制度"，可以采取直接或间接的民众代表制形式。

除以上四项原则外，有的宗教家还以反论的方式提出四个命题，以示与现代民族国家的区别。

1. 伊斯兰国家不是世俗国家。认为国家既以"认主独一"宇宙观为基础，全部公共生活自然是宗教属性的，而国家只是宗教教义的一种体现或延伸。

2. 伊斯兰国家不是民族国家。国家既为信仰者的共同体，当然只能有"一个主义"、"一种忠诚"，即信奉伊斯兰教，忠于真主。而民族主义则有悖于伊斯兰教的普世性，侵害了真主的绝对主权，故不可取。

3. 伊斯兰国家不是绝对主权实体。国家必须服从更高的法律规范，依据真主之法度行事。这意味着政治上必须排除专制，法制上实行宪政制度。

4. 伊斯兰国家不是国家的原型，其原型是穆斯林共同体（Umma）。国家可以兴衰，而穆斯林社会永存，国家仅仅是为了维护信教民众的权益而存在的。

从以上的论述中可以看出，原教旨主义是关于政权合法性的一种宗教学说，它既是据以推翻各种形态的世俗民族国家政权的指导原则，又是创建原教旨主义式的神权政体的理论基础。

三　精英伊斯兰与大众伊斯兰

凡到过东方穆斯林国家的人，都会感受到一种强烈的宗教氛围。人们感到困惑的是，大众传媒中所说的原教旨主义与当今世界各地穆斯林仍虔诚信奉的伊斯兰教究竟有何区别。这实际上是从宗教形态上为原教旨主义"定格"、"定位"的问题。

首先，从伊斯兰教历史上看，几乎就在伊斯兰教产生后不久，其内部就开始形成两个不同的层次。一个可称为"精英伊斯兰"，另一个可称为"大众伊斯兰"。前者指的是由权威宗教学者解释的带有官方色彩的宗教教义、礼仪制度，它在某种程度上为封建王权的合法性提供了神学理论依据，因而受到王权的庇护；后者即下层穆斯林民众的、带有民间崇拜色彩的宗教信仰，它常因粗俗、低下而受到正统观念很强的宗教知识精英的批判。如果我们把伊斯兰教看做一种信仰知识，则可发现对真主的认知方式有明显的不同。"精英伊斯兰"所强调的是启示知识（《古兰经》）、传述知识（《圣训》）和包括有限理性活动在内的推论知识，要求对至上的真主要内心诚信、身体力行；而"大众伊斯兰"所强调的认主方式，今人称为苏非神秘主义，相当于某种"道可道，非常道"的东西，坚信只有通过个体的精神修炼，才能以心灵感应、直觉体认的方式获得关于真主之道的神秘知识，达到人主合一的最高精神境界。

不过，上述"大众伊斯兰"并非当今原教旨主义的初始形态。原教旨主义作为一种规模较大的宗教复兴运动，还是近代的事情。19 世纪下半叶以来，穆斯林世界在反对殖民统治、争取民族独立斗争中，形成了有代表性的三种势力。一是以原有的宗教知识精英为主的传统派，其特点是因循守旧、不思进取，只热衷于维护自己的社会地位。二是以受过西方教育的知识分子为主的改良派，他们不主张以暴力方式与强大的欧洲殖民统治者对抗，而提倡发展科学、教育，普及文化知识，改革不合时宜的伊斯兰教，走文化救国之路。而介于传统派与改良派之间的便是各国的原教旨主义派别，他们实际上属于传统派，但在社会地位（一般都不是职业宗教家）和宗教思想上又不同于极端的保守派，因而常被称为新正统派。

"二战"以后，民族主义运动在穆斯林世界蓬勃兴起，相继在各国取得胜利，各种形态的民族主义（如纳赛尔主义、布迈丁主义、阿拉伯复兴党社会主义等）成为新近独立的民族国家的指导思想。在其后的优胜劣汰的政治斗争中，改良派与民族主义集团相结合，成为新国家的统治者，而原教旨主义派别则因政治失落感而经常与传统派结盟，逐渐演变为今天的政治反对派。

当然，"大众伊斯兰"也并非都是目不识丁的下层民众，而且两者的地位可以互换。例如，在"伊斯兰革命"后的伊朗以及在原教旨主义政党、组织掌权的阿富汗和苏丹，"大众伊斯兰"已变成"官方伊斯兰"，其趋向和功能也会发生某些微妙的变化。

四　困惑的心灵对恶化的生存环境的抗议

宗教现象最深刻的根源存在于社会之中。贫困、落后、压迫，自然会导致宗教的抗议，这样的现象今天也还存在。然而，发展了、富足了是否必定会导致宗教影响的削弱呢？恐怕也不尽然。那么，究竟怎样解释原教旨主义运动这一带有相当普遍性的宗教、社会现象呢？

在回答这个问题之前，我想我们首先要明确一件基本事实，就是当今世界各地的原教旨主义运动并非一个统一的、有组织、有领导、向着同一方向前进的运动，其内部派系林立、纷争不已，而且从动机上看，各色各样的人群也并非完全是为了某一崇高的政治目标而卷入其中。另外，不应忽视的则是：既然原教旨主义能在差异性很大的世界广阔地区引起一呼百应的效应，一定会有某些共同性的因素在起作用。这些共同性的因素，我这里把它们统称为困惑的心灵对不断恶化的生存环境的抗议。我想提请注意三个方面的因素。

首先是政治环境。原教旨主义活动的热点是在中东地区，特别是阿拉伯世界。"二战"以来，中东是东西方两极争夺的战略要地。四次中东战争、两伊战争、海湾战争以及黎巴嫩长达15年的内战，使这一地区难有宁日。饱受战乱之苦的一般民众长期在高度紧张的状态下生活，心理承受力毕竟有限。有着强烈民族自尊心、自信心的阿拉伯穆斯林，在同弹丸之地的以色列的军事对抗中，屡战屡败，失地、丧权、辱国，丢尽了面子。处于困境、逆境中的阿拉伯穆斯林痛定思痛，不能不进行严肃的反思，由此产生"信仰危机"，对阿拉伯民族主义、阿拉伯社会主义愈益反感。如果说"易帜"可以作为民心所向的标志，那么阿拉伯人正是在1967年第三次中东战争遭到惨败后开始改变旗帜的。人们注意到，正是在这一年阿拉伯国家领导人在公开讲话中发出了同以色列"魔鬼"举行"圣战"的号召，而宣称对外"用一个声音讲话"的"伊斯兰会议组织"也是在此后不久宣告成立的。

其次是社会经济环境。中东国家中既有资源丰富但却不能主宰自己经济命运的国家，也有人力、物力资源都很贫困的国家。"二战"以后，不论亲西方还是亲东方的中东穆斯林国家，大多实行计划经济，致力于国家的现代化建设，甚至提出了诸如"白色革命"（伊朗）、阿拉伯社会主义革命等社会经济改革纲领，也有些后来转向开放型的市场经济。但这些国家都缺乏长远、稳定的经济政策，而且普遍存在着社会分配极不合理、两极分化愈益严重的问题。大量事实表明，对社会分配、社会地位不满，缺乏社会安全感的中下层民众更容易卷入原教旨主义运动之中。

再次是文化环境。这是最容易被人们忽视的一个问题。人们注意到，原教旨主义并未提出"涨工资"、"要面包、要牛奶"之类务实的口号，其真正打动人心的口号还是切中时弊的宗教语言，特别是针对政治腐败提出的清除污染、净化社会的宗教文化主张（如霍梅尼的"不要东方，不要西方，只要伊斯兰"；阿尔及利亚原教旨主义政党提出的"不要宪法，不要法律，《古兰经》就是一切"）。这表明，文化环境的恶化实际上已成为原教旨主义的突破口。其突出表现是文化传统的分裂和对立：一方面以政治精英和知识精英为代表的"雅"文化日益西方化、世俗化、现代化；另一方面以宗教保守势力为代表的"俗"文化仍坚持回归传统的方向，从而形成强烈反差。上层的雅文化的根本弱点就在于缺乏根基，成为无源之水、无本之木，因为在整个穆斯林世界，真主和伊斯兰教的权威是难以超越的，各国的民族主义者无论多么强大，他们都从未建树起一个完全独立于宗教文化传统的思想体系，而只是确立了政治统治，对宗教文化采取了融合和利用的态度。所以，当出现社会危机、政治危机时，伊斯兰教仍然是中东穆斯林大众习惯的思维方式和政治语言，也许这可以说明缘何社会、政治的抗议注定要采取宗教的形式。因为宗教、特别是具有政教合一、族教混同、两世兼重特色的伊斯兰教至今仍有广泛恒久的影响。而宗教作为人类深层次的精神现象的一个特点，就在于当信奉它的民族或个人产生危机感时，传统的宗教信念特别容易外化为人的行为，成为价值取向的源泉，甚至会导致常人难以理解的非理智的狂热行动。

（原载《战略与管理》1994 年第 3 期）

伊斯兰教对国际政治影响评估

近十余年间，国际政治学的显著走势之一是拓宽了视野，把宗教作为影响国际政治的因素纳入研究领域。导致这一新趋向的动因有二：一是伊朗"伊斯兰革命"改变了波斯湾地区地缘政治的格局，作为一种战略回应，美国和西方开始重新审视宗教与国际政治的关系；二是冷战结束后，两极对抗的世界格局不复存在，宗教与民族主义成为争夺和维护权益的合法外衣，导致连续不断的地区冲突，成为影响国际政局的活跃因素。

伊斯兰教与国际政治是个宽泛的前沿性课题，非一篇短文可以尽述。本文想表明两个意向：一是澄清事实，驳斥西方散布的伊斯兰威胁论；二是转换视角，从伊斯兰教三大层面评估它对国际政治的影响。

一　西方舆论误导：伊斯兰威胁论

过去的 15 年间，西方传媒突然对异质的伊斯兰教产生浓厚的兴趣，有关原教旨主义的报道铺天盖地而来，形成一种近乎地毯式轰炸的舆论效应。这些舆论宣传反复提醒世界：西方正受到原教旨主义扩张的威胁。

事实果真如此吗？

西方关于原教旨主义主要有三种舆论。一是盛行于 20 世纪 80 年代初的"连锁反应论"。声称当今的伊斯兰世界危机四伏（诸如信仰危机、政治合法性危机、文化认同危机、经济困顿、社会混乱等等），凡伊斯兰教驻足之地皆是原教旨主义的温床沃土，皆可能发生动乱，而"霍梅尼现象"只是席卷全球的伊斯兰狂潮的一个信号。①二是不久后出台的"伊斯

---

① 约翰·埃斯波西托：《伊斯兰复兴之呐喊》导论部分，纽约，1983 年版。

兰威胁论"。这一耸人听闻的舆论强调，原教旨主义的崛起是对西方安全的巨大威胁，西方应当保持高度警惕，"防患于未然"。三是更加离谱的"文明冲突论"。它转换一个切入角度，预设了一些假想之敌，企图证明未来的国际冲突不再是因为国际行为主体争权夺利所引起，而是根源于人类文明固有的差异性。自不待言，文明冲突论同样把异质的伊斯兰文明连同"东亚的儒教文明""定格"在排拒西方文明的"被告"席位上。[①]

上述舆论的共同特点是夸大事实、混淆视听。为此需要把西方说成是"弱者"，而把原教旨主义摆在"强者"位置上。"易位"意在国际舆论中取得法理道义上的优势，可是这样一来人们也就容易看穿其虚伪性。人们不必一定要赞同原教旨主义，但却不能不严肃地思考一个问题：是西方无端地受到原教旨主义的"威胁"因而需要"自卫"，还是伊斯兰世界受到西方强权政治的威胁因而引起原教旨主义的抗议？答案是明明白白的。

显然，伊斯兰威胁论的用意是在谴责原教旨主义的名义下，堂而皇之地把伊斯兰世界一切无视西方强权政治的力量都打入"另册"，视为反西方势力。当然，如果不问缘由而只看表象，伊斯兰威胁论也确有一定的事实根据。主要是：

第一，20世纪80年代以来，在对西方至关重要的伊斯兰新月地带出现了一系列的"异常现象"。阿以冲突、两伊战争、海湾战争、波黑战争、黎巴嫩教派冲突、塔吉克斯坦内乱、阿富汗内战、库尔德民族运动等热点问题使这一地区不得安宁。疲于应付混乱局势的西方，付出了巨大的代价和精力，感到力不从心。

第二，原教旨主义力量的崛起使中东的政治格局发生相应的变化。中东出现了伊朗、阿富汗、苏丹三个奉行原教旨主义路线的国家，一些亲西方的伊斯兰国家在原教旨主义的困扰下陷于混乱，西方担心中东和平进程会受到逆反冲击。

第三，国际暴力恐怖活动有恃无恐。近年来，极端伊斯兰组织出于对西方的报复，在纽约、巴黎、波恩、罗马、日内瓦、布鲁塞尔等西方大城市制造了多起爆炸、暗杀恐怖事件，使西方感到不安。

---

① 塞缪尔·亨廷顿：《文明的冲突》，载美国《外交》季刊，1993年夏季号。

第四，原教旨主义力量出现了联合的趋势。1993年各国的原教旨主义组织于苏丹召开了"阿拉伯伊斯兰人民大会"，来自世界50多个国家和地区的代表出席了会议，成为显示实力的一次"誓师大会"。

为了遏制原教旨主义的发展势头，近年来西方也确实采取了一些应变措施。一是北约组织新近调整了防卫战略，把防范原教旨主义扩张列入制止地区冲突的战略范围。二是美国国务院有史以来首次成立了专门研究伊斯兰问题的机构，开展跟踪研究，为政府提供调研报告和对策建议。美国中央情报局还与俄罗斯情报机构联手合作，共同对付原教旨主义。三是在投资战略上，世界银行和西方跨国公司已把是否能有效地遏制原教旨主义势力作为评估伊斯兰国家投资环境的重要依据。

伊斯兰威胁论是西方从"最坏情况"出发提出的防范战略构想。它不是从实际力量对比分析形势而是把整个伊斯兰世界假想为潜在的反西方力量，因而水分很大。实际情况则是：一是当今的"伊斯兰世界"是从共同宗教信仰角度对世界所作的一种切割区分，它从来不是统一的政经实体，实行不同的政治制度，其中有许多是亲西方的国家，真正在政治上对抗西方的只限于伊朗、伊拉克、利比亚等少数国家。而且，这些国家之间也有矛盾，甚至发生过战争，如两伊战争。二是从地理和人力资源上看，伊斯兰世界确有巨大的发展潜力。迄今世界穆斯林人口高达10亿之巨，分布在亚非欧大陆75个国家中，其中有51个号称全民信教的伊斯兰国家。但宗教信仰认同与政治认同无涉，现代民族国家是以维护共同的民族利益为宗旨，泛伊斯兰主义缺乏共同利益的驱动，没有真正成为联合反对西方的旗帜。三是作为伊斯兰世界躯干的中东地区，在石油能源上确有抗拒西方的实力，过去也曾以"石油武器"同西方较量过，但现已时过境迁。自从苏联退出中东政治舞台后，美国实际上已成为主宰中东政治的霸主，确立了无可争议的地位。①

综上所述，可以认为，伊斯兰威胁论的意义在于为西方提供了一种"居安思危"意识，如同近年来冒出的"中国威胁论"一样，是在冷战后

---

① 参见李荣、李绍先《冷战后伊斯兰势力对西方世界的挑战》，载《战略与管理》1994年第2期。

时代美国和西方求之不得的一种思想武器。

二　意识形态层面:排拒西方政治制度

原教旨主义之所以引起美国和西方的"特别关照",一个重要原因在于原教旨主义排拒西方的政治道路。西方对原教旨主义的忧虑,主要是出自政治考虑。早在冷战时代,原教旨主义就是一支独立不羁的力量,霍梅尼"不要东方,不要西方,只要伊斯兰"的呼唤为此作了最贴切的脚注。冷战结束后,由于国际共产主义运动遭到重大挫折,西方资本主义意识形态转入攻势,而在意识形态领域敢于公开亮明旗帜与之对抗的,当首推伊斯兰原教旨主义。这一异常现象是由伊斯兰教意识形态特性所决定的,它也是观察伊斯兰教与当代国际政治不应忽视的一个层面。

所谓伊斯兰原教旨主义(西方称为基要主义)是西方学术界首先采用的一个词语概念,用来指称当今世界所特有的一种宗教社会现象。西方学术界选择这一词语是以价值判断为前提,特指原教旨主义是一种具有明显政治倾向的宗教意识形态。作为伊斯兰教信仰的一种形态,原教旨主义的突出特征是坚持伊斯兰意识形态的独立性,并把这种宗教—政治信念付诸行动。在精神价值层面,宗教信仰的本质特征是高扬宗教价值的"超越性",因而必然要与一切非宗教意识形态发生冲突。可见,原教旨主义排拒西方实际上只是宗教价值超越性的一种体现。这种价值冲突亦存在于西方世界,西方的基督教神学也曾积极干预现实世界,只是近代以来基督教转向政教分离,满足于在精神领域"救人灵魂",才与政治无涉。伊斯兰教则不同,它从真主统一性出发,否认物质与精神、神圣与世俗、宗教与政治的二元对立,提倡一种绝对服从"主命"(真主的意志)的观点。"认主独一"的宗教信念在意识形态层面不仅要排拒西方,而且首先要排拒伊斯兰国家的世俗政权。公正地说,近代兴起的民族主义和原教旨主义,在政治思想上都有排拒西方的倾向,这是长期的殖民统治留给伊斯兰国家的一份文化遗产。区别在于:民族主义思想源自西方,在价值观上同西方不乏某些共同之处,而原教旨主义源自宗教文化,在价值观上同西方格格不入。因而,西方宁愿与民族主义者而不愿同伊斯兰主义者打交道。

反之，在原教旨主义者看来，软弱的民族主义不足以战胜西方，唯有自强不息的伊斯兰精神才能为穆斯林民族带来光明和希望。

原教旨主义在政治上反对西方。在意识形态层面，原教旨主义针对伊斯兰国家面临的各种困难和问题，提出了"宗教政治化，政治宗教化"的主张，其永恒性主题是：正本清源、返璞归真，净化信仰、消除腐败。它把一切现实的问题都化作信仰问题，笃信"宗教兴则民族兴"的理念，主张以复兴信仰来解决现实的社会、政治问题。

所谓原教旨主义在政治上排拒西方，是指它以宗教意识形态来抵制西方意识形态。这种抵制根源于原教旨主义宗教观念，集中表现在对"二战"后兴起的现代民族国家的理论和实践的全面否定。针对当今伊斯兰国家的世俗化倾向，原教旨主义者提出了"重建"伊斯兰国家的政治方案，企图改变伊斯兰国家的政治方向。政治道路选择是个时代话题。原教旨主义这一主张非自今日始，而是自伊斯兰世界第一个实行世俗主义的现代民族国家土耳其建立后原教旨主义派别的一贯主张。所以，原教旨主义是对世俗主义、民族主义的一种反动。原教旨主义国家观是以传统的伊斯兰政治思想为基础，本质上是一种宗教神学的现代诠释。它企图重建的是一个教权至上的政教合一的神权政体。原教旨主义国家观可归纳为"四论"。为了行文方便，简述如下：

一是真主主权论。这是从伊斯兰教基本信条（"万物非主，唯有真主"）中抽引出来的一项原则。意即真主既是宇宙万物的创造者、主宰者，当然也是国家唯一的主权者。因此，一切无视真主"绝对主权"的国家政权都是"非法政权"。

二是先知权威论。这是从"圣训"中抽引出来的一项原则。意指伊斯兰教创始人、先知穆罕默德是真主在人世间的"代治者"，其生前的言行即"圣训"对后世具有指导意义。因此，凡违反圣训、悖逆伊斯兰传统的国家政权都是非法政权。

三是代行主权论。这是从传统伊斯兰政治思想中得出的结论。意即国家本身并无主权，但同家作为真主意志的执行者，有权"代行"原本属于真主的政治、法律主权。也就是说，国家有限的主权仅仅是为了履行对真主的义务。

　　四是政治协商论。这是从伊斯兰法理中得出的结论。按此原则，国家政体可以灵活多样，但都必须实行政治协商制度，由民选的政治协商机构推举国家元首，决定国家大事，以充分体现"伊斯兰民主"。①

　　原教旨主义国家观是为了夺取政权、取代现行伊斯兰国家政治制度的工具。过去的十余年间，随着伊斯兰复兴运动在世界各地勃然兴起，原教旨主义作为一种颇为流行的社会舆论，已对部分亲西方的伊斯兰国家构成巨大压力，这也是西方不敢小视原教旨主义的原由之一。

　　原教旨主义以国家和社会"伊斯兰化"为基本策略，企图以和平过渡或暴力革命的方式夺取政权。原教旨主义思潮之所以能在伊斯兰世界产生广泛的效应，原因是多方面的。从精神文化角度看，下述原因不容忽视。一是民族主义先天不足。战后在伊斯兰世界居主导地位、包括阿拉伯民族主义在内的各种民族主义意识形态，皆是在反对殖民统治、争取民族独立斗争中形成的一种"政治民族主义"，而作为民族认同基础的"文化民族主义"未得到充分发展。较之被视为"舶来品"的民族主义，伊斯兰教具有更广泛的凝聚力和更高的权威。伊斯兰教作为反帝的旗帜，同样经历过民族独立运动的洗礼，而作为民族精神的一种象征，它在价值层面上要高于民族主义。因为在整个伊斯兰世界，真主的权威是不容怀疑的，民族主义企图融合但未能包容和取代伊斯兰教。民族主义的脆弱性，使伊斯兰教在特殊的情况下完全可能成为一种替代性的价值选择。二是民族主义过于重物质而轻精神。民族认同的基础是维护和满足共同的民族利益，这一基础容易因为功利主义目标的暂时实现而受到削弱，只有不断提出新的奋斗目标才能增强民族的凝聚力。民族分为不同的阶级、阶层和利益集团，而利益分配最容易导致冲突。伊斯兰国家在社会分配问题上的贫富两极分化，使民族主义的信誉受到巨大损害。相反，宗教价值认同属于精神认同，其价值准则主要是在信仰者的内心世界实现的，无需以物质利益的满足为前提。三是民族主义缺乏传统力量的支持。对超验真主的信仰是以厚重的伊斯兰文化传统为依托，以宗教制度和历史传统为保障，具有深厚的

————————
　　①　约翰·埃斯波西托：《伊斯兰复兴之呐喊》，［英］牛津大学出版社1983年版，第115—119页。

群众基础。而对民族主义的信仰则不仅需要理论开拓、政治制度的保证，而且需要战后创建的现代民族国家以良好的施政记录来证明。战后阿拉伯国家在四次中东战争中的惨败，在现代化建设中的挫折，使民族主义大伤元气。如果说"易帜"是民心所向的标志，那么伊斯兰会议组织的兴起以及泛伊斯兰主义的抬头，在客观效果上都有改变旗号、贬损民族主义的效应。

简言之，以宗教意识形态来贬损、抵制和取代民族主义意识形态是导致伊斯兰国家政治动荡的内因之一，由此决定了它与国际政治主要是中东政治的关联性。

三 传统文化层面：排拒西方价值观

近代以来，西方经常以其"强势文化"作为殖民扩张的工具，而处于弱势的东方被压迫民族也以自己的本土文化为武器与之抗争，由此形成东西方文化冲突的范式。东方对西方"文化帝国主义"的批判和抵制，是独立的民族意识觉醒的一种体现，由此形成的排拒西方的文化情结一直延续到今天。过去的十余年间，在伊斯兰世界，不仅在宗教意识形态上显示出排拒西方的倾向，在宗教文化和价值观念上也展现出疏离西方的走向。在原教旨主义著述中，这一倾向从反思近代东西方关系史，定位在对西方发展道路的断然拒绝。

发展观的重新定向以反思伊斯兰国家现代化的迷失为主题。① 不仅原教旨主义排拒西方的发展模式，海湾地区温和的伊斯兰国家也坚持走独立自主的"伊斯兰发展道路"②。后者的目的在于通过"价值转化"吸纳西方先进的科技成果和经济管理经验，以振兴民族经济，而前者则以复兴传统为依据，全面排拒西方。

原教旨主义排拒西方的发展观，其现实根源是对伊斯兰国家（如巴列维统治时期的伊朗）盲目引进西方发展模式的强烈不满，转化为对世俗

---

① 参见约翰·埃斯波西托《伊斯兰教与发展》，纽约，1980年版。
② 参见胡尔希德·阿赫默德《伊斯兰经济学研究》，伦敦，1982年版。

化、西方化的强烈批判。原教旨主义的基本命题是：现代化不等于西方化和世俗化，伊斯兰教不反对现代化，而主张在弘扬伊斯兰文化传统基础上实现现代化。

原教旨主义以四方面的理由来排拒西方化和世俗化。一是世俗化不符合伊斯兰文化传统。西方的现代化是以世俗化为前提，而世俗化必然要把一种外来的西方社会伦理强加于东方穆斯林社会，从而导致国家政治制度、经济制度、社会制度的异化。二是西方化即殖民地化。认为西方的现代化理论模式实际上是一种"殖民文化"，接受西方价值观势必使伊斯兰国家丧失政治独立，成为西方的附庸，而按照西方模式调整传统的社会结构，实际上是变相地使伊斯兰国家殖民地化。三是世俗化使教育迷失方向。认为伊斯兰国家世俗化必然导致教育体制的混乱：一方面是源自西方的现代世俗教育，另一方面则是立足于本土文化的传统宗教教育；前者推崇科学理性和物质文化，而后者重视人文精神和宗教文化。四是世俗化导致政治危机。认为西方化、世俗化必然导致政治领导层的结构调整，随着传统政治精英的解体，亲西方的世俗化的政治精英逐渐掌握了国家的政经实权。但新兴政治精英脱离民众、没有根基，势必导致政治危机。

原教旨主义排拒西方、回归传统的价值取向，根源于西方影响的不断增强。而作为现代化的一种后果，则是在现代化进程中传统价值的失落，这是处于社会转型期的发展中国家所共有的一种现象。由于两极格局不复存在，发展中的伊斯兰国家将面临着愈益沉重的来自西方的压力，由此而引起的价值冲突也将愈益凸显。故此，原教旨主义对西方价值观的回应，可以作为观察伊斯兰教与国际政治的一个窗口。这是前所未有的现象。

关于这一复杂现象，可以从多层面予以解释，这里主要从宗教价值层面予以分析。

首先，原教旨主义排拒西方价值观固然是从诸如伊朗的"白色革命"、阿拉伯社会主义革命的挫折中引出的教训，但全面否定西方现代化模式的结论则是从对传统宗教价值的认定中得出的。从价值取向、思维习惯上看，原教旨主义从产生之日起，就是一个内向的运动。原教旨主义者从自身的文化传统中得出结论：伊斯兰文明远远高于西方文明；伊斯兰文明是一个自足的、包容一切的体系，凭借自身的资源，它完全能够解决发展中出现的问题，回应时代的挑战。只要原教旨主义不改变这一内向的态度，它同西方价值观便永远处于对立之中。这正是西方忧虑的原因之一。

其次，从宗教价值观的特征看，它永远无法填平理想与现实之间的鸿沟。宗教价值观根源于人类对美好事物的欲求向往，宗教价值所追求的真善美是一种人文主义的"终极关怀"，它实际上是一种难以企及的高远目标。它的正面价值在于批判现实、否定现实中的假丑恶现象，而欲改变现实，它本身又无能为力。问题的症结在于：欲改变不完美的现实，还得靠弘扬人类的主体意识，而宗教的负面价值恰恰在于否定人的主体性。原教旨主义有充分的理由拒绝"全盘西化"，而它留给自身的活动空间也相对狭小，只能靠传统价值的转化来开创未来。

再次，从人类历史长河看，人类文明是互补的，伊斯兰文明正是吸纳多民族文化的精华而创造的一种文明方式。一般认为，近代兴起的西方文明的强势在于"工具理性"，而传统的东方文明的优势在于"价值理性"，它们功能不同，本应是互补的关系。原教旨主义排拒西方价值观的主要理由是担心传统宗教价值的失落，担心宗教道德沦丧失衡。然而，原教旨主义所珍重的宗教价值、宗教道德也是一种历史范畴中的现象，而并非游离于人类经验史以外的东西。随着人类社会的不断进步，包括宗教价值观在内的传统价值观的失落和新价值观的兴起都是不可避免的。科学态度是顺应历史潮流，以开放的态度对待人类一切有益的文化成果，在弘扬本民族优秀文化基础上面向现实，开创未来。

四 社会群体层面：组建政治反对派

近十余年间，以政治反对派面目出现的原教旨主义派别组织极其活跃，成为伊斯兰国家政治生活中最引人注目的现象。据有关调查资料，仅活跃于阿拉伯国家有影响的原教旨主义组织就多达上百个。[1]这一现象提示我们，应当从社会群体层面研究伊斯兰教与政治反对派的关系。

原教旨主义的兴起本属于伊斯兰国家的内部事务。只因其影响波及周

---

① 海拉尔·迪克米坚：《革命中的伊斯兰》附录部分，纽约，1985 年版。

边国家和地区，加之西方国家的介入，才闹得沸沸扬扬，被看做一种"国际政治现象"。实际上如同在前两个层面一样，在社会群体层面，原教旨主义派别并非以反西方为根本宗旨。只是因为原教旨主义在意识形态和价值观上具有潜在的反西方倾向，后来才被惯于寻找"对立面"的西方视为异己力量。

从伊斯兰教历史看，求本溯源、复归传统的思想倾向，可以说是古已有之，未曾中断。但作为具有明确的政治主张和现代观念的宗教派别组织，原教旨主义是 20 世纪所特有的一种现象。作为对社会危机的一种回应，原教旨主义是介于传统主义和现代主义之间的"新传统派"。当代最早的原教旨主义派别组织，当首推始建于 1928 年的埃及穆斯林兄弟会，其后陆续兴起的组织包括各国的兄弟会组织、巴基斯坦的伊斯兰教促进会、印尼的马斯友美党等。什叶派原教旨主义产生较晚，大部分是在伊朗革命后兴起的。

综观原教旨主义初生、发展的历程，可以引起一些有益的思考。从其初始形态看，"二战"前各国的原教旨主义力量都是在反对殖民统治、争取民族独立进程中与民族主义同时兴起的群众组织。在争取民族独立过程中，原教旨主义并非主力军，他们同各国的民族主义力量都曾有过不同程度的合作，而西方从未把原教旨主义力量放在眼里、认真对待。"二战"以后，随着民族独立目标的临近，伊斯兰国家政治生活的突出现象是宗教组织政党化，战前各国的原教旨主义组织纷纷升格为宗教政党，并制定明确的政治纲领，企图夺取政权，它们同民族主义政党和组织也正式决裂，成为宗教政治反对派。战后从 50 年代到 70 年代，伊斯兰世界居主导地位的是在反帝反殖斗争中取得国家政权的各国民族主义力量，原教旨主义者未曾在一国掌权。政治上的失落使各国的原教旨主义力量把全部不满情绪发泄在执政党政府身上。从此，在野的原教旨主义派别同本国政府的矛盾和斗争，成为战后伊斯兰国家政治生活的显著特色。对于这种现象，西方可以说是熟视无睹，直到 70 年代末伊朗"伊斯兰革命"爆发后，西方才像发现新大陆一样，认真思考原教旨主义对西方的政治含义。所以，如果说原教旨主义构成一种"威胁"，那么首先受其威胁的并非西方，而是伊斯兰国家。至于对西方的所谓"威胁"，只有承认"强权即公理"的逻辑才能成立，而那样人们所讲的就是强权政治的话语了。

这里值得人们深入思考的两个问题是：究竟是何种生存环境导致原教旨主义思潮的兴起？伊斯兰国家缘何会出现宗教政治反对派？关于前一个问题，我国学者已做过不少研究，这里不再重复已有的结论。而关于后一个问题，似乎仍有深入探究之必要。

宗教政治反对派的兴起，可以从历史、理论、现实三个层面予以解释：

（一）从历史传统上看，伊斯兰教自产生之日起，就是一个政教合一、族教混同、两世兼重的宗教。在长期的历史发展中，伊斯兰教把虔诚信仰真主的精神需求与追求物质利益目的紧密地结合在一起，彼此互为依托、相辅相成。久而久之，在人们的观念中，以信靠真主来实现现实目的成为固定不变的思维方式，中世纪和近现代历史上形形色色的伊斯兰复兴运动就是最雄辩的证据。此外，传统的知识结构进一步强化了传统的思维方式。传统伊斯兰教的认知方式是内向的、非理性的认知方式，作为认知基础的首先是超验的、不证自明的天启知识（《古兰经》）；其次是源自宗教文化传统的传述知识（"圣训"），而作为次要知识渊源、含有理性因素的推论知识（宗教法学）只得到有限的承认。这一认知方式决定了当穆斯林社会出现危机时，往往以传统的方式，从伊斯兰教内部作出回应，包括成立诸如"真主党"之类的宗教组织。

（二）从宗教理论上看，传统的伊斯兰政治理论（哈里发学说）虽然也从宗教角度肯定封建王权的合法性，但它在一个根本点上明显不同于一般的"君权神授"之说。它在肯定王权的同时，从宗教法理上捍卫了真主主权的超越性，王权只是在符合"主命"的意义上才是合法的。这意味着，对不合主命的"非法政权"不仅可以推翻，而且是一个虔诚的穆斯林应尽的义务。当代的原教旨主义者正是根据传统的伊斯兰政治学说，组建"伊斯兰革命党"，形成政治反对派的。

（三）从现实层面看，宗教政治反对派的兴起同伊斯兰国家政治制度不健全、民主生活不充分有直接的关系。最典型的实例是革命前的伊朗。巴列维国王一方面大力推行以"白色革命"为标志的现代化改革方案，而另一方面经济与社会改革所要求的政治环境并不具备。在巴列维统治下的伊朗人民，长期生活在高压之下，缺乏起码的民主权利。而且随着各阶层人民不满情绪的不断高涨，国王下令禁止一切政党活动。合法的表达民意的渠道被堵塞，人们只好通过宗教活动来宣泄不满情绪，于是清真寺成为政治反对派活动的中心，宗教领袖成为人民意志的代言人，传统的宗教思想成为宣传民众、组织民众的思想武器，而伊斯兰政治反对派最终成为巴列维王朝的掘墓人。

（原载《西亚非洲》1996 年第 4 期）

伊斯兰激进势力与中东地区冲突

地区冲突通常是主权国家之间因难以调和的利益之争所引起，冲突中的行为主体应是该地区的主权国家。而中东地区冲突则因为两大因素明显有别于一般地区冲突。一方面，由于拥有超强实力的美国一贯宣称中东地区有其重要战略利益需要维护，这一利益要求不仅使不属于地区主权国家的美国介入地区冲突，而且往往从根本上改变了冲突的形式、性质、内容和最终结果。另一方面，中东地区的主权国家几乎都是以穆斯林为居民主体的伊斯兰国家，而本质上伊斯兰教是政教合一、族教混同、两世并重的宗教，这一特殊的地区人口构成和宗教文化传统意味着伊斯兰教不可避免地要以某种方式介入地区冲突。冷战后中东地区冲突三大热点问题的事态发展表明，以宗教极端主义为思想基础、以暴力恐怖主义为表现形态的宗教激进势力已成为影响地区冲突的重要因素。宗教极端势力介入地区冲突在急剧地改变宗教作为非政府组织性质的同时，也使冲突更加暴烈化、极端化、复杂化。

一 伊斯兰宗教极端势力与阿富汗反恐战争

2001年"9·11"事件后，由于美国本土首次遭到大规模恐怖袭击，在全球范围打击恐怖主义成为美国家安全战略的首选目标。美国在国际社会广泛支持下，以阿富汗塔利班政权支持、庇护恐怖主义为由，对其发动了一场举世关注的"反恐战争"。这场战争使长期饱受战乱之苦的阿富汗再次成为地区冲突的热点之一。在这场"不对称战争"中，拥有巨大军事优势的美国很快就取得了预期的胜利，但用战争手段来解决严重威胁世界和平与发展的恐怖主义问题，也会引起许多新的矛盾和问题。阿富汗反恐战争推翻了塔利班政权，代之以卡尔扎伊为首脑的阿富汗过渡政府，同时也使本·拉登"基地"组织遭到重创。但战争没有消除长期形成的恐怖主义威胁，不仅阿富汗本土至今仍动荡不安，远隔千山万水的美国也没有因为反恐战争的胜利而变得更加安全。

地处中东边缘、贫困落后的中小国家阿富汗，之所以一再陷入地区冲突之中，原因固然十分复杂，但主要还是外部势力干预的结果。始自20世纪70年代末、长达近10年的阿富汗战争，实际上是当年美苏两强为了各自的战略利益，通过代理人在别国领土上进行的一场严重较量。1989年苏联军队被迫撤出阿富汗，标志着美国在这场军事、政治较量中取得决定性胜利，但与此同时，美国及其盟国（巴基斯坦、沙特阿拉伯）战时所施行的实用主义政策又为战后阿各派武装组织之间的内战埋下了种子。美国及其盟国全力援助阿伊斯兰圣战者联盟（七党联盟）的战争倾斜政策，不仅极大地刺激了以伊斯兰"圣战"为表征的宗教狂热从而严重削弱了抵抗组织中的民族主义力量，而且为具有极端主义倾向的阿各派武装之间无休止的内战提供了物质条件。从1996年起，在内战中靠外力扶持迅速取得优势的塔利班势力成为阿富汗命运的主宰者，塔利班政权的建立标志着政治上貌似激进、宗教思想上甚为保守的宗教极端主义成为国家意识形态。此后，塔利班政权与本·拉登的"基地"组织互相勾结、互相利用，不断以"圣战"名义在世界各地制造暴力恐怖事件，终于使阿富汗成为国际恐怖主义的策源地。尽管如此，由于塔利班政权有盘根错节的社会基础，因此如果不是因为"9·11"引发的反恐战争，这个不得人心的政权还会继续存在下去。

如今塔利班政权已不复存在，"基地"恐怖势力也在全球反恐浪潮中遭到沉重打击，但反恐战争后的阿富汗地区形势仍不容乐观。根本原因在于，美国主导的反恐仅仅是为了自身的利益，美国没有在反恐的同时与国际社会密切合作以消除恐怖主义滋生的深层次根源。相反，美国在反恐初战告捷后便急不可待地向伊拉克开战，这一方面分散转移了注意力，削弱了全球反恐联盟；另一方面也为塔利班和"基地"残余势力东山再起提供了可乘之机。如今这两股残余势力都有卷土重来之势。

首先，阿富汗塔利班所代表的宗教极端主义在境内外仍有一定的社会基础。塔利班即使在掌权时也没有组建起一个完全意义的现代政府，而只把国家政权作为推行极端保守的伊斯兰原教旨主义的工具。如今塔利班政权已被推翻，但宗教极端主义长期形成的社会基础并没有随着政权的更迭而完全消失，而只要宗教极端主义还有市场，就存在着暴力恐怖主义的土壤条件。塔利班的骨干力量是由众多的私立经文学校培养出来的宗教专业的师生和毛拉等伊斯兰教职人员，他们在阿富汗南部普什图人和阿巴边境地区的普什图部落民中间有广泛的影响力。阿富汗反恐战争两年来，尽管美军和美情报部门搜捕的力度不断加大，但以奥马尔为首的塔利班残余势力仍能躲过一次又一次的清剿并继续进行有组织的恐怖袭击，这只能有一种解释，即在阿富汗境内仍存在着同情、支持和保护塔利班的势力。

其次，反恐战争以来的两年间，已有数十名"基地"组织的头目和骨干分子在世界各地落网，被关押的恐怖嫌疑分子已有数千人，但种种迹象表明，"基地"组织恐怖势力在失去阿富汗营地依托后已迅速分散、潜伏于世界各地并建立了许多新的活动网点，其网络系统并未完全遭到破坏。不仅国际恐怖主义的元凶和幕后总策划人本·拉登至今仍逍遥法外，而且较之"9·11"和反恐战争之前，恐怖势力在世界各地的活动非但没有减少，反而变得更加张狂和有恃无恐。统计资料显示，从 2003 年 10 月到今年 10 月的一年间，全球重大恐怖事件共发生 12 起，平均每月一起，造成的人员伤亡和物质损失难以估计。这些恐怖袭击绝大部分是"基地"组织在世界各地的分支所为。"基地"组织势力所发动的恐怖袭击现已扩大到南亚的巴基斯坦、东南亚的印度尼西亚、西亚的伊拉克、土耳其、海湾地区的沙特阿拉伯和北非的摩洛哥。联合国反恐专家小组 2004 年 6 月 26 日发表一项报告认为，"基地"组织在全球某些宗教极端分子中仍有很大的吸引力，而且其第三代成员已经形成，将对国际安全与和平"构成更大威胁"。

此外，阿富汗反恐战争对宗教极端主义产生了巨大刺激作用。宗教极端主义对伊斯兰教义思想所作的解释中包含有明确的反美、反对伊斯兰世界"腐败政权"的政治内容，这些激进的宗教思想随着反恐力度的加大反而在部分穆斯林民众中得到认同。这不仅使许多伊斯兰国家领导人在反恐问题上持审慎态度，他们不愿因为追随美国反恐而背上反伊斯兰教的恶名，也为国际恐怖主义势力利用宗教极端主义的影响力发展组织、扩充力量提供了便利。最典型的事例是在阿富汗，过去因为争权夺利而打得难解难分的冤家对头，如今却在宗教极端主义一致对外的旗帜下联手合作，以反对共同的"外敌"。有媒体报道称，当年在阿富汗内战中被塔利班武装打得一败涂地的以希克马蒂亚尔为主席的阿伊斯兰党，2003 年年底又重新恢复武装活动。据说该派拥有一支约 2.2 万人的武装力量，并且已与塔利班和"基地"组织结盟。目前阿富汗有几个省又重新为塔利班势力所控制。

二　伊拉克战争与伊斯兰极端势力反弹

阿富汗反恐战争刚刚结束，美国就以反恐为名将战火引向伊拉克。美国对伊拉克开战的根本目的是为了更迭被其视为"邪恶轴心国家"的伊拉克前政权，实现其完全控制中东的战略目标。为此，美国不顾事实，一再宣称伊拉克拥有大规模杀伤性武器，指责伊拉克与国际恐怖势力互相勾结，为其对伊发动战争寻找借口。尽管美英联军不顾联合国安理会大多数成员国和国际社会的强烈反对，悍然发动了对伊战争，并且在伤亡很小的情况下迅速取得这场战争的胜利，但越来越多的事实表明，这场至今仍未看到最终结果的战争已使美国在伊拉克陷入困境。

目前，美国占领当局在伊拉克面临的严峻形势以四个方面的问题最为突出。一是安全形势不断恶化。自 2004 年 5 月 1 日布什总统宣布美国在伊大规模的军事行动已经结束以后，驻伊美军接连不断遭到抵抗力量的袭击，伤亡愈益惨重，如今受袭击死亡的美军士兵的人数已远远超过战争中死亡的人数。此外，针对各种目标的爆炸恐怖袭击事件不断发生，美军占领下的伊拉克全国各地已无安全可言。二是社会秩序混乱。美国在推翻伊拉克前政权后，任命了一个由 25 人组成的伊拉克临时管理委员会，协助美占领当局致力于战后伊拉克的重建。但临管会被伊拉克人民视为美国的代理人，威信不高，效率很低，连美占领当局也对其强烈不满。在政治、法律几近真空的情况下，社会秩序极度混乱，引起民众强烈不满，许多民众已对美国失去信心。三是美国总统大选临近，政治压力加大，留给布什政府只有一年的时间，在此期间内布什总统如果仍不能在伊拉克问题上交出一份令选民满意的答卷，连选连任的愿望很可能会落空。四是美国与联合国原来达成的协议规定，美国占领当局必须在2004年12月15日之前制定伊拉克宪法，成立伊过渡政府，完成移交权力承诺。现在剩下的时间已经不多，而繁重复杂的准备工作尚未就绪，使美国十分被动。鉴于安全形势严重恶化，为争取主动，最近布什总统已指令美国负责伊拉克战后重建事务的最高文职行政长官布雷默加快移交权力的步伐。其具体计划方案，包括仿照阿富汗战后重建模式向伊临时政府移交权力，制定一部国家宪法，并通过一位伊拉克最高行政长官来体现还政于伊拉克人。实施这一方案的根本目的是企图用"以伊治伊"的方式改变美国作为占领者的不良形象。

美国之所以在伊拉克陷入困境，主要是因为它过于迷信武力，而对伊战后重建的复杂性、艰巨性缺乏必要的精神准备，美国尤其未想到在重兵打败伊拉克后会遭遇到顽强抵抗。如今美国政府虽未公开宣布调整对伊政策，也未明确表示要放弃它曾大肆宣扬的以战后伊拉克为样板来推行美国式的民主和价值观，进而"改造"整个中东的计划蓝图，但美国对伊政策显然已发生了明显变化，实际上是"退而求其次"。美国企图在基本确保对伊控制的前提下，尽快体面地从伊拉克脱身。

导致美国政策调整的决定性因素是在美军占领下愈益恶化的伊拉克安全形势。2004年8月以来，伊拉克局势进入一个新阶段，其显著特点是境内的抵抗力量与境外的国际恐怖势力互相配合，不断针对伊境内的军事和非军事目标发动带有明确政治意图的袭击，使美国占领当局处处陷于被动。8月7日，约旦驻伊拉克使馆遭袭，导致17人丧生，在外国驻伊代表机构中引起一片惊恐。8月19日，联合国驻伊拉克办事处大楼遭到爆炸袭击，伤亡惨重，迫使安南决定临时撤出联合国驻伊部分工作人员。与此同时，伊石油重镇基尔库克通往土耳其的输油管道遭到破坏，被迫中断，每天损失高达700万美元，使经济重建工作遭到重创；首都巴格达一条主要供水管道也被炸断，20万巴格达市民整日喝不上水，苦不堪言。8月29日，伊南部城市纳杰夫阿里清真寺发生汽车炸弹袭击事件，造成125人死亡，其中包括伊什叶派穆斯林宗教领袖哈基姆。这次恐怖袭击的四名嫌疑人皆与"基地"组织有联系,"基地"恐怖势力企图借此挑起逊尼与什叶两派信徒之间的教派冲突,破坏伊战后重建工作。进入 10 月以后,针对外国驻伊机构和人员的恐怖袭击不断升级。10 月 18 日,卡塔尔半岛电视台播放了本·拉登讲话的录音带,扬言要对美国和 6 个协助美国攻打伊拉克的西方国家发动新的自杀性攻击,警告伊拉克人不要与美国合作。此后不久,10 月 27 日,国际红十字会驻巴格达办事处大楼遭到炸弹袭击,直接导致联合国、国际红十字会、国际红十字会与红新月会联合会以及无国界医生组织先后宣布临时撤离其驻巴格达工作人员。11 月 12 日,位于伊拉克南部城市纳西里耶的意大利驻伊宪兵部队总部遭到汽车炸弹袭击,造成 18 名意大利人和 30 名伊拉克人死亡,数十人受伤。这是自一名波兰少校军官遭到枪杀以来,第二起美英联军以外其他国家军队在伊遭袭事件,其直接后果是继土耳其决定不再向伊派遣驻军之后再次动摇日韩两国派兵的决心。

美军及其他外部力量不断在伊拉克遭袭的事实表明,伊拉克战败后萨达姆政权的残余分子经过战略调整,现已成为一支有组织的抵抗力量,伊拉克战争只是改变了形式,但远未结束。另外,由于伊拉克战争分散了国际反恐力量,"基地"组织乘机卷土重来,宗教极端势力在遭到一轮打击后已经出现明显反弹的态势。许多迹象显示,如今在伊拉克反对美国占领当局的力量已不限于萨达姆前政权的支持者,过去与萨达姆政权毫无联系的宗教极端势力也纷纷从境外转移到伊拉克境内活动。2004 年 8 月,面对着焦头烂额的局面,美国中央司令部司令阿比扎伊德曾表示,恐怖主义已成为美军在伊的头号大敌,"伊拉克现已成为全球反恐战争的中心"。他的这个表态,包含着广泛的内容,可以作以下几个方面的诠释。

首先,以反美为主旨的国际恐怖势力很可能已把触角伸向战后的伊拉克,并把破坏伊拉克重建作为反美的主要手段。早在约旦驻伊使馆遭袭后,就有自称为"伊斯兰支持者"(安萨尔)的一个激进组织宣称对此事件负责。这个组织即使与"基地"组织没有联系,与它的行动目标也是完全一致的。此后联合国驻伊办事处遭到汽车炸弹袭击,一个自称为"穆罕默德第二军武装先锋队"的恐怖组织宣称对这次爆炸事件负责。自杀式汽车炸弹袭击需要经过严格的训练和周密的策划,而这正是"基地"恐怖分子惯常采用的手法。而纳杰夫清真寺爆炸恐怖事件更是与"基地"组织有联系的恐怖主义分子所为，其中还包括两名沙特人，自称为逊尼派穆斯林。上述情况表明，伊斯兰宗教极端势力已成为影响伊拉克政局一个不容忽视的因素。

其次，联合国驻伊办事处遭到恐怖袭击事件，典型地体现了国际恐怖主义的政治动机和行为特征，使人们有理由把这一恐怖事件与"基地"组织的活动联系起来。一般而言，伊拉克人不会将联合国作为袭击目标。在他们看来，驻扎在巴格达运河饭店里的联合国工作人员虽然也是外国人，但他们不同于作为占领者的驻伊美军，其日常工作是为他们发放食品和救济物资，对此他们抱有好感。以伊拉克人为主体的抵抗力量对他们会采取"区别对待"的态度，但"基地"组织等恐怖组织则明显不同，它们一贯仇视联合国，指责联合国是美国的工具。这一区别可以作为认定"基地"组织在伊活动的依据。

最后，制造纳杰夫清真寺爆炸的险恶用心之一是企图在伊拉克制造大规模的教派流血冲突，这是以逊尼派伊斯兰宗教极端势力为基础的国际恐怖主义惯用的手法。除伊朗外，伊拉克是什叶派穆斯林信徒人口最集中的国家和地区之一，但在萨达姆执政时期该派在政治上一直受到压制，对复兴社会党政权严重不满。萨达姆政权倒台后，由于该派宗教领袖哈基姆过去长期在伊朗避难，回国后提出了在伊建立伊朗式的政教合一的"伊斯兰国家"的主张，因而哈基姆及其势力受到美国的防范和冷落。尽管如此，由于以哈基姆为首的伊斯兰革命最高委员会已成为伊什叶派穆斯林中最大的宗教政党，拥有 10 万党员，并有一名代表被吸收为伊临管会成员，因此不论萨达姆的残余势力、伊拉克逊尼派中的极端派，还是国际宗教极端势力，都对其恨之入骨。而制造纳杰夫清真寺爆炸案，一方面可以除掉隐患、给那些企图与美国"合作"的什叶派宗教界人士一个严厉警告；另一方面又可以借教派冲突制造混乱，把责任推给美国占领当局。

三　伊斯兰激进组织与中东和平进程

旷日持久的中东和平进程，如果从 1993 年启动的以巴奥斯陆协议算起，已有 10 年的时间；即使从 2000 年 9 月以巴间爆发第二轮暴力冲突算起，时间也整整过去了三年。中东和平进程之所以难以取得实质性的进展，原因固然十分复杂，但其根本原因就在于，和平进程要通过以巴之间真诚、平等的谈判来实现，而在这个在很大程度上仍然是由强权政治所主宰的世界上，强者与弱者之间很难谈得上真正的平等，弱者的权利和尊严很难受到应有的尊重。以巴冲突的真正根源是以色列至今仍非法占领着法理上属于巴勒斯坦人的土地，只有归还在战争中占领的领土、恢复巴勒斯坦人民的合法权利，中东才能真正实现和平。但对于这一"土地换和平"的基本原则，以色列方面即使在签署奥斯陆协议之后也没有真正遵守过。相反，不论内塔尼亚胡政府还是今天的沙龙政府，在历次以巴和平谈判中都一贯坚持强硬立场，而在中东和平进程问题上具有举足轻重影响的美国，则一直偏袒以色列，根本谈不上公正。这是中东和平进程艰难曲折、屡遭失败、迟迟不能取得进展的根本原因所在。

从另一方面看，既然是通过双边谈判最终求得和平，以巴双方首先就应当互相承认并明确宣布放弃使用暴力、接受政治解决方案，这些基本原则也是奥斯陆协议所明文规定，同时也适用于今天以巴双方所共同接受的中东和平"路线图"。因此，不论哪一方或双方，如果违反了这些基本原则，也会对和平进程造成直接的负面影响。然而，自从 2000 年 9 月以色列总理沙龙率领大批军警和随从人员强行闯入有争议的耶路撒冷老城圣殿山的阿克萨清真寺"视察"，从而引发新一轮以巴冲突以后，双方间的暴力冲突不断加剧、愈演愈烈，使以巴冲突再次成为世界舆论密切关注的焦点之一。新一轮以巴冲突的显著特点是，以色列方面以打击恐怖主义为名，不断派遣精锐部队，用飞机、坦克、导弹等现代化武器对巴勒斯坦人居住区进行大规模的清剿，同时用"定点清除"暗杀手段来消灭巴激进组织领导骨干，而巴勒斯坦方面则以"人体炸弹"、汽车炸弹等自杀性的暴力恐怖袭击来报复以色列人，包括无辜的平民百姓。据不完全统计，三年来的暴力冲突已造成近 3000 名巴勒斯坦人死亡，而在近 20 起重大爆炸事件中伤亡的以色列人也有数百人。更为严重的是，由于以巴双方不断用愈来愈惨烈的暴力方式来报复对方，使相互间的仇恨情绪愈益加深，双方间已缺乏起码的信任，从而使和平"路线图"已陷入停滞状态。

　　大量事实表明，就巴勒斯坦方面而言，以阿拉法特为主席的巴民族权力机构能否实现内部统一，已成为能否取得主动，进而推进和平"路线图"实施的关键因素。换句话说，巴勒斯坦内部的激进组织其中包括伊斯兰抵抗组织（哈马斯）和伊斯兰圣战组织（吉哈德），事实上已成为实现中东和平进程的障碍，只有清除这些"路障"、实现巴政令统一，巴方才能以统一的立场和策略与以方进行谈判，最终实现和平建国的最高目标。但要痛下决心做到这一点很不容易，因为长期与以色列人打过交道的阿拉法特心里非常明白，如果在强大的以色列军队面前断然解除了巴激进组织的武装，和谈很可能因为没有任何威慑手段而变成"城下之盟"；反之，如果继续容许和保留至今仍把以色列视为敌人的激进武装组织，以色列方面就会以安全为由继续对巴方施加政治压力，甚至把阿拉法特本人也作为恐怖分子予以清除。这种进退两难的困境促使阿拉法特和巴民族权力机构选择了一条中间道路：既不强行取缔巴激进组织以防止内战和分裂，又不完全放纵激进势力而是设法对其进行劝说和约束。今后阿拉法特很可能还会采取这一中间立场。

　　2000年9月"阿克萨起义"爆发后，尽管"人阵"、"民阵"等激进组织以及阿拉法特属下的"法塔赫"派生出来的阿克萨烈士旅也加入到反以暴力冲突之中，但真正对以色列构成威胁的还是哈马斯和伊斯兰圣战组织，特别是在被占领土拥有广泛群众基础的哈马斯。全面认识和正确评估伊斯兰激进组织在以巴冲突和中东和平进程中所扮演的角色和所起的实际作用，在暴力恐怖主义肆虐全球的今天显得格外重要。

　　首先，作为宗教极端势力，不论是哈马斯还是伊斯兰圣战组织，最初在巴勒斯坦事业艰难的武装斗争时期都未真正参加过反对以色列占领者的武装斗争。只是以巴进入政治解决进程后，两个以宗教为名义的激进组织，特别是哈马斯，才开始在以巴双边关系中发挥重要作用。而且由于政治理念、价值准则不同，从一开始哈马斯就反对始自马德里的中东和平进程。这一独立不羁的立场削弱了以阿拉法特为首的巴解组织的权威，客观上有利于以色列，因而以色列曾一度予以默认、纵容和利用，只是哈马斯和伊斯兰圣战组织用暴力恐怖手段来反对以色列以后，以色列才将它们视为恐怖主义势力严加打击。宗教极端势力在巴勒斯坦被占领土的兴起，在很大程度上是以色列侵略扩张政策造成的，但首先受到损失的是巴勒斯坦事业。因为如今在解决巴勒斯坦问题上有民族与宗教两面旗帜、两个主义、两种力量，两种互相对立的立场和态度已使巴方陷入空前的困境。

其次，以巴冲突最暴烈的时期是以色列沙龙政府主政以后，这固然是因为沙龙政府较之以工党政府奉行更为强硬的政策并得到美国布什政府的支持，但哈马斯等宗教极端势力不断对以色列军事与非军事目标进行报复性的恐怖袭击也是重要原因之一。这种同归于尽式的暴力袭击在使以色列平民百姓受到巨大伤害的同时，也在急剧地改变着以色列的社会舆论，无形中增强了沙龙政府的支持率，沙龙政府出台的许多极端主义政策，诸如继续扩建非法的以犹太人定居点、修建1000公里长的隔离墙、用"定点清除"的政治暗杀手段来对付巴激进组织领导人以及长期限制阿拉法特人身自由，甚至威胁要驱逐、杀害阿拉法特等，都得到以色列议会和国内主流媒体的支持。尤其值得注意的是，长期以来以色列所提出的"安全换和平"的谈判底线，过去更多的只是一种原则立场的表述，如今因为不断遭到宗教极端势力的恐怖袭击而有了具体内容，同时也在国内外扩大了影响力。

最后，以巴大规模暴力冲突不断加剧的态势是在国际社会联合反恐形势下出现的，国际环境于巴方极为不利。"9·11"事件后，反恐成为国际社会主流政治话语，各国都根据反恐需要对自己的内外政策作了相应调整。尽管恐怖主义有其产生的根源，但反恐基本上是在不问根源的情况下展开的，只要以暴力恐怖手段来达到某种政治目的，就可能被认定为恐怖主义。布什政府主政后，尽管提出了中东和平"路线图"解决方案，但方案的实施是以巴勒斯坦民族权力机构打击暴力恐怖主义、确保以色列安全为前提。美国在全球反恐战争中已明确把"人阵"、"民阵"等巴激进组织以及哈马斯、伊斯兰圣战组织等宗教极端势力宣布为恐怖主义组织，冻结了其在国外的资产，并向欧盟、阿拉伯国家施压，要求它们在巴勒斯坦问题上配合美国的"反恐行动"。以色列则利用国际反恐造成的对其有利的形势，在反恐名义下，对巴激进组织和宗教极端势力大打出手，同时在政治上孤立、打击阿拉法特，使其边缘化。阿拉伯国家仍把巴激进组织和宗教极端势力视为合法的抵抗组织，但全球反恐的压力和伊拉克战后的中东格局已使它们不可能像过去那样明里暗里向其提供道义支持和经费援助。尽管如此，但由于巴激进组织和宗教极端势力在巴勒斯坦境内外有一定的社会基础，而美国和以色列的极端政策仍在不断扩大其社会基础，因而不论非宗教的激进民族主义还是宗教极端主义都还有生存的土壤条件，并将继续在中东和平进程中扮演负面角色。

（原载《中东非洲发展报告》，社会科学文献出版社 2004 年版）

阿拉伯、伊斯兰与西方：复杂多变的关系史

前　言

"9·11"恐怖袭击事件发生后，一个特别引人注目的现象是：不论美国还是阿拉伯和伊斯兰，都明确表示在反对恐怖主义斗争中，要把极少数恐怖主义分子与阿拉伯国家或伊斯兰教区别开来。这种"区别对待"的态度表明，双方都不愿看到现有的关系再受到损害，不希望这一本来就复杂多变、非常敏感的关系格局出现新的变数。

撰写本文的目的不是为了追溯恐怖主义的根源，更不是为"9·11"事件讨个说法，而是为了从宏观的视野来探讨阿拉伯、伊斯兰与西方世界之间漫长而复杂多变的关系史，为有兴趣的读者提供一点背景知识。之所以要把这种探讨与"9·11"联系起来，一个基本思路是作者认为，"9·11"与阿拉伯、伊斯兰与西方之间的关系史有广泛的联系。需要着重说明的是，本文几乎是一个"大而不当"的题目，很难进行操作。为了避免引起混乱，需要在词语概念的使用上予以必要的界定。文中所使用的"阿拉伯"，既指阿拉伯国家、阿拉伯民族，也指代表阿拉伯世界统一的政治组织阿拉伯国家联盟。文中所使用的"伊斯兰"，既指作为世界三大宗教之一的伊斯兰教和信仰伊斯兰教的群体世界穆斯林，也指伊斯兰国家及其国际政治组织伊斯兰会议组织。此外，本文所指的"关系史"，将更多地偏重于宗教、民族、文化方面，即使政治关系史，也力图从这些方面予以解读。这是因为在我看来，东西方关系史往往深深地受到宗教、民族、文化这些"软因素"的制约、冲击和影响，而以往的相关研究似乎讲得不够充分。

一 中世纪"十字与新月"的战争只是东西方关系史的一部分,尽管不能作为"文明冲突论"的历史依据,但它深深地影响到东西方的关系史

在普通西方人的观念中,"东方"至今仍是一个含混不清的概念。近代西方人关于东方的知识,在很大程度上来自西方基督教传教士在向东方人布道传教过程中留下的文字记录,片面、武断、浅薄、偏见都在所难免。直到19世纪下半叶,欧洲人所说的东方主要是指中国、印度和阿拉伯。再往前推溯到漫长的中世纪,欧洲人所说的东方主要是指伊斯兰教的阿拉伯,既不包括中国,也不包括印度。而且,在许多西方人的心目中,尽管"东方"也是一个地理概念,但它更多地还是一个文化概念,它所指称的是一种不同于基督教文明的伊斯兰文明。甚至到了20世纪,不仅像汤因比这样知名度很高的西方历史学家仍用"伊斯兰文明带"来界定位于西亚、北非的阿拉伯世界,而且许多西方的哲学家也把伊斯兰哲学等同于阿拉伯哲学。他们所说的阿拉伯哲学家也包括阿拉伯地理范围以外的伊斯兰宗教哲学家,如伊朗的哲马鲁丁·阿富汗尼、巴基斯坦的穆罕默德·伊克巴尔等人。这一含混不清的现象提示我们,在从中世纪直到近现代的东西方关系史上,欧洲人实际上是把阿拉伯、伊斯兰看做某种具有文化同一性的一支政治力量、军事力量来对待的。比较明确地将阿拉伯和伊斯兰予以区分是在第一次世界大战结束以后,这种新认识与两个因素直接相关。一是战后英、法作为战胜国,根据巴黎和约重新划定了各自在中东的势力范围,乃有仍在欧洲殖民当局控制下的各自分离的"阿拉伯民族国家",但它们仍以伊斯兰教为共同的宗教信仰和文化遗产。二是1924年奥斯曼帝国的解体,不仅为以凯末尔主义为代表的现代民族主义和民族国家的兴起提供了历史环境,也为有别于泛阿拉伯主义、泛伊斯兰主义、"一国一族"的民族主义树立了一块样板。尽管如此,即使在明确的土耳其民族主义、阿拉伯民族主义和伊朗民族主义兴起以后,中东各种形态的民族主义思潮与运动仍然与伊斯兰教有着难以割舍的亲缘关系。这种特殊的情况,使宗教、民族、文化

三大隐形因素都成为影响东西方关系史的变数，对此我们在下文中还要展开讨论。

从中世纪历史上看，影响阿拉伯、伊斯兰与西方关系史最重大的事件莫过于十字军东征。这场被西方史学家们描述为"十字对新月"的战争总共有八次战役，时断时续地持续了近200年的时间，双方都自认为取得了最终的胜利。中世纪历史上国与国之间的战争，很难用现代正义与非正义战争的理论加以评判，因为在封建帝国时代，强大的民族统治弱小的民族、强国侵犯和吞并弱国的事例可以说是司空见惯。但十字军东征又有其特殊性，它是从黑暗中崛起的欧洲，为遏制强大的伊斯兰阿拉伯帝国的扩张势头，以宗教名义发动的一场战争。这场战争之所以发生在11世纪，是因为11世纪是伊斯兰教的东方与西方关系史上的一个转折点。一位西方史学家在描述当时欧洲人的历史心态时写道："直到10世纪，西方还是一块贫穷落后、愚昧无知的地方，它朝不保夕地保卫着自己免遭蛮族从海上和陆上发动的袭击。而在长达4个世纪的时间里，伊斯兰却享受着内部的和平与安宁，除了国内战事而外别无烦恼。因此，他们才能建立起辉煌的、令人难忘的城市文化。现在，形势已经发生了巨大的变化。贸易和商业已在西方复兴，城镇和市场到处涌现，人口也在增长，艺术和科学以一种罗马帝国以来不曾听说过的规模发展壮大。"[1]后起的欧洲急于收复失地是无可否认的历史事实，因为阿巴斯哈里发帝国（750—1258）的兴起以及塞尔柱突厥苏丹国在小亚细亚建立政权已经直接威胁到拜占廷帝国的生存，但拜占廷的失地由欧洲来收复，显得师出无名。正是为了名正言顺地发动十字军东征，以"拯救灵魂"为使命的基督教首次成为对异教徒举行"圣战"的工具。因此，11世纪末当拜占廷的军队遭到阿巴斯的军队重创时，拜占廷皇帝亚历克修斯一世立即决定向基督教的西方发出求救呼唤。他把国家安全受到的威胁说成是异教徒对基督教信仰的威胁，呼吁欧洲基督教王国和罗马教皇组建一支十字联军，打通从小亚细亚到巴勒斯坦耶路撒冷圣地的"朝圣通道"，进而从异教徒手中"解放"圣地耶路撒冷。而此时的耶路撒冷，

---

① J. J. Sanders, *Medieval History of Islam*, London, 1965, p. 154.

自 638 年被阿拉伯军队征服以后已有 400 余年的时间。在穆斯林的统治下，基督徒的宗教信仰自由得到尊重和保护，教堂、圣地、圣物成为他们自由光顾的宗教活动场所。外地香客的朝圣活动也从未中断，但当时耶路撒冷圣地的重要性与今天不可同日而语。11 世纪到此朝圣的基督徒总共只有 117 人。①此外，长期以"异端邪说"的名义遭到打压的古老的犹太教也在伊斯兰"宗教绝无强迫"思想的指导下得到某种保护。阿拉伯统治者容许被基督教扫地出门的犹太人返回故土，流散于世界各地的犹太教信徒返回耶路撒冷后，获准享有宗教自治的权利，可以在圣殿山的所罗门和大卫之城的旧址举行祷告。阿拉伯穆斯林本着宗教宽容精神，把犹太教徒、基督徒等信奉"启示宗教"的信徒统称为"有经人"，其地位当然要低于信仰"真主"的穆斯林，但仍与他们和平相处，甚至可以娶"有经人"的女子为妻。为纪念穆斯林军事征服的胜利，阿拉伯人在圣殿山上兴建了两座清真寺，即保存至今的阿克萨清真寺和以二世哈里发命名的欧麦尔清真寺。从阿拉伯穆斯林攻占耶路撒冷到 1096 年欧洲基督徒发动第一次十字军东征，从未听说过在多种宗教信徒聚居的耶路撒冷发生过一次宗教冲突，更未有什么"文明的冲突"，留下的只是各教居民友好交往的佳话。这是连许多西方历史学家也欣然接受的历史事实。可是，十字军东征却从根本上改变了东西方关系的格局。长达数世纪之久的和平共处，"现在毁于一连串的基督教反对伊斯兰教的圣战，并留下了一份不信任与误解的恒久的遗产。"②

　　为了简约思维，我们可以省弃许多历史细节。简而言之，欧洲之所以要发动一场反对伊斯兰教的圣战，主要有三个原因。一是 7 世纪伊斯兰教的兴起，成为中世纪历史上最重大的事件之一。这场以宗教为旗帜、以统一阿拉伯半岛为最初使命的社会变革运动，后来开创了一种以信仰真主及其使者为核心的伊斯兰文明，并在急剧的对外扩张中建立了一个横跨亚、非、欧三大洲的阿拉伯哈里发帝国。它的存在和发展直接对周边国家、特

---

　　① 赛义德·菲亚兹·马茂德：《伊斯兰教简史》，中国社会科学出版社 1982 年版，第 227 页。
　　② J. L. 埃斯波西托：《伊斯兰威胁：神话还是现实？》，社会科学文献出版社 1999 年版，第 50 页。

别是对当时在精神上仍被视为欧洲一部分的拜占廷帝国的安全构成巨大威胁，因而维护帝国霸权就必须对这支异军突起的力量采取行动。二是在东、西教会已然大分裂的欧洲，罗马教皇已不再是精神统一的象征，但当时的欧洲仍然处于教皇时代，教皇正与神圣罗马帝国的皇帝争夺欧洲至上权。故此，教皇如能在十字军东征事业上大有作为，无疑会增加教皇的权力和威望，甚至可以重温教会帝国的美梦。因此，早在教皇格利戈里7世在世时，他就对拜占廷皇帝的求救作出应许。格利戈里去世后，教皇乌尔班二世立即把前任教皇的承诺化为行动。1095年于克莱芒宗教会议上，就发动十字军东征问题作出决定。三是宗教狂热背后的经济因素。罗马教皇只是欧洲名义上的精神领袖，而要发动一场战争还需要军事、物质上的准备。当时欧洲的热那亚、比萨和威尼斯都是海上强国，与东方的贸易已有很长的历史。阿拉伯文明的声誉，东方的富足和辉煌，令他们眼花缭乱、羡慕不已，而圣战可以为他们打开一条与东方贸易的捷径，因为通过小亚细亚的陆路商道已无安全可言。三大海上强国的支持，成为十字军东征最重要的非宗教因素。

　　从历史的眼光看，十字军东征的负面效应主要是在文化传统和精神心理两个方面。这种负面效应的特殊性在于十字军东征在东西方的战争历史文献中都被描述、界定为神圣的"宗教战争"，尤以西方为甚。在文明人类的战争史上有一个可称为金律的东西，就是要把不文明的野蛮战争涂上一层神圣的油彩，称之为"正义的事业"。为此，就必须把战争神圣化，把敌人妖魔化，而以宗教为战争的工具更容易引起可怕的、难以消除的后果。因为宗教被视为真、善、美价值的源泉和最高精神象征，宗教离人的心灵最近，煽动宗教狂热可以使天性善良的人类丧失理性，作出许多有悖于宗教主旨的恶事来。宗教价值的超越性更容易使人走向极端，因为上帝与真主都是不谬的"超然存在"，以上帝、真主的名义对"恶人"开战成为宗教虔诚的体现，它天然就是正义和合理的。一位西方学者在评述十字军东征时指出，历史上的那场战争利用了基督教文化传统中两个定制——朝圣和圣战。朝圣是基督徒表达宗教虔诚的重要形式，虔心朝圣者可以涤除心灵和肉体的各种罪恶，使灵魂得到拯救。而圣战可以成为名利双收的事业，圣战者没有失败的风险，因为获胜意味着现世的荣誉和战利品，并取得免罪入天堂的特许，而战死会被尊为殉道者，同样可取得廉价进天堂的门票。①另一位西方学者在描述欧洲教会所进行的反伊斯兰教宣传时写道："当集合起军队、筹足了军费、十字军抵达西亚边境之时，要煽动反穆斯林的仇恨，没有什么可称之为粗野和虚伪。数世纪的十字军东征是基督教历史最耻辱、最富于灾难性的篇章。"② 这位学者在批评西方社会对于伊斯兰教的种种歪曲和误解时继续写道："只要浏览一下从意大利到英国的早期土著文学，人们就不难发现关于伊斯兰教信仰，特别是关于穆斯林风俗习惯大量不准确的描述。穆斯林仍有理由反驳我们的一系列的论述，这些论述在我们的日常新闻和月刊中，在我们的周刊乃至布教演讲中，在我们的故事、小说甚至教学课本中随处可见。这就是十字军宣传为西方人留下的遗产。"③

综上所述，我们似乎可以得出这样一个结论：如何看待十字军东征问题，不论对于阿拉伯、伊斯兰还是西方，实际上都是一个关涉历史观和价值观的核心问题。对于这一问题，西方的基督徒与东方的穆斯林有着截然不同的立场和态度，每一方都把自己对信仰的献身精神，把父辈们反对异教徒的英勇行为和史诗般的历史故事珍藏在自己的记忆之中。所以，每当东西方关系中出现一点风吹草动，这种共同的历史遗产造成的原型思维逻辑和脆弱的文化心态就会发生作用，导致不理智的行动。这种例子实在太多了，例如1989年世界穆斯林对《撒旦诗篇》事件的愤怒波涛，1991年海湾战争中萨达姆·侯赛因号召世界穆斯林对"大撒旦"美国举行伊斯兰"圣战"，本·拉登的"基地"组织和埃及的圣战组织在海湾战争后以"圣战"的名义对美国进行恐怖袭击等，都是典型的事例。甚至布什总统不久前发表的"反国际恐怖主义战争"讲话中，也脱口说出"组织十字军"的言辞。虽然可以解释为"口误"，恐怕在他的潜意识中也想到了历史上那场惊心动魄的战争。

① J. L. 埃斯波西托：《伊斯兰威胁：神话还是现实？》，社会科学文献出版社1999年版，第51页。
② 赛义德·菲亚兹·马茂德：《伊斯兰教简史》，中国社会科学出版社1982年版，第230页。
③ 同上。

二 近代历史上的西方殖民统治以及伊斯兰教对殖民主义的回应成为影响东西方关系的重大历史事件

在人类近代史上，殖民统治和反对殖民主义、争取民族独立的斗争，可以说是一种带有普遍性的"世界现象"。关于这一主题，中外学者已经发表过堆积如山的著作，而且随着"二战"后非殖民化运动在全球范围蓬勃兴起，殖民统治已经成为一种历史陈迹，所以实在没有多少新的话要说。不过，从中国人的角度来观察这段历史，也许因为国情不同，会有一些我们看不到的盲点。例如，较之于阿拉伯或伊斯兰世界，中华民族虽然在同西方列强交往中也有过充满着血与泪的、屈辱辛酸的历史，在近代以前却不曾与西方打过多少交道。而阿拉伯或伊斯兰则不同，他们在近代殖民统治之前已经与西方有过长期交往的"前史"，因此在回应殖民主义的方式上会有很大的不同。此外，中国传统文化不论有多少不同的说法，它显然不是一种以宗教精神为主的文化，这也明显有别于阿拉伯—伊斯兰文化。这两点历史与文化的重大差异，容易使我们从母体文化的视角来看待外国人的事情，并产生某种视差。一个突出表现是我们中国学者在解读阿拉伯民族或世界穆斯林反对殖民统治的历史时，往往偏重于政治运动和民族主义政党的作用，而对思想文化领域里的冲突和宗教组织、宗教精神领袖的作用则经常有所忽视。这涉及对宗教信仰、宗教文化历史作用的评价问题。其实，在包括阿拉伯在内的整个伊斯兰世界，在 20 世纪中期明确的民族主义形成以前，反对殖民统治、争取民族独立的斗争，一直是在伊斯兰的旗帜下进行的，由此而带来的特殊性特别值得注意。

按照伊斯兰自身的说法，19 世纪是伊斯兰教的"黑暗时期"。黑暗，是指政治衰落，即当时伊斯兰三大帝国（奥斯曼、萨法维和莫卧儿）在内忧外患的困扰下都在走向解体。与此同时，伊斯兰教广为流行的西亚、北非、南亚和东南亚的大部分地区都已沦为欧洲的殖民地、半殖民地，丧失了国家主权、领土完整和民族尊严。在这种"救亡图存"的形势下，所有抵制欧洲列强扩张的思潮和运动无一不笼而统之地称为伊斯兰复兴运动。而当时最为流行的一个口号则是"伊斯兰处于危险之中"，如同中国国歌中所喊出的"中华民族到了最危险的时候"一样。这里所讲的"危险之中"当然也就是在外强入侵面前的危机感，但它在性质和烈度上不同于当年十字军入侵所引起的反应。那时是如日中天的强者突然遭遇弱者的挑战，在反击时充满着自信和实力。如今则是病弱不堪的老者要与一个血气方刚的青年格斗，深感心有余而力不足。在严酷的现实面前，许多穆斯林愈益明确地意识到，西方优越的军事技术及其观念和制度，与他们所珍惜的伊斯兰宗教文化传统有质的差别，似乎不属于同一层次。但他们想不通的一个问题是：既然真主总是站在那些对他敬畏且行善的人一边，正义和善良的穆斯林为什么不能战胜邪恶、野蛮的欧洲异教徒？真主指引的宗教与真主主宰的历史进程发生了矛盾，这一矛盾使世界穆斯林陷入了一场前所未有的精神危机。由此，伊斯兰教与近代西方关系史便增加了一个新因素：穆斯林不仅希望战胜西方，也开始严肃地反省自身，包括通过学习西方的长处以增进自身的力量。

概言之，伊斯兰教大体上以四种方式来回应西方的挑战，每一种都对与西方的关系产生一定的影响。第一种方式是拒绝和规避，可以称为文化保守主义态度。许多虔诚的穆斯林仍把西方列强视为不可理喻的异教徒，号召用"圣战"来打败他们。[1]后来发现无法用武力战而胜之，才转向拒绝和规避的方式。如同"圣战"一样，拒绝和规避也是伊斯兰教所固有的传统方式。拒绝，是指否认西方观念和制度的先进性，拒绝与欧洲人合作。规避，是指不与强敌正面交锋，像当年先知穆罕默德那样率领信徒转移到一块远离殖民统治的安全之地。第二种方式是世俗主义与西方化，可以称为实用主义态度。奥斯曼帝国、埃及和伊朗的穆斯林封建君主都曾采取这种学习西方以自强的方式，但都未能真正实现富国强兵之梦。所谓世俗主义与西方化，是指在学习西方在军事、行政、教育、经济、司法等领域的改革经验的同时，限制大一统的伊斯兰教，使之成为个人生活领域中的私事，而与国家和社会公共生活无涉。但这种自上而下的现代体制改革，旨在加强以君主为核心的中央集权制，丝毫不意味着"还政于民"，或与人民分享权力，因而也不可能指望得到社会各阶层的广泛支持。政治

---

① 详见吴云贵《近代伊斯兰运动》，中国社会科学出版社1994年版，第11—20页。

改革的底线是名义上的君主立宪制，它的最终失败也完全在预料之中。

回应西方挑战的第三种方式称为伊斯兰现代主义。伊斯兰世界的现代改良主义始自19世纪下半叶，终止于一战结束以后，是由世界各地一批受过现代西方教育的穆斯林知识精英发起的一场思想文化运动。它的目的不是要在政治、军事上对抗已然取得优势的西方，而是为了通过学习西方把多灾多难的世界各族穆斯林引向现代化之路。现代改良主义运动以已经沦为殖民地的两大文明古国印度和埃及为中心，其著名代表人物包括印度的赛义德·阿赫默德·汗、穆罕默德·伊克巴尔以及埃及的穆罕默德·阿布杜、塔哈·侯赛因等人。长期客居埃及的哲马鲁丁·阿富汗尼（伊朗人）是现代主义运动最负盛名和历史影响的领袖人物。这些穆斯林知识精英在政治立场、思想倾向上互有一些差异，但他们都有某种共同的矛盾文化心态：既仰慕近代西方工业文明，又对异域异质的西方文化抱有一定程度的排斥心理。与18世纪的伊斯兰复兴运动不同，19世纪的现代改良主义运动不再是一个"向后看"和回归传统的运动，而是一个朝向西方文明的运动。现代主义者们崇尚科学、呼唤理性、提倡教育、重视改革，以较为冷静和客观的心态来对待外来文化，以严肃认真的精神来审视伊斯兰文化传统。他们最重要的历史功绩在于，试图寻找到一个东西方文化沟通的契合点，以便引进源自西方的新思想新观念，增强伊斯兰自身的力量。阿富汗尼明确指出，伊斯兰世界的衰落是西方殖民主义、东方君主专制制度和因循守旧、不思进取的宗教权力机构造成的。他认为伊斯兰应当成为进步和改革的宗教，理性和科学的宗教，一种富于工作伦理的宗教。为此，伊斯兰教的东方需要一个马丁·路德式的人物，而阿富汗尼也被一些西方人看做是东方的马丁·路德。阿富汗尼对东西方都采取辩证分析的态度，他认为，"西方既是问题也是解决方案的一部分"。可以认为，现代主义的历史地位和作用，从根本上说，就在于它为东方的穆斯林国家引进、吸纳现代的科学、技术和政治思想（宪政制度和代议制政府）提供了一种不可或缺的伊斯兰的理论依据。

回应西方挑战的第四种方式是民族主义和民族独立运动，它的兴起对东西方关系史的影响超过所有其他回应方式。中东三种形态的民族主义都是在两次世界大战之间兴起的，而伊斯兰世界其他地区的民族主义情况更为复杂，这里不可能逐一展开讨论。下面我们将集中讨论与本文主题关系更为直接和密切的阿拉伯民族主义和民族独立运动。

民族主义对西方挑战的回应有两大关注点：在反对西方殖民统治过程中形成的民族主义政党及其取得国家政权后对西方的政策。阿拉伯民族主义按其地理分布有两种基本形态。一种是东阿拉伯的民族主义，包括更加重视领袖人物作用的纳赛尔主义和以叙利亚、伊拉克为中心的复兴社会党民族主义。另一种是西阿拉伯的民族主义，包括突尼斯民族主义和阿尔及利亚民族主义，它们与伊斯兰现代改良主义关系更为密切。二者之中以东阿拉伯民族主义，特别是纳赛尔主义影响更为广泛。值得注意的是，阿拉伯民族主义是一种只有共同语言和宗教信仰而没有统一的祖国版图的民族主义。这种反常现象，在许多阿拉伯人看来，是由主宰中东事务的欧洲帝国主义一手造成的。因此，反对殖民统治、争取民族独立的愿望一直是与实现阿拉伯统一的政治目标密不可分的。欧洲对阿拉伯人的历史债务就在于它在奥斯曼帝国解体时没有允许整个阿拉伯世界独立，以便建立一个统一的阿拉伯民族国家，而是将它人为地分割为一个个相对独立的政治实体。但这只是阿拉伯民族主义者们的一种愿望或说法，实际上即使是在奥斯曼帝国时期，它的亚、非阿拉伯领地之间也是互相独立的。总之，在1920年为瓜分奥斯曼帝国遗产而签署《塞弗尔条约》时，在整个阿拉伯世界除希贾兹（今沙特阿拉伯的一部分）地区之外，都是英、法的势力范围，没有一个实体是享有主权独立的国家。这个历史旧账随着"二战"后英、法退出中东和阿拉伯国家相继取得独立算是还清了。但作为阿拉伯、伊斯兰与西方关系史上的一件大事，它对阿拉伯民族主义形式与内容不符起到某种决定性的作用。

阿拉伯民族主义的另一特点是它与伊斯兰教的亲缘关系，这一特点既与阿拉伯、伊斯兰的历史文化传统密切相关，又与这一宗教、民族群体近代的历史遭遇有某种因果关系。20世纪20年代阿拉伯民族主义开始形成之时，它在政治思想上受到两种因素的影响。一是摆脱奥斯曼帝国的愿望要求用新的理论思想界定阿拉伯人的民族性。由于青年土耳其党人在民族认同上从泛奥斯曼主义转向土耳其民族主义，强调以民族的语言、血缘关系等非宗教的联系作为民族和民族国家认同的基础，而凯末尔主义的兴起进一步强化了这种世俗民族主义的倾向，它对初兴的阿拉伯民族主义产生了一股强大的冲击波。因而，初期的阿拉伯民族主义意识几乎未受到伊斯兰教的影响。它的首次闪现是在东阿拉伯的叙利亚和黎巴嫩，表现为复兴阿拉伯基督教文学运动，强调植根于阿拉伯民族语言、文学和历史传统基础上的非宗教的民族认同感。这使人看到了民族主义与欧洲文化的某种联系，尽管欧洲人曾被阿拉伯人看做是好斗的异教徒。但"一战"结束后的政治现实像一堵高墙阻挡了阿拉伯民族主义沿着欧洲世俗民族主义的方向发展，这也是我们所讲的第二个因素。英、法把"一战"后的阿拉伯世界分割为一块块互相分离的殖民地，人为地阻断了阿拉伯人在人种、语言、宗教、文化上的历史联系，因而阿拉伯民族主义必然要朝着恢复和强化历史联系的方向发展，从而与西方之间拉开距离。由此引起一系列难以解决的矛盾，这些矛盾冲突作为欧洲殖民主义遗产至今仍深深地影响着阿拉伯、伊斯兰与西方之间的关系。阿拉伯民族主义朝着非世俗化、非西方化的方向发展，决定性的力量是源远流长、根深叶茂的伊斯兰文化对阿拉伯人的民族意识、民族心理、民族感情和民族生活方式的全面影响，这些影响早已存在于阿拉伯先民的历史传统中，是无法抹掉的。在许多阿拉伯人看来，宗教的历史也即民族的历史，"宗教兴则民族兴"。一位伊拉克学者在论述阿拉伯民族主义形成的过程时，明确地将民族统一的源头归之于伊斯兰教和真主启示的《古兰经》。他认为正是超越部落传统的伊斯兰教，赋予古阿拉伯人以民族和民族复兴的意识，使之获得了决定性的意义，包括一个民族、一种语言、一种历史意义和一种荣辱与共的、共同的民族感情。[①]阿尔及利亚人民在争取民族解放的抗法武装斗争中，也表达了类似的民族主义思想："伊斯兰信仰是我的宗教，阿拉伯语是我的母语，阿尔及利亚是我的祖国"。[②]区别在于，"二战"后阿拉伯各国的民族主义者在取得国家政权后，都不得不接受分离的现代民族国家的政治现实，而把阿拉伯统一作为一种政治理想保存下来。阿拉伯民族主义的命运取决于阿拉伯国家彼此间的关系，以及阿拉伯国家与西方大国的关系。埃及、叙利亚、

---

① 吴云贵、周燮藩：《近现代伊斯兰教思潮与运动》，社会科学文献出版社2000年版，第20页。
② 同上书，第223页。

利比亚等激进的阿拉伯国家都曾积极促进联合而无实际结果，但在需要联合对抗以色列和西方时，阿拉伯或伊斯兰统一的呼声又会高涨起来。

三　二战后阿拉伯、伊斯兰与西方之间的两次重大危机成为影响中东政局和大国关系的重要因素

"二战"以后，随着世界形势的变迁，中东的政治格局也发生了巨大而深刻的转变。但中东对于西方战略利益的重要性有增无减，这是无须进一步解释的常识。由于石油能源和地理位置的重要性，在战后东西方的冷战格局下，可以说谁控制了中东，谁就取得了战略优势。不同的是，战后中东政治舞台的主角发生了转换，"二战"中崛起的美国取代英、法成为中东的新霸主，而另一个超级大国苏联也加入中东的争夺战。在这种形势下，阿拉伯、伊斯兰与西方的关系在很大程度上转化为他们对两强所采取的态度和政策。冷战时期的国家利益是通过互相对立的意识形态加以维护，阿拉伯、伊斯兰也明显地分裂为两个集团。亲美的伊斯兰集团以沙特阿拉伯为代表，以保守的海湾君主制、酋长制国家为主体，而亲苏的民族集团以埃及为首，以施行阿拉伯民族主义、社会主义的国家为主体。显然，不论伊斯兰还是阿拉伯，都被赋予冷战时期所固有的政治含义。这个含义，对保守的伊斯兰国家，就是通过与美国结盟来维护国家利益，而对激进的民族主义国家，就是通过靠拢苏联来保障国家安全。为此，纳赛尔控制了阿拉伯联盟的领导权，而沙特国王则刻意成立了伊斯兰世界联盟，与埃及争雄抗衡。然而，1967年第三次阿以战争的爆发，不仅缓和了民族集团与宗教集团之间的矛盾，也逐渐改变了阿拉伯、伊斯兰与美国为首的西方之间的关系格局。这是战后阿拉伯、伊斯兰与西方之间第一次严重危机。

关于第三次阿以战争，我国学界已有许多著述，这里只讨论两个以往未引起充分注意的问题。其一，是埃及的"易帜"问题。"六五"战争前，阿拉伯世界的"一代天骄"纳赛尔是公认的阿拉伯民族英雄和具有崇高威望的政治领导人，连反对他的美国和西方也不否认他是近代以来阿拉

伯历史上最杰出的人物。但拥有巨大人力、物力资源的阿拉伯国家在同弹丸之地的以色列的战争中遭到惨败，这对纳赛尔个人和阿拉伯民族主义是一次致命打击。失地、丧权、辱国，使阿拉伯民族主义威信扫地。当时埃及《祖国》杂志曾发表一篇《战败是转折点》的署名文章，宣称战败的根本原因是国家领导人"离经叛道"、不按真主的意志办事，纳赛尔为推卸责任也附和这种以信仰论胜败的说法，承认是无形的"真主之手"使埃及和阿拉伯国家战败。这表明埃及社会因战败而出现了一场深重的"信仰危机"。纳赛尔总统病逝后，继任总统萨达特施行亲美远苏的对外政策，以明白无误的事实为"转折点"的说法作了注解。所谓"转折"，实际上也就是"易帜"，即用亲美的实用主义来代替纳赛尔主义。"转折"的另一种注释当时也许未引起世界的注意，即"复出"的埃及穆斯林兄弟会企图以它的老字号的伊斯兰原教旨主义来取代愈益不得人心的纳赛尔主义，以填补精神领域的空缺。阿拉伯世界只有民族与宗教两面旗帜，民族主义的旗帜降下来，宗教的旗帜就要升上去。因而，20世纪70年代以来原教旨主义思潮的兴起很快就成为一种具有巨大冲击力的国际现象，它不仅是埃及和许多阿拉伯国家政府的宗教反对派的旗帜，也是以宗教名义反对美国和西方的一支有组织的社会力量。原教旨主义的异军突起，改变了阿拉伯、伊斯兰与西方关系的性质和格局，西方的政策也随之予以调整。尽管在国家关系层面，美国仍把伊拉克、叙利亚、利比亚、苏丹和革命后的伊朗视为"反美"国家，如今在潜在的反西方势力中又增加了原教旨主义，称为"伊斯兰威胁"。而所谓伊斯兰威胁，尽管也包括取得政权的原教旨主义力量（伊朗、苏丹），但主要是指非政府层面、很容易失控的"大众伊斯兰"的威胁。美国和西方大国在国家安全和战略利益问题上这一新认识，大体上是在伊朗伊斯兰革命胜利后形成的，而表现在政策层面则是对外关系上的"双重标准"。一方面，美国仍借口宗教、民族、人权等问题向世界许多国家施压，以推销美国的价值观；另一方面，美国对政治上与其友好合作的阿拉伯"盟国"则小心翼翼地予以"保护"，勿使他们在民主政治、人权观念、价值准则等事情上为难。美国这样做的一个重要出发点，是防止在中东出现"第二个伊朗"。其实，美国和西方的伊斯兰威胁论是一种过头的反应，因为原教旨主义拒绝西方的意识形态、发展道路和价值体系由来已久，伊斯兰教作为一种文化方式从来都是独立于西方文明的。而且，原教旨主义反对世俗化、西方化以及鼓吹伊斯兰化、"伊斯兰是解决方案"的态度，主要还是针对中东伊斯兰国家的政治现实，并非要在全球向西方开战。这表明阿拉伯、伊斯兰与西方的关系已超越国家关系层面，还涉及意识形态和价值观领域。尽管伊斯兰教并不属于与西方资本主义相对立的共产主义思想体系，但它既是一种"不要东方，不要西方，只要伊斯兰"的价值体系，就理所当然地遭到西方的反对。

如果说第三次中东战争对阿拉伯国家是一个重大的转折点，那么其后出现的伊斯兰复兴运动及原教旨主义思潮的兴起，对阿拉伯、伊斯兰与西方的关系也是一个重大转折点。过去阿拉伯民族与伊斯兰教不论在对西方的态度上有多少分歧，都不曾有过阿拉伯人否定伊斯兰或伊斯兰否定阿拉伯人的现象。如今则明显不同：许多阿拉伯领导人也同西方一样把原教旨主义视为一种"威胁"，而极端的伊斯兰原教旨主义者也把亲西方的阿拉伯领导人视为"叛逆"，从肉体上予以消灭。如萨达特总统就死于同为穆斯林的恐怖分子的枪口之下。此外，伊斯兰对西方的态度也发生了根本性的转变。早年一代的伊斯兰现代改良主义者曾经仰慕西方并拜西方为师，而晚辈的原教旨主义者则把西方视为"万恶之源"，把一切痛苦、挫折、失败和绝望都与西方联系在一起。这种现象既是阿拉伯、伊斯兰国家现代化迷失的一个结果，又将继续对这些国家参与全球化进程带来巨大的困难和挑战。

阿拉伯、伊斯兰与西方关系的第二次重大危机是 20 世纪 90 年代初爆发的海湾战争。这次战争对阿拉伯国家造成最严重的一个后果是使阿拉伯联盟无可挽回的分裂了；而对于伊斯兰造成的最突出的影响，则是对伊斯兰宗教极端主义和暴力恐怖主义的巨大刺激作用。我们将对后一个方面展开讨论。

海湾战争是冷战终结后世界上爆发的第一场规模最大、影响最为深广的战争。它也是"二战"后美国首次在中东大规模用兵。关于这场战争的起因、性质、过程和结果，中外学者已作过系统的论述，没有更多的话要说。但海湾战争结束之际，恐怖主义对世界和平的威胁不像今天这样巨大，不断寻找"新敌人"的美国也没有把恐怖主义视为必须严肃对待的大敌，美国当时锁定的目标是伊拉克、伊朗等"无赖国家"和核扩散可能对美国造成的潜在威胁。然而，海湾战争结束后，从 1993 年纽约世贸中心突然遭到爆炸袭击起，美国本土和美国在海外的利益连续不断遭到恐怖袭击，直到不久前发生的举世震惊的"9·11"事件。这些暴力恐怖袭击在美国引起两个反应。一是美国开始意识到非政府性的、以宗教为名义的恐怖主义已成为威胁国家安全和战略利益的一大隐患，所以美国务院 1994 年所列的全球 49 个恐怖组织中已有 16 个属于宗教组织。此后，秘密宗教组织所占比例不断增长，到 1998 年已占到所列 30 个恐怖组织中的过半。这些以宗教名义从事暴力恐怖活动的组织，主要是指中东伊斯兰原教旨主义势力中的极端派。二是美国社会舆论在散布各种"威胁论"的同时，以知名度最高的两位学者为领军人物，在大众传媒上广泛宣扬"伊斯兰威胁论"。塞缪尔·亨廷顿的《文明的冲突》、《文明的冲突与世界秩序的重建》和伯纳德·刘易斯的《穆斯林愤怒的根源》是这方面的代表作。它们都不只是探讨"文明冲突"的理论著作，也反映了对美国安全的一种危机意识。甚至约翰·埃斯波西托为反驳"文明冲突论"而发表的《伊斯兰威胁：神话还是现实？》一书，也不否认宗教极端主义和恐怖主义对西方的威胁，只是反对无限夸大这种威胁和不讲"区别对待"的偏激情绪。这种舆论导向表明，海湾战争后美国与阿拉伯、伊斯兰之间出现了一场新的危机，战争没有消除危机，反而以新的方式加强了互不信任、乃至互相敌视的情绪。但这里所说的阿拉伯、伊斯兰，显然不是指所有的阿拉伯国家和人民，也不是指所有的穆斯林，因为那场战争已经无可挽回地把国家、人民和宗教都分裂为不同的派别和集团了。在这一问题上，特别值得关注的不是阿拉伯国家的态度，而是阿拉伯老百姓或阿拉伯穆斯林怎样看待海湾战争、怎样看待领导这次战争的美国。

连有些美国人也不否认，美国决策者往往"把阿拉伯和穆斯林政府的立场等同于人民的立场"，[①]这样在决策时也就难免出现偏差。以海湾战争为例，尽管美国在组建多国部队时争取到 21 个阿拉伯国家中的 12 国的支

---

① J. L. 埃斯波西托：《伊斯兰威胁：神话还是现实？》，吴云贵译，社会科学文献出版社 1999 年版，第 300 页。

持，算是勉强超过了半数，但阿拉伯穆斯林又是怎样看待美国在海湾地区动武、怎样看待美国在海湾的军事存在呢？这个问题似乎没有进入美国人的视野，而正是这一问题后来深深地影响到阿拉伯、伊斯兰与美国的关系。倒是更了解阿拉伯民情的埃及从一开始就高度重视"战争政治"，穆巴拉克政府通过国家总穆夫提（伊斯兰法典权威解释者）发布了一项长达57页的"教令"，称为"关于海湾战争的伊斯兰判决"。教令以伊斯兰教和真主的名义全面论述了关于战争与和平问题的基本原则，严词谴责了伊拉克对科威特的侵略，宣布在"敌强我弱"的特殊情况下，一个穆斯林国家完全可以向非穆斯林国家寻求援助。总之，不论美国出兵海湾还是美军进驻沙特阿拉伯领土，按照教令的解释，都是正义的和符合伊斯兰教的。而与这一"官方教令"相抗衡，萨达姆·侯赛因也通过"民间教令"，作出全然相反的解释。民间教令以"不得与异教徒结盟"的经文启示（《古兰经》5:51）为最高依据，指责那些与美国合作的阿拉伯国家领导人是伊斯兰教的"叛逆"、"十字军国家"的代理人和工具，号召"真主的战士"用"圣战"和革命来推翻他们。①海湾战争不是宗教战争，也不是"文明的冲突"，真主启示帮不了萨达姆·侯赛因的忙。不过，我们这里所讨论的不是是非评判问题，而是说海湾战争后在海湾地区民众中出现了一股强烈的反美情绪，其特点是非理性的和狂热的，它把宗教、民族、文化和历史传统都朝着有利于"反美斗争"加以解读，使人把美国同当年的"十字军"画上等号。

　海湾战争后另一值得注意的事态发展出现于伊斯兰世界的"盟主"沙特阿拉伯，为战争综合后遗症的重要表现。1992年9月，沙特宗教政治反对派以"劝告备忘录"的形式上书法赫德国王，要求全面实施改革，扩大民主，改变亲美政策。在这份"请愿书"上签名的宗教界人士共计107人，其中包括麦加的伊斯兰学院院长萨法尔·哈瓦利。据说他曾在海湾战争期间秘密录制和向国内外散发"哈瓦利盒带"，批评法赫德国王与美国"恶魔"结盟反对"穆斯林兄弟"，战后又公开宣布："如果说伊拉克占领

　① Muhammad Khalid Masud, Brinkley Messick and Adavid S. Powers, *Islamic Legal Interpretation*: *Muftis and Their Fatwas*, Harvard University Press, 1996, p. 298.

过科威特，那么美国也占领了沙特阿拉伯，所以真正的敌人不是伊拉克，而是西方。"①"请愿书"遭到拒绝后不久，连续发生了两起针对美军驻沙特军事基地的爆炸袭击事件。一个自称为"阿拉伯半岛伊斯兰变革运动"的组织和一个自称为"海湾猛虎"的组织宣布对这两起事件负责。他们在随后发表的"声明"中要求所有的"十字军"撤出阿拉伯领土，结束沙特王室统治。此后不久，与沙特宗教政治反对派关系密切的本·拉登被撤销沙特国籍，驱逐国外。这些事态发展表明，思想上保守、政治上激进的伊斯兰宗教极端主义势力，因海湾战争的刺激作用，已经从对国王政策不满，转向对与沙特结盟的美国军事存在、精神象征直接采取暴力恐怖行动。宗教保守势力已从在意识形态和文化价值观上一般地拒绝美国，转向对美国诉诸暴力恐怖主义，标志着阿拉伯、伊斯兰与西方关系发展演变的新阶段。显然，宗教极端主义和暴力恐怖主义不能代表阿拉伯和伊斯兰，但又都与两者有某种宗教、民族、文化和历史传统上的关联。它对美国的政治含义是：维护国家安全，不能把眼睛只盯着大国和国家行为，还必须注意无形的力量；反恐怖主义，不能只凭借优势的武力，还必须端正自己的态度，密切与国际社会合作。它对阿拉伯和伊斯兰的启示是：阿拉伯国家和阿拉伯民族应当以发展的眼光来看待与西方的关系，不应纠缠历史恩怨，伊斯兰宗教文化只有成为开放的体系，才能使自身顺应现代化、全球化的趋势。

（原载《战略与管理》2002 年第 1 期）

① John L. Esposito, *Political Islam: Revolution, Radicalism or Reform?* London, 1997, p. 60.

伊斯兰原教旨主义、宗教极端主义与
国际恐怖主义辨析

　　"9·11"袭击事件发生后，布什总统等美国政界领导人一方面严词谴责国际恐怖主义，同时发誓要在全球范围内打一场长期的反国际恐怖主义战争。另一方面，布什总统又多次发表讲话，强调美国所要打击的是少数国际恐怖主义分子，而无意与阿拉伯国家或伊斯兰教为敌。一些阿拉伯国家领导人和国际伊斯兰会议组织也匆忙发表声明，呼吁美国在打击国际恐怖主义斗争中不要把矛头指向阿拉伯国家或伊斯兰教。这些表态都传达了一个共同的声音：必须用"区别对待"的态度来看待与国际恐怖主义相关的许多复杂问题。

　　应当承认，上述"区别对待"的原则是正确的和明智的，因为这次骇人听闻的恐怖袭击事件显然不是国家行为，也很难设想以和平为主旨的伊斯兰教或伊斯兰世界会以暴力恐怖活动来对付美国。但举世同声谴责的国际恐怖主义究竟是怎样产生的？它有哪些不同于一般恐怖主义的基本特征？国际恐怖主义为什么专门要以世界上最强大的美国为袭击目标？国际恐怖主义真的与任何一种宗教或某一宗教内部的极端主义倾向全然无关吗？对于诸如此类的许多疑问，人们会有各种不同的见解。特别是在"伊斯兰威胁论"和"文明冲突论"广为流行的美国和西方大国的传媒舆论中，近20余年来在和平与安全问题上的主流话语之一，就是经常把各种暴力恐怖活动与伊斯兰原教旨主义和宗教极端主义联系起来，视为对美国和西方安全与战略利益的巨大威胁。这方面的学术著作、调研报告和新闻报道可以说是汗牛充栋、尽人皆知。因此，从学术角度深入思考和研究伊斯兰原教旨主义、宗教极端主义、国际恐怖主义彼此间的联系和区别，是一项具有重大现实意义的课题。

一　应当如何看待和评价伊斯兰原教旨主义

作为一种宗教社会思潮，伊斯兰原教旨主义（Islamic fundamentalism）最早兴起于 18 世纪，后来被立为沙特阿拉伯王国"国教"（state religion）的瓦哈比派教义是原教旨主义的早期形态。但瓦哈比派教义没有现代思想，而与现代的伊斯兰原教旨主义有所区别。现代原教旨主义兴起于 20 世纪，始建于 1928 年、巅峰时曾拥有百万信徒的埃及穆斯林兄弟会是 20 世纪和 21 世纪最有影响的伊斯兰原教旨主义派别组织。目前世界上除什叶派的原教旨主义外，逊尼派的原教旨主义派别组织几乎无不在思想上深深地受到埃及穆斯林兄弟会的影响。世界各地原教旨主义派别之间的密切联系和互相合作使原教旨主义成为一种国际现象，因而原教旨主义实际上也是一种泛伊斯兰主义，其联系纽带即共同的伊斯兰教价值观。但泛伊斯兰主义还有两种不同的国际体现，一个是拥有 56 个成员国的伊斯兰会议组织（the Islamic Conference），另一个是以沙特阿拉伯为"盟主"的伊斯兰世界联盟（the Muslim World League）。前者是国际政治组织，后者是国际宗教组织。在国内与官方宗教团体相对立，在国际上与已有的国际伊斯兰组织分庭抗礼的事实表明，在伊斯兰世界，原教旨主义是一支分裂性的力量，尽管它尚未建立起统一的国际组织，但其国际联系极为密切。

何以会产生伊斯兰原教旨主义？这是一个十分复杂的问题，非三言两语可以尽述。国内外多年来的研究成果表明，抵制、反对西方的意识形态、发展道路和非伊斯兰的价值观是原教旨主义思潮兴起最重要的思想根源，这也正是西方所讲的"伊斯兰教是反西方的"基本涵义。早在 20 世纪 80 年代初，当伊斯兰复兴运动在世界各地勃然兴起之际，巴基斯坦一位温和的原教旨主义代言人就曾明确表示，伊斯兰教与西方大国之间的冲突不是政治对抗，而主要是价值观方面的冲突。[①]这位代言人从四个方面来解释原教旨主义由以产生的困惑环境。

---

① 参见金宜久、吴云贵《伊斯兰与国际热点》，东方出版社 2001 年版，第 92 页。

　　一是西方殖民统治造成的社会世俗化，它以西方世俗主义的政治制度、经济制度、社会制度取代了穆斯林大众所熟悉的伊斯兰制度，导致"灾难性的后果"；二是西方殖民统治通过殖民文化征服人心，"二战"后伊斯兰国家盲目地走全盘西化的道路就是最突出的表现；三是殖民统治造成教育体制分裂，现代世俗教育以培养亲西方的知识、政治精英为目标，而传统宗教教育以培养宗教领袖为使命，导致两极分化；四是政治合法性危机，伊斯兰国家的领导阶层皆是亲西方的、世俗的政治精英，他们掌握权柄、独裁专制，但其统治缺乏根基、不得人心，政局动荡不安。

　　应当说这位代言人的解释基本上反映了原教旨主义对西方意识形态、发展道路和价值观准则的态度，但原教旨主义拒绝西方的思想倾向，更多的还是针对伊斯兰国家的政治现实，它的本意不是要在全球发动一场反对西方的运动。各国的原教旨主义派别组织，包括影响较大的埃及穆斯林兄弟会、巴基斯坦的伊斯兰教促进会、苏丹的穆斯林兄弟会、阿尔及利亚的伊斯兰拯救阵线、印度尼西亚的穆罕默德协会等，不论其是否取得合法地位，实际上都是以宗教为名义的政治反对派组织，它们彼此之间在政治目标、组织方式、社会基础、斗争策略等方面互有差异，并非铁板一块。但有一点则是共同的，即它们都鼓吹宗教思想政治化、宗教组织政党化，它们本身也都是按照现代方式组建的宗教政党，尽管其宗教思想在具有现代改革主义思想的派别或具有世俗主义倾向的政党看来是一种文化保守主义。这关涉为原教旨主义定位的问题。可以认为，在伊斯兰国家，伊斯兰原教旨主义是与宗教的现代改革主义和世俗的民族主义相对立的一种思潮和派别组织。它们彼此之间的本质区别在于以何种方式来看待伊斯兰教及其所体现的价值观问题。

　　简而言之，伊斯兰现代主义是一种适应主义潮流。在宗教思想上，现代改良派主张以改革开放的态度灵活变通地解释伊斯兰教，包括吸纳、接受源自西方的某些新观念新思想，以适应现代社会发展的要求。而世俗民族主义是源自近代西方的一种意识形态，世俗主义者也是穆斯林，但他们首先是民族主义者，而不是宗教至上的伊斯兰主义者。由于立场和价值取向不同，原教旨主义者认为，不论现代改革主义还是世俗民族主义都不能解决伊斯兰国家所面临的各种矛盾、困难和问题，而只能从伊斯兰教自身寻求答案。所以原教旨主义所提出的"伊斯兰发展道路"相当于中国传统文化所讲的"原道"，即《古兰经》、"圣训"和伊斯兰教法（沙里亚）中早已指明的"大道"、"常道"。为此，原教旨主义提出了一些著名的行动口号，诸如"不要东方，不要西方，只要伊斯兰"、"不要宪法，不要法律，古兰经就是一切"，等等。从这些口号中人们立即会联想到，原教旨主义对伊斯兰国家的政治现实、社会现实持一种断然否定的态度，具有某种政治激进主义的倾向。但我们也应当看到，在原教旨主义者们那里，宗教实际上是政治斗争的工具，宗教的狂热和虔诚无法掩盖对权力和欲望的追求。而且，原教旨主义一旦取得政权，也不可能完全另起炉灶、一切从头开始，因为伊斯兰教文化传统中本无建设现代国家的理论原则和实践经验。所能做的不过是把传统的形式加上现代的内容罢了。由此人们看到，在伊斯兰革命胜利后的伊朗，一方面把什叶派穆斯林的最高精神领袖（Imam）提升到国家领袖的高位，另一方面在政治体制上仍然保留了源自西方的"三权分立"原则，而三权分立并非伊斯兰教所固有。在一贫如洗的东北非洲的苏丹，原教旨主义势力掌权后不仅未能改变国家的落后面貌，也背离了原教旨主义要求还政于民的初衷，而不得不靠军政府来维持秩序。在长期饱受战乱之苦的阿富汗，原教旨主义派别塔利班夺取政权后在治理国家上同样无业绩可谈，连一个运作有序的中央政府都未能真正建立起来。如果说榜样的力量是巨大的，那么伊斯兰原教旨主义在上述三国所树立的样板似乎都缺乏说服力，这也是20世纪90年代以来原教旨主义影响乏力的根本原因。

　　谈及原教旨主义价值观，还有一个如何评判它的渊源问题。人们之所以用"原教旨主义"来界定和指称伊斯兰教内部的这一潮流，是因为该派在教义思想上强调正本清源、返璞归真，净化信仰、消除腐败，似乎它的一切主张都是伊斯兰教所固有。然而，稍有宗教常识的人都知道，在各种宗教传统中，可以说有多少教派就有多少"主义"。原教旨主义只是企图重新解释伊斯兰教的一个现代流派而已。但原教旨主义对伊斯兰教的解读带有很大随意性，而以政治性的解释最为突出。例如，原教旨主义以"真主主权论"为伊斯兰教政治传统的集中体现，但伊斯兰国家历史上根本找不到"真主主权"的影子。在漫长的中世纪历史上，人们看到的是伊斯兰封建王朝的君主以真主和伊斯兰教的名义施行暴政，统治和压迫人民。所以，如果一定要用一句话来概括原教旨主义宗教价值观，只能说它是一种企图通过曲解历史来实现教权主义政治目的、以文化保守主义为特征的价值观。尽管它对不合理的现实的批判是可以理解的，但回归传统而不思进取绝不是一种正确、科学的态度。

二　伊斯兰原教旨主义与宗教极端主义有无联系

在当今的世界上，不论原教旨主义还是宗教极端主义，都不是某一宗教所特有的现象。社会的现代化与世俗化是一种世界现象，它使各种传统宗教面临着巨大的冲击和挑战，因而回归传统、弘扬传统宗教的价值观也成为世界各大宗教所共有的一种主流趋势。在这个意义上，世界各大宗教内部的原教旨主义潮流实际上都是与现代改革主义潮流、特别是与世俗化的趋势相比较而存在，相对立而发展。在观察世界宗教的发展趋势时，人们不仅密切关注甚为活跃的伊斯兰原教旨主义，也广泛谈论基督教、犹太教、印度教乃至佛教的原教旨主义倾向。区别在于伊斯兰教广为流行的中东地区是世界各种矛盾、冲突的交汇点之一，20世纪80年代以来伊斯兰复兴运动在这里勃然兴起，90年代以来冷战格局结束后引起的各种地区冲突，特别是与宗教、民族相关的地区热点问题，一般都与伊斯兰原教旨主义相关联，因而人们总是对它投以更多的目光。也正因为如此，许多与伊斯兰国家和人民相关的重要问题，也往往被笼而统之称为"伊斯兰问题"或"原教旨主义现象"，并从伊斯兰教与国际政治相关联的角度予以观察、思考和研究。这种趋势无形中提高了伊斯兰教的重要性，但所谓"伊斯兰问题"绝非单纯的宗教问题。这是首先应当明确说明的一种复杂情况。

至于伊斯兰原教旨主义与宗教极端主义之间的关系问题，首先也应当把它置于世界宗教的宏观氛围下予以思考。2001年美国加州大学出版社出版了一本新书，书名叫《神赐恐怖——宗教暴力在全球兴起》。作者在书中提出了"宗教暴力"的概念，认为宗教暴力的凶残性在于它融入了"圣战"观念，由此引起的恐怖行为因源自上帝、真主、天神的诫命、启示、说教，所以称为"神赐恐怖"。作者没有使用"宗教极端主义"一词，但他所描述的与宗教相关联的种种暴力恐怖行为，因其指导思想是对宗教所作的极端片面和随意性的解释，可以更准确地用"宗教极端主义"加以界定。

什么是宗教极端主义？也许我们很难用一句话来加以界定，尽管科学的界定对学术研究十分必要。但我们也应当注意到另一种现象：事实有时比抽象的概念更有说服力。如果我们坚信宗教的本质是和平，是弘扬真、善、美价值观，那么以宗教名义进行暴力恐怖活动，就偏离了宗教的善良宗旨，就可以称为"宗教极端主义"。这方面的事例可以说是不胜枚举。例如，1981 年埃及圣战组织的成员在光天化日之下，以惩治"叛逆"的名义凶残地刺杀了力主中东和平进程的埃及总统萨达特；1984 年印度的一名锡克教卫兵枪杀了印度总理英·甘地；1995 年以色列的一个犹太教的狂热信徒暗杀了积极促进中东和平进程的拉宾总理。这些来自各教狂热信徒对国家政要的暴力暗杀行为表明，宗教极端主义在全球范围内有急剧上升的趋势。同时，我们也应当看到，近一年多来由于巴以流血冲突连续不断，中东和平进程遥遥无期，加之在世界穆斯林居住的一些地区如巴尔干、北高加索、达吉斯坦、车臣、乌兹别克斯坦、塔吉克斯坦、阿富汗、南亚克什米尔等地，自 20 世纪 90 年代以来，由于宗教、民族、领土纠纷不断加剧，事实上已成为战争、冲突和暴力恐怖活动的多发地区。在这些动荡不安的地区，不论伊斯兰原教旨主义还是宗教极端主义都相当活跃。因此，认清二者之间的联系和区别，对于我们正确地看待作为世界三大宗教之一的伊斯兰教，具有特殊的意义。

早在 1995 年一位著名的美国伊斯兰学者曾撰著发表了一部颇为流行的著作《伊斯兰威胁：神话还是现实？》。[①]作者在序言中表示，他决意要撰写这部"说易也易、说难也难和极容易引起争议的著作"，是为了向美国公众说明必须把极少数人出于政治需要歪曲伊斯兰教的行为与真正的伊斯兰教严格区别开来。在他看来，真正对美国和西方安全构成威胁的不是以和平为主旨的伊斯兰教，而是假借伊斯兰教名义的宗教极端主义和恐怖

---

① 详见 J. L. 埃斯波西托《伊斯兰威胁：神话还是现实？》中译本，社会科学文献出版社 1999 年版。

主义。因此他认为对美国政府决策者来说最重要之点是"抵制诱惑",即绝不能用宗教极端主义和恐怖主义的观点来看待伊斯兰教。这种"区别对待"的态度是为了把"和平天使"与"凶残恶魔"区别开来,即把正常、有益、合法的伊斯兰教社团与那些以伊斯兰教名义进行暴力恐怖活动的极端宗教组织区别开来。这在实践中也就是要把温和的伊斯兰原教旨主义与宗教极端主义区别开来。但在美国和西方也还有另一种不重区别的观点,亨廷顿的"文明冲突论"就是其典型代表。他曾明确提出,只要伊斯兰还是伊斯兰,它就是反西方的。这也就是"伊斯兰威胁论"的另一种表述。

实际上伊斯兰原教旨主义与宗教极端主义既有联系,又有区别,只要不抱偏见,是很容易把问题讲清楚的。20多年来伊斯兰复兴运动揭示的大量事实表明,二者之间首先是部分与整体的关系。所谓宗教极端主义不过是伊斯兰原教旨主义派别组织中激进派或极端派的思想观点、政治与社会主张的一种概括和界定。世界各大宗教都有一个共同的现象,就是宗派林立。但伊斯兰教不同于基督教,它在教义思想上没有"正统"与"异端"的说法,主流教派排拒的谬误思想被称为"比达"(Bida),意思是毫无根据的"标新立异"。但即使是"标新立异"的派别也不会像基督教那样被处以"绝罚"(excommunication),被革除教籍。因此,历史上许多极端的派别仍被视为穆斯林社团的一部分,如早期伊斯兰教历史上素以"军事民主派"著称的哈瓦利吉派,中世纪教法传统中主张教条主义解释经训的"表义学派",以及专事暗杀恐怖活动的"阿萨辛派",都仍然被视为伊斯兰教教派或教法学派。这种现象提示我们,应当从思想观点和是否有组织联系两个方面来分析原教旨主义与宗教极端主义之间种种错综复杂的关系,这对于我们正确地认识当今世界各地与伊斯兰教相联系的形形色色的极端宗教组织甚为重要。

就宗教思想而言,可以说当今世界各地的宗教极端主义实际上都是极端的伊斯兰原教旨主义。由于宗教信仰的继承性,它们与历史上的宗教极端思想有渊源关系。就逊尼派伊斯兰原教旨主义而论,其早期的思想渊源是13世纪新罕百勒学派著名的教法学家伊本·泰米叶的极端思想。当年伊本·泰米叶在解释"圣战"(jihad)教义时强调,即使对那些已经宣布接受伊斯兰教但拒绝伊斯兰教法的名义上的穆斯林,仍可以把他们看做

"圣战"的对象。如今埃及的圣战组织正是根据伊本·泰米叶当年发布的"教令"（fatwa），以处死"叛逆"的名义，残暴地杀害了时任埃及总统的萨达特的。原教旨主义近代的思想渊源是18世纪兴起于沙特阿拉伯的瓦哈比派教义，该派后来以"圣战"方式重新统一了阿拉伯半岛。瓦哈比派尊经崇圣、回归传统的宗教保守主义思想对宗教极端主义影响至深，如今得到本·拉登大力支持的"赛莱非耶派"（尊祖派），正是极端保守的瓦哈比教义的追随者。原教旨主义思潮在当代的重要体现是埃及穆斯林兄弟会的思想主张，它与宗教极端主义的联系见之于该派内部激进主义的代表人物赛义德·库特卜的著作、言论和反埃及民族政府的行动上。[1]赛义德·库特卜的《路标》是当代宗教极端主义最有影响的代表作，尽管早已被埃及列为"禁书"，却屡禁不止，广泛流传于世界各地，甚至在中国也有一个没有正式书号的译本。凡此种种情况都表明，伊斯兰原教旨主义与宗教极端主义有密切的思想联系。但二者之间也有一个重要区别：主流的原教旨主义主张开展合法的伊斯兰运动，反对暴力恐怖主义，而极端的原教旨主义不仅在思想观点上是极端的，在行为上也是极端的，为了达到政治功利主义目的（建立宗教至上的教权主义国家）可以不择手段，不顾后果。

原教旨主义派别与极端宗教组织之间的关系相当复杂，不可一概而论。大体上有几种不同的情况。一是先合后分型。纳赛尔时期的埃及穆斯林兄弟会，内部虽有温和派与极端派的区别，但在组织上仍为一体，并未分裂。到萨达特时期，被取缔尔后"复出"的兄弟会主流派，在新的总训导师的领导下明确宣布了谴责暴力恐怖主义，而非主流的极端派则另立山头，乃有"谴责与迁徙组织"、"圣战组织"、"穆罕默德的青年"、"救出火狱组织"等非法宗教组织。它们都是秘密组织。二是同名异义型。沙特阿拉伯官方的原教旨主义派别经常自称为"赛莱菲耶"，而民间政治上更为激进、宗教思想上更为保守的原教旨主义势力也同样自称为"赛莱菲耶"。但它们显然属于互相对立的组织。三是"先文后武"型。阿尔及利亚的人数众多的伊斯兰拯救阵线，本是一个由许多宗教政党和派别组织联

---

[1]　详见吴云贵、周燮藩《近现代伊斯兰教思潮与运动》，社会科学文献出版社2000年版，第352—360页。

合而成的松散组织，并得到政府的承认，后因在全国大选中获胜，被政变后成立的军政府宣布为非法组织。这一出尔反尔的政策使部分原教旨主义势力走上与政府武装对抗的道路。这部分诉诸暴力的派别组织自称为"武装的伊斯兰集团"。四是合法斗争型。埃及穆斯林兄弟会也属于这一类型，但它没有取得合法政党地位，而只能以其他政党的名义或独立候选人的身份参与选举和政治进程。真正属于这一类型的是巴基斯坦、印尼、马来西亚等国的原教旨主义力量。巴伊斯兰教促进会、印尼团结建设党中的原教旨主义派别以及马来西亚的泛伊斯兰党都是合法宗教政党，积极参与政治进程而没有分化出极端派。五是政教合一型。原教旨主义势力取得政权的伊朗、苏丹和阿富汗属于这一类型。但它们彼此之间也有区别。革命胜利后的伊朗，由于原教旨主义成为国家的指导思想，代表该派的伊斯兰共和党已自行取消。苏丹的穆斯林兄弟会没有明确取得执政党的地位，而主要是靠与强大的军方合作以扩大影响。阿富汗的塔利班政权是更为保守的原教旨主义势力的政治代表，但它在执政后未宣布明确的政治纲领，而且其政治走向深受宗教思想与部落主义两方面的影响。以上三个实例由于政治上较为激进，国内也都有与之保持距离的较温和的派别存在，但组织上的分裂似乎不大明显。

三　如何看待宗教极端主义与国际恐怖主义之间的关系

"9·11"事件以后，"国际恐怖主义"一词广泛地出现在美国和西方媒体上，并经常与被认定为恐怖袭击事件元凶本·拉登的名字及其"基地"组织联系在一起。值得注意的是，国内外新闻媒体尽管对美国发起的国际反恐怖活动多有报道，但很少涉及国际恐怖主义产生的根源问题。美国官方给出的答案是，国际恐怖主义袭击美国是因为美国是民主、自由和文明的象征，所以必然会遭到野蛮袭击。这种说法回避了许多矛盾，显然缺乏说服力。本文无意深入讨论这个问题，只想指出，作为世界上最强大的国家，美国遭到国际恐怖主义袭击，显然是同美国霸权主义对外政策分不开的。

什么是恐怖主义？什么是国际恐怖主义？由于界定主体立场或价值观

歧异，人们不可能取得完全一致的共识，如同人们很难就宗教、民族、人权这些宽泛的概念取得共识一样。国际上通常把恐怖主义界定为：为实现政治目的，针对平民或民用目标，故意使用或威胁使用暴力的行为。在这里，恐怖主义的行为主体通常是指非国家的集团或秘密组织。如果受恐怖袭击的一方是另一个主权国家，袭击行为也即国际恐怖主义。如果根据这一定义，此次对美国的袭击无疑是一种国际恐怖主义行为。

我们之所以要讨论宗教极端主义与国际恐怖主义之间的关系，是因为自 20 世纪 90 年代以来，不仅国际冲突愈益与宗教、民族问题密切相关，而且国际恐怖主义也经常以宗教"圣战"的名义采取行动。可以说宗教极端主义既是国际恐怖主义的表层根源，在许多情况下又是国际恐怖主义一种特殊的表现形式，尽管宗教极端主义并不等同于国际恐怖主义。因此，认清宗教极端主义产生的根源，至少有助于我们从宗教、民族、文化层面深入了解国际恐怖主义产生的原因。

首先，我们来观察宗教极端主义与暴力恐怖活动的关系。这已经是个老生常谈的话题。早在伊斯兰复兴运动在世界各地勃然兴起之际，从西北非洲到东南亚伊斯兰国家的各国政府都异口同声地谴责"伊斯兰威胁"。它们所说的"伊斯兰威胁"，是指来自原教旨主义、特别是宗教极端主义的威胁，而以借宗教名义从事旨在反政府的暴力恐怖活动最为突出。当时美国和西方大国无一同情、支持原教旨主义，但因这些暴力恐怖活动很少直接针对西方，所以 80 年代美国国务院所列的国际恐怖主义组织中无一属于宗教组织。但今天国际社会公认的国际恐怖组织如埃及的圣战组织，当年在国内早已是埃及政府严密监视的暴力恐怖组织，可见许多国际恐怖组织是由原来的宗教极端组织发展演变而来的。而宗教极端主义产生的原因则相当复杂，常常是公说公有理，婆说婆有理。一个难解的死结是暴政压迫引起反抗，还是宗教极端主义导致暴力恐怖？立场不同，答案也完全相反。反对宗教极端主义的前提，不仅在于设定政治现实是合理的（尽管事实并非完全如此），更重要的还在于，即使政治现实需要改变，暴力恐怖主义也不是正当的手段。

其次，我们来观察国际恐怖主义与宗教极端主义的关系。目前已知的两个最有影响的国际恐怖组织是本·拉登的"基地"组织和埃及的"圣战"组织，二者同时也都是极端的宗教组织。它们在国际上从事的针对美国的一系列暴力恐怖活动，都有一个明确的政治动机，即用一切最残暴的手段来报复美国，以消解不共戴天的仇恨。他们为什么要报复美国呢？本·拉登1997年3月在接受美国有线新闻网记者采访时就此作了说明，他认为美国政府是不公正、可耻和残暴的政府，因此一个穆斯林必须用"圣战"来清算美国所犯下的令人发指的罪行。本·拉登所说的"罪行"指的是美国长期奉行的中东政策造成的不能容忍的后果，主要有三：一是海湾战争后美国在阿拉伯半岛和海湾地区的军事存在，不仅威胁到伊斯兰教两大圣地（麦加和麦地那）的安全，而且美国经常利用设在伊斯兰国家的军事基地来干涉中东事务，粗暴地压迫阿拉伯人民。二是美国在海湾战争后继续凭借武力对伊拉克实行制裁和野蛮的轰炸，造成人道主义灾难。三是美国在阿以冲突中一贯支持、偏袒以色列，美国对以色列周边的阿拉伯国家进行控制、打压和分化也完全是为了美国和犹太复国主义者的利益，而完全无视阿拉伯国家和巴勒斯坦人民的合法权益和民族尊严。在本·拉登看来，美国所伤害的是伊斯兰教和全体穆斯林，因此只能以伊斯兰"圣战"的方式来报复美国，包括报复支持美国政策的美国纳税人，即所有的美国人。

尽管本·拉登对美国的指责是符合事实的，而且批评美国中东政策的也不限于宗教极端主义，但人们仍然不会赞同本·拉登的思维逻辑和行为方式。问题在于国际恐怖主义不讲区别、滥杀无辜，用骇人听闻的暴力恐怖手段残害善良无助的平民百姓，这不仅无助于中东问题的解决，反而掩盖了矛盾，引起世界各国人民的公愤。例如，究竟是恐怖招致了强权，还是强权引起了恐怖，在这个世界上究竟谁代表正义，谁象征着邪恶，今天反倒更加不容易说清楚了。

宗教极端主义与国际恐怖主义相联系绝非偶然，这里面有许多复杂的原因。首先，国际恐怖主义活动明显加剧是在苏联解体、冷战格局宣告终结之后。美、苏两极制衡机制的消失使在旧的国际秩序下长期被掩盖着的许多矛盾接连爆发，在中东、巴尔干、北高加索、苏联中亚五国（塔吉克斯坦和乌兹别克斯坦）、阿富汗、南亚克什米尔等地区出现了一系列动荡不安的局势。这些宗教、民族热点地区发生的局部战争、武装冲突和民族分离主义运动都不只是单纯的宗教、民族问题所引起，但又都与宗教、民族问题密切相关。而战乱的环境正是滋生宗教极端主义的沃土。其次，宗教极端主义尽管是对宗教信仰体系的一种曲解，但它把一切问题都解释、简化为宗教问题，并大肆煽动宗教狂热，其影响力、破坏力还是相当大的。人类宗教信仰最显著的特征之一就是它的价值超越性，它把宗教价值置于一切价值准则之上，居高临下，目空一切，如加以极端片面的解释，很容易成为批判、拒绝一切世俗价值的工具。例如，宗教极端主义在反美、反以色列的同时，把人类世界简单地区分为伊斯兰世界与非伊斯兰世界，把人群区分为穆斯林与非穆斯林，这种黑白分明的区分标准用于对国际事务的判断，必然会引起极度混乱。因此，本·拉登在报复美国的同时连美国人民也不放过，这与他的二元对立的宗教极端主义价值观是完全一致的。最后，宗教极端主义鼓吹"圣战"，使"圣战"成为国际恐怖主义最重要的工具。就伊斯兰教而言，所谓"圣战"主要是指当穆斯林的宗教信仰受到外部势力的严重威胁时，应当为保卫神圣的信仰而进行自卫性的反击。这种反击包括武装斗争，但不限于动武，义正词严的谴责、揭露非正义，也是"圣战"的应有之义，称为"舌的圣战"、"心灵的圣战"，这在伊斯兰教典籍和历史文献中早有定论。此外，并非什么人都有发布"圣战令"的权力，历史上的"圣战"通常是由国家元首或众望所归的宗教领袖发布命令。然而，在宗教极端主义的随意解释下，今天世界各地的所谓"圣战"可以说是面目全非，实际上已成为暴力恐怖主义的代名词。如在俄罗斯的车臣，车臣叛匪以"圣战"的名义可以肆无忌惮地进行暴力恐怖活动；在塔吉克斯坦和乌兹别克斯坦，暴力恐怖主义势力在外力的支持下不断在"圣战"的名义下从事各种暴力恐怖和武装叛乱活动；在南亚的克什米尔，由于领土纠纷长期得不到解决，自称为"伊斯兰圣战者"的武装民兵经常以"圣战"之名对印度军队发动袭击；在被占巴勒斯坦领土，由于中东和平进程久拖无果，愤怒的巴勒斯坦穆斯林青年在绝望之下经常用"人体炸弹"的方式袭击以色列平民，这种"杀身成仁"的行为同样被称为"圣战"；而本·拉登团伙更是号召穆斯林在全球范围内对所有的美国人进行一场全方位的"圣战"。本·拉登所说的"圣战"也就是国际恐怖主义，企图以圣战恐怖使美国和世界不得安宁。

　　总之，宗教极端主义与国际恐怖主义相联系最严重的后果是使暴力恐怖主义合法化，企图用神圣的宗教来证明暴力恐怖的正义性。人们看到，在所有暴力恐怖主义肆虐的地区，传统的"圣战"观念已被泛化、极化，而与暴力恐怖几无区别。"圣战"可以不分场合，不讲条件，不择手段，不顾后果，而这些也正是一切暴力恐怖主义的基本特征。所以，尽管伊斯兰教确有"圣战"之说，但世界广大善良的穆斯林也同世界人民一样，坚决反对一切形式的恐怖主义。

（原载《国外社会科学》2002 年第 1 期）

伊斯兰教对当代伊斯兰国家外交政策的影响

伊斯兰教是世界三大宗教之一，其信徒及受其影响的人口主要分布于西亚、北非、中亚、南亚、东南亚等地，总数超过 12 亿人。伊斯兰教的信仰者称为穆斯林，穆斯林人口为居民主体的国家或历史上受伊斯兰教影响较深的国家称为伊斯兰国家。通常所讲的伊斯兰世界，亦称穆斯林世界，系指伊斯兰教传播过程中所覆盖的地域范围。

伊斯兰教是政治性、社会参与性很强的世界性宗教，其特性明显有别于"出世"的佛教及近代实行"政教分离"的基督教。由于历史传统和结构性原因，伊斯兰教至今仍对伊斯兰国家的社会、政治生活有着举足轻重的影响。这种影响既涉及国家的内政，也见诸国家的外交。在对外政策方面，伊斯兰教主要通过三个途径施加或造成影响。

一 与国家政权之间制度性、结构性联系是伊斯兰教影响外交政策的重要渠道之一

历史上伊斯兰教兴起之际，地处西亚的阿拉伯先民尚处在原始公社制末期。早年阿拉伯人在伊斯兰教的旗帜下由分散的部落联合为统一的民族和国家。这一历史进程赋予伊斯兰教某种永久性特征。在许多虔诚的信徒心目中，"伊斯兰"既是宗教，也是社团、社会、民族和作为政治实体的国家。在漫长的中世纪，由阿拉伯人开创的政教合一传统，经过少许修正调整，一直延续到近代，甚至非阿拉伯人建立的国家政权在法理道义上也被视为行使"真主主权"的工具。传统伊斯兰教认为，践行"真主之道"（沙里亚）的国家政权属于合法政权，有权以真主代治者名义治理国家、社会。

近代以来，特别是"二战"以后，随着现代世俗民族国家的迅速崛

起，伊斯兰国家的政教关系发生了明显变化，但大多数国家并未明确宣布实行政教分离，少数国家仍沿袭政教合一传统。政教关系大体上有三种类型。一是明确宣布实行政教分离的国家，主要有土耳其和突尼斯。二是实行政教合一的国家，以沙特阿拉伯王国和伊朗伊斯兰共和国为典型代表。沙特国家体制的突出特征是王权、宗教、统治家族密切结合，三股势力共同掌控国家政权。伊朗是以伊斯兰教名义建立的共和国，政治体制上实行三权分立、权力制衡原则，但在三权之上有一部伊斯兰宪法，一位掌控三权的最高精神领袖伊玛目。此外，有的国家如巴基斯坦伊斯兰共和国，虽在政治结构上宗教与国家政权无关，但国家是以伊斯兰教的名义创建，因此其内外政策易受到国内宗教保守势力的制约、干预和冲击，而经常处于左右摇摆不定的状态。三是实行事实上政教分离国家，即做而不宣，宪法中没有关于政教分离的原则规定，但禁止宗教干预政治、司法、文教等公共事务。埃及、叙利亚、印尼等大部分伊斯兰国家属于此类。

沙特是政教合一的君主制王国，禁止政党活动，无宪法，《古兰经》和穆罕默德的"圣训"是国家执法的重要依据，依据经、训制定的教法教规是受理民事诉讼的法律依据。由于王室、家族与宗教上层的根本利益密不可分，宗教部门在体制上是国家政权的一部分，因此弘扬、宣传伊斯兰"正教"并借助宗教来实现国家利益，包括巩固沙特在伊斯兰世界的精神盟主地位，是沙特对外政策所要达到的根本目标。例如，在当年阿富汗因苏联入侵而掀起的"抗苏战争"（1979—1989）中，沙特之所以决定要全力支持美国主导的这场战争并在战争中全力支援阿伊斯兰圣战者下属的武装力量，其根本出发点正是为了在中亚地缘政治中实现自己的利益。这个战略利益，一是在什叶派的伊朗不断向外扩张势力的情况下，在其周边地区构筑一道逊尼派伊斯兰教的"防护墙"；一是通过与同样受到境内什叶派极端势力困扰的巴基斯坦军政府联手合作，通过支持阿伊斯兰圣战者武装中某些派别，包括后来夺取全国政权的阿塔利班势力，寻找地缘政治的代理人。长期以来，沙特和巴基斯坦是在外交上承认阿塔利班政权仅有的三国中的两个国家（另一国是阿联酋）。直到 2001 年"9·11"事件以后，由于美国在"反恐战争"中推翻了阿塔利班政权，沙特和巴基斯坦在极度被动的情况下才迅速调整其对外政策，以便在国际反恐的严峻形势下争取战略主动。

巴列维国王时期的伊朗,是伊斯兰世界世俗化程度较高的大国之一,政治上奉行亲美、亲西方政策。1979 年伊斯兰革命胜利后,由什叶派最高精神领袖霍梅尼主政的伊朗成为践行激进的伊斯兰原教旨主义最有影响的国家之一。伊朗政局变动在对外政策上的影响至今犹存,只是经过多年的调整,程度上已同霍梅尼时代有所不同。革命后的伊朗,一度将"输出"伊斯兰革命作为对外特别是对沙特等保守的伊斯兰国家的基本政策,从而急剧恶化了与海湾阿拉伯国家的关系。20 世纪 80—90 年代,防范伊朗"输出"革命一直主导海湾国家对外政策,海湾国家合作委员会正是为此目的而成立的。

巴基斯坦号称"清真之国"。国家是以宗教名义创立,但宗教与国家政权没有体制上的联系,伊斯兰教组织性质上属于非政府宗教组织,不得以政党名义参与选举并执政。但由于伊斯兰意识形态为巴立国思想基础,巴右翼宗教势力经常以此名义向执政的世俗主义政党施压,企图使伊斯兰教成为国家内外政策的最高指导原则,使巴成为"名副其实"的伊斯兰国家。齐亚·哈克将军主政的十余年间(1977—1988),是巴建国以来宗教与政治关系最为密切的时期。为了压制左翼世俗主义的人民党,政变后上台执政的齐亚·哈克军政府,在反对党和右翼宗教势力支持下,大力推行国家制度伊斯兰化,主要内容包括重建作为总统顾问的伊斯兰意识形态委员会,负责就实行伊斯兰制度制订方案;实行法制改革,以国家元首名义颁布实施传统伊斯兰教刑法;在经济领域实行改革,以真主启示经文的名义禁止利息,将作为宗教制度的天课和欧什尔(什一税)改为国家税制的一部分。齐亚·哈克时期的官方伊斯兰化举措引起许多争议,但对后来巴内外政策仍有很大影响。在对外政策上,后来的贝·布托政府和谢里夫政府都曾深受伊斯兰化政策的影响,加强与沙特等海湾伊斯兰国家的联系成为其对外政策的重要内容和原则之一。

二 泛伊斯兰主义和原教旨主义是影响伊斯兰国家外交政策的两股重要思潮

伊斯兰教兴起后,以其信仰体系为基础,在历史进程中逐渐形成一种系统的、排他性的世界观、人生观、价值观，成为传统伊斯兰文化的基础，对世界穆斯林各民族的知与行产生广泛持久的影响。从早期民族宗教转变为世界宗教以后，伊斯兰教在宗教思想上高度重视信仰的统一性和超越性。统一性是指"认主独一"，世界信仰伊斯兰教的各族群应当联合为一个政治实体、民族家园。超越性是指伊斯兰教高于民族和国家，不受语言、民族、地域的限制。中世纪很长一段时期，在泛伊斯兰宗教思想影响下，伊斯兰帝国流行的思想观念是以宗教信仰认同来区分人群和世界，将人群区分为穆斯林和非穆斯林，将世界区分为"伊斯兰领土"和"非伊斯兰领土"。

中世纪的泛伊斯兰统一意识，未能使多民族、跨地域的封建帝国真正消除民族差异，成为各族群享有完全平等的民族国家。但作为主流宗教思想，泛伊斯兰主义所宣扬的"天下穆斯林皆兄弟"的团结意识和共同信仰基础上的宗教感情在世界各地穆斯林民众中仍有很强的影响力。19 世纪下半叶，沙俄等欧洲列强凭借强大武力不断向外扩张，最后一个伊斯兰帝国奥斯曼帝国在欧洲列强的侵蚀下日见衰落。为挽救帝国危亡，奥斯曼君主曾发起泛伊斯兰运动，号召全世界的穆斯林团结起来，用"伊斯兰圣战"来打败欧洲列强，保卫奥斯曼帝国。泛伊斯兰运动未能挽救奥斯曼帝国，泛伊斯兰主义也因土耳其、阿拉伯等民族主义运动的蓬勃兴起而被中东各国人民抛弃。但作为宗教传统的一部分，泛伊斯兰主义仍得到各国一些保守的宗教界人士的推崇、赞扬和支持。

1924 年奥斯曼帝国解体后，土耳其民族主义者在民主革命进程中推翻了封建制度，废除了以泛伊斯兰主义为基础的君主制度和普世哈里发制度，世界伊斯兰教的政治中心和精神中心不复存在。在新的形势下，通过何种体制来体现伊斯兰世界的团结统一，成为各国宗教界人士普遍关注而又难以解决的一大问题。1962 年，在沙特阿拉伯的推动、影响和具体组织策划下，18 个国家和地区的知名宗教界人士和代表借麦加朝觐之便，成立了一个泛伊斯兰国际宗教组织"伊斯兰世界联盟"（伊盟），总部设在沙特的麦加，现已有 60 多个成员组织和代表。除宗教组织外，泛伊斯兰主义在国际政治中的另一体现是始建于 1971 年、现有 57 个成员国的"伊斯兰会议组织"。该组织总部设在吉达，同样是由沙特牵头和掌控的一个以伊斯兰教名义成立的国际政治组织。

"伊盟"成立之初，从沙特方面看，其动机固然是为了用"伊斯兰团结"来取代"阿拉伯团结"，以便在国际舞台上与高举阿拉伯民族主义旗帜的埃及争雄抗衡，同时也是为了彰显沙特在伊斯兰世界的精神盟主地位。后来，由于埃及在1967年第三次阿以战争中惨遭失败，埃及需要从沙特获得经济援助以医治战争创伤，双方终于握手言和。此后沙特在主持"伊盟"工作中强调沙特在宗教事务方面的领导作用。"伊盟"作为沙特的外交工具，使沙特便于在伊斯兰世界扩大影响力，同时也使弘扬伊斯兰教价值观、保卫信仰自由权利、维护世界各地穆斯林少数者的权益等成为沙特外交工作的重要组成部分。

"伊盟"的泛伊斯兰国际宗教组织性质，使它在观察和处理某些问题上容易因过分强调宗教而忽视其他因素并得出片面、乃至偏激的结论。20世纪70年代，"伊盟"的英文机关刊物上曾刊载过流窜境外的民族分裂主义分子鼓吹"疆独"、攻击我国政府"迫害"东突穆斯林的文章。去年新疆"七五"事件发生后，境外分裂主义势力也曾企图通过"伊盟"挑拨我国与伊斯兰世界的关系。对此我们应当引起高度警惕。鉴于中国伊斯兰教协会是"伊盟"的成员组织之一，我们可以通过"中国伊协"做一些工作。只是"中国伊协"在"伊盟"中不掌握实权，影响有限，工作会有很大难度。

伊斯兰会议组织是在阿以冲突的背景下成立的，旨在加强伊斯兰国家间在国际事务中的团结、互助合作、协调立场，"对外用一个声音讲话"。会议组织宪章强调共同的宗教信仰是联结伊斯兰国家和人民的强有力纽带，成员国应当在团结的基础上开展经济、社会、文化、教育、科学等各个领域的广泛合作；共同反对殖民主义和种族歧视，共同努力保卫伊斯兰教圣地不受侵害；应当全力支持巴勒斯坦人民恢复其合法权利和解放家园的斗争；应当全力支持建立在公正基础上的世界和平和安全，全力支持伊斯兰国家各族人民捍卫其尊严、独立和民族权利的斗争。该组织成立以来通过的决议都有一个共同的倾向，即在确认联合国宪章和公认的国际法准则的前提下，以协商和求同存异的方式，就伊斯兰国家共同关心的国际问题达成某种共识。伊斯兰会议组织下设外长会议，是成员国在重大国际问题上协调立场最重要的机制和渠道。在国际事务中，特别是在阿以、巴以冲突和中东和平进程问题上，以及在维护伊斯兰国家共同利益、调解内部纠纷等方面，伊斯兰会议组织确实发挥了重要作用，并对成员国的对外政策走向有很大影响。但伊斯兰国家间也时有分歧和冲突，泛伊斯兰主义无法从根本上消除利益冲突，最突出的事例是 20 世纪发生的历时 10 年的"两伊战争"。

在伊斯兰世界，作为近当代社会思潮之一的伊斯兰原教旨主义也经常对一些国家的对外政策产生很大影响。但不同于重视国际合作的泛伊斯兰主义。原教旨主义除在伊斯兰革命后的伊朗外，在绝大多数伊斯兰国家都不属于官方意识形态或国家对外政策的指导思想。目前原教旨主义思潮的鼓吹者主要是部分伊斯兰国家激进的宗教组织或宗教政治反对派势力，他们企图使伊斯兰教成为政治斗争的工具，成为国家对外政策的指导原则。

原教旨主义主张回归传统，通过对早年伊斯兰教传统进行现代解释来增强传统思想的社会活力、政治活力，以更有效地干预政治现实。在现代化建设问题上，原教旨主义认为，社会愈益西方化、世俗化是伊斯兰国家领导者政策失误所致，只有重新伊斯兰化，国家与社会才有希望。在政治理论方面，原教旨主义提出了著名的"四论"。一是"真主主权论"，宣称国家的绝对主权属于真主，无视"真主主权"的国家属于"非法政权"。二是"先知权威论"，认为宗教先知当年治理国家的"圣言"、"圣行"对后世有指导作用。三是"代行主权论"，意即国家政府没有本源性权力，而只是代行"真主主权"的工具。四是"政治协商论"，强调国家政治生活必须遵循《古兰经》所规定的协商原则，以体现"伊斯兰民主"。

在当今的伊斯兰世界，原教旨主义派别组织以埃及的穆斯林兄弟会和巴基斯坦的伊斯兰教促进会最有影响力，二者均属于具有政治倾向的非政府宗教组织。原教旨主义作为一种思潮，其实际影响力主要是在宗教政治反对派中间，但出于政治需要，有时也会因为主政者的实用主义态度成为国家对外政策的一部分。例如在东北非洲的苏丹，通过政变上台并长期主政的巴希尔总统，当年就曾与苏丹穆斯林兄弟会合作，从而使原教旨主义成为苏丹对外政策的主导思想。20世纪90年代初，苏丹原教旨主义头面人物哈桑·图拉比曾在喀土穆召开"阿拉伯伊斯兰人民大会"，邀请世界各国的原教旨主义者与会。两年后在另一次大会上，各国的原教旨主义派别以"大会"的名义宣布退出伊斯兰会议组织，其分裂效应十分明显。

三　伊斯兰国家的外交政策有时易受到国内貌似激进的宗教组织的干扰和影响

20世纪70年代末80年代初，始自中东阿拉伯国家的伊斯兰复兴运动，在伊朗"伊斯兰革命"的激励和影响下迅速席卷整个伊斯兰世界。在复兴主义思潮影响下，各国都出现了一批具有政治倾向的宗教派别组织，使各国政府受到巨大压力。据有关调查，仅阿拉伯国家公开的或秘密的伊斯兰教激进组织就有近百个。这些非政府宗教组织，除少数温和派组织得到国家认可外，大部分属于具有暴力和反政府倾向的非法宗教组织。就国家政治体制而言，这类激进宗教组织的思想观点和政策主张通常不大可能通过正常渠道为国家政府所了解，并被纳入国家对外政策的考虑范围之内。但在某些特殊情况下，激进的宗教组织也会对部分伊斯兰国家的外交决策产生一定的影响。

非政府宗教组织是否会对一国的对外政策产生实际影响，这在很大程度上取决于国家的政治体制，特别是政教关系格局。在像沙特阿拉伯这样典型的政教合一的伊斯兰国家，伊斯兰教不仅是民众的信仰，也是国家制定政策（包括对外政策）的重要依据。在对外政策方面，沙特王国政府的重要决策一般都需要经过"高级伊斯兰宗教学者委员会"的审核、论证和批准。由于王权与宗教的高度一致性，国家对外政策的基本原则在理论上被视为与伊斯兰教的原则精神是一致的。但这种一致性有时会遭到体制外的宗教学者和不同政见者的质疑和挑战，这在20世纪90年代初的海湾战争问题上特别突出。

海湾战争期间，阿拉伯伊斯兰国家的对外政策走向集中表现在对由美国主导的这场战争持何种立场和态度。当时大部分国家都表达了支持科威特而谴责伊拉克侵略的原则立场，许多国家还象征性地派兵参加了以美军为主力的多国部队。但与官方"一边倒"的态度截然不同，许多阿拉伯国家的民众都举行了声势浩大的游行示威，反对美国武装干涉阿拉伯伊斯兰国家的内部事务。他们坚持认为，伊拉克侵略主权国家科威特固然应当予以谴责和制止，但美国发动海湾战争完全是为了称霸中东的自私目的。阿拉伯民众走上街头只是出于义愤和不满，而一些国家激进的非政府宗教组织和政治反对派人士则乘机对政府的对外政策进行指责攻击，掀起反政府声浪。沙特一位著名宗教界人士在向外界散发的一项"教令"中宣称，如果说伊拉克占领了科威特，那么美国也非法占领了沙特阿拉伯领土。他还表示，从伊斯兰教的观点看，真正的敌人不是伊拉克，而是美国和西方。1991 年 5 月，自称为"伊斯兰主义者"的沙特宗教反对派人士 57 人联名向时任国王的法赫德递交了一份"请愿书"，陈述了他们对时局和国家内外政策的看法和建议。1992 年 9 月，宗教政治反对派人士 100 余人联名向国王递交了一份"劝告备忘录"，再次陈述了他们对海湾战争以来沙特内外政策的意见和改革建议。针对沙特在海湾战争中与美国结盟并允许美军使用境内的军事基地攻击伊拉克军队一事，"请愿书"和"备忘录"明确提出批评。反对派要求沙特王室成立有职有权的协商会议，在内外决策上广泛听取民意，修订国家对外政策以维护穆斯林大众的根本利益，避免违背伊斯兰教法的"政治结盟"（即与美国结盟）。尽管沙特王国政府后来以"误导民众"、"分裂和蔑视国家"的罪名对持不同政见的宗教政治反对派骨干分子 110 余人进行了处置，但也接受了他们的一些批评建议，并逐步对外交政策予以适当的调整。2001 年"9·11"事件后，经过双方协商，美国空军撤离了沙特军事基地。

除沙特阿拉伯之外，美国在阿拉伯国家中另一重要盟友埃及在海湾战争中的政策，也广泛遭到国内宗教反对派的严厉批评。不同于实行"党禁"的沙特，埃及实行多党制和议会制度。激进宗教组织如埃及穆斯林兄弟会虽不是政党，但仍可通过在议会中的代表和其他合法渠道公开表达政见，包括对政府工作提出批评建议。海湾战争期间，埃及以及其他阿拉伯国家的宗教反对派人士对本国政府提出的批评以两个问题最为重要：一个是美国发动海湾战争的正义性问题，另一个是阿拉伯伊斯兰国家是否应当与美国结盟并派兵参加多国部队与另一个"穆斯林兄弟国家"伊拉克作战的问题。由于反战之声此伏彼起、声势浩大，而各种不同版本的声明、抗议、"教令"不断见之于报端和互联网上，在各国民众中造成极大的思想混乱，许多阿拉伯国家领导人感到应当尽快发布一个文件，从伊斯兰角度说明应当如何看待海湾战争，并对有关国家的战争政策作出解释。1991年年初，埃及共和国全国总穆夫提（伊斯兰教法权威解释者）穆罕默德·赛义德·坦塔维应国家政府的要求，发表了一项长达57页的"教令"，题为"关于海湾危机的伊斯兰判决"。按照伊斯兰教传统，"教令"由资深的宗教权威人士发布，发布教令的根本目的是为了就有争议的重大教法问题作出权威解释，以统一认识。埃及发布此"教令"，实际上是为了替国家对外政策进行辩护和解释。

在这项引起伊斯兰世界广泛关注的"教令"中，坦塔维教长以伊斯兰教名义回答的诸多问题中，以伊斯兰国家是否可以与非伊斯兰国家结盟问题最具挑战性。因为沙特国王与美国结盟，特别是向美军开放空军基地一事是各国的宗教反对派人士热议的主题。教令从三个方面论证了沙特国王允许"外国军队"进驻沙特领土的必要性和正当性。一是宣称伊斯兰教允许穆斯林在某种特殊的情况下，为战胜邪恶势力，与非穆斯林结成军事同盟。二是认为伊斯兰教允许的这种向非穆斯林求助，符合正义原则，因为其目的不是为了欺压穆斯林。三是认为与非穆斯林结盟的原则虽非通例，但在历史上有据可依，伊斯兰教先知的"圣言"、"圣行"中就对此持肯定态度。尽管坦塔维教令对沙特、埃及等有影响的阿拉伯国家在海湾战争中的立场、态度和具体行动作了多方面的辩护和解释，但效果不大。因为当年美国为称霸中东、建立"世界新秩序"而发动的海湾战争，不仅无可挽回地分裂了中东阿拉伯世界，而且由于阿拉伯国家领导者和人民立场观点根本对立，实际上也陷入某种对立冲突状态。

激进的非政府宗教组织虽然不代表国家政府，甚至也不代表主流民意，但其影响仍不容忽视。因为这类极端宗教势力不仅会通过多种方式制造社会舆论，而且会采取针对政府和平民的暴力恐怖行动。许多恐怖主义组织如本·拉登的"基地"组织，在对海湾战争等诸多问题的看法上，与许多伊斯兰国家的宗教反对派组织和人士是一致的或相似的。

　　伊斯兰教是具有国际性的宗教信仰。思想的传播是没有边界的。中国境内特别是在多事的新疆，是否有与境外保持密切联系的秘密宗教极端势力，应当引起有关部门的注意。

（原载《世界宗教文化》2010 年第 3 期）

第三编

伊斯兰教法与伊斯兰文化

当代伊斯兰教法的发展趋势

一　历史的回顾

伊斯兰教法是在古代阿拉伯部落习惯和倭马亚王朝行政惯例基础上发展而成的一种以宗教教义为基础的、集诸法于一体的法律学说和法律制度。教法的专称"沙里亚"，原指"通向水源地之路"，泛指"行为"、"道路"，进入法律文献期（法律文献期自伊斯兰纪元150年至250年，以法学家正式使用带有法律含义的圣训传说为法律文献和立法依据为标志）。以后，又称"沙里亚法典"，即安拉降示的神圣命令之大全，为一个虔诚的穆斯林在宗教、道德和法律上应当恪守的一整套义务制度。因此，又称神圣法或天启法。

法自神意而出的传统法源理论，模糊了法的实际渊源，使传统教法学（斐格海）成为一门脱离实际的"回溯性的"宗教学科，统治伊斯兰世界达千年之久。但是，实际上伊斯兰教法显然有它自己形成、发展的历史，有诸多不同的渊源。穆罕默德时代（570—632），社会立法古朴简单，表现为《古兰经》里的律例，可称之为《古兰经》立法[①]；之后，随着社会生活日趋复杂化，简短的律例难以适应现实生活的需要，于是产生了补充立法，表现为麦地那哈里发时期（632—661）的司法实践和行政法规；到倭马亚时代（661—750），法制的重要性更加引起统治者的重视，形成全国统一的行政法和由卡迪主持的各地迥异的伊斯兰法院，还出现了吸收波斯、拜占廷等外来法的倾向。这些法源对教法的产生和发展虽有不容忽视

---

① 详见拙文《古兰经与伊斯兰教法》，载《世界宗教研究》1983年第4期。

的影响，但法的理论和实体毕竟是后来的产物，它们是在阿巴斯帝国 （750—1258）封建化和各项制度不断完善化的过程中形成的。其间，精通 经训的教法学家扮演了十分重要的角色，所以教法又称为"法学家的 法"。①

阿巴斯时代一度提倡的"君权神授"理论和随之而来的伊斯兰化运 动，对行将形成的伊斯兰教法的理论和实体产生了广泛而深远的影响。主 要表现在：第一，法的真实渊源被扭曲。阿巴斯时代，随着圣训派的崛起 和圣训立法权威的树立，法学家在阐释法律学说时，更加重视宗教伦理准 则的拘束力（即所谓言必称经训）和在法律素材条理化、伊斯兰规范化过 程中以圣训传说形式（包括伪圣训）增补入法律实体中的大量新材料。结 果，教法从早期简单的判例膨胀为日臻完善的庞大的法律体系。同时，法 律学说带上了重道德说教、轻司法实践的倾向，而反映倭马亚时代注重实 际、灵活解释法律的大量原始材料，则被浩如烟海的圣训传说所淹没了。 第二，法律学说日渐僵化。随着大法学家沙斐仪法学著作的面世，早期以 地域为中心的诸法学派与圣训派之间的法理之争日趋和解，形成了带有一 定权威性的古典法学理论。这一法学理论体系虽以折衷、调和的方式，承 认经典、圣训、类比、公议同为教法的四个理论渊源，但实际上则以经训 为主要渊源，认为类比和公议不得有悖于经训。结果，人的自由意志被剥 夺，理性只能在天启准许的有限范围内发挥次要的作用。第三，伊斯兰法 院成为最重要的司法机关。由于法律学说和法学理论皆出自谙熟经训的宗 教法学家，他们理所当然地成为神圣法律的监护人。而阿巴斯时代建立的 伊斯兰法院，则成为最重要的司法机关，由它来实施伊斯兰教法成为不容 随意取消或改变的"定制"。即令至高无上的哈里发，也不得不在表面上 屈从于神圣法律。

教法自阿巴斯时代以来的历史发展，使它形成了一系列不同于一般世 俗法的特征和内在矛盾，直接影响其未来发展的轨迹。

第一，从法的性质上看。伊斯兰教法集宗教、道德、法律于一身，因

---

① 详见拙文《早期法学派与圣训派》、《沙斐仪与伊斯兰教法学理论》，分别载《世界宗教研究》 1986 年第 3 期和《甘肃民族研究》1985 年第 1 期。

而不同于一般的法。法的宗旨不是以明确的条文规定权利与义务，而是以宗教道德为尺度，规定善恶美丑的标准。其宗旨可以概括为一句话：劝善戒恶。可以认为，伊斯兰教法实质上是古代宗教家规定的一整套宗教理想，这些理想只有在宗教家们设计的名副其实的伊斯兰社会下才能得到最充分的实现。而以德代法的倾向虽然是可以理解的，但它忽视了道德规范同法律规范的界限，因而在发展中必然要受到局限。

第二，从法的结构上看。伊斯兰教法是一部以私法为主（主要涉及婚姻、继承、宗教基金等），集诸法于一体的法规，各法律门类从来不予区别。它的包容性和神圣性，使它取得了唯我独尊的地位。它在理论上谴责神圣王国与世俗王国的界限，不承认"凯撒的当归凯撒"的哲学，拒绝神圣立法以外的任何补充。而现实世界又一再无情地冲开这道堤坝。历代的统治者不仅增补了财政、税法、刑法、国家学说等内容，还亲自执法、设置世俗法院，以完善法制。因而，随着时代的前进，教法势必受到世俗立法和各地习惯法的冲击而发生对抗。

第三，从法学理论体系上看。古典法学理论体系是建立在二元论的基础之上。一方面，它规定任何立法必须符合经训原意，而类比判断必须以经训为前提；另一方面，它又规定权威教法学家们的一致意见即公议是不谬的，而类比判断只有经过公议的批准，才产生法律效力。其逻辑的必然结果是权威教法学家们的公议，成为核准神圣法律的唯一权威依据。这种权威的法源理论是建立在习惯法的基础之上，后来被表述为两则圣训传说：其一，我的教界的一则意见是不谬的；其二，穆斯林大众视为公正的在真主面前也是公正的。自10世纪以后，随着公议不谬说的出现，法学界开始形成一种厚古非今观念，称为"塔格里德"，意即唯有早年的权威大师们有资格创制学说、解释法律，而后世学者只能遵循前人之见，不得标新立异。这一观点的另一表述，即所谓"创制之门"关闭之说。从此，伊斯兰教古典法学理论体系，成为一个内向的、封闭式的体系，而法学家们的职责不再是根据经训来直接创制法律，而是根据早年权威大师们遗留下来的权威法律著作来寻求现成的答案。

第四，从法的适用上看，伊斯兰教法既然是建立在宗教教义的基础之上，当然难免因解释上的不同而带来广泛的差异性。教法的解释和适用历来驳杂不一，不仅不同教派有相对独立的教法体系，即使在逊尼派内部四个正统法学派之间，乃至同一法学派的不同法学家之间，对法的解释也不尽一致。所以，教法又有属人法之称。

上述局限性表明：伊斯兰教法尽管在漫长的封建制度下不失为最重要的法律制度，但随着时代与社会条件的变化，已经越来越僵化和脱离实际。因此，法制改革是不可避免的。

二　近代的改革

（一）改革的历史背景

在漫长的封建社会下，伊斯兰教法主要通过三条渠道来调整法律关系。一是教法内部的习惯调整，即当广大穆斯林民众的社会习惯实际上已突破某一传统戒律时，则由专司解释法律的总穆夫提，就此发布一项正式法律见解（称为法特瓦），予以确认；二是以政代法，即由伊斯兰国家的封建君主在教法许可的范围内，就某些明显不合时宜或需要补充的内容，颁布政令，作出新规定；三是教法以外的习惯调整。原则上，伊斯兰教法不承认习惯，实际上则常常对习惯让步。例如，商业关系主要是靠各地的习惯法来调整。伊斯兰教法的五类规范［即（1）义务性的行为；（2）可嘉的行为；（3）无关紧要的行为；（4）受谴责的行为；（5）禁止和受罚的行为。］中，除义务性的和禁止的行为外，其余三类行为容许采取灵活变通的衡平原则。但以上三种方式都无法从根本上改变教法的僵化性。

近代以来，随着伊斯兰国家封建经济的发展，资本主义因素开始在一些较发达的伊斯兰国家里萌生，民族资产阶级及其知识分子作为一支新生力量，开始要求自身的权利以摆脱对封建阶级的依附关系。社会生产方式和阶级关系的改变，要求调整旧有的法制关系，因而要求改革的呼声日强。这股思潮的代表，即发生于印度和埃及的伊斯兰教现代主义运动①。

---

① 详见拙文《论伊斯兰教现代主义》，载《世界宗教研究》1985 年第 1 期。

改革的外部原因是来自欧洲殖民化的影响。自 19 世纪初，伊斯兰世界的主要部分西亚、北非、南亚和东南亚，相继沦为帝国主义的殖民地、半殖民地。随着欧洲殖民制度的建立和巩固，特别是在伊斯兰国家被迫接受屈辱的治外法权制度以后，西方资产阶级的法律制度在征服者的庇护下，必然居统治地位。事实上，伊斯兰教法的近代改革，正是以接受外来法为起始点。

（二）土耳其的坦吉麦特

伊斯兰国家同欧洲的近代法律关系史，接触最频繁的领域当推公法（宪法和刑法）和民商法，而在欧洲殖民者看来，恰恰是这些领域首先需要加以改造。原因就在于，伊斯兰教法中从未涉及银行、股票、信贷等现代商法的内容，而传统刑法中实施的断手刑、石块击毙刑，显然不符合西方鼓吹的人道主义法律原则。这可以说明为什么民法、商法、刑法三个薄弱领域，成为近代伊斯兰教法改革的首批目标。

近代伊斯兰国家的法制改革，具有划时代意义的，当首推土耳其的"坦吉麦特"（1839—1876）。其间，在改组政府机构和军队的同时，特别重视法制改革，相继引进了几部欧洲法律。1850 年颁布的《商法典》，直接照搬了《法国商法典》的部分条文。这部商法首次突破了伊斯兰教关于利息的禁令，明确承认商业利息的合法地位。1858 年参照《法国刑法典》制订的《奥斯曼刑法典》，废除了除对叛教者处以死刑外的全部伊斯兰教固定刑（伊斯兰教固定刑称为"胡杜德"，包括对偷盗、酗酒、私通、诬陷私通、抢劫、叛教的六种刑罚。）。之后，于 1861 年和 1868 年颁布了《商业诉讼法》和《海商法》。这两部立法也都是照搬法国法律。为保障上述新法的实施，土耳其还首次建立了现代世俗法院，称为"尼札米亚"。鉴于除涉及穆斯林"私人身份"外的全部民事审判权均已从宗教法院转至世俗法院，旋于 1869—1876 年制订了一部指导民事审判的基本法（称为麦加拉），即著名的《奥斯曼民法典》。它是在综合哈乃斐教法学派各种不同意见的基础上编纂而成的。土耳其上述法制改革的直接后果是，民法、商法、刑法三个外围领域率先脱离了伊斯兰教法，为现代欧洲法律制度所代替。

（三）中东与南亚次大陆的法制改革

继土耳其之后，埃及在采纳欧洲法制方面采取了更积极、更大胆的态度。1874 年，名义上仍隶属于奥斯曼帝国的埃及，取得了独立的司法权。次年，埃及不仅直接采纳了法国的《刑法典》、《商法典》和《海商法典》，还仿照《拿破仑法典》制订了两部分别适用于混合法院和埃及国民法院的民法典，建立了世俗法律体制。尤其值得注意的是，较之《奥斯曼民法典》，《埃及民法典》只保留了少量直接源自伊斯兰教法的内容。

土耳其和埃及两个中东大国率先采取的现代法制改革，犹如在一池平静的湖水中投下一块巨石，掀起了层层浪花。从此，法制改革的潮流一浪高过一浪，席卷了整个中东地区。在这股浪潮的推动下，大部分中东的伊斯兰国家，相继接受了欧洲大陆法系的商法和刑法，民法也在不同程度上接受了外来法的影响。其间的变化，只限于选择外来法源问题上的摇摆不定。例如，土耳其于 1926 年废除了源自法国法的 1858 年《刑法典》，代之以意大利法为基础的新刑法和刑事诉讼法。1927 年，又以《瑞士民法典》代替了旧的《奥斯曼民法典》，等等。

相比之下，英国统治下的印度在法制改革上则表现出不同的特点。这主要是因为社会历史背景不同所致。印度是个多民族、多种宗教信仰并存的文明古国。近代仍统治着印度北部和中部的莫卧儿帝国虽然是个伊斯兰政权，但穆斯林在印度人口中居于少数，因而不能不奉行宗教自治政策。英国东印度公司侵入印度后，一度采取不干涉土著信仰的政策，在司法上实行属地法与属人法相结合的政策，即在马德拉斯、孟买、加尔各答三个英管区成立实施英国皇家法律的"市长法院"，而印度教和伊斯兰教土著事务，则仍归各自的宗教法院处理。这种状况一直维持到 18 世纪上半叶。1765 年，东印度公司取得了对孟加拉、比哈尔、奥里萨三邦的行政权、民事与刑事审判权，但仍未改变司法制度。1772 年，沃伦·哈斯丁总督首次对地方司法制度作了改组，分别在三邦设立民法法院和刑法法院。民法法院由英国税收官主持，由伊斯兰教法官（卡迪）和婆罗门教法官（潘迪特）协助，受理涉及继承、婚姻、种姓、宗教制度、宗教习俗的诉讼。1781 年，英殖民当局规定，上述法院在无法可依时，应根据"公正、平等、良心"的原则审判。这是英国法首次干预伊斯兰教法。

伊斯兰教实体法的改革，始自 18 世纪。1790 年，康维利斯总督宣布印度的民事审判制度是"腐败透顶、完全无用和徒劳的"①。同年，对伊斯兰司法制度作了彻底改组。改革后的伊斯兰教法，渗入了大量英国普通法的原则，几乎面貌全非，称为《盎格鲁印度伊斯兰教法》。新的民事审判制度规定：印度初级法院的判决经教法官（卡迪）和教法说明官（穆夫提）审核后，呈报由总督会议组成的最高法院批准执行。而地方刑事法院则被撤销，代之以四个主要城区的巡查法院。

但是，上述法制改革只限于在保留伊斯兰教法的同时，通过引进外来法律原则和改组司法制度来调整传统法律关系，且只限于英管区。因而，在英国殖民者看来，显然是不彻底的。所以，随着殖民统治的加强，英属印度的现代法制改革终于走上颁布新法的道路。1860 年，英殖民当局颁布了一部《印度刑法典》，相继制订了印度《刑事诉讼程序法》、《证据法》、《契约法》、《穆斯林离婚条例》等现代立法。

（四）婚姻法规的局部修改

伊斯兰教的婚姻法规是以历史遗留下来的一夫多妻制为基础，带有浓厚的封建家长制、男尊女卑和买卖婚姻的性质。这种不合理的制度早已引起社会上广泛的不满，因而改革势在必行。然而，这种制度由于有经训为依据，又有封建制度为依托，因而改革困难重重。尽管如此，在现代法制潮流的冲击下，教法的这一核心领域，仍然进行了局部的改革和调整。近代婚姻法规的改革主要涉及实体法、审判程序、证据规定三方面。

首先，实体法的改革，最重要的是 1917 年《奥斯曼家庭权利法》以及印度于 1929 年和 1939 年颁布的《童婚限制条例》和《穆斯林离婚条例》。《奥斯曼家庭权利法》是历史上伊斯兰国家以国家名义制订的第一部关于婚姻家庭问题的完整法规，其意义远远超过这部法规本身。这部立法就传统婚姻关系两个明显不合理的方面，即童婚和妻子无权离婚进行了直接干预。立法规定：结婚必须达到法定适婚年龄，未成年者早婚，须经

---

① 阿齐兹·阿赫默德：《印度与巴基斯坦的伊斯兰教现代主义》，伦敦，1970 年，第 15 页。

法院特别批准；受虐待、被遗弃、丈夫失踪或患有先天性生理缺陷或不治之症的妻子，有权依法解除婚姻关系〔该法规定，妻子在下列情况有权依法解除婚姻：（1）丈夫患有害于妻子健康的严重疾病；（2）丈夫患性病而妻子婚前不知道并在一年内医治无效；（3）丈夫失踪、外出不归而妻子无法维持生活；（4）妻子指控丈夫虐待妻子而无法继续维持婚姻关系，经法院调查属实。〕。印度的两部立法也作了类似的规定。

其次，审判程序的改革。修改宗教法院的审判程序是为了限制法院的司法权，以达到修改实体法的目的。这是在修改法律实体条件尚未成熟的情况下，经常采取的一种迂回方式。例如，历史上为了确认孩子的合法身份，伊斯兰教法规定，离婚孕妇的"待婚期"要一直继续到分娩以后，同时又规定了漫长的妊娠期。法定最长妊娠期，哈乃斐法学派为 2 年；沙斐仪和罕百勒法学派为 4 年；而马立克法学派为 7 年。在此期间出生的孩子，均为夫妻双方的婚生子女。为了修改这些陈腐的规定，埃及于 1929 年通过行政立法，规定法院无权受理离婚一年以上者提起的任何权益申诉，实际上即以一年为法定妊娠期。

再次，证据法的改革。修改证据法规，同样是为了以间接方式，达到修改法律实体的目的。例如，为了改变伊斯兰法院不接受书面证据的惯例，埃及早在 1897 年颁布的《沙里亚法院组织程序法》中就规定："配偶双方如一方已经死亡，法院原则上不再受理因婚姻关系或要求确认婚姻关系而产生的一方对另一方的权益要求，除非当事人有确凿无疑的法律证据"。又如，按照传统哈乃斐学派法律，已婚妇女凡婚后六个月内出生的孩子，均为夫妻双方的婚生子女。丈夫如拒绝认领孩子，而又举不出妻子不贞的证据，则构成诬陷罪，但可以四次盟誓代替四名证人，以免受鞭刑。但妻子亦可以同样方式否认不贞。为了取消这一陈腐的誓言保证习俗，埃及于 1929 年提出夫妻"未接触证据"，要求法院拒绝受理夫妻未圆房或离婚一年以后出生的孩子合法身份的诉讼。

三　战后的发展趋势

第二次世界大战后，亚非一大批伊斯兰国家赢得了独立和新生，在国际舞台上发挥了越来越大的作用。国家的独立，民族的复兴，国家对宗教历史文化遗产的重视与保护，使伊斯兰教置身于更为有利的社会环境之下。因而，战后伊斯兰教普遍呈复兴、发展的大势。但值得注意的是，战后伊斯兰国家所采取的政治制度、经济制度以及内政、外交各项政策，从总体上看，并非以宗教教义为出发点，在许多方面（例如企业国有化、土改等）甚至是传统伊斯兰教感到陌生和困惑不解的。宗教利益同国家、民族利益的不完全一致性，要求宗教不断加以协调，以适应社会的变革与发展。因此，伊斯兰教的发展轨迹不能不受到诸多时代与社会因素的制约，从而在很大程度上决定了当代伊斯兰教的发展方向。战后伊斯兰教法的基本发展趋势是：

（一）事实上的政教分离已成为当今伊斯兰国家政教关系的主流

伊斯兰教法只有在政教合一的神权政体下，才能得到最充分的实现。然而，教法从未就国家政体作过明确的规定。现代伊斯兰学者讨论的伊斯兰宪法找不到法律根据，只好求助于中世纪的哈里发制度。但从历史上巴格达迪、马瓦尔迪、安萨里、伊本·泰米叶、伊本·赫尔东等人的论著中[①]可以看出，这些"原型"不仅有不同的"版本"，而且每一种都不过是对历史上曾经出现过的形形色色的伊斯兰政权的一种描述和美化。他们所描述的哈里发制度不论如何至真、至善、至美，毕竟是一种宗教理想，从未付诸实行过。这种愿望的当代再现，即当奥斯曼帝国行将就木时各国的泛伊斯兰主义者们，为恢复那早已徒具虚名的哈里发制度的种种徒劳。这件历史事实揭示：随着现代民族国家的崛起，中世纪政教合一的神权政体已经越来越不得人心。如果我们以政教关系为衡量伊斯兰教法战后实际地位的参数，则可看出，其地位江河日下。据有关资料，目前世界四十六个伊斯兰国家中，政教关系大致有三种情况。第一种是明确宣布实行政教分离的国家，即土耳其。第二种是仍以伊斯兰教法为基本法、政教合一的国家，包括沙特阿拉伯、阿曼、卡塔尔、阿联酋四国。其余国家属于第三种类型。这些国家中，有些虽然规定伊斯兰教为国教（或官方宗教），伊

---

① 参见安科·兰伯顿《中世纪伊斯兰教里的国家和政府》，纽约，1981 年。

斯兰教法为立法的主要渊源之一，甚至定国名为伊斯兰共和国（伊朗、巴基斯坦、毛里塔尼亚），但伊斯兰教法已不再是基本法，伊斯兰法院已不再是主要的司法机关，而国家实际上奉行某种近似于政教分离的政策。[①]其中有的国家，如伊朗和巴基斯坦，政教关系更加密切些。可见，战后伊斯兰教法的地位日趋下降，而 70 年代末出现的国际伊斯兰原教旨主义运动，正是对这一现代潮流的反动。

（二）传统司法制度日趋衰落

历史上，由一名执法官组成的卡迪法院为伊斯兰教法唯一的审判机关，没有检察院制度和上诉制度。这种简单的司法制度显然不能适应现代司法工作的需要。因而，今天几乎已经绝迹了，代之以较为完善的现代司法制度。

历史上，伊斯兰教法的实体不是法院司法实践的产物，而司法制度带有相对的独立性。所以，这方面的改革比教法实体的改革要容易得多。战后，传统司法制度的改革取三种方式。第一种是废除伊斯兰法院，代之以全国统一的国民法院制度。属于这一类型的国家，包括土耳其、埃及、突尼斯、摩洛哥、阿尔及利亚、孟加拉、马里等。第二种是仍保留伊斯兰法院，但通过审判制度和审判程序改革，使之更加完善。这一类型的国家，包括沙特阿拉伯、卡塔尔、阿联酋等海湾国家。其中最典型的是沙特阿拉伯。今天沙特已形成完整的三级司法制度：全国各地设初级伊斯兰法院，麦加、麦地那、吉达设中级伊斯兰法院，上设几所相当于高级法院的上诉法院。第三种类型更加普遍，即仍保留伊斯兰法院，同时将其纳入国民司法体制，使其降格为辅助法院，不再是独立的司法机关。例如，伊拉克、叙利亚、约旦、南也门等国的立法都规定，伊斯兰法院为第一审法院，仅有权受理涉及穆斯林属人法，即婚姻、继承、宗教基金方面的次要诉讼。传统司法制度的衰微，从一个侧面反映了战后伊斯兰教法的总体衰落趋势。

---

① 参见《中东与北非年鉴》（1976—1977 年），伦敦，1976 年。

（三）传统婚姻法规正在受到强烈的冲击

战后，随着社会自身的发展、演进，传统伊斯兰教下的婚姻家庭关系正在发生深刻的变化，伊斯兰教法这块最神圣的世袭领地正在受到新思想、新观念的强劲冲击，伊斯兰国家掀起了一次又一次的改革"家庭法"的浪潮。战后家庭法的改革集中于结婚、离婚法规两大方面，其声势之壮、范围之广、程度之深，远远超过战前。其显著特点之一是直接就教法实体颁布新法。较重要的立法主要有：约旦《家庭权利法》（1951）、叙利亚《私人身份法》（1953）、突尼斯《私人身份法》（1956）、摩洛哥《私人身份法》（1958）、伊拉克《私人身份法》（1959）、巴基斯坦《穆斯林家庭法法令》（1961）、伊朗《家庭保护法》（1967）、新加坡《穆斯林法律实施令》（1968）、民主也门《家庭权利法》（1974）、伊朗《家庭保护法》（1975）、索马里《家庭法》（1975）等。

在结婚法规方面，传统婚姻关系面临着三大亟待解决的问题，即需要废止童婚；废止成年女子的包办婚姻；废除一夫多妻制。

第一个问题，现已取得明显的进展。解决方式有两种：受英国普通法影响较大的巴基斯坦，以殖民统治时期通过的《童婚限制条例》（1929）为基础，颁布新法，提高法定适婚年龄。巴基斯坦《穆斯林家庭法法令》（1961）将法定适婚年龄由男女各14岁提高到各16岁以上。受欧洲大陆法系影响较大的阿拉伯国家，以《奥斯曼家庭权利法》（1917）为依据，颁布新法，提高适婚年龄。阿拉伯国家法定适婚年龄男子为18岁，女子分别为18岁（伊拉克）、17岁（约旦、叙利亚）、16岁（阿尔及利亚）和15岁（突尼斯、摩洛哥），均高于奥斯曼立法。违者以刑事犯罪论处。

第二个问题，即成年女子的婚姻自主问题，现也已取得很大的进展。婚姻自主问题因教法学派不同而异。哈乃斐学派与什叶派法律允许成年女子自己择偶，而马立克教法学派则重视监护人的意见，一项婚约须经女方的父亲或其他男性尊亲认可，否则无效。所以，破除封建包办婚姻的阻力，主要来自马立克学派流行区，即突尼斯、摩洛哥、阿尔及利亚、苏丹等地。战后，随着社会风尚的改变，监护人的作用已大不如前。特别是随着法定成人年龄的提高（如突尼斯定为 20 岁，摩洛哥定为 25 岁），监护人的权力实际上只限于维护未成年女子的权益。此外，一些国家还通过立法加以干预。如摩洛哥《私人身份法》（1958）规定，监护人不得以聘礼微薄为由干涉被保护人的婚事。

第三个问题，即历史遗留下来的一夫多妻制问题，大部分伊斯兰国家都通过立法加以限制。但迄今仍未获得根本解决。这一年深日久的问题之所以难以解决，一个重要原因就在于一夫多妻有经典为据。《古兰经》文本的本意无疑是限制一夫多妻的，但它毕竟允许一个男子可以择四妻①。长期以来，流行观点是把这节经文解释为限制一夫多妻的道德规劝而非禁令，而热衷于纳妾者则以此为由而更加为所欲为。直到 1953 年叙利亚通过《私人身份法》时，才把 1926 年埃及司法界曾经议而未决的一项重大建议首次收入立法。这项建议是：非经法院批准，已婚男子不得纳二房妻子，除非法院确认该男子能公正无私地对待所有妻子，有能力赡养妻子，并履行其他应尽的义务。目前在整个伊斯兰世界，除土耳其、突尼斯两个世俗化很强的国家明确宣布实行一夫一妻制外，其余国家均未突破传统伊斯兰教法的框架。从总的趋势上看，战后伊斯兰国家通过的有关立法，都在叙利亚立法的基础上有所前进。其基本特点是：一方面提倡一夫一妻制，并对一夫多妻采取了从经济制裁直到刑事惩罚的一系列限制措施；另一方面仍留有余地，法律上允许特殊情况下的一夫多妻。例如，索马里《家庭法》规定，夫方在下述情况容许纳二房妻子：（1）妻子不育而丈夫婚前不了解；（2）妻子患有不治之症；（3）妻子被判处两年以上的徒刑；（4）妻子无故离开丈夫家一年以上；（5）丈夫因社交需要再婚。在此情况下，需经司法与宗教事务部长批准。

传统婚姻关系另一不合理的方面，是夫妻在离婚权利上的不平等。这是同一问题两个互为因果的方面：一方面夫方享有几乎不受限制的休妻权；另一方面妻方无权单方面提出离婚，终止不公正、乃至徒具其名的婚姻关系。所以，建立平等、互助、互敬互爱的新家庭，必须对这方面的传统法规加以修改。

---

① 《古兰经》4：3。

传统上，休妻是丈夫单方面的行为，无需征求妻子同意，也无需通过法院。逊尼派伊斯兰教法承认三种休妻方式。一是"可挽回的"休妻，即丈夫宣布一次"塔拉格"（即休妻）之后，如果连续三个月同妻子分居，婚姻即告破裂；其间丈夫如改变主意同妻子和好，则仍为合法夫妻。二是"不可挽回的"休妻。按照这种方式，丈夫如在三个月内连续宣布三次"塔拉格"，休妻即产生法律效力。三是"标新立异式的"休妻。这种方式非常简便，只要丈夫连说三声"塔拉格"，妻子便被休了。后一种方式虽然不合"定制"，但同样有效。

战后，为限制夫方的任意休妻权，伊斯兰国家主要采取了四方面的改革。其一，对拘泥于形式的哈乃斐学派离婚法规作了修改。例如，丈夫在开玩笑、受胁迫、酒后失言或一时冲动的非理智状态下宣布的休妻，已不再有法律效力。其二，对非本意的休妻加以限制。例如，埃及、苏丹、约旦、叙利亚的立法都规定，以盟誓或出自威胁目的而连续宣布三次"塔拉格"，没有法律效力；一次场合连说三声"塔拉格"，法律上视为只宣布一次，因而属于"可挽回的"休妻。其三，对夫方经过慎重考虑而宣布的实质性的休妻，规定了必要的限制。例如，叙利亚《私人身份法》（1953）规定，丈夫无故休妻，法院将视其经济状况和虐待妻子之情节，判处除支付妻子在待婚期应得的生活费外，再加上不超过妻子一年生活费的罚金。其四，许多国家的有关立法都规定，离婚必须经法院审核批准，私下休妻没有法律效力；法院只有经过仲裁委员会调节无效后，才批准离婚。

离婚法规改革的另一重要方面，是确认妻方的离婚权。战后，这方面的有关立法已大胆突破《奥斯曼家庭权利法》的框架，增补了大量维护妻方权益的内容。例如，埃及、苏丹、叙利亚、约旦、民主也门、突尼斯、摩洛哥、阿尔及利亚、索马里、伊朗、巴基斯坦的有关立法都规定了许多妻方据以离婚的理由。如索马里《家庭法》（1975）规定：丈夫患有不治之症、失踪四年以上、拒绝赡养妻子、被判处四年以上徒刑、丈夫无生殖能力、夫妻感情破裂、丈夫违反婚前承诺的不纳二房妻子的约定等，凡符合上述条件之一，妻子有权向法院提出离婚［索马里《家庭法》（1975）

第 2 章第 43 条]。①

　　从总的趋势上看，战后婚姻家庭法的改革显现出三个特点：第一，许多伊斯兰国家都根据本国的实际情况制订和颁布了新法，代替陈腐的传统伊斯兰教法。新的立法趋势已突破传统观念的禁束，直接就伊斯兰教法最敏感的核心领域颁布新法。第二，新的立法一反战前全盘欧化的趋势，力图将传统的内容同现代的形式有机地结合为一体。从形式上看，新法全部以条规代替了传统的判例、学说和律书，但其基本框架又酷例中世纪伊斯兰法律课本的编排次序。例如，婚姻法规覆盖婚约、婚龄、婚姻的障碍、婚姻的形式（有效、无效、不正常的婚姻）、纳二房妻子、聘礼、夫妻间的权利和义务、夫妻共有财产、子女的权益等内容；离婚法规涉及离婚方式（可挽回、不可挽回、不正常的休妻、法院批准离婚）、推定死亡、复婚、待婚期、妊娠期、离婚妇女的供养费、子女身份的确认、子女的监护、未成年子女的产权、夫妻共有财产的分割等内容。第三，婚姻家庭法虽经过修改，但仍有许多明显的局限。例如，建立在封建家长制基础上的夫权及其典型体现——一夫多妻制和夫方的随意休妻权并未被废除，只是受到了限制。诸如此类的问题，归根结底取决于社会自身的发展水平，只能在伊斯兰国家人民自身的解放中求得解决。

（四）传统继承法已作了多方面的修改

　　继承法（法定继承和遗嘱继承）为伊斯兰教法的另一核心领域。由于其有关规定较为完整，加之伊斯兰国家传统家庭关系较为稳定，所以直到战后现代法制改革才开始波及这一领域。战后继承法的改革，主要是为了维护正在兴起的以父母、子女为主的现代核心家庭的权益。这个问题需要从传统继承法的局限性说起。

　　传统财产关系反映了两种倾向性，形成两种迥异的继承制度，即逊尼派继承法与什叶派继承法。前者认为《古兰经》里提出的份额继承制（份额继承制即按经训和教法规定的固定份额继承的一种传统制度，其特点是在不损害旧的父系继承人的前提下，承认部分女性继承人的权益。份

---

① 转引自大卫·皮尔《穆斯林法律课本》，伦敦，1979 年，第 270 页。

额继承人包括丈夫、妻子、父亲、祖父、母亲、祖母、女儿、孙女、同胞姐妹、异母姐妹、异父兄弟、异父姐妹共十二类继承人。），仅仅是对旧的部落继承制作了某些修改、补充，但旧的父系继承制仍然有效。而后者认为，父系制已为经典规定的固定份额制所废止。不同的社会环境决定了不同的分配制度：逊尼派继承法较接近部落社会原型，倾向于在父系大家族内部处分遗产，而什叶派继承制度则较接近现代家庭结构的发展趋势，主张在直系血亲内部处分遗产（什叶派继承顺序包括三个等级：（1）亡人的子女和父母；（2）亡人的兄弟、姐妹及其子女；（3）亡人的叔伯父、婶伯母、叔伯祖父母及其后代。级第之间实行排除原则，前两个级第内部，与亡人靠近的排除较远的。）。所以，继承法的现代改革主要是需要调整逊尼派继承法，而什叶派继承法则可作为参照模式。战后继承法的修改涉及广泛而复杂的领域，这里仅就以下四个方面加以说明。

　　第一，扩大遗嘱继承范围。逊尼派继承法有一项重要原则，即法定继承（即按照伊斯兰教法规定的继承顺序和继承份额继承遗产）不超过被继承人全部净资产的 2/3，另外 1/3 属于遗嘱继承，必须赠与远亲、好友、邻里或在亡人生前以各种方式帮助过亡人者。这项规定的直接后果是减少了遗产的数额，损害了直接继承人的权益。为了改变这一古老惯例，历史上通常采取的一种变通方法是以生前赠与的方式，将这部分可能旁落的财产"合法"地转移给直系血亲（伊斯兰教法规定，亡人生前赠与不同于遗赠，不受遗赠不超过 1/3 的限制，而且可赠与任何人，但有争议。）。战后。出现了使这一习惯调整财产关系合法化的趋向。例如，苏丹 1945 年第 53 号法令、埃及 1946 年《遗嘱处分法》和伊拉克 1959 年《私人身份法》（伊拉克采取的是什叶派继承法，而埃及、苏丹实际上是借用什叶派继承原则。）都规定：被继承人有权以遗嘱方式将不超过其全部净资产的 1/3 转移给直接继承人。这些规定从法制上突破了不得为直接继承人立遗嘱的逊尼派惯例，为日见僵化的逊尼派继承法增添了活力。

　　第二，取消祖父的优先权。《古兰经》里未提及祖父的继承权，祖父作为法定份额继承人为"圣训"（习惯）所增补。祖父的优越地位反映了古代父系家长制的历史影响，这在哈乃斐法学派继承法里尤为突出。该法规定：祖父的固定份额为 1/6，仅为亡人之父所排除；亡人如未遗有父亲、子女和孙子女，祖父可以份额继承人和父系尊亲的双重身份继承遗产，除领取 1/6 固定份额外，还可以得到析产后的"余产"（即分割遗产时，满足所有份额继承人后留下的盈余。）。而祖父对亡人所有兄弟姊妹的排除权，势必产生不公正现象。因为祖父死后，所承遗产将转归其子女。这样，亡人的兄弟姊妹有时完全被远房叔伯父夺走了理应分得的遗产。为了改变这一显然不合理的分配原则，战后苏丹、埃及、叙利亚等国，分别通过了新的继承法，取消了祖父的优先权。

第三，维护女性亲属的地位。逊尼派继承法尽管通过固定份额继承制，适当改善了部分女性亲属的地位，但仍未实现男女财产关系上的完全平等。这不仅表现在仍以父系为血缘关系的纽带，同一亲等的男子得两倍于女子的份额，即使亡人未遗有男性直系血亲，女性亲属（姻亲、血亲）同样无权承受全部遗产。为改变这种不合理的惯例，战后一些国家的立法中增补了维护女性继承人权益的新规定。例如，突尼斯 1958 年《私人身份法》规定，亡人之妻作为遗偶和主要继承人，有权参加余产的分配。这项新规定不仅突破了马立克法学派，而且突破了哈乃斐法学派的回归原则（马立克派继承原则规定，亡人未遗有父系继承人和远亲，则满足份额继承人后的余产收归国库。哈乃斐派的回归原则，即析产后的余产在份额继承人中间按比例分配，但丈夫和妻子无权参加分配。）。这条新原则还适用于苏丹、埃及、叙利亚、印度、巴基斯坦等国。

维护女性继承人权益的另一项新规定是女儿（或孙女）有权排除旁系亲属。传统上，女儿仅得遗产的 1/3，余产分配给旁系亲属和远亲，这显然损害了作为直接继承人的女儿的权益。为此，伊拉克立法规定，亡人的女性后代有权排除旁系。突尼斯立法规定，女儿或孙女有权排除旁系。而索马里 1975 年《家庭法》则规定：女子与男子享有同等的继承权（见第 2 章继承份额第 158 条）。[1]

第四，引进代位继承原则。逊尼派继承法强调血缘关系，不承认代位继承。这意味着子女只能通过父亲承受遗产，而孤孙子女则无法得到祖父的遗产。为弥补这一缺陷，有些国家如巴基斯坦，直接引进了代位继承原

---

① 转引自大卫·皮尔《穆斯林法律课本》，伦敦，1979 年，第 301 页。

则，即在法律上确认孤孙子女有权以父亲的身份继承祖父的遗产。但在不改变传统继承法架构的情况下引进代位继承，也可能带来新问题。例如，被继承人（祖父）遗有一女和一孙女，按照伊斯兰继承法，女儿得 1/2 固定份额，孙女得 1/6 固定份额，再加上按照"回归"原则各自应得的余产。这样，女儿共得 3/4，孙女共得 1/4。而按照代位继承原则，孙女有权以父亲身份继承祖父的遗产，结果得 2/3，而女儿作为更直接的继承人，却仅得 1/3。或许正是为了避免直接引进代位继承可能引起的混乱，埃及采取了"义务遗嘱"的变通方法。埃及 1946 年《遗嘱处分法》规定：祖父生前有义务为孤孙子女立遗嘱，将不超过净资产的 1/3 留归孤孙子女；如果亡人生前未立遗嘱，法律上将以立过遗嘱对待。这项新规定的理论依据是关于为"双亲和至亲而秉公遗嘱"的经训（2：180）。但这项"定制"，按照传统解释，已为经典里提出的份额继承制（4：7）所废止。埃及的现代派法学家们根据新的"创制"原则，对这段经文作了新的解释，以适应立法的需要。

（五）传统瓦克夫制度几近解体

瓦克夫制度是历史上伊斯兰国家广泛流行的一种特殊的财产关系和经济制度，其有关规定构成伊斯兰教法的另一核心领域[1]。战后，伊斯兰国家对这一经济制度及有关立法采取了一系列改革，因而传统的瓦克夫制度影响日衰，几乎绝迹。

欲说明瓦克夫制度改革的原因，需要简要说明一下这项制度的消极影响。瓦克夫（waqf），阿拉伯文的原意是"保留"或"扣留"，专指保留真主对人世间一切财富的所有权，或留置一部分土地或财产用于真主所批准的慈善目的。由此派生出来的瓦克夫制度，要求所有者根据伊斯兰教法的有关规定，以奉献安拉的名义，放弃对土地或能产生用益权之产业的所有权，并约定将用益权奉献给合法的宗教慈善目的。历史上瓦克夫制度的出现同早年阿拉伯人朴素的物权观念、乐善好施和热心于公益事业的精神不无关系。但是，随着私有制的产生和阶级对立的加剧，这种善良愿望早已

---

① 详见拙文《瓦克夫制度的由来和演变》，载《世界宗教研究》1986 年第 1 期。

被打得粉碎。自中世纪以来，瓦克夫的两种形式，即用于宗教慈善目的公益瓦克夫和用于家庭目的私人瓦克夫，早已成为封建所有制的变种，而且弊端重重。

先说公益瓦克夫。瓦克夫财产关系的根本特点是永久性地冻结了所有权。这种含混不清的所有制关系，为大封建主、清真寺、伊斯兰法院和主管瓦克夫事务的官员兼并土地、占有财产提供了合法的外衣。这种状况，到了近代已达到十分惊人的程度。据土耳其政府 1925 年统计，清真寺占有的土地，在土耳其占全部耕地的 3/4，阿尔及利亚占 1/2，突尼斯占 1/3，埃及占 1/8。以瓦克夫名义占有的土地，原所有人无权收回、变卖、抵押、赠与或继承，现使用人亦无权处理，成为"死地"，因而严重影响了物的效益的充分发挥。公益瓦克夫有两大弊端：一是土地和财产不能投入流通、交换和扩大再生产；二是所有权与使用权长期分离，严重束缚了经营管理的积极性，土地产量低微，日益荒芜，产业（浴池、店铺、客栈等）经营不善、年久失修、收入锐减。凡此都严重阻碍了社会生产力的发展。

再说家庭瓦克夫。事实上，家庭瓦克夫这种形式本身就是对瓦克夫制度的虚伪性的一种嘲讽。瓦克夫的宗旨是把土地或财产奉献予宗教慈善目的，而家庭瓦克夫则是变相将产业留给自己的子孙后代。它的出现虽然有助于改变遗产分配中的某些不合理现象，但同时又使法定继承、遗嘱继承、生前赠与之间的关系变得更加混乱不堪。

瓦克夫制度的混乱性和消极性，甚至早在 16 世纪就引起奥斯曼帝国统治者及其后欧洲殖民统治者的注意，但当时解决这个问题的条件尚未成熟。战后，伊斯兰国家在社会发展进程中，大多就瓦克夫制度的有关规定作了大量修改。其间最完整的一部立法是 1946 年埃及颁布的《瓦克夫条例》，它代表了西亚、北非的阿拉伯国家的立法倾向。这部立法试图从三方面来规范、限制瓦克夫制度。

首先，国家对瓦克夫的时限作了明确的规定：供清真寺使用的宗教慈善捐赠，必须是永久性的；用于其他公益事业的捐赠，可以是暂时性的或永久性的；用于私人目的的家庭瓦克夫，必须是暂时性的，期限不超过两代受益人或捐赠人死后 60 年。

　　其次，修改了原所有人无权收回所赠财产和变更用益条件的传统规定。《条例》规定：原所有人可以全部或部分地收回所赠产业，亦可变更用益条件。如果用益期满而原所有人依然在世，产权应归还原所有人；如果原所有人已死亡，则视具体情况，可转归受益人或原所有人的继承人所有。

　　再次，维护合法继承人的权益。《条例》针对因家庭瓦克夫制度而带来的继承制度的混乱性，明确规定了三条原则。其一，所有人可以生前赠与的方式，将不超过全部净资产的1/3赠与任何人，包括法定继承人；其二，所有人的子女、父母、遗偶可以瓦克夫受益人的身份接受全部赠与。上述亲属如果在所有人临终时仍在世，则超过1/3限额的任何赠与，均须留置他们在法定继承部分（即2/3）各人应得的份额。其三，所有人没有正当理由，无权剥夺上述法定继承人全部或部分继承权。所有人如无视上述规定，受害人有权依法恢复被侵害的产权。上述立法使私人瓦克夫的捐赠同遗嘱处分遗产和法定继承原则完全一致，从而避免了混乱。

　　战后，瓦克夫制度改革的另一种模式是前英国的殖民地，以巴基斯坦为代表。战前，英殖民当局曾企图通过直接修改立法的方式来限制传统瓦克夫制度，结果遭到失败。所以，战后巴基斯坦采取了行政立法的间接手段。1959年，巴基斯坦颁布了《土地改革条例》，规定所有农用土地，包括以瓦克夫方式保有的土地，均须上交国家分配。如果原所有人仍在世，则归其所有；如果原所有人已死亡，则在继承人和政府指定的领受人中间分配。至于公益瓦克夫，则按照同年颁布的《瓦克夫财产法令》，由全国统一的中央瓦克夫事务管理局掌管①。从战后总的趋势上看，私人瓦克夫在各国都受到愈来愈严格的限制，在北非已不复存在，在其他地区也日见衰亡。公益瓦克夫虽然在许多国家被保留下来，但在性质上已经发生变化，成为由国家统一掌握的宗教活动基金。

　　上述5方面的变化表明：战后伊斯兰教法的现代改革已发展为不可抗拒的洪流。但同样不容忽视的是，自20世纪70年代末期以来，随着国际伊斯兰原教旨主义运动的勃兴，现已出现一股要求适当恢复传统伊斯兰教

---

　　① 　大卫·皮尔：《穆斯林法律课本》，第173页。

法的支流。目前，这股主张恢复传统法制的潮流，其影响主要是在刑法和
传统伊斯兰经济思想两个领域，而以伊朗、巴基斯坦、利比亚和以沙特为
首的海湾伊斯兰国家为代表。这股潮流究竟会发展为多大规模，尚有待
分晓。

（原载《世界宗教研究》1988 年第 4 期）

伊斯兰教法的泛化、极化与工具化

一　伊斯兰教法的泛化

当代伊斯兰教的显著走势之一是政治化倾向明显加强,我国学术界称之为宗教思想政治化、宗教组织政党化。这种现象大体上始自"二战"结束以后,20世纪70年代后期甚为突出,而以1979年伊朗伊斯兰革命的胜利为重要标志。伊斯兰教何以会出现宗教思想政治化、宗教组织政党化的发展态势?这是一个相当复杂的问题,非三言五语可以解释清楚。大致说来,不外有三条原因。一是近代以来,特别是在20世纪上半叶,反对殖民统治、争取民族独立成为世界大部分伊斯兰国家的人民面临的一项长期、复杂、艰巨的历史使命。在此进程中,伊斯兰教思想不可避免地要同争取民族独立、民族解放的事业紧密地联系在一起。除土耳其资产阶级民主革命外,亚、非大部分伊斯兰国家争取民族独立的斗争都没有脱离伊斯兰教这一大文化背景。这是伊斯兰教思想政治化的历史前提。二是独立后宗教与民族两股力量争权夺利的斗争。"二战"以后,亚、非一系列伊斯兰国家赢得主权独立,走上了建设新生活的道路。尽管各国的宗教力量几乎都不同程度地参加过反对殖民统治的斗争,但独立后未有一国的宗教力量掌握国家政权。由此而产生的政治失落感,不仅成为伊斯兰宗教思想政治化的一种动力,而且促使各国的宗教势力更加重视政党的作用。我们看到,"二战"以后一些伊斯兰教组织出现了急剧政治化、政党化的趋向。例如,在分治后的巴基斯坦,出现了与执政的穆斯林联盟党相对立的伊斯兰教促进会、伊斯兰学者联合会等宗教政治反对派组织;在多种信仰和政治力量并存的印度尼西亚,出现了马斯友美党、伊斯兰学者联合会、伊斯兰教联盟党等宗教政党，它们都是宗教组织政党化的产物；在阿富汗、伊朗和土耳其，都出现了以反对国家政权、社会生活世俗化为主旨的宗教政党或派别组织；在阿拉伯世界的一些激进国家中，战后一方面阿拉伯民族主义政党陆续夺取了国家政权，另一方面各国又都出现了企图与民族主义政党分庭抗礼的宗教政治反对派——穆斯林兄弟会组织。所不同的是，各国的兄弟会组织没有取得合法政党地位。三是在国际泛伊斯兰教组织和各国非官方的伊斯兰教组织的推动下，伊斯兰教思想逐渐形成泛化、政治化和工具化的趋势，而以教法的泛化、政治化和工具化为重要标志。鉴于这方面的情况尚未引起我国学者充分的注意，需要着力加以探讨。

所谓伊斯兰教法的泛化，指的是把教法等同于伊斯兰教并极力扩充其适用范围的一种宗教思想倾向。伊斯兰教法是以真主的名义规定的一套只适用于穆斯林的行为规范，其前提是只有在建立起理想的伊斯兰社会制度以后才能真正全面地实施教法。由于这样的社会历史条件几乎从未出现过，因此对教法一直存在着广义与狭义两种不同的诠释。广义的伊斯兰教法称为"沙里亚"，即《古兰经》中所说的真主的"大道"或"常道"，指的是真主诫命的总和。也就是说，凡真主诫命的皆为教法的内容。狭义的伊斯兰教法称为"斐格海"，指的是世人对真主诫命的参悟或理解，亦即教法学家根据自己的理解规定的穆斯林的行为准则。显然，"沙里亚"与"斐格海"之间不仅是"神圣立法"与"人为立法"的区别，而且是范围无限性与有限性、宗教理想与历史现实的区别。历史上，真正对穆斯林社会生活、对其知与行产生实际影响的不是广义的教法，而是狭义的教法。后者涉及面也相当宽泛，但主要是与穆斯林日常生活密切相关的三大领域，即婚姻家庭、遗产继承和与宗教道德相关的刑法。近代以来，经过教法改革，强调狭义教法已成为主流的思想倾向，这在世界各地都没有例外。而本文所说的泛化教法的倾向，在许多伊斯兰原教旨主义者看来，正是为了"纠正"这种历史的过错，因此是一种反历史主义的潮流。

泛化教法的倾向首先与不断改头换面的泛伊斯兰主义思潮相联系。19世纪的泛伊斯兰主义是以奥斯曼帝国为政治依托，它的两大时代性的主题是团结和"圣战"，企图以广泛的"伊斯兰团结"和武装反抗来遏制欧洲列强的扩张势头。20世纪的泛伊斯兰主义面对的则是奥斯曼解体后分裂的政治现实，企图在没有哈里发领导情况下靠共同的"伊斯兰教精神"来维系伊斯兰世界的团结、统一。它的主角是自诩为两大圣地保护人并以宗教保守主义著称的沙特阿拉伯王国。早在 1926 年于麦加召开的首届世界伊斯兰教大会上，各国的泛伊斯兰教组织于恢复哈里发制度无果后，就大力弘扬伊斯兰教法以捍卫信仰问题达成共识。"二战"后在伊斯兰世界联盟成立后，弘扬教法传统成为历届会议反复重申的主题。这里所说的伊斯兰教法不是狭义的教法，而是广义的教法，即抽象的、无所不包的"伊斯兰精神"。由于教法所体现的宗教价值观很难为全社会所认同，它在一些伊斯兰国家政治生活中不断引起冲突。例如，从 1945 年印尼独立之日起，印尼的马斯友美党等宗教势力一直以实施伊斯兰教法为政治行动纲领，反对独立后各党所通过的相当于共同纲领性质的印尼《独立宣言》和《雅加达宪章》。由于马斯友美党反对与印尼民族党、印尼共产党等政党合作，致使围绕着国体、政体的政治争论异常激烈，苏加诺时期为制定国家宪法而召开的制宪会议断断续续地争吵三年而不欢而散。由此，执政长达 20 年之久的苏加诺总统竟未能制定出一部正式的国家宪法，只好以 1945 年临时宪法为国家政治生活的基本准则。巴基斯坦国家体制之争与印尼的情况多有类似之处。从 1948 年巴召开制宪会议之日起，巴宗教势力一直鼓吹以伊斯兰教法为国家的根本大法，要求宗教学者享有"立法否决权"，即否决不符合经、训规定的立法的权力。尽管在相当于各党派共同纲领性质的《目标决议》中已经肯定了真主对宇宙万物的"绝对主权"，但由于巴历次颁布的宪法都没有明确肯定"神权政体"，因而巴宗教势力仍是不依不饶，多次在制宪会议上发难，企图使巴基斯坦转变为一个教权主义国家。此外，阿富汗、伊朗、叙利亚等国也有类似的情况。

泛化伊斯兰教法的倾向在对宗教传统的解释上表现出某种"创新"精神，这在逊尼派和什叶派宗教思想家们的著述中皆有表现。传统上解释教法可以说是精通经、训的伊斯兰教学者（Ulama）的专权，他人无权染指，也不敢抱此奢望。20 世纪以来，随着现代民族国家的兴起，传统伊斯兰学者的地位江河日下，在许多国家的政治生活中已无足轻重。与此同时，一批受过现代教育而又热衷于传统宗教价值的新型伊斯兰学者迅速崛起，成为新传统派的代言人。他们多半不是主持日常宗教生活的宗教教职人员，而是现代宗教组织的精神领袖或骨干分子，通过有组织的宗教、社会、文化活动吸引了广大人群。他们对教法抱有浓厚兴趣，不是为了具体地指导某一社区穆斯林民众的宗教生活，而是为了从传统的宗教文化资源中寻找思想武器，以利于政治斗争。阿拉·毛杜迪、赛义德·库特布、哈桑·图拉比等都属于这类人物。在宗教思想上，他们最突出的建树是在传统教法思想的基础上演绎出一套较为系统的宗教政治学说，可以方便地称为"四论"。一是"真主主权论"。宣称真主既是宇宙万物唯一的创造者、恩养者、主宰者，当然也是国家唯一的主权者。因此，任何个人、集团、阶层、政党都无权制定、颁布立法，而只能遵循真主启示的大法，即伊斯兰教法；国家颁布的政令、法规、政策如有悖于伊斯兰教法，则对穆斯林没有约束力。显然，真主主权论的实质是企图用绝对的"真主主权"来限制、约束国家政权，使国家立法朝着有利于教权主义的方向发展。二是"先知权威论"。宣称伊斯兰教先知穆罕默德既是真主在大地上的"代言人"，其生前的言行和治理国家的历史经验当然对后世穆斯林有指导意义。因此，一切无视"圣训"（先知的逊奈）的国家政权实际上都是"非法政权"，理应受到道义的谴责。三是"代行主权论"。认为国家自身虽无本源性主权，但国家政府作为真主的"信托人"，有权代行原本属于真主的部分权力，即司法权和行政权。因此，就其本来意义而言，国家只是一种"代行"真主主权的制度或工具，其权威不能超越真主的"绝对主权"。四是"政治协商论"。认为通过协商来决定国家大事是先知开创的伊斯兰政治传统，它在时间上要早于，在效果上要优于西方的议会民主制度。所谓协商制度也就是保障民众参与政治决策的一种机制，它所体现的是"伊斯兰民主精神"。原教旨主义者们认为，一个理想的伊斯兰政治制度应当既尊重"真主主权"，又能充分体现民意，因为民众也同"代行"真主主权的国家政府一样，同为真主在人世间的"代治人"。以上所引述的是毛杜迪的基本观点和论证。①

除逊尼派之外，泛化教法在什叶派宗教思想上也很突出，并形成相应的宗教政治学说。不同于逊尼派，什叶派宗教政治学说的代表人物是担任

---

① 详见 John L. Esposito, *Voices of Resergene Islam*, Oxford University Press, 1983, pp. 115 – 119。

该派高级宗教职务的宗教领袖，但他们一般都受过现代教育，具有一定的现代观念，其中以已故伊朗宗教领袖阿亚图拉霍梅尼影响最为广泛。霍梅尼在其代表作《伊斯兰政府》中所阐述的一系列基本观点都是以伊斯兰教法的泛化和政治化为前提。霍梅尼鼓吹建立"伊斯兰政府"的根本目的是为了取代反伊斯兰的巴列维国王政权，为此他阐述了三大基本观点，其中以前两点与当下讨论的主题更为密切。其一，是建立"伊斯兰政府"的必要性。何以必须建立一个伊斯兰政府？霍梅尼确信伊斯兰政府的根本使命是全面实施"真主的法律"，即伊斯兰教法，以保障人民的福乐。伊斯兰政府是先知开创的宗教传统，后世应当遵循和维护这一行之有效的传统。因此，圣言、圣行是伊斯兰政府的首要历史根据。其次，天启和理智都要求建立伊斯兰政府。霍梅尼认为，真主的启示不受时空限制，先知时代首创的传统也完全适用当今时代。理智也告诉人们，如果只有天启大法而没有一个按照天启行事的伊斯兰政府，人类社会必然会陷入一片混乱。故此，"理智和天启证明了先知时代必然的东西在我们这个时代也完全是必然的"。①再次，伊斯兰教法的本性决定了必须建立伊斯兰政府。以真主启示为基础的伊斯兰教法包含了多种不同的法律和条规，堪称为一个完善的社会制度，足以满足人类的全部需求。但教法的实施离不开拥有强权的伊斯兰政府，否则便会成为一纸空文。其二，是伊斯兰政府的形式。霍梅尼提出"伊斯兰政府是以真主的法律为基础的法治政府"，认为君主制有悖于伊斯兰传统，是一种"历史的过错"。而伊斯兰政府则以承认和捍卫"真主主权"为根本使命，是一种由教法学家监护和代治的政府。霍梅尼甚至把伊斯兰政府解释为"教法学家主政的政府"。霍梅尼关于"教法学家监护政府"的思想是对什叶派宗教思想的创新和发展。按照什叶派（十二伊玛目派）的历史传统，当该派的末代伊玛目（Imam，精神领袖）"隐遁"不见时，一般信徒应当耐心等待伊玛目的"复临"，以便铲除人间不义，使大地重见光明。在伊玛目复临之前，什叶派的高级宗教学者可以通过自己的言行和榜样作用给一般信徒以精神指导，但不能代替"隐遁"的

① *Islam and Revolution: Writings and Declarations of Imam Khomeini*, translated by Hamid Algar, Berkley, 1981, p. 42.

伊玛目。而霍梅尼则认为，教法学家的作用就相当于历史上先知和伊玛目的作用，一般信徒应当在教法学家的领导下重新创建伊斯兰政府，治理和整合穆斯林社会，实施神圣的伊斯兰教法。霍梅尼在伊朗伊斯兰革命中的作用正是一位在世的伊玛目的作用，其称谓也在革命后提升为"伊玛目"，即伊朗最高精神领袖。

　　泛化伊斯兰教法的显著后果是使教法政治化、工具化，它在很大程度上已经明显不同于历史上由教法学家具体规定的教法实体。它的显著功能之一，是用"真主主权"来否定现存国家政权的合法性，用神权来否定人权，似乎只要高喊几声实施教法的口号，就会立即取得法理或道义的优势。人们注意到，在当代伊斯兰复兴运动中各国的原教旨主义派别组织提出了许多颇为相近的行动口号，诸如"不要宪法，不要法律，古兰经就是一切"、"不要东方，不要西方，只要伊斯兰"、"伊斯兰是解决方案"，等等。应当说，这些口号的提出与泛化伊斯兰教法有密切的因果联系。

二　伊斯兰教法的极化

　　当代伊斯兰复兴运动对世界穆斯林产生了广泛而复杂的影响，这种影响既涉及世界观、真理观、价值观等精神层面，又非常具体地涉及他们对许多重大的社会问题、政治问题的立场和态度。由于伊斯兰复兴运动是由世界各地规模不一、方向不尽相同的复兴运动所组成，它不仅会受到地域差别性的限制，而且会受到运动内部不同派别组织的影响。当前一个举世瞩目的现象是在伊斯兰教名义下不断在世界各地发生骇人听闻的暴力恐怖事件，而反对恐怖主义以维护国家安全和社会稳定，也愈益成为许多国家政府的共识，并出现了多国联手打击恐怖主义的趋势。暴力恐怖活动的肆虐有多种复杂的根源，但在伊斯兰教名义下从事的暴力恐怖活动又有其特殊的原因。大量事实表明，这类暴力恐怖活动往往同宗教极端主义相关，而宗教极端主义的显著特征之一则是"极化"，即用极端观点来解释伊斯兰教义。由于这些极端的解释，当代伊斯兰教法出现了极化倾向，用传统的"圣战"思想来证明暴力恐怖活动的正义性就是最突出的表现之一。

　　"圣战"一词，阿拉伯文称为"吉哈德"（jihad），它显然不是一个非常贴切的译名。在阿拉伯原文中，"吉哈德"含有"努力"、"奋斗"的意思，有多种不同的用法。"吉哈德"并非仅指与伊斯兰教的"敌人"浴血奋战，大胆地表达一种立场、态度、见解也是该词语的应有之义，称为"舌的圣战"、"心灵的圣战"。在中世纪编著的伊斯兰教法文献中，与"不信道者"举行圣战的宗教观念主要包括三层意思：一是对穆斯林个体，以生命和财产来支持"圣战"是真主嘉许的行为，是每一个成年男性穆斯林应尽的义务，视为善功义举；二是对穆斯林统治者，"圣战"是以伊斯兰教的名义、以对外征服为目的的战争行为，只有国家元首哈里发有权发布圣战命令并领导圣战；三是善待战俘，对于那些停止反抗的异教徒要给予保护，为他们发放安全通行证，将他们转移到安全的地方，并保护其宗教信仰自由。关于圣战的含义，①中世纪教法文献中也提到某些例外情况，包括亦可对穆斯林叛教者、叛逆者举行"圣战"，使其恢复"正信"或效忠于哈里发，以及在哈里发无力领导圣战的情况下地方统治者可以肩负起领导圣战、保卫领土的职责，等等。但例外毕竟不是通例。近代历史上对圣战的诠释表现出两种相反的思想倾向。传统主义的解释仍以中世纪的教法文献为依据，强调圣战思想并未过时，但他们所说的"圣战"主要是把它作为动员民众的口号，或借以发动旨在复兴信仰的伊斯兰运动，或借以在某一地区掀起反对欧洲殖民统治的武装斗争。现代主义的解释较为灵活变通，强调和平共处是伊斯兰国家对外关系的"基本准则"，只有在遭到外强侵犯时才能举行"自卫性圣战"。

　　然而，当代伊斯兰复兴运动兴起后，对圣战的解释出现了滥用和极化的趋势，并已经引起严重后果。滥用圣战以两个事例最为典型。一是阿拉伯国家在 1967 年第三次阿以战争中战败后，号召全世界的穆斯林团结起来，用"圣战"来打败以色列侵略者，收复被异教徒非法强占的伊斯兰教第三大圣地耶路撒冷。此后不久随着伊斯兰会议组织的建立，再次发出与"以色列恶魔"举行"圣战"的呼唤。尽管圣战的呼唤只起到激发宗教感情的作用，但它为以后一系列滥用圣战的事例首开先河。滥用"圣战"还

---

① 参见 John L. Fsposito, *The Oxford Encyclopedia of the Modern Islamic World*, 1995, Vol. II, article Jihad。

与当年美国及其西方盟国联合巴基斯坦和沙特阿拉伯对阿富汗伊斯兰圣战者联盟（七党联盟）的军事援助密切相关。这在当时的历史背景下是难以避免的，但它的副作用也很明显。在美国和西方的大力援助下，阿富汗圣战者最终取得了抗苏战争的胜利，但同时也使滥用圣战的思想在阿富汗恶性膨胀。如今国际舆论公认，塔利班政权控制下的阿富汗已成为暴力恐怖活动的策源地和庇护所，而这显然是与美国和西方大国对阿富汗圣战者的大力支持分不开的。反对苏军入侵的"圣战"不仅使圣战者们获得圣战思想的培训，使他们源源不断地得到大量现代化的武器装备，也使他们在训练营地中获得军事技术的培训。如今在中东某些热点地区、前南斯拉夫、北高加索、车臣、苏联中亚五国、南亚克什米尔等地从事暗杀、绑架、爆炸等暴力恐怖活动的骨干分子和冷面杀手，许多都是当年阿富汗圣战者武装力量的"老兵"。他们受雇参与恐怖活动不仅是为了谋求生路，在很大程度上也是因为受到了已被极化的圣战思想的支配。极化圣战思想的始作俑者是那些在伊斯兰复兴浪潮中兴起的原教旨主义极端派的秘密组织，其中以埃及的"圣战组织"最为重要。作为中东的政治大国、文化大国，埃及的宗教思想走向经常具有全局性的影响。埃及的伊斯兰宗教政治反对派分为主流的温和派（穆斯林兄弟会）和秘密的极端派两支力量。1981 年10 月 6 日，极端派在光天化日之下，刺杀了力主与以色列握手言和的埃及总统萨达特。刺杀行动的主要凶手哈利德·伊斯兰布里中尉当时是埃及国民卫队的一名现役军官，他在刺杀得手后在现场自报其名并高喊"我杀死了法老王，我不怕死！"他所说的"法老王"是指伊斯兰教的敌人，而处死"仇敌"也就光荣地履行了对真主的神圣义务。可见圣战思想影响之深，危害之大。圣战组织后来还派遣穆斯林志愿者开赴阿富汗战场，支援阿富汗圣战者反对入侵的苏军，而且直到 20 世纪 90 年代初苏军已经撤出阿富汗以后，仍有一支 300 余人的圣战组织的队伍滞留在阿富汗不归，以寻找新的圣战对象。而这支队伍的首领正是当年参与刺杀萨达特总统的主凶伊斯兰布里的弟弟沙瓦基·伊斯兰布里。埃及圣战组织的精神领袖欧麦尔·阿布达尔·拉赫曼还一手策划、制造了 1993 年 3 月 25 日的美国纽约世界贸易中心大厦爆炸案，并因当年曾"批准"刺杀萨达特的行动计划而受到埃及司法部门的起诉和通缉。

　　少数穆斯林极端组织诉诸圣战的目的之一，是为了用这种极端手段来传播其"激进"的原教旨主义思想，同时也为了宣泄对现实的不满和抗议。他们把反美、反西方思想与对异教徒举行"圣战"的传统思想相结合，很容易找到对付"反伊斯兰恶魔"的理由和办法。相比之下，作为极端的宗教政治反对派，他们号召推翻本国政府，这就使他们陷入法理和道义的困境，因为他们必须向世人解释清楚"穆斯林何以要以暴力来反对穆斯林兄弟"。传统上逊尼派伊斯兰教政治学说（哈里发学说）中虽有废黜"不义的哈里发"的说法，但其主流的思想倾向则是极力论证封建王权与宗教教义的一致性。反对统治者唯一的道义根据是统治者"叛教"，而叛教者按照教法规定应受极刑。但即使确有这种说法，也主要是非主流的新老罕百勒教法学派的主张。而当代鼓吹圣战的极端派正是沿着这条思路诠释传统的圣战思想的。例如，埃及穆斯林兄弟会极端派代表人物赛义德·库特布在其《路标》一书中就表达了这种思想倾向。他提出了一个称为"贾希利叶"（jahiliyya，蒙昧主义）的基本概念，认为尽管伊斯兰教已经流行了千余年之久，而今天人们仍生活在创教之初一片蒙昧主义的氛围之中。所谓蒙昧主义，他指的是无视和抗拒"伊斯兰大法"所指明的基本生活方式，包括人们的思想观念和世界观、风俗习惯、文化源泉、文学艺术、法律制度，甚至今天称为"伊斯兰文化"、"伊斯兰哲学"等很大一部分也都是蒙昧主义性质的"伪造品"。因此，所谓伊斯兰圣战，就其本质而言，伊斯兰"本身就具有进行圣战的理由"，即以圣战方式来解放和拯救全人类，包括"摧毁世俗政治"，把被世俗主义者篡夺的政权重新夺回来并"交归安拉"。①赛义德·库特布认为，人类社会只有两种类型，即伊斯兰社会和蒙昧主义社会，而伊斯兰教的根本使命就是把人类从一切蒙昧主义的社会压迫下解放出来。此外，赛义德·库特布还批驳了"自卫性圣战"的观点，认为它是在精神上和理智上"失败主义情绪"的表现，而实际上为了弘扬主道、解放人类也完全可以"主动出击"。赛义德·库特布已经把推翻世俗政权列入伊斯兰圣战的范围，而阿布杜·萨拉姆·法拉吉则讲得更加明确。他是埃及秘密的圣战组织散发的宣传小册子《被遗

―――――――――――

　　①　详见内部出版物《路标》一书，第13、69页。

忘的义务》的撰写者。书中提出，伊斯兰圣战本是每一个穆斯林对真主应尽的神圣义务之一，而如今却被许多穆斯林轻易地忘记了或疏忽了，因此很有必要加以强调。这本小册子是专门为了煽动人们反对埃及政府而编写的。在如何看待埃及政府问题上，作者引用了历史上新罕百勒教法学派代表人物伊本·泰米叶发布的两个"教令"（fatwa）作为论据。伊本·泰米叶提出，尽管蒙古统治者进过清真寺，宣布过接受伊斯兰教信仰，但他们仍遵循自己的习惯法而拒不接受伊斯兰教法，因此只能将他们看做是"不信道者"：退一步说，即使这一论据难以成为定论，蒙古统治者也因为自己的行为而自动废止了自己的权利，他们无权要求穆斯林臣民服从他们的统治，并且可以同他们战斗。①据此作者断言，今天埃及的情况与当年伊本·泰米叶的时代颇为相近，因为除了家庭法和继承法之外，埃及的所有立法都是以西方的法典为基础，而且长期以来埃及政府始终对引进沙里亚的呼声无动于衷。因此，人们完全有理由把埃及政府视为一个不敬真主的非伊斯兰政府，而每一个穆斯林都有义务用圣战来反对这一"不信道的政权"，直到代之以伊斯兰政府。

　　伊斯兰教法的极化实质上也就是它的意识形态化、政治化和工具化。伊斯兰教本来就是一种宗教意识形态，作为信仰它具有排他性，但普通穆斯林一般不强调对非伊斯兰信仰的排他性。宗教极端主义则把"信"与"不信"绝对对立起来，在实践中不讲宽容精神。意识形态化的结果不仅把信与不信宗教尖锐地对立起来，而且把带有政治倾向的伊斯兰教派别组织与一般的伊斯兰教组织对立起来，其分裂效应十分明显。政治化的后果是改变了伊斯兰教法的性质和功能，在热衷于"行动主义"的极端派那里，教法不再是指导穆斯林日常生活的行为规则，而是教权主义者进行政治斗争的工具，其功利主义目的性非常突出。教法的极化也加剧了教权主义者与世俗主义者的对立，使本来与政治无涉的小事变成敏感的政治问题。例如，近年来在拥有几百万穆斯林人口的法国，许多学校曾因为是否允许穆斯林女生戴面纱上学问题而大伤脑筋，因为学生家长把戴面纱看做是穆斯林身份认同的标识，而禁止戴面纱在他们看来也就是对伊斯兰教信

---

① 前引 *The Oxford Encyclopedia of the Modern Islamic World*，article jihad。

仰的一种歧视。在不久前的土耳其，一位当选为议员的穆斯林妇女只因为执意坚持要戴面纱出席议会而引起一场政治风波。由于世俗主义者控制的议会提出了戴面纱就不能做议员的强硬要求，这位议员宁可放弃议员资格也要捍卫戴面纱的权利。可见，极化伊斯兰教法是一种思潮，其影响不可低估。

三　伊斯兰教法的工具化

伊斯兰教是"两世吉庆"的宗教，虔信真主与追求物质利益并无矛盾，但伊斯兰教反对把宗教信仰作为实现功利主义目的的工具。当代伊斯兰复兴运动兴起后，伊斯兰教法被政治化、意识形态化，在许多伊斯兰国家变成敏感的政治问题。过去的 30 余年间，随着复兴运动的不断升温，不仅普通的穆斯林大众宗教感情明显加深，他们希望按照教法传统严格规范自己的言行举止，努力做一个有德性的穆斯林，许多宗教政治反对派也大肆鼓吹全面实施伊斯兰教法，向本国政府施加压力。此外，一些国家政府为了应付局势、增强政治合法性，也争相打伊斯兰教法这张"王牌"。结果，教法愈益成为各种力量进行政治斗争的工具。教法的工具化，以国家政府出于政治目的而推出的"官方伊斯兰化"举措最为典型。从历史传统上看，这涉及国家政权与宗教法律的关系问题。

中世纪历史上，伊斯兰教法虽为国家的统治思想，但它不同于我国封建制度下的王法，它在很大程度上并不是由国家制定和颁布的，而是由虔诚的教法学家们根据经、训的有关规定制定的。教法学家们本质上是虔诚的宗教家，他们提出教法规则是为了上对真主、下对民众负责。因此，教法实质上是为了构建理想的伊斯兰社会制度而提出的一套宗教理想。在教法形成过程中，国家政权的参与作用主要表现在两个方面：一是向教法学家施加行政压力，要求他们捐弃分歧，统一教法学说；二是通过建立司法制度，控制司法审判。尽管如此，从教法学说日臻完善的阿巴斯王朝起，教法与国家政权之间始终有某种分离倾向，直到奥斯曼帝国兴起后，国家才建立起从中央到地方，完善的伊斯兰司法制度。鉴于这种情况，历史上精通经、训的教法学家一般都不愿担任国家司法官员，但又在总体上被视为教法的监护人。近代以来，伊斯兰宗教学者一方面强烈要求全面实施教法，同时又坚决反对由国家政府来操纵司法实践。许多宗教学者所担心的事情，没有多久就变成冷酷的现实，这就是伊斯兰教法的工具化。

所谓教法的工具化，是指以弘扬教法为名来达到某种政治目的。按照时间顺序，战后最先玩弄这一手法的是利比亚的卡扎菲，他被人们看做是一位坚定的纳赛尔主义者。1969 年 9 月，卡扎菲以"伊斯兰革命"的名义发动政变，得手后发动所谓"伊斯兰文化革命"，进而提出自认为具有创造性的"世界第三理论"。今天这一切早已成为老掉牙的故事，实在提不起人们的兴味。不过，卡扎菲是激进的阿拉伯领导人中第一个至少在表面上转向和诉求宗教以达到某种非宗教目的的带头人，这是值得注意的。

现在看来事情也并不复杂。卡扎菲之所以要借助伊斯兰教法这个工具，主要是为了使以他为首的一批青年军官发动的军事政变合法化。传统的利比亚的社会结构是以家族、宗教、王权为基础，家族、王权已在革命进程中被推翻，唯一可资利用的文化资源是伊斯兰教，政权合法性只能以经过"革命改造"的伊斯兰教为基础。故此我们看到，卡扎菲发动政变推翻伊德里斯王朝后就立即发表声明，宣布利比亚革命坚信宗教的神圣性和《古兰经》的精神价值，此后发动的"伊斯兰文化革命"不过是为了对新政权做意识形态包装。

卡扎菲是阿拉伯民族主义者，因此他部分地恢复伊斯兰教法的举措格外引人注目。1971 年 3 月，卡扎菲下令成立了一个法制委员会，根据教法精神，重新修订了《利比亚私人身份法》。同年 10 月，宣布以伊斯兰教法为国家立法的主要渊源，并对全部现行法律予以修订。《天课法》的颁布，使宗教性的天课制度成为国法，完纳天课成为公民应尽的义务。商法的修订使伊斯兰教的商业道德升格为法律规定，民商交易中不得收取利息成为必须恪守的禁令。婚姻法的修订提高了女子的适婚年龄，旨在禁止童婚、保障妇女的合法权益。刑法的修订强化了"真主之法度"的约束力，规定对犯有偷窃罪或通奸罪者分别处以断手刑或鞭刑。此外，卡扎菲还通过立法废止了非慈善性的瓦克夫制度，使宗教上层、封建领主以"奉献真主"

的名义享有的宗教、经济特权受到打击。①

　　卡扎菲政变后所实行的一系列政策措施不都是宗教性的，却被外界普遍称之为"官方伊斯兰化"。其目的主要是为了削弱被推翻的伊斯里王朝以王权、家族、宗教为支柱的社会基础，增强新政权的政治合法性。这些政策措施在实施过程中遭到为旧王朝服务的赛努西苏菲教团的诋毁和反对，但卡扎菲以军队的铁腕牢牢地控制着局势。这样，伊斯兰教法的工具化就使卡扎菲以"革命的名义"取得了对伊斯兰教的解释权，教法也因此而成为他的激进的阿拉伯民族主义意识形态的一部分。但卡扎菲领导下的利比亚不是"原教旨主义国家"，《古兰经》不是这个国家的权威之作，权威之作是卡扎菲的"绿皮书"。

　　伊斯兰教法工具化的另一典型实例是尼迈里执政后期的苏丹。如同卡扎菲一样，以尼迈里上校为首的一批苏丹自由军官们于 1969 年 5 月发动的一次军事政变中夺取政权。当时在东北非洲的大国苏丹存在着三支主要的社会力量，即伊斯兰教、阿拉伯民族主义和左翼苏丹共产党。1971 年 7 月，左翼军官在亲苏联的苏丹共产党的支持下发动政变，宣布推翻尼迈里政权。部分亲尼迈里的部队在埃及和利比亚的支持下发动反政变，获得成功。从此，尼迈里成为一位坚定的反共分子，政治上成为美国和埃及的盟友。70 年代后半期，苏丹的国内政治形势和国际伊斯兰复兴浪潮，使尼迈里转向伊斯兰教寻求政治支持。在个人行为上，他开始按照伊斯兰教道德要求戒绝饮酒和赌博。但尼迈里政府既无力解决每况愈下的经济问题，又面临着以非穆斯林人口为主体的苏丹南部要求自治的巨大压力。

　　由于债台高筑，而世界银行和国际货币基金组织要求苏丹按照西方设计的方案实行经济体制改革，尼迈里政府取消了对面包、食糖等主要食品的价格补贴。结果导致 1979 年和 1983 年两次全国性的骚乱和南部的暴动。苏丹人口中穆斯林约占 70%。由于人数众多的宗教政治反对派——苏丹全国伊斯兰联合阵线不断以"伊斯兰化"要求向政府施压，尼迈里决定以先发制人的方式来渡过政治危机。这是苏丹官方伊斯兰化举措出台的社会背景。

---

① 详见 Anwar Moaxxam, *Islam and Contemporary Muslim World*, New Delhi, 1981, pp. 143 – 159。

　　早在 20 世纪 70 年代后期，尼迈里就别出心裁地撰写了一本小册子，书名叫《缘何要走伊斯兰道路?》，就苏丹的伊斯兰化提出看法。1983 年 9 月，尼迈里制定的"伊斯兰法规"（"九月法令"）出台，标志着苏丹伊斯兰化的制度化。但苏丹社会的伊斯兰化方案带有明显的随意性，相关法规以总统命令的形式每周公布一次，非常零乱。最初尼迈里只是在"伊斯兰刑法"上做表面文章，如规定对偷窃者处以断手刑，对酗酒者处以鞭刑，对叛教者处以死刑等，追求宣传上的"轰动效应"。为了扩大总统的司法权，尼迈里成立了以他为首的"司法决定法院"，而把国家的司法部门撇在一边，一切判决由他随意作出。尼迈里甚至企图改称"伊玛目"，要求苏丹军政领导人像伊斯兰教历史上臣民对待哈里发们那样对他宣誓效忠。1983 年至 1984 年，尼迈里不断通过他的胆大妄为制造新闻，宣传他的伊斯兰"新秩序"，以引起国内外舆论的注意。为了表示教法重视"教育"和"挽救"，他下令释放了 13000 名在押犯，给他们以"第二次悔改机会"；为了证明他的虔诚，他下令将价值 1100 万美元的酒精倒入尼罗河中，并组织传媒大张旗鼓地进行实况报道。尼迈里甚至禁止人们跳西方交际舞，并对一位允许跳交际舞的夜总会老板处以 25 鞭笞。[①]如此滥用伊斯兰教刑罚真可谓闻所未闻。在经济领域，尼迈里采取的一项颇有争议的措施是用天课来代替国家很大一部分税制。历史上以济贫为目的的"天课"，在很大程度上是属于自愿性的施舍，而且天课的收入和分配不是由国家政府管理。近代以来由于现代税法日益流行，大多数伊斯兰国家都不再把天课作为国家税法的一部分，只有自认为建立了"伊斯兰政府"的个别国家如伊朗和巴基斯坦采取这样的政策。尼迈里宣布实行的"无息伊斯兰金融制度"，由于企图强行废除利息，更加不得人心。

　　总之，尼迈里的伊斯兰化举措只是把实施教法作为维护个人专制的工具，它的失败是不可避免的。尽管强制实施教法一度使苏丹的社会犯罪率下降，使社会腐败受到抑制，但它在北部和南部都引起强烈不满。在以穆斯林居民为主体的苏丹北部，作为"民族阵线"主要成员的乌玛党就坚决

---

　　① 详见 J. L. 埃斯波西托《伊斯兰威胁：神话还是现实?》，社会科学文献出版社 1999 年版，第 113—120 页。

反对尼迈里的伊斯兰化政策，该党主席萨迪克因此而被监禁。在以非穆斯林居民为主体的苏丹南部，反对伊斯兰化的呼声演变为争取民族自治的武装冲突，导致南北部之间的内战再起，使尼迈里政府于70年代初与南部签订的民族自治协议变成一纸空文。尼迈里的伊斯兰化也遭到美国和沙特阿拉伯的不满和非议。美国以关注实施教法引起的人权问题为名向苏丹施压，以冻结经济援助相威胁，要求尼迈里放弃反人道的伊斯兰化政策。沙特王国政府指责苏丹败坏了伊斯兰教的国际形象，也以停止巨额经援施加压力。为了掩盖其政策失误，尼迈里采取了转移视线和寻找替罪羊的手法。1985年1月，尼迈里以"叛教罪"处决了一位自由派共和兄弟会的领导人，以安抚他的宗教政治反对派。同年3月，尼迈里又煞有介事地对外宣布他挫败了一次政变图谋，指控参加和支持尼迈里政府的苏丹穆斯林兄弟会在伊朗的策划下企图颠覆苏丹政府，企图以这一姿态来寻求美国的支持。但尼迈里的倒行逆施早已使他声名狼藉，所以在同年4月5日的一次军事政变中轻而易举地就被赶下了政治舞台。

　　玩弄伊斯兰教法的另一老手是巴基斯坦的齐亚·哈克将军，他于1977年巴全国动乱中接管政权，实行军法统治，自任军法管制首席行政长官，后来出任总统。他在执政的十余年间（1977—1988年），稳步地、循序渐进地引进"伊斯兰制度"，部分地恢复了传统伊斯兰刑法，加强了对国民的伊斯兰教思想教育，采取了部分"伊斯兰经济政策"，虽遭到国内世俗政党的反对，但政局尚属平稳。由于篇幅所限，这里不再展开讨论。

　　总之，我们看到，在当今的时代，凡是以国家政权名义推行伊斯兰教法的，都是崇尚威权主义的政权，而教法只是它们实现政治目的的一块敲门砖。教法的工具化不仅人为地改变了传统的伊斯兰司法权，也改变了教法的解释权。但不顾时间、地点、条件，完全出于政治功利主义目的而滥用教法教规也会遭到"报应"，因为传统不是随意可资利用的文化遗产，传统也要经受时代精神的考验。

（原载《世界宗教研究》2000年第4期）

试析伊斯兰圣战观的发展演变

近 20 年来，随着伊斯兰原教旨主义思潮的兴起，在中东等暴力冲突热点地区，人们时常会直观地觉察到一个相当普遍的现象：哪里有暗杀、爆炸、劫持客机、绑架人质等恶性事件发生，哪里就有伊斯兰；哪里有伊斯兰，哪里就有接连不断的暴力恐怖事件。近年来由于美国和西方传媒的不断渲染，"伊斯兰威胁论"流传更加广泛，似乎进一步认定和证实了人们的直观印象。尤其值得注意的是，当今世界主流的政治话语是只谴责暴力恐怖主义而不问恐怖主义产生的根源，不区分正义与非正义的暴力，这种一边倒的舆论导向势必造成思想混乱。

伊斯兰教本质上是崇尚暴力的吗？是什么力量扭曲了伊斯兰教在世人心目中的形象？究竟应当怎样认识和看待伊斯兰教与暴力冲突的关系？这些都是值得严肃思考的重要问题。鉴于许多暴力恐怖行为是在伊斯兰教"圣战"思想支配下发生的，对传统的圣战观念予以历史的审视，有助于我们全面客观地认识这些问题。

一　中世纪伊斯兰"圣战"观的形成

"圣战"一词，源自阿拉伯文"吉哈德"（jihad）一词，但它并非一个非常贴切的译名。在阿拉伯语中，"吉哈德"一词含有"努力"、"奋斗"的意思，在不同场合有多种不同的用法。它可以用来指称"克服"个人内心邪念的过程，或为弘扬伊斯兰教而付出的"努力"，也可以用来指称为完善、净化宗教道德而采取的各种措施。"吉哈德"并非仅指与伊斯兰教的"敌人"浴血奋战，大胆地表达一种正确的见解也可以称为"圣战"，即所谓"舌的圣战"、"心的圣战"。所以，将"吉哈德"简单地等同于"诉诸武力",实在是一种误解。而且,历史上即使在"圣战"观念广为流行以后,仍有许多人主张"晓之以理"、"动之以情",故把口头或心灵的圣战称为"大圣战",而把不得已才诉诸武力称为"小圣战"。这在被称为"教中之教"的苏非主义文献中清晰可见。

"圣战"观念产生于伊斯兰教兴起后在统一阿拉伯半岛过程中与多神教信徒的斗争。《古兰经》中多次提到的"不信道者"或"以物配主者",指的都是一度盛行于阿拉伯部落中的多神崇拜。显然,早期的圣战观念难免会受到部落习惯的影响,如认为部落间的战争是必然的,受攻击的一方是正义的,以及在战争中不得杀害没有战斗力的儿童、妇女和老弱病残者,等等。后来随着阿拉伯半岛归于统一,伊斯兰教成为新兴的麦地那穆斯林社团的指导思想,与此相关的许多主张以真主启示的名义收入《古兰经》,成为伊斯兰教圣战思想的基础。其基本内容涉及自卫反抗的权利(22:39),以生命和财产支持对"不信道者"的战斗(3:157,158),为主道而战者必将受到真主丰厚的奖赏(3:169—172),拒绝主命者必将在后世遭到痛苦的惩罚(9:81,48:16),以及善待战俘,战利品的分配、签订停战协定,等等。此外,还有一些具体的规定,诸如何种情况下可免除圣战义务,禁止在禁月、禁寺举行圣战等。《古兰经》中唯一讲得含混不清之处是举行圣战的"条件"问题,即只准许自卫性战斗,还是也可以随意以武力去对付"不信道者"。两种主张都有多节经文为据,这就为后世的不同解释留有很大的余地,争论也就在所难免。

8世纪下半叶,随着宗教法学的兴起,少数教法学家开始撰写论文,较系统地论述圣战思想。由于"圣战教义"形成之际正是阿拉伯哈里发国家大规模向外扩张之时,"征服性圣战"的正义性得到教法学家们的赞许,以往的争论似乎有了明确的结论。这时期的圣战思想以两大特点而引人注目,并对后世产生深广的影响。一是系统性和规范化:圣战作为以《古兰经》、圣训和教法制度为基础的宗教思想,不仅内容变得更加充实,而且具有不容争议的权威,它已成为伊斯兰教基本信条之一。二是圣战主体从信徒个人转化为国家行为。尽管圣战对穆斯林个体来说仍然是宗教性义务,但它愈益成为穆斯林社团(乌玛,Umma)集体的义务,或国家对外征服的行为。其前提信念是从宗教角度对当时政治现实所作的一种"认定"，即世界上只有一个大一统的伊斯兰帝国，所有臣民都必须听从国家元首哈里发（亦称穆民统帅）的召唤，在哈里发的统率下对不信"正教"的"异教徒"举行圣战，直到在大地上普遍建立起"真主的统治"。新的圣战思想对被征服的民族提出两种选择：改奉伊斯兰教或表示臣服；不愿改变信仰的被征服民族，在完纳人丁税后可享受宗教自治。这类得到保护、俗称为"有经人"的迪米人（Dhimmis，顺民），最初只限于基督教徒和犹太教徒，后来也包括波斯祆教徒，其地位仅高于奴隶，为哈里发国家中的第三等级。

　　10世纪下半叶，统一的哈里发国家发生分裂，出现了军阀割据、多个哈里发政权并存的局面。13世纪下半叶，蒙古铁骑西进，阿巴斯哈里发帝国宣告灭亡。这些不断变迁的外部环境迫使教法学家们一再修订称为"哈里发制度"的伊斯兰政治学说，圣战思想也随之发生某些相应的变化。其中以马瓦尔迪（？—1058）和伊本·泰米叶（1263—1328）两位宗教学者的著述影响较大。他们提出的圣战思想以两点更为重要。一是不仅对异教徒，亦可对穆斯林叛教者、叛逆者举行圣战。叛教者、叛逆者大致可分为三种情况：（1）对相信异端邪说但并未抗拒哈里发权威者，所谓"圣战"意即按照教规对他们予以惩罚，使他们迷途知返；（2）对脱离正确信仰并聚众反对穆斯林社团者，必须以圣战迫使他们屈服；（3）对背叛"正信"、无视哈里发权威并独立征税、独立发布"教令"（法特瓦，fat-wa）的叛逆者，必须以圣战来制止他们的分裂行为，迫使他们屈服于哈里发的权威①之下。但对于穆斯林叛教者、叛逆者举行圣战，不同于对异教徒举行圣战。诉诸武力只是为了使他们"改邪归正"，因此通常不得杀害他们，不得没收他们的财产作为战利品。二是对领导圣战的权力予以灵活的解释。传统上领导圣战、保卫国土是哈里发的专权，他人不得染指。但在13世纪以后，由于哈里发大权旁落，地方军阀纷纷拥兵自立，这种新的情况要求对传统圣战思想予以新的解释。伊本·泰米叶提出，在哈里发无力领导圣战的情况下，距敌人最近的地方统治者有义务领导圣战、保卫

---

① 参见安·兰伯顿《中世纪伊斯兰教里的国家和政府》，牛津大学出版社1981年版，第211页。

国土。①这种解释对后世影响很大，特别是在哈里发国家解体后，许多地方政权的统治者一般都自称为"圣战者"（穆贾希德，mujahid），以取得正统地位。

概而言之，中世纪伊斯兰圣战思想以三方面的含义或功能更为重要。第一，动员穆斯林积极参加反对异教徒的战争。由于"圣战"是以弘扬主道、履行主命的名义发布的，参加圣战被视为一种"善功"，献身于圣战的殉道者（沙希德，shahid）可以不经过"末日审判"而直接进入天堂，因而它对广大信徒还是颇有号召力的；况且，圣战还可以带来可观的战利品。第二，借圣战之名来增强封建君主的合法性。历史上不仅那些正统的哈里发（632—661）和古典时期的哈里发们（750—1258）皆以领导圣战来标榜其正统地位，即使那些以武力夺取政权的地方割据势力，也都经常通过对异教徒举行"圣战"来增强内部凝聚力。第三，为处于敌对状态下的伊斯兰国家提供了对外关系的基本准则。通常穆斯林与穆斯林之间诉诸武力是属于"受谴责"的行为，而一旦通过一位穆夫提（mufti，教法权威解释者）发布一项宣布敌对政权"叛教"的教令，对之讨伐就成为受到"嘉许"的义举，己方也就因此而成为"正义之师"了。

二　近现代伊斯兰圣战思想的演变

中世纪可以说是伊斯兰教的"黄金时代"。在穆斯林军队对外征服过程中建立的三大帝国（伍麦叶、阿巴斯和奥斯曼）把幅员辽阔的伊斯兰世界连成一片，使基督教的欧洲不断受到威胁。新月对十字的战争，虽有十字军的多次东征而出现过起伏波折，但它未能从根本上扭转西方的劣势。伊斯兰帝国对外扩张的历史对圣战观念最突出的影响莫过于二元对立思维方式的确立。这种思维方式在群体关系上把世人简单地区分为穆斯林与非穆斯林，在政治理念上把世界区分为"伊斯兰国土"（dāral-Islam）和"战争国土"（dār-hab），而圣战的根本目的就在于不断扩大伊斯兰国家版图。然而，近代以来，形势出现逆转。欧洲经过文艺复兴、宗教改革、工

---

① 安·兰伯顿：前引书，第212页。

业革命、启蒙运动直至资产阶级革命等一系列社会变革以后变得愈益强大起来，它在资本输出过程中对东方伊斯兰世界的侵略扩张，从根本上改变了二者的关系格局。由不可一世的强者转变为任人宰割的弱者的痛苦经历，使包括圣战观念在内的整个伊斯兰宇宙观、真理观和价值观受到一次空前剧烈的冲击，由此而引起的各种回应成为近现代伊斯兰社会思潮和运动的基本内容。

就圣战思想而论，近代以来伊斯兰教为回答时代的挑战而进行的自我调整，表现为互相对立的两种潮流。传统主义的回应基于"宗教兴则民族兴"的理念，以号召对异教徒举行"圣战"为主要形式，由此人们再次在世界各地听到圣战的呐喊声。这些圣战运动主要有18世纪阿拉伯半岛的瓦哈比运动，19世纪发生于印度西北部的圣战者运动、印尼苏门答腊的巴德利运动、北非的赛奴西运动、东北非苏丹的马赫迪运动和西非尼日利亚的圣战者运动。这些运动都属于自发的伊斯兰复兴运动，都以号召圣战为动员民众的基本方式。除瓦哈比运动和西非的圣战者运动外，这些运动都在不同程度上包含反对殖民统治（英国、意大利、荷兰）的内容。此外，还有以圣战名义发动的泛伊斯兰运动，它也是近代各种形态的民族主义和民族解放运动兴起以前伊斯兰世界规模最大的一次以宗教为旗帜的政治运动。运动的领导者哲马鲁丁·阿富汗尼是19世纪伊斯兰教最负盛名的哲学家和宗教思想家，他对许多问题的认识可以说是代表了当时伊斯兰教知识界最高的认识水平。但纵观包括阿富汗尼领导的泛伊斯兰运动在内的所有圣战运动，可以看到它们在圣战思想上并无新的创见，而只是把传统的形式与现代的内容有机地结合起来。[①]

上述圣战运动，在宗教思想上表现出明显的回归传统的倾向。第一，仍以忠于哈里发为正统观念。苏丹的马赫迪运动于反英起义获胜后一度建立一个马赫迪政权，其统治者自称为哈里发。北非的赛努西运动是以苏非教团为组织形式的武装抵抗运动，它在反对意大利军队入侵过程中寻求奥斯曼苏丹—哈里发阿布杜勒·哈米德二世的支持，并吸收其为教团组织成员，以扩大影响。阿富汗尼深知奥斯曼苏丹腐败无能，但他在"大难当

[①]　参见拙著《近代伊斯兰运动》，中国社会科学出版社1994年版。

头"之际首先想到的领导圣战的人选仍然是奥斯曼苏丹。这些都表明传统观念是难以逾越的。第二，仍以传统的圣战观念为指导思想。印度的圣战者运动把穆斯林聚居区称为"伊斯兰国土"，而把西北部锡克教信徒居住区称为"敌占国土"，并企图以圣战来"收复"失地，典型地反映了以信仰区分人群的谬误观念。因此，他们才不顾在英军重兵压境的情况下向锡克教信徒开战，导致两败俱伤。西非尼日利亚的圣战者运动也把穆斯林移居的边疆地区视为"伊斯兰国土"，作为向异教徒控制区发动进攻的根据地，以收夏"敌占国土"。此外，有些出身卑微的宗教领袖为取得领导圣战的资格，还以多种方式来抬高自己的地位，如苏丹民族起义的领袖自称为信徒期盼的救世主"马赫迪"，尼日利亚圣战者的领袖自称为"穆贾迪德"，即穆斯林宗教传说中百年不遇的"信仰复兴者"。这些做法都是为了取得相当于哈里发那样无可争议的领导地位。

对圣战思想的另一种解释来自与传统派对立的现代改良派。现代改良派在印度次大陆的代表人物是以亲英的穆斯林知识精英赛义德·阿赫默德·汗（1817—1898）为首的阿利加尔学派，而在埃及则是曾任全国总穆夫提的宗教哲学家、思想家穆罕默德·阿布杜（1849—1905）及其弟子拉希德·里达。阿赫默德汗认为，自 1857 年印度民族大起义失败以后，英国殖民当局转向拉拢印度教信徒的政策，而对印度的穆斯林则采取怀疑的态度。因此，欲改变英国人的政策，穆斯林方面必须表现出"友善与合作"的态度，他重新解释圣战这一敏感话题正是为此目的。阿赫默德汗根据对《古兰经》启示所作的新的解读，重新肯定了"有条件圣战"的思想，但又不完全等同于"自卫性圣战"的原则主张。他提出穆斯林只有在受到"明确无疑"的压迫、乃至其基本信仰遭到破坏的情况下才有义务举行圣战。[①]他把殖民统治与宗教信仰看做互不相干的两件事，认为既然英国人并未强制印度的穆斯林改变信仰，也未干预其宗教生活，因此在"英属印度"没有理由举行反英圣战。相反，他认为英国殖民统治是"世界上最

---

① 约翰·埃斯波西托主编：《现代伊斯兰世界百科全书》，牛津大学出版社 1995 年版，第二卷，第 369 页。

美好的现象"，印度的穆斯林应当作大英帝国的忠实臣民。①

　　较之印度的现代改良派，埃及的阿布杜及其弟子未能走得那样远。他们在解读经文基础上提出了以自卫原则为主的圣战观，认为和平共处是历史上伊斯兰国家对外关系的"常态"，战争属于特殊情况，伊斯兰国家只有在遭到外敌侵犯时才能举行圣战。这一解释符合现代国际关系基本准则，影响相当广泛。后来一些穆斯林学者据此提出"伊斯兰国际法"概念，赋予传统的圣战思想以新的时代内涵，使圣战观念愈益失去宗教的意义。

三　当代圣战观念的多重解释和应用

　　"二战"以后，随着世界反法西斯战争的胜利，国际形势发生了巨变。在世界民族民主革命运动的推动和影响下，亚、非一系列伊斯兰国家相继摆脱了殖民统治，赢得独立。在反对帝国主义、殖民主义斗争中形成的各种形态的民族主义，成为新兴的伊斯兰国家主流的政治思想，得到社会成员广泛的支持和认同。现代民族国家的建立极大地提高了民族主义政党和领袖人物在国家政治生活中的地位和威望，而在争取民族独立斗争中扮演次要角色的伊斯兰教力量则显得暗淡无光，并且在随后兴起的现代化潮流中逐渐被推向边缘化。可以认为，从"二战"后到60年代末，是世俗的民族主义兴旺发达而传统的伊斯兰教思想影响渐衰的一个时期。由此决定了圣战观念的命运，它已随着泛伊斯兰主义的破灭和有名无实的末代哈里发国家——奥斯曼帝国的解体而被人们忘却。

　　"二战"后圣战思想在国际政治中的首次闪现是在1967年第三次阿以战争以后，它也是伊斯兰教重新介入国际政治的一个"信号"。由于阿拉伯国家在"六天战争"中遭到惨败，失地、丧权、辱国，使阿拉伯民族主义在信念和感情上遭到一次重创，其威望和影响降至历史的最低点。其后不久，为建立反对犹太复国主义广泛统一阵线而成立的伊斯兰会议组织，实际上也标志着中东政治思想的"易帜"：阿拉伯民族主义逐渐让位于泛

---

　　①　阿齐兹·阿赫默德：《印巴伊斯兰现代主义》，牛津大学出版社1967年版，第31页。

伊斯兰团结意识。由于以色列军队在战争中占领了被奉为伊斯兰教第三大圣地的耶撒撒冷老城，发生了焚烧坐落于圣殿山上的阿格萨清真寺事件，这两大敏感事件成为战败的阿拉伯国家激励宗教感情的重要工具。人们注意到，正是在此期间伊斯兰会议组织在明确表示对外"用一个声音讲话"的同时，号召世界各国的穆斯林团结起来，用"圣战"来打败以色列"恶魔"，解放圣地耶路撒冷。用一个拥有四十几个成员国的国际组织的名义来号召举行"圣战"，这在战后国际政治史上还是首次。尽管圣战的呼唤只起到激发宗教感情的心理作用，但在更广泛的意义上也可以认为，它为后来一系列滥用圣战的事例首开先河。

20世纪70年代以来，伴随着伊斯兰复兴运动在中东等地蓬勃兴起，传统的宗教思潮犹如决堤的洪水一般一泻千里，难以制止。与此同时，各国政府也都"因势利导"，有选择地利用传统的宗教文化资源，包括传统的圣战思想以稳定大局。如今阿拉伯国家政府都异口同声地谴责"宗教极端主义"，但不应忘记，穆斯林极端组织在反对本国政府斗争中所诉诸的"圣战"也是当年它们在反对犹太复国主义斗争中经常使用的思想武器。例如，在以"斋月战争"著称的第四次阿以战争中，埃及和叙利亚军队就以"白德尔之战"为这次军事行动的代号，而"白德尔之战"正是当年伊斯兰教先知穆罕默德率领早期信徒在与麦加敌对势力的圣战中取得胜利的首次战斗。精心选择这一代号显然是为了用当年的圣战精神来激励阿拉伯军队的士气。此外，今天高喊反对"国际恐怖主义"的美国和西方盟国，当年也曾大力援助反对苏军入侵的阿富汗伊斯兰圣战者组织（七党联盟），特别是高举圣战旗帜、具有强烈的原教旨主义倾向、以希克马蒂亚尔为首的阿富汗伊斯兰党武装力量。这些现象提示我们，传统的圣战思想在当代国际冲突的背景下再度兴起，与各种政治力量的滥用和默认有直接的关系。圣战是把"双刃剑"，出于政治功利主义默认、鼓吹或支持圣战而不顾可能产生的后果，势必要遭到"报应"。80年代以来中东地区不断发生暴力冲突和一系列令人震惊的恐怖事件，原因固然很多，但显然与鼓吹和滥用圣战有密切的关联。

公正地说，圣战思想的复活和滥用与当代伊斯兰复兴运动有直接的关系。作为复兴运动主流思想的伊斯兰原教旨主义所鼓吹的"行动主义"，既包括合法的"常规"行动，也包括非法的"极端"行动，行动主义被推向极端就是如今遭到中东各国政府和国际社会严词谴责的以"圣战"为名义的各种暴力恐怖活动。当然，伊斯兰复兴运动的兴起以及暴力恐怖事件的发生，原因相当复杂，撇开具体原因而专注于后果显得有失公道。好在我国学者已就此发表过许多论著，不至引起误解。

　　简言之，少数穆斯林极端组织诉诸圣战的重要目的之一，是为了用这种"极端"手段来传播其"激进"的原教旨主义思想。为此，它们必须批判和拒绝以强权政治为主导思想的西方资本主义制度、文化方式和价值体系。它们把对美国和西方的敌对情绪与对"异教徒"举行圣战的传统观念结合起来，很容易找到对付"大撒旦"的理由和办法。相比之下，作为宗教政治反对派，他们以推翻本国政府为目的，这就使他们陷入法理和道义上的困境，因为这些当代的圣战者们必须向世人解释清楚"穆斯林何以要以暴力来反对穆斯林兄弟"。传统上伊斯兰教在臣民与国王关系问题上所提倡的是一种"忠君报国"思想，其典型表述是"国不可一日无君"，"60 年不义伊玛目的统治胜于一日没有苏丹"[①]。

　　所以，"犯上作乱"很难在传统宗教思想中找到根据，唯一可行的办法是宣布统治者"叛教"，而叛教者按教法规定应受极刑。当代鼓吹圣战的极端派正是沿着这条思路来解释传统的圣战观念的。例如，当代著名的原教旨主义宗教思想家毛杜迪，在界定理念中的名副其实的伊斯兰国家时，就把那些无视真主主权、先知权威、拒绝以宗教法为国家根本大法的穆斯林国家一律定性为"非法政权"。另一著名宗教思想家赛义德·库特卜，在他的《路标》等著作中也提出了类似的观点，他把实行政教分离的埃及纳赛尔政府称为"贾希利亚"（jahiliyya），意即埃及社会仍处在伊斯兰教前信奉伪神、愚昧无知的状态。这样愚昧统治的政权当然应当推翻。鼓吹圣战另一有影响的人物，是 1981 年曾参与刺杀萨达特总统的埃及国民卫队军官哈利德·伊斯兰布里中尉。他是埃及秘密的"圣战组织"的发起人之一，也是该组织秘密散发的宣传小册子《被遗忘的义务》的作者之一。书中提出，圣战本来是每一个穆斯林应尽的义务，如今却被他们淡忘

---

① 　此为一则圣训传说，转引自安·兰伯顿：前引书，第 145 页。

或疏忽了，因此很有必要加以强调。作者以 13 世纪的伊本·泰米叶为答复信徒疑问而发布的两个教令为依据，得出一个富有煽动性的结论：既然当年的穆斯林可以把念过清真言但拒绝以伊斯兰教法为国法的蒙古统治者视为"不信道者"，今天我们当然也可以把拒绝全面引进和实施伊斯兰教法的埃及政府领导人视为"叛教者"并予以惩罚。据说伊斯兰布利在开枪刺杀萨达特总统后曾毫无惧色地高声自报其名，高喊"我杀死了法老王，我不怕死！"。①他说的法老王也就是伊斯兰教的"敌人"，而处死"叛敌"也就光荣地履行了对真主的义务。可见圣战思想毒害之深。

就阿拉伯国家而论，当代圣战思想以在埃及、黎巴嫩、巴勒斯坦等地更为活跃，这些地区成为中东各种矛盾和冲突的交汇点，与那里的极端组织的频繁活动有直接的关系。埃及作为中东地区的政治大国、文化大国，它在重大国际问题上的态度具有举足轻重的影响，正因为这种重要性，战后埃及一直是东西方两大营垒竞相争夺的对象。70 年代以来，由于国内外矛盾不断加深，埃及不仅成为伊斯兰原教旨主义思潮的策源地，也是中东各国中宗教政治反对派最活跃的国家之一。埃及三届政府尽管在同穆斯林兄弟会的长期斗争中坚持了政教分离的原则立场，70 年代后复出的兄弟会也明确表示反对诉诸暴力，但少数极端组织策划的暴力恐怖事件仍使埃及社会不得安宁。埃及诉诸圣战的暴力组织主要有伊斯兰解放组织（穆罕默德的青年）、穆斯林社团（赎罪与迁徙组织）、圣战组织和救出火狱组织。它们所从事的暴力恐怖活动包括：1974 年 4 月武装进攻开罗军事技术学院、1977 年 7 月绑架曾任埃及宗教基金部长的艾资哈尔大学教师侯赛因·达哈比、1980 年 10 月 6 日刺杀萨达特总统和 1989 年 12 月企图暗杀埃及政府两位部长和一名新闻记者。此外，1993 年 3 月纽约世界贸易中心爆炸事件也与它们有牵连，美国司法部门相信穆斯林社团领导人、盲人欧麦尔·拉赫曼是这起爆炸案的策划者。在黎巴嫩这一长期被战乱困扰的小国，暴力恐怖事件连续不断。在长达 15 年的内战中，共有两位总统、一位总理、36 名政治家和 8 名驻黎外交官员在恐怖主义枪口下惨遭杀害。这些暴力恐怖事件并非全部出自黎巴嫩真主党，也不能简单地把整个真主党

---

① 约翰·埃斯波西托：《伊斯兰威胁：神话还是现实？》，牛津大学出版社 1995 年版，第 93 页。

视为恐怖组织，但真主党的名字经常与暴力冲突相联系则是不争的事实。在黎巴嫩，真主党下属的"伊斯兰圣战组织"策划的暴力恐怖事件大多发生在 80 年代，主要有：1983 年和 1984 年两次以自杀性爆炸袭击美国和法国驻科威特使馆、1984 年和 1988 年两次劫持科威特航空公司客机和 1986 年在巴黎制造的爆炸事件。制造这些事件的动机，反映了真主党的支持者伊朗的愿望：一是为了改变科威特和西方大国在两伊战争中支持伊拉克的立场；二是为了迫使科威特政府释放因制造爆炸案而被关押的真主党人员。由于真主党武装得到伊朗、叙利亚和黎巴嫩政府的支持，尽管它已被美国和以色列宣布为"恐怖组织"，但它在黎巴嫩的活动仍不受限制。

在被占领土巴勒斯坦，圣战思想与巴勒斯坦人民的解放事业交织在一起。早在 1948 年巴勒斯坦就出现过一个称为"圣战之家"的武装组织。它是同年爆发的第一次阿以战争的产物，只是其圣战思想在当时未引起外界的注意。第二个圣战组织名叫"伊斯兰圣战之旅"，始建于 1987 年巴勒斯坦人民为结束以色列占领而举行的民族起义之际。有人认为它隶属于巴解组织下属的法塔赫游击队，其成员主要是来自被占领土约旦河西岸的居民。巴勒斯坦最大的圣战组织称为"伊斯兰圣战运动"，它活跃于加沙地带，直到 1987 年巴勒斯坦起义爆发后才引起外界的注意。该武装组织的母体是始建于埃及、发展于约旦和巴勒斯坦的穆斯林兄弟会，后因不满于兄弟会主流派的温和态度而转向圣战。但它不同于埃及的圣战组织，它不重视圣战思想建设，而只把反对以色列的斗争视为一个穆斯林应尽的义务。其领导人阿齐兹·阿沃达曾表示："不是让巴勒斯坦事业服从伊斯兰，而是要求伊斯兰服务于巴勒斯坦事业"。①总之，它是一个类似"哈马斯"性质的穆斯林抵抗组织，但其规模和影响不如哈马斯。

（原载《西亚非洲》1999 年第 4 期）

---

① 约翰·埃斯波西托主编：《现代伊斯兰世界百科全书》，第 2 卷，第 374 页。

伊斯兰文化的共性与个性

　　从宗教文化学观点看，观念形态的宗教信仰体系总是以一定的文化方式为基础架构，离开特定的文化方式，宗教信仰便会成为无源之水、无本之木。故此，宗教文化学尤为重视宗教在人类文化中的方位、作用，以及宗教文化与世俗文化的互相渗透、互相补充和排拒。这类研究对理解人类宗教现象的复杂性具有重大意义。

　　宗教人类学研究揭示，大凡体系完备、影响广泛的世界宗教，一般都经历过由简到繁、由低级形态到高级形态的演进过程。例如，当今甚为活跃的伊斯兰教便是由阿拉伯部落宗教演进为阿拉伯民族宗教，进而发展为世界宗教的。各种宗教在走向世界大舞台过程中，它们之所以仍保持着宗教信仰的本质属性，原因在于它们在同异质的世俗文化的交往中保存了宗教精神价值的超越性。但保留中也有吸纳，其中包括对外来非宗教文化成分的吸纳。通常可以把宗教精神价值普遍适用的超越性视为一种宗教文化的共性，而把宗教文化受外来宗教与非宗教文化影响而形成的多样性、差异性视为宗教文化的个性。若此说不谬，那么应当怎样看待在当今世界上被炒得火热的泛伊斯兰文化呢？简言之，就是坚持两点论，既要看到宗教文化的共性，又要看到宗教文化的个性。二者不可偏废。

　　所谓伊斯兰文化，一般是指以对独一真主信仰为基础的、包括精神文明和物质文明两大方面的一种内涵丰富的文化方式、文明类型。就价值体系而言，伊斯兰文化尤以对人类精神领域的影响更为深广，而物质的伊斯兰文化实际上也是精神的伊斯兰文化间接的成果。从宗教文化学视角看，伊斯兰教欲成为世界性宗教，它在创立和传播过程中必须不断克服部落、种族、血缘、肤色、语言、地域、民俗等限制性因素，使自身成为一个具有超越性、开放性、普世性的泛伊斯兰文化信仰体系，便于为不同文化背景的世界各族人民所接受。这是一个长期而复杂的历史过程，涉及政治征服、信仰与生活方式认同、文化与民族融合等种种复杂的情况，其中尤以8—9世纪的阿拉伯—伊斯兰化以及其后在世界各地不断兴起的伊斯兰化浪潮最为重要。

启示性、地域性的阿拉伯民族宗教，经过封建化进程而演进为世界性宗教，大约历时200余年，到阿巴斯王朝（750—1258）前半期初具形态。随着封建制度的建立，伊斯兰教转变为幅员广阔的阿拉伯帝国的上层建筑，成为一种具有广泛的整合协调功能的宗教—政治文化，统摄着社会舆论，指导着国家政治与社会生活，协调、维系着不同社会群体间的人际关系，成为法律、秩序、良心的象征，价值取向的主要源泉。在漫长的中世纪，伊斯兰教曾经对世界不同地域的许多民族产生过广泛的影响，它本身正是综合性的多民族文化的结晶。伊斯兰文化的共性主要体现在三个层次上：

一　认主独一宇宙观、人生观的精神指导作用

伊斯兰教坚信，包括人类在内的宇宙万物皆是真主的"造化物"，并将最终回归真主。认主独一宇宙观、人生观在精神领域确立了真主对国家、社会、群体、个人的主宰地位，并通过宗教制度和日常宗教生活不断强化认主、从主、归主的宗教观念，形成一种共同的思维范式。传统上，一个虔诚的穆斯林总是以人与真主的关系来确定自我的位置，思考人生的意义，实现崇高的价值。历史上，认主独一宇宙观在政治层面最深刻的影响在于"双重忠诚观念"：首先要忠于真主，其次才是忠于民族和国家。认主独一宇宙观把宗教信仰提高到首位，以共同的信仰为纽带的穆斯林兄弟情谊也就成为影响人际关系的首要因素。只要是穆斯林，彼此之间就有一种手足之情，这种泛伊斯兰宗教情感是建立在共同的宗教价值取向基础之上，可以视为对一切非伊斯兰价值体系的一种超越。

二　主体宗教文化的综合影响

主体文化是指对一个民族的思想和行为起决定性影响的文化方式。近

代以来，由于人文主义和物质文化的飞速发展，人类的主体性得到空前的张扬，人们多以世俗性的民族文化为民族认同的基础，而精神性的宗教文化则受到冷落。然而，在中世纪的伊斯兰世界，伊斯兰文化无疑是一种主体文化。它在社会、文化生活各个领域的广泛影响已有定论，而它在认知方式上的影响则尚未引起充分的注意。

传统伊斯兰文化的建设者主要是在宗教制度文化、精神文化领域贡献卓著的穆斯林知识精英，其中以熟悉经训、教法知识的伊斯兰宗教学者阶层最为重要。历史上，其突出作用在于他们曾深深地影响了伊斯兰教的认知方式。伊斯兰教的知识传统主要是由启示知识（《古兰经》）、传述知识（圣训）和推导知识（宗教法学）三部分组成。启示知识的前提是坚信真主启示、绝对服从主命（真主的意志），因而是一种先验的、不容怀疑的"绝对知识"。传述知识赋予启示知识以历史的内容，它既以不证自明的真主启示为权威的依据，也是对启示知识的一种有益的诠释和补充。而较之经训知识，作为间接知识渊源的宗教法学知识，一方面体现了人类在知识活动中的参与性；另一方面又对人类获取知识的能力和这类知识的可信性深表怀疑。其基本原则是：理性思考和逻辑论证不得违背经训知识。伊斯兰文化在认知方式上的突出影响是尊经崇圣，以是否符合主命和伊斯兰文化传统作为价值判断的依据。无可否认，由于历史文化传统不同，世界不同民族的穆斯林对经训的理解会有差别，但主体宗教文化对他们的决定性影响则很相似。

三　神圣律法的社会整合作用

伊斯兰教常被人们视为一种政治文化，这主要是因为它的法律制度曾对国家政治生活产生过决定性影响。作为一部宗教律法，伊斯兰教法的显著特色是集宗教教义、道德规范、法律制度于一体，它以信仰真主为根本出发点，把人类社会各种错综复杂的关系简化为个人与真主的关系，作出相应的规定，以便有所遵循。由于这种传统的法制观念是以共同的宗教信仰为基础，法实质上是宗教信仰的外化和延伸，因而伊斯兰教法具有精神价值超越性，即相对独立性。在阶级社会中，一种法律制度往往随着政治制度的解体而被废止，而伊斯兰教法却能跨越时代，其常驻常在的青春魅力正是宗教价值超越性的一种体现。在政治与社会观念上，伊斯兰教法的突出影响是使人们更加重视政治制度的合法性、社会制度的合理性。这同样是宗教信仰的一种外化和延伸。合法，是指一种国家政权必须以真主之大法为基础，必须符合主命。合理，是指一种社会制度必须符合伊斯兰教的社会理想，必须有先例可循。历史上伊斯兰教法以两方面的影响最为突出。一是在政治理念上确立了"真主主权论"，其理论价值在于对不合主命的"非法政权"可以拒绝服从。二是在宗教行为上确立了宗教律法的指导地位，判定一个穆斯林是否虔诚，在很大程度上取决于他对作为主命之体现的伊斯兰教法是否坚信不疑、身体力行。历史上伊斯兰教法展现出广泛的社会整合协调作用，这种作用靠的不是法律的强制力，而主要是宗教信仰、宗教道德的感召力。

　　上述伊斯兰文化三大共性因素表明，伊斯兰宇宙观是面向全人类的，这一普遍适用的全球方位决定了伊斯兰文化精神必须具有价值超越性。然而，所谓超越无非是指高于人类自我、高于物质世界的一种宗教理想、一种精神目标、一种价值追求。它在实践过程中必然会因为时空和人类自我的局限而产生偏差和"走样"，难以完全符合"原型"，这便是伊斯兰文化的共性与个性的辩证关系。在价值层面，统一性是从全能真主绝对精神的投射中构建而成的一种完美的精神境界，而多样性则是在实践中因受主客观环境影响而形成的差别性，所以从理想与现实的距离即从超越价值实现的程度和水平看，不论是伊斯兰文化的共性还是个性，都与最高精神境界存有巨大差距。如果回归到宗教信仰本身，则似乎可以说，这种矛盾现象是不可避免的。因为按照传统宗教哲学，在完美的、绝对的真主面前，人类自我永远是不完善的和相对的。但承认人类的局限性意在提倡自强不息的奋斗精神，以尽力缩短理想与现实的距离，这似乎可以解释伊斯兰教两世吉庆观念对信教群众所产生的巨大鼓舞作用。

　　从共性与个性的辩证关系看，伊斯兰文化的共性寓于民族文化的个性之中，它才能在世界各地生根、开花、结果。中世纪伊斯兰文化之世界性魅力，主要是因为它在走向世界的进程中，以其包容性、开放性和宽容精神较好地解决了与各地民族文化的关系问题，从而消解了宗教文化与民族文化间的张力。尽管如此，不同文化方式之间的冲突仍不时发生，并不断对伊斯兰文化的形态和内容施加影响，形成多元一体或多元多体的文化。伊斯兰文化对民族文化的影响是以统一化（共同信仰真主及其使者）和规范化（共同遵守宗教法规）为特色，而民族文化对伊斯兰文化的影响则主要是本地化、民族化、多样化。二者间的张力集中体现在如何对待具有民族特色的外来文化问题上。所以伊斯兰教历史上经常发生的教派斗争、学派之争、哲学史上新与旧之争、统治集团内部的派系之争，以及以异端教派、新先知等面目举行的起义暴动，等等，往往与赞同还是抵制外域文化这一广阔的背景密切相关。总之，一方面居主导地位的伊斯兰文化对外来民族文化采取改造、融合、利用的态度；另一方面民族文化则对伊斯兰文化有所认同、有所保留。

如同世界各地千姿百态、宏伟壮观的清真寺建筑无不具有鲜明的宗教特色和民族风格一样，伊斯兰文化中明显地包含有民族文化的因素，离开宗教文化的民族载体——民族文化，伊斯兰文化也就无从谈起。当然，民族文化中也有宗教文化因素，否则它也不会成为伊斯兰文化的组成部分。所以从民族个性层面看，即使在中世纪大伊斯兰文化氛围下，在伊斯兰大帝国内部也同样存在着民族意识、民族特性、民族文化认同。当然，从研究角度，我们完全可以把伊斯兰文化分解为阿拉伯、突厥、波斯、印度、印尼、黑非洲、中国等伊斯兰语族文化板块，它们互相区别的根本标志正是民族性。例如，就中国伊斯兰教而论，它在基本信仰、宗教制度、礼仪功课等许多方面无疑是伊斯兰的，与其他国家和地区的伊斯兰教并无差异，但它由于受到中国社会、中国传统文化的影响，又有其自身的一些特点，如明清时期一些汉文化功底深厚的中国穆斯林学者在著述中吸纳中国传统文化，试图用儒道等中国传统思想解经释教，使外来的异质宗教文化便于为中国同胞所接受；在宣教布道实践中，舍弃或淡化了某些不合中国国情的内容，诸如政教合一的政治制度、宗教司法制度，并严格实行一夫一妻的婚姻制度，等等。此外，还确立了爱教与爱国相统一的思想，既忠于真主，又服从君主。

伊斯兰文化的共性与个性是统一的，彼此之间也有一定的张力。从伊斯兰世界范围看，一般正统观念较强的穆斯林往往强调伊斯兰文化的共性，强调正本清源、返璞归真，以弘扬伊斯兰信仰的本来精神。他们在净化信仰、回归传统口号下发动的伊斯兰复兴运动，不仅要消除一切非伊斯兰的外来文化影响，而且要破除某些已被当地穆斯林接受的民族文化传统习尚。而一些较为宽容的穆斯林，则更加重视伊斯兰文化的开放性、民族性和灵活性，避免走向极端。

进入近代以后，随着殖民统治体系的土崩瓦解和民族主义、民族解放运动的蓬勃兴起，伊斯兰文化在争取民族独立浪潮下受到一次巨大的冲击。19世纪下半叶，以泛伊斯兰文化为依托的泛伊斯兰主义，曾经作为反对欧洲列强的精神武器产生过一定的影响。到20世纪初，特别是在土耳其资产阶级民主革命取得胜利以后，泛伊斯兰主义愈益不得人心。土耳其从泛伊斯兰主义经过泛奥斯曼主义最终转向土耳其民族主义，这一政治方向选择实际上也是价值系统的一种转换，它对伊斯兰世界的政治走向产生了深刻的影响。"二战"以后，伊斯兰国家中没有一国明确宣布走土耳其式政教分离和世俗化道路，但也绝无一国以泛伊斯兰文化为文化建设的基础。这似乎表明，战后随着各种形态的民族主义、社会主义思潮的泛起，至少在政治意识形态层面上，泛伊斯兰文化已变得无足轻重，不足以对国家政治生活产生实质性影响。这一共同趋向在几乎"全民信教"的阿拉伯伊斯兰国家也绝无例外。

由此提出了一系列值得深入思考的问题：既然伊斯兰文化具有价值超越性，那么它在由传统转向现代过程中是否可以继续发挥某种作用？它在两个文明建设中是否应当占有一席之地？它的终极关怀是否可以同时代精神、国际社会潮流相协调？对于诸如此类的问题，可以说不同的政治力量有着全然不同的回答，这里不妨就三个最突出的现象予以观察和思考。当然，因篇幅所限，这里只能"点到为止"。

首先，从政教关系的基本模式来分析伊斯兰文化在国家政治生活中的地位和作用。战后随着殖民统治制度的解体和民族解放运动的勃兴，在世界范围内出现了广泛的伊斯兰复兴运动。但伊斯兰复兴更多地还是一种传统文化的回升，并不意味着宗教在国家政治生活中起决定性作用。相反，伴随着阿拉伯民族主义以及各种形态的民族主义意识形态的勃然兴起，它们在许多伊斯兰国家的政治与社会生活中成为居主导地位的官方意识形态，作为新的价值取向的源泉（其中包括融合伊斯兰教于民族主义之中），得到国家政权的弘扬和保护，取得比较广泛的社会认同。战后伊斯兰国家政教关系的基本模式是事实上的政教分离，宗教信仰自由受国家法律保护，但"宗教里无政治、政治里无宗教"成为许多国家处理政教关系问题上的共识。简言之，由于恢复国民经济、致力于现代化建设成为战后伊斯兰国家的当务之急，伊斯兰教的形态、趋向和功能不能不深深地受到新兴的民族主义意识形态的制约和影响，发生了明显的趋同性转变。这一趋向在高举阿拉伯民族主义、阿拉伯社会主义旗帜的国家尤为明显。在某些实行君主制、君主立宪制和酋长制的伊斯兰国家，虽然未公开申明实行政教分离原则，但真正能对国家政治生活施加影响的也只限于得到国家政权认可和保护的"官方教会"。可以认为，在步入现代社会以后，伊斯兰文化超越的精神价值难以"超越"愈益现代化、世俗化的政治与社会现实，难以超越人类的主体性。

其次，我们来观察伊斯兰文化的超越精神在国际关系领域里的位置和影响。"二战"后特别是70年代以后，在伊斯兰世界兴起一系列泛伊斯兰国际组织，其中以伊斯兰会议组织最有影响。这一国际组织兴起的动因主要是为了在战后两极对抗的冷战格局下增强伊斯兰国家的实力和抗震力，以便在动荡不安的国际形势下求得生存和发展的机遇。冷战不止的根源是强权政治。国际冲突实质上是权力和利益之争。50—70年代，在两极对抗的国际政治格局下，意识形态冲突被提高到首位，成为解释冷战格局的理论模式。在此形势下，介于两极之间的伊斯兰世界虽然并未构成独立的一极，却也因为当时流行的理论模式而带有意识形态色彩。伊斯兰国家在政治体制、社会制度、战略发展模式、价值取向上可以说是相去甚远，它们在文化背景上唯一的亲和力是共同的伊斯兰文化遗产。问题在于：一个以共同的宗教信仰、宗教情感为纽带的松散的国际组织能在多大程度上保障其成员国像它们所申明的那样"对外用一个声音讲话"？这似乎可以作为判定宗教价值超越性的方便尺度。诚然，由于某些共同利益的需求，伊斯兰会议组织在和平与发展、阿以冲突、协调对外政策，特别是在加强成员国在经贸、科技、文教等领域的团结、互助、合作上确实发挥了许多积极作用。但另一方面同样不容忽视。当问题关涉一个主权国家的根本利益时，成员国之间就会把基于共同信仰之上的手足之情抛到九霄云外，陷入残酷的内部冲突之中。人们不会淡忘：两伊战争、海湾战争以及在四次中东战争中伊斯兰国家互相对立的立场和态度。由此可见，超越性的宗教价值即使在同不同文明的国家发生冲突时，也难以成为对外决策的出发点，权力与利益冲突已使传统的宗教价值被严重扭曲。不过从功利主义目的性角度看，宗教价值的超越性仍有理论的意义，也许它的价值正在于不能彻底实现。因为终极关怀只是一种精神动力，本来就是不能彻底实现的。

　　最后，我们来观察伊斯兰原教旨主义对伊斯兰文化共性与个性的态度和影响。在当今的伊斯兰世界，如果说有一支社会力量热衷于以伊斯兰教作为现实价值取向的唯一源泉，那就是活跃于各国的原教旨主义政党和组织。原教旨主义最突出的特征是主张通过复兴伊斯兰教初创时期的进取精神来解决当今社会面临的各种困难和问题，达到国家与民族的复兴。在伊斯兰文化的共性与个性问题上，原教旨主义者可谓彻底的伊斯兰主义者，所以人们在描述当今伊斯兰复兴运动时，大多注意到它的国际化趋势。这里所谓国际化趋势，实际上是指泛伊斯兰化趋势。它在行为方式上表现为"输出革命"，全力支持别的国家和地区的伊斯兰复兴运动，而在理论主张上则表现为对一切非伊斯兰意识形态和文化方式，特别是对曾经风行一时的民族主义思潮的排拒。霍梅尼"不要东方，不要西方，只要伊斯兰"的口号为此作了最贴切的注解。在原教旨主义看来，伊斯兰教是包容一切、自足的信仰体系，它足以解决人类社会面临的各种困难和问题，当然，更无需向西方文明借用任何东西。原教旨主义在净化信仰、回归传统的口号下，不仅抵制一切外来的非伊斯兰文化，而且反对当今伊斯兰国家的主流文化，视为西方化、世俗化的产物，必欲根除而后快。原教旨主义所欲回归的传统并非实在的历史文化传统，而是宗教政治理念中的传统。它否认伊斯兰文化传统中的民族性，实际上也就抽掉了伊斯兰文化赖以生存和发展的根基。原教旨主义者在国际强权政治面前所显示的独立自主意识和自强不息的奋斗精神令人肃然起敬，他们对传统文化的重视也是可以理解的。但对原教旨主义内向封闭的文化观，人们实在不敢恭维，因为东方与西方合起来就是人类世界，而人类文明尽管类型不同，却是互补的，互相融合的，文明方式的冲突最终仍然会导致融合和共存共荣。历史上若没有伊斯兰文化的宽容精神，原教旨主义依托的伊斯兰文化亦不复存在。

自然，我们也应当看到，原教旨主义理论与实践之间也有差距，它在实践层面上也表现出适度的灵活性。例如，伊斯兰革命后的伊朗，一方面在理论原则上继续坚持伊斯兰意识形态的纯洁性，另一方面也采取了许多灵活的政策。主要表现在：它在排拒西方文明的同时，在政治制度上仍实行三权分立的原则；在现代化建设中仍然重视源自西方文明的科技成果，对西方招商引资，发展经贸关系；在继续对外输出革命的同时，积极与邻国建立正常的外交关系，重视发展地区性、国际性伊斯兰国家的友好互助合作；在同包括西方在内的非伊斯兰国家交往中，其对外政策的出发点是维护伊朗的主权和利益，而并非具有超越性的宗教价值。凡此种种表明，在当今的多元世界上，伊斯兰文化的共性不可能超越国家与民族的界限，虽然在本质上它是面向全人类的。这种理想与现实之间的鸿沟正是宗教价值超越性所难以超越的一种普遍现象。

（原载《世界宗教文化》1996 年春季号）

当代伊斯兰文明的趋势与特点

引　言

当今世界各大文明的态势，也许我们很难用简明的语言作出研判和概括。如果沿用"文明冲突论"的说法，似乎人们可以有理由相信，如今敢于公开挑战强势西方文明的，只有伊斯兰文明。不过"文明冲突论"武断却又无法说清楚一个根本性的问题：不同文明之间只是因为难以消除"差异"就必然会引起冲突吗？

本文无意就"文明冲突论"展开深入系统的讨论，只是因为一谈起伊斯兰文明，许多人立即就会联想起"伊斯兰威胁论"和"文明冲突论"，才不得不顺便讲几句题外之话。但由此我们也可以看出，如今密切关注伊斯兰文明命运的不限于"当事人"，异域文明的西方世界，特别是自认为代表强势西方文明的美国，也一再投以关注的目光。

如果说伊斯兰世界关注自身文明建设是出于发展战略考虑，那么这种战略思考大体上始自"二战"结束以后。战后亚、非政治地图的显著变化是一系列伊斯兰国家赢得主权独立，加上原来保持独立的少数国家，伊斯兰世界开始成为一支重要力量。战后伊斯兰国家相继步入现代化进程，从传统社会向现代工业社会转型，因此而成为观察当代伊斯兰文明的重要视角之一。人们注意到，从 20 世纪 70 年代下半期开始，以伊朗反巴列维王朝的伊斯兰革命为重要标识，一波又一波的带有广泛群众性的伊斯兰复兴运动在世界各地勃然兴起。伊斯兰复兴主义提出的各种主张，以发展道路的重新选择问题最为重要，对伊斯兰发展道路的大众诉求和呼唤，反映了对不成功的现代化模式的重新思考和评估。

　　地处中东的阿拉伯世界是伊斯兰世界的核心。中东的现代化进程势必对伊斯兰世界的现代化进程产生重大影响。中东的现代化不仅要求理顺宗教传统与现代化进程的关系问题，而且首先需要创造一个和平安宁的国际环境。然而，战后中东地区战乱不止，四次中东战争、长达 8 年的两伊战争、两次美国对伊拉克的大规模战争，使中东的和平环境一再惨遭破坏。中东问题专家感叹：人们似乎没有发觉中东现代化的进程，而只听到战场上的枪炮声和谈判桌上的舌战声。和平进程压倒了现代化进程。① 战乱环境在中东阿拉伯世界引起的负面效应，是观察当代伊斯兰文明态势的另一重要视角。

　　当今的伊斯兰世界，只有民族与宗教两种基本社会力量，他们彼此既有联系又有区别。战后伊斯兰国家的文明建设中，如何处理好宗教与民族国家的关系问题，是各国政府面临的共同课题。宗教与民族的关系问题，是近代民族主义思潮兴起后提出的新问题，解决难度很大。不同的民族主义政党和国家政府对此问题的立场、观点和态度明显不同。简而言之，凯末尔主义给出的答案是在政治制度和政治理论层面断然否定宗教与民族历史上的血肉联系，走西方化、世俗化发展道路。而阿拉伯民族主义则在族源理论上肯定民族的宗教性和宗教的民族性。但它在政治制度和精神文明建设中，明确要求宗教服从政治、服务于现代化建设，严禁宗教干预政治、司法和文教。宗教与民族关系的复杂性、不和谐性，为当代伊斯兰文明建设的目标和路径带来某种不确定性。

　　古老的伊斯兰文明是以伊斯兰教为精神文明、制度文明的基础。传统上伊斯兰教不仅是一种信仰体系和礼仪制度，而且是一种社会制度、传统文化和一种广泛的生活方式。伊斯兰本身正是一种文明。因此，当伊斯兰文明陷入困难时，从自足的宗教文化资源自身来寻求出路，就成为一种思维定势。"宗教兴则民族兴"，近代以来伊斯兰复兴运动的历史一再重复这一传统思维模式。就某种意义而言，近现代各种伊斯兰复兴与改革主义思潮，诸如泛伊斯兰主义、伊斯兰现代主义、民族主义、伊斯兰原教旨主义等，实际上也都是伊斯兰文明思潮的一部分。撇开近现代伊斯兰教思潮与

---

　　① 彭树智：《伊斯兰教与中东现代化进程》，西北大学出版社 1997 年版，第 15 页。

运动，我们似乎很难讲清当代伊斯兰文明面临的处境和发展的态势。

趋势之一：伊斯兰制度文化正在经历着巨大而深刻的 历史性演变，但传统宗教文化对穆斯林民众的 社会生活仍有很强的影响力

　　制度文化是政治文明的重要表现。它的主要功能是以其特有的结构、权威和能量，广泛地介入和规范社会生活，发挥价值导向和强制规范的作用。传统伊斯兰制度文明的主要功能可以概括为三大方面。一是它为政教合一的国家体制提出了法理、道义依据。传统伊斯兰政治学说称为哈里发学说，其基本理念是通过宗教教义和文化传统确证王权和国家制度的合法性，论证"君权神授"思想。按照这种宗教政治观念，臣民之所以要拥护和服从君主，是因为国家君主（称哈里发）代表真主的意志行事，是"替天行道"的真主在大地上的"代理人"。二是它为多民族的传统社会的整合提供了宗教文化基础。除了统一的政治认同，即所有的穆斯林都必须服从真主使者的代理人（哈里发）之外，传统伊斯兰文化的国家观、民族观、社会观，也都有益于建立大一统的社会。伊斯兰教强调，穆斯林宗教社团（Umma）先于国家、重于国家，国家是由具有共同信仰的人组成的社会共同体，而国家和社会的基本宗旨是捍卫伊斯兰信仰、维护民众的根本利益。泛伊斯兰主义的国家观、民族观，有缓解社会矛盾、促进民族团结和社会整合的功能。三是它为穆斯林个体和群体创制了一部包罗万象的生活法典，从而为社会有序运作提供了共同的伦理道德规范和价值准则。传统的伊斯兰教法（沙里亚）集宗教、伦理、法律于一体，其法源理论将神圣启示知识与人类理性知识有机结合，其法律实体涵盖婚姻家庭、遗产继承、民商交易、刑事犯罪与处罚等人生各个领域。伊斯兰法系对世界各国穆斯林知与行的影响是全面的、深刻的和持久的。

　　然而，任何制度文化都不可能是永恒的，而必然要受到时空的限制。近代以来，特别是"二战"以后，传统伊斯兰制度文化经历了巨大而深刻的变迁。这种历史性转变也许是许多古老文明所共有，但它归根结底还是

因为时代条件的变迁使然，反映了传统文明向现代文明的转变、过渡和阶段性发展。我们可以简要地从三方面展开讨论。

首先，传统伊斯兰政治文化资源因历史的局限难以为现代政治建设提供强有力的智力、法理支持，而需要进行理论创新和制度创新。这方面最为突出的事例当首推资产阶级民主革命后的土耳其。凯末尔主义在革命中所提出的共和主义、世俗主义、平民主义、民族主义、国家主义、改革主义等六点纲领，每一点都超出了传统伊斯兰制度文化的范围，每一点都体现了改革与发展的理念，都是一种大胆的理论创新和制度创新。经过数十年长期不懈的努力，现代土耳其国家已在昔日奥斯曼帝国的废墟上建成一个新型现代民主国家。今天伊斯兰世界对现代土耳其的政治发展、政治建设难免会有各种不同的看法，但人们都公认，现代土耳其的政治制度与伊斯兰教无干，而完全属于体制外的创新。

除以西方化、世俗化著称的土耳其"样板"之外，战后阿拉伯世界政治文明建设的趋向也引人注目。在政治意识形态领域，"二战"后阿拉伯世界最突出的转变是阿拉伯民族主义、阿拉伯社会主义成为许多国家政治生活、社会与文化生活的最高指导原则。在政治思想上，阿拉伯民族主义特别是纳赛尔主义，主要是关于阿拉伯统一、民族主义和社会主义的一系列理论观点，这些理论观点可以说与伊斯兰教没有直接关系。而在国家体制、政治结构方面，在国家总体的政治文明建设方面，阿拉伯民族主义在理论、制度创新的同时，仍为伊斯兰教留有余地。如在纳赛尔主义的故乡埃及，不仅国家宪法中规定伊斯兰教为"国教"、伊斯兰教法为立法的主要渊源之一，而且国家还设有"总穆夫提"职务，负责发布"教令"（fatwa），对伊斯兰教法作出权威解释。但与此同时，国家明令禁止组建宗教政党，禁止宗教团体和组织参与政治、干预司法和文教。宗教的政治作用是由国家来行使，如在纳赛尔时期，伊斯兰教不仅是外交政策的工具，甚至也是理论工具之一，阿拉伯社会主义有时也被诠释为"伊斯兰社会主义"。①

---

① 详见吴云贵、周燮藩《近现代伊斯兰教思潮与运动》，社会科学文献出版社 2000 年版，第286—295 页。

在阿拉伯世界，制度文化中理论创新与继承是密不可分的，这种倾向在一些偏于保守阿拉伯国家中更为明显。例如，在以沙特阿拉伯为首的海湾伊斯兰国家中，战后大都在酋长制、君主制、君主立宪制基础上建立了宪政制度、议会制度，其中宪法和宪政制度被认定为源自西方，而议会制度所体现的"伊斯兰民主"精神，则源自伊斯兰教自身。议会作为咨询机构，其基本宗旨是代表民意参与政治进程，通过协商为政治决策提供信息和依据。伊斯兰教认为，政治协商是伊斯兰教传统所固有，《古兰经》中有专章论述"协商"问题。因此，对于某些更为传统的阿拉伯国家而言，政治制度文明创新的关键，在于能否通过灵活变通的解释，从传统政治文化资源中为新思想、新观念、新制度找到合法性依据。

其次，传统泛伊斯兰主义统一的国家观、民族观、世界观早已为分裂的政治现实所打破，因此必须进行修正、调整。早在19世纪下半叶，泛伊斯兰哈里发运动的失败已经宣告传统伊斯兰政治理论的终结。20世纪初土耳其资产阶级民主革命的胜利，标志着超国家、超民族、跨地域的泛伊斯兰政治实体已经丧失存在的理由。"二战"以后，尽管伊斯兰世界施行多种不同的国体、政体，但维护本民族利益的现代民族国家已成为政治建设的主流趋势。由于泛伊斯兰政治实体不复存在，泛伊斯兰主义的国家观、民族观、世界观成为一种陈腐观念。但许多伊斯兰国家的知识精英和著名宗教界人士坚持认为，泛伊斯兰主义的政治实体虽不可取，而泛伊斯兰团结意识依然具有重要现实意义。他们强调，新的泛伊斯兰主义应当与民族主义相结合，应当有利于各自主权独立的伊斯兰国家的生存、发展、强盛。作为这一共识的一个结果，便是20世纪70年代成立、现有57个成员国的"伊斯兰会议组织"。该组织号召成员国在共同信仰、相似的宗教文化遗产的基础上团结互助，"对外用一个声音讲话"。可见，如今人们所说的伊斯兰世界，也许正是指伊斯兰会议组织所代表的伊斯兰文明圈。

再次，传统的伊斯兰宗教价值观正在发生历史性转变，但其实际影响仍不容忽视。历史上伊斯兰价值观主要是通过宗教信仰体系、宗教社会制度和日常社团宗教生活加以体现、弘扬和强化，其中最重要的途径是通过遵从伊斯兰教法做一个道德高尚的穆斯林。中世纪伊斯兰教法的广泛社会影响力，固然是因为教法将人际关系、人与社会的关系一律转化为人与真主的关系，靠宗教信仰、宗教道德的神圣性强化社会立法的约束力，但主要还是因为教法内容本身符合时代与社会的要求。但近代以来，随着时代和社会历史条件的变化，传统伊斯兰教法越来越滞后于社会发展潮流，只有实行现代法制改革，才能恢复传统法制的活力。从 19 世纪下半叶到"二战"结束之前，是传统法制改革的初始阶段。其显著特点是通过引进欧洲的外来法，对传统宗教律法中相当于现代商法、民法、刑法的内容加以修改和取代。自"二战"后伊斯兰国家取得主权、司法独立以来，为传统法制的深入改革阶段。其显著特点是在实行改革的大部分伊斯兰国家，伊斯兰教法的实体已被压缩为仅限于婚姻、家庭、遗产继承三个基本领域，一般称为穆斯林"家庭法"。而在穆斯林个体社会生活的其他领域，传统伊斯兰教法的相关规定已不再具有社会立法的实践性、强制性和约束力。传统法制改革的趋势表明，以宗教道德为核心的传统价值观不再是社会成员唯一的价值源泉，但在伊斯兰世界，宗教道德的重要性和影响力仍远远高于非宗教道德。[①]

趋势之二：伊斯兰文明的解释主体愈益多元化，多种不同的文明思潮勃然兴起、互相竞争又互相补充

中世纪伊斯兰文化的统一性是由多种因素所促成。除了统一的、幅员辽阔的伊斯兰帝国这一政治结构、政治格局之外，解释主体的单一性构成另一重要因素。以制度化的伊斯兰教为例，尽管在其历史发展进程中出现过不同的教派、学派、思潮、运动，但宗教教义和思想文化的阐释者和传承者是统一的。这个伊斯兰文化传统的解释主体，就是称为"乌来玛"（ulema）的伊斯兰教学者阶层。他们精通经训，熟悉教法教理，德高望重，影响深广，是伊斯兰文化权威的解释主体。作为宗教文化知识唯一的源泉，他们通过著书立说、言传身教、布道讲经说法等形式，不仅广泛传播了宗教文化知识，而且精心守护着宗教思想的正统性和一脉相承的历史

---

① 吴云贵：《当代伊斯兰教法》，中国社会科学出版社 2003 年版，第 93—125 页。

连续性。

　　然而，近代以来，这两个重要因素都已不复存在。自从1924年奥斯曼帝国解体以后，伊斯兰世界的统一只具有精神象征意义，实际上伊斯兰国家的政治方向、发展道路早已呈现多样化趋势。尽管各国都庄严承诺要大力保护和弘扬伊斯兰文化遗产，但由于解释主体的多元化，不同人群对"什么是伊斯兰"、"谁代表伊斯兰"等根本性问题有多种不同的理解。从精神文化领域看，当今的伊斯兰世界实际上存在几种不同的文明思潮。近代最早兴起的泛伊斯兰主义，实际上是"政治伊斯兰"的一种形态。它对伊斯兰文化的诠释，强调的是宗教文化传统中所固有的"团结精神"（天下穆斯林皆兄弟）和"斗争精神"（伊斯兰圣战）。继之兴起的伊斯兰现代主义，可以理解为宗教思想文化中的适应主义和改革主义潮流。它对伊斯兰教的诠释有明显的"辩护主义"倾向，认为伊斯兰教传统中同样具有近代西方文化中的科学思想、理性主义精神。现代主义版本的伊斯兰教，其基本功能是"架桥"，即为向先进的西方学习创造条件，寻求传统依据。如果说前两种思潮都是从宗教关照民族，那么民族主义思潮则是从民族关照宗教。民族主义对伊斯兰教的诠释也有明显差异。土耳其民族主义视宗教信仰为"公民私事"，将伊斯兰教完全排除在政治文明建设之外。其解释倾向以世俗主义、政教分离等非宗教政治原则为基本特征。尤其值得关注的是伊斯兰原教旨主义的解释倾向。官方形态的原教旨主义有两个版本。沙特阿拉伯官方诠释称为瓦哈比主义，即瓦哈比教派的基本教义思想。它主张正本清源、回归传统、弘扬正教，其政治含义是把王权、家族、宗教有机地结合起来，互为依托。伊朗的官方诠释，西方人称为霍梅尼主义。其显著特点是把什叶派伊斯兰教转化为一种意识形态，即宗教政治化、政治宗教化。霍梅尼为伊朗确定的国际定位是，不要东方，不要西方，只要伊斯兰。至于民间版本的原教旨主义，则以巴基斯坦一位宗教思想家提出的"四论"最具代表性。"四论"的出发点是以宗教的权威来否定政治现实："真主主权论"旨在用宗教神权否定国家主权；"先知权威论"旨在用伊斯兰教先知的治国经验否定世俗主义政府的权力；"代行主权论"企图把国家政权转变为神权政体；而"政治协商论"则是"伊斯兰民主"的一种说法，强调通过协商制度实现广泛的民主。①

不仅文明思潮的多样性体现了解释主体的多元性，实际参与解释伊斯兰教的人群也来自社会各个阶层、各种不同的领域和文化背景。尽管传统宗教学者和宗教教职人员（毛拉、阿訇、伊玛目等）仍然是重要解释主体之一，但政府官员、军政要员、宗教政党领袖、非宗教专业的专家学者乃至宗教政治反对派的首领、宗教极端主义思想的鼓吹者等都是伊斯兰教的诠释主体。应当承认，由于种种复杂的原因，在某种特殊情况下，有时军政强人、宗教极端主义的头面人物的诠释甚至更具影响力，更容易引起"轰动效应"。如20世纪80年代，巴基斯坦军政强人齐亚·哈克以及苏丹军政强人尼迈里，他们在当政时期所颁布的官方"伊斯兰化"政策、法令，都曲解了主流的伊斯兰教，但也都有相应的社会基础，并通过媒体宣传扩大了影响。②

不同的文明思潮以及不同的解释主体之间既有互相对立、互相竞争的一面，也有互相吸纳、互相补充的一面。伊斯兰教是具有广泛包容性的一种世界性宗教，在其基础上产生和发展起来的伊斯兰文明也是一种具有丰富内涵的世界性文明体系。"伊斯兰"可以代表和意味着许多东西，许多互相排斥、互相对立的事物也都可以在"伊斯兰"名义下得到容纳和表现。例如，就纯理论观点而论，泛伊斯兰主义作为一种宗教政治思潮，与民族主义是不相容的。但出于政治利益考虑，泛伊斯兰主义国际政治组织（如伊斯兰会议组织）也会赞同和支持阿拉伯民族主义在国际事务中的许多主张（如反对新老殖民主义，反对种族歧视，支持巴勒斯坦人民争取民族合法权益的斗争等），从而缓解了宗教与民族间的张力。又如，尽管激进的民族主义思潮一度把早期的伊斯兰现代主义视为某种不争气的殖民文化，但这种在政治上"怒其不争"的态度并未最终导致对现代主义思潮的彻底否定。相反，在阿拉伯世界，一方面许多现代主义宗教改革者后来转变为民族主义者，另一方面现代主义的宗教与社会改革思想也为民族主义所继承并付诸实施。即使是被西方斥为文化保守主义的伊斯兰原教旨主

---

① 吴云贵：《当代伊斯兰教法》，第184—190页。
② 吴云贵、周燮藩：《近现代伊斯兰教思潮与运动》，第402—408页。

义，它与力主拜先进的西方为师的现代主义潮流也有密切的关系。这不仅是因为许多原教旨主义派别组织的主要精神领袖（如埃及穆斯林兄弟会的总训导师哈桑·班纳、苏丹穆斯林兄弟会的首领哈桑·图拉比、巴基斯坦伊斯兰教促进会原领导人阿布尔·阿拉·毛杜迪等）大都受过现代教育，并具有某些复兴与改革宗教的思想，而且因为回归传统、弘扬正教与消除腐败、厉行改革本来就是伊斯兰文化传统中相辅相成的两个方面。

趋势之三：伊斯兰与西方"文明的冲突"成为热议话题，但主流话语是主张不同文明间开展交流、对话

说到"文明冲突"问题，首先需要对这一概念予以必要的限定。在塞缪尔·亨廷顿那里，"文明冲突论"是作为全新的国际政治理论框架预设的，其基本倾向是强调"文明差异"的永久性和对抗性。用这种观点来看待西方关系史，伊斯兰世界与西方 1300 余年交往的历史自然会被视为持续不断"文明冲突"的历史。这种化约论的突出后果是人为地造成西方的二元对立。确切说来，"文明冲突"的本意是指不同文化、文明间因文化价值观奇异而引起的非对抗性的矛盾冲突；暴力、恐怖主义和战争，虽然有时也与"文明差异"相关，但"文明差异"并不一定导致暴力恐怖和战争。

鉴于"文明冲突"涉及双方，而西方文明往往主动挑起冲突，所以我们的讨论应当从西方如何看待伊斯兰文明说起。从"二战"结束到 20 世纪 70 年代末，西方似乎没有把伊斯兰世界看做一支足以挑战西方的政治力量。当时西方所密切关注的，是在美苏两极格局下激进的阿拉伯民族主义国家的走向。从 20 世纪 80 年代初开始，由于伊朗革命推翻了亲美的巴列维王朝，中东地区不断掀起群众性的伊斯兰复兴浪潮，西方开始密切关注幅员辽阔、人口众多、石油资源丰富的伊斯兰世界的走向。当时美国学术界集体匆忙编写的一本向西方公众介绍伊斯兰复兴的著作强调指出，编写这部著作的一个重要出发点是为了"增强了解"，因为"穆斯林世界的政治稳定愈益引起西方的关注"。20 世纪 90 年代初，由于美国在海外的

驻军和使领馆等驻外机构多次遭到袭击，美国本土的纽约世贸中心的地下车库也首次遭到爆炸袭击，美国和西方大众传媒开始频繁炒作"伊斯兰威胁"话题。有的媒体宣称，在苏联解体之后，"绿色威胁"将代替"红色威胁"，西方与共产主义之间的战争即将为西方与穆斯林之间的战争所取代。① 值得注意的是，在"伊斯兰威胁论"中，"伊斯兰"一词是个泛称，实际上是一种政治符号。在伊斯兰世界，谁敢于抵制或反对西方的强权或价值观，谁就对西方战略利益构成一种"威胁"。"伊斯兰威胁"可以来自伊斯兰国家、伊斯兰世界或非政府伊斯兰教组织，也可以来自伊斯兰文化传统和价值观这类"软性力量"。在文化价值观领域，西方标准版本的"文明冲突论"刻意宣传和强化二元对立的极端主义观点：伊斯兰本质上是反西方的；伊斯兰原教旨主义一贯否认和反对现代性；伊斯兰世界不存在真正意义上的民主、自由和人权。

　　在伊斯兰世界，如何认识和看待西方文明，确实是个相当复杂和敏感的话题，涉及历史恩怨、文明方式差异、现实利益冲突等许多重大、根本性的问题。在当今世界，"伊斯兰"是个笼而统之的说法，实际上谁都无权宣称代表伊斯兰。为了简约思维，我们不妨从伊斯兰世界、伊斯兰国家和非政府宗教组织三个层面展开讨论。

　　首先，从地理分布上看，伊斯兰世界是指伊斯兰教广泛流行的地域空间，即西亚、北非、南亚、东南亚等地。从国际政治角度看，伊斯兰世界并非统一的政经实体，因此也不能构成统一的国际行为主体。如从文化学角度观察，似可以认为，伊斯兰世界作为一个整体，是由共同的宗教信仰和相似的宗教历史文化传统这条无形的纽带连接在一起的。应当看到，伊斯兰世界由于历史传统不同，它在文化价值观、发展理念和基本生活方式上确实明显不同于西方世界。如果说这就是"文明差异"，而文明差异是很难改变的，那么如何正确地去对待这些差异以及文明的多样性，就成为值得严肃思考的根本问题。此外，另一值得深入思考之点，是"文明差异"是否必然要影响到乃至决定伊斯兰世界与西方的政治关系。关于这一

----

　　① J. L. 埃斯波西托：《伊斯兰威胁：神话还是现实？》，社会科学文献出版社 1999 年版，第 1 页。

问题，一位温和的穆斯林学者给出了一个不同于西方的回答。他提出穆斯林对西方文明的批评，其本意"并非要在政治上与西方对抗"。①真正的竞争或冲突可能会在两种文明、两种文化之间展开，因为一个是以伊斯兰价值观为基础，而另一个是以物质主义和世俗主义为基础。实际上也正是如此。在现代国际关系中，共同的利益需求超越意识形态对立或价值观歧异的事例，可以说是屡见不鲜的常态。如在当今的伊斯兰世界，明确拒绝西方价值观的两个伊斯兰大国沙特和埃及，都是美国在中东的重要盟友。

其次，从现代国际关系中的基本政治单位或行为主体——国家的角度观察，伊斯兰国家与西方国家确有明显区别。在当今的世界，强调现代民族国家的宗教属性的事例已不多见，而伊斯兰国家在这一点上显得与众不同。如果说国家身份的这种宗教认同是一种"标新立异"，那么伊斯兰国家与非伊斯兰国家的差异主要有三：一是伊斯兰国家居民的主体是穆斯林；二是伊斯兰国家的元首只能由穆斯林担任；三是伊斯兰文化在伊斯兰国家有深广的历史影响。如果刻意要把伊斯兰文明与西方文明进行比较，确实可以说西方广泛流行的许多观念，诸如个人主义、自由主义、宪政制度、多党政治、议会民主、市场经济、世俗主义、政教分离，等等，很少在伊斯兰国家得到共鸣或赞赏。但东西方文化价值观上的差异，并非注定会从根本上决定伊斯兰国家对西方国家的政治态度。许多事实表明，"文明差异"导致政治不满和对抗的后果，往往是因为美国和某些西方大国超越双边关系的"红线"造成的。如几年前美国以战争方式强行改变伊拉克政权后，又迫不及待地提出所谓"民主改造大中东计划"，企图把美式民主强加给中东各国人民。美国之所以出此下策，是因为美国一些高层决策人士无视文化、文明的多样性，而把在特定历史条件下兴起的西方文明视为"全球文明"并加以推广。然而，20世纪90年代以来在阿拉伯世界推行西式民主的直接后果，正如亨廷顿所言，是明显加强了该地区的"反西方政治力量"。这在阿尔及利亚、埃及、约旦、黎巴嫩、巴勒斯坦地区近年来的选举政治中多有表现，各国激进的宗教政治反对派在议会中的席位显著增加。

---

① John L. Esposito, *Voices of Resurgent Islam*, Oxford University Press, 1983, p. 228.

　　如果从"文明冲突论"的原意上讲，在伊斯兰世界也许只有伊朗是属于那种既在价值观上也在政治上反西方的典型伊斯兰国家。这种说法也只适用于霍梅尼时代革命高潮中的伊朗。早在 20 世纪 80 年代，霍梅尼就在伊斯兰革命进程中适时提出了"不要东方，不要西方，只要伊斯兰"的革命口号。对东方社会主义和西方资本主义的断然否定和排拒，是出自对激进的什叶派伊斯兰原教旨主义的坚定信念，这种系统的"政治伊斯兰"的理论、思想、政策方略，后来被西方学界称为"霍梅尼主义"。伊朗革命胜利后，霍梅尼主义成为国家政治文明建设的指导原则，并将其作为伊朗革命的官方意识形态，向伊斯兰世界，首先是向海湾地区保守的伊斯兰国家"输出"。在这种情况下，伊朗所代表的"政治伊斯兰"，它所体现的激进主义世界观、价值观，不仅在西方看来构成一种咄咄逼人的"威胁"，在许多温和的伊斯兰国家看来，也是一种需要严加防范的政治异己力量。两伊战争的爆发和海湾合作委员会的组建都与此有一定的关联。

　　最后，我们来讨论非政府宗教组织对西方文明的态度。在当今的伊斯兰世界，非政府的伊斯兰宗教政党和组织名目繁多，甚为活跃，但大体上可以分为合法与非法组织两大类。实际上真正引起伊斯兰国家政府关注的，是那些具有政治倾向和一定社会影响力的原教旨主义派别组织，其中以埃及的穆斯林兄弟会和巴基斯坦的伊斯兰教促进会更为重要。作为有组织的宗教政治反对派，不论是"穆兄会"还是"促进会"，长期以来他们所关心的主要问题是国内事务，其中以国家与社会发展道路问题至为重要。他们之所以引起西方世界的特别关注，主要是因为这两大伊斯兰原教旨主义派别组织不仅具有反政府的倾向，而且在政治意识形态和文化价值观上强烈地反对西方。

　　不同于提倡文化适应论的伊斯兰现代主义，原教旨主义坚持弘扬传统、回归传统的宗教文化保守主义立场和态度，坚持伊斯兰宗教意识形态的独立性，对西方文明持强烈的批判态度。在国家与社会发展道路选择这一根本问题上，原教旨主义宣称西方资本主义和东方社会主义作为发展模式，已经宣告"彻底失败"。因此，伊斯兰国家必须走"第三条道路"，即具有伊斯兰特色的发展道路。尽管什么是"伊斯兰发展道路"，长期以来世界各国的原教旨主义流派并无一致见解，但他们在排拒西方的价值理念和发展模式问题上则是空前的一致。原教旨主义对穆斯林社会西方化、世俗化倾向的批判，表明他们不仅在本国属于宗教政治反对派，在国际上也明显是属于反对西式的现代化、全球化阵营。所以，以美国为首的西方在同伊斯兰世界交往中，宁肯支持一个在西方看来毫无民主或人权可言的"独裁政权"，也不会对伊斯兰原教旨主义势力作丝毫妥协、让步。西方甚至否认原教旨主义有温和派和激进派之别。而在"9·11"事件以后美国掀起的国际"反恐"声浪中，这些年间在西方世界的传媒舆论中，一种极其恶劣的倾向是简单地把原教旨主义等同于国际恐怖主义。这表明伊斯兰与西方之间年深日久的恩怨和误解，短时期内很难消除。尽管如此，在整个伊斯兰世界，包括经常对美国和西方表达政治不满的中东阿拉伯世界，主流的声音不是与西方对抗，而是通过不同文化、文明间的交流、对话来增进互信与合作，携手共同走向未来。①

（原载《中国社会科学院学术咨询委员会集刊》第 3 集，
社会科学文献出版社 2007 年版）

---

① Anwar Ibrahim, Deputy Prime Minister of Malaysia, *The Need for Civilization Dialogue*, Georgetown University, Occasional Papers Series, 1995.

伊斯兰文明中的人文思想

当今世界文明研究中，人文主义对于促进人类文明发展的重要作用，是一个值得重视的题目。"人文主义"一词产生于欧洲文艺复兴时期，是欧洲近代文明的主要思潮。人文主义反对欧洲中世纪时期的宗教教义和经院哲学，提倡学术研究，主张思想自由和个性解放，肯定人是世界的中心，重视人的主体性。人文主义在其后的发展中，由于受到法国大革命和欧洲启蒙运动的影响，内容变得更加丰富多彩，而以"自由、平等、博爱"口号更富有影响力。人文主义是在西欧特定历史环境下产生的文明思潮，其他文明因为历史条件不同，不大可能产生一模一样的人文主义思潮。但如果"人文"是指人类社会中的各种文化现象，那么我们完全可以相信，人类每一种文明都不乏人文思想、人文精神，只是表现形式和具体内容会有差别。因为所谓文明，实际上是指人类在实现自我价值过程中所创造的各种文化的总和，而每一种创造活动都是人类所特有的文化现象、文化活动。这样看来，人文思想、人文精神是普遍人性最重要的体现。当然，人文思想、人文精神并不是与生俱来的，而是人类社会实践的产物。

本文的主旨不是从抽象的理论出发来探讨"文明"与"人文"或"文化"的关系，而是从分析伊斯兰文明中的"人文"因素入手来探讨"文明"与"人文"精神的关系问题。同时，由于历史上伊斯兰文明与西方文明关系密切，作者也想跳出"文明冲突论"的框架，就伊斯兰文明与西方文明之间友好交往、互相吸纳和补充的历史事实谈一点看法。

一　如何看待伊斯兰传统中的神性与人性

西欧近代工业文明形成过程中，神圣与世俗、神性与人性成为互相对立的概念。文艺复兴、宗教改革运动中兴起的欧洲人文主义，试图在神圣之外寻求世俗的人文价值，"政教分离"便是这种人文价值的重要表现。相比之下，伊斯兰教没有罗马教皇那样的体制和权威人物，近代也未曾出现过马丁·路德式的宗教改革，它的人文价值观，显然不能按照西方人文价值观去理解。否则，人们可能会因为找不到那样的人文价值而感到失落和扫兴。问题出在怎样理解伊斯兰教中的神圣与世俗，以及由此而来的神性与人性的关系问题。

作为普世性宗教，伊斯兰教坚持"认主独一"基本信条，强调除真主之外绝无神明，真主是宇宙万物的唯一创造者、主宰者，而宇宙万物则是真主的"造化物"。"认主独一"的另一含义是坚持真主的本体与属性的统一，强调真主是不可分割的统一体，除自立的真主的本体之外，现象世界的一切并非脱离真主本体的实在。作为一种宇宙观和认识论，"认主独一"在坚持一神论信仰体系的同时，在理论上模糊了神圣与世俗、精神与物质、神性与人性之间的本质区别。在其后的发展中，国家与宗教的区别也不予确认，致使"政教合一"成为伊斯兰政治体制的显著特征之一。

否认神圣与世俗特别是神性与人性之间的区别，是否会导致对人文思想价值的否定拒绝呢？回答是否定的。这里有三点值得思考。

首先，人文思想是个动态的概念。不同时期、不同民族、不同文明方式下，对"人文"的理解会有明显的差异。古典伊斯兰文明兴起于中世纪，属于跨地域的农业文明或前工业社会文明。它在性质上有别于西欧近代工业文明，但它仍不失为具有深广影响的文明方式之一。伊斯兰文明方式下的人文思想，从西方文明的标准衡量可能会有"缺失"，但它所提供的智力和道德支持，足以满足古典伊斯兰文明的基本要求。

其次，在伊斯兰文化传统中，神性与人性并非简单的二元对立关系，神性不仅包含和体现了人性，也为人性的发展预留了一定的空间。关于这一点，我们不妨以求知欲望的满足为例展开讨论，因为寻求知识是人类从蒙昧走向文明迈出的第一步。

典型的伊斯兰教历史观用"黑白分明"的观点来解释人类的历史。按照这种观点，伊斯兰教前的阿拉伯处于黑暗落后的"蒙昧时期"，而伊斯兰教的兴起标志着黑暗被光明驱散，从此阿拉伯先民开始步入文明时代。

可以说伊斯兰教"设教"的根本宗旨正是为了教育、教化和引导民众摆脱愚昧落后，走上真主所指引的"光明大道"。

伊斯兰教的经典《古兰经》，既是一部阐释教义信仰的"经书"，也是对学童和成人进行启蒙教育的课本。《古兰经》之所以被认定为"真主之言"、"真主之道"（the word of God），固然是宗教信仰、宗教情感使然，但显然也是为了增强教育、教化信众的权威性和说服力。真主缘何要"降示"这部"包含智慧"的经典？《古兰经》一节经文给出了明白的答案，即为了教育和引导世人，学习掌握文化知识，使之成为世界"最优秀的民族"（3:110）。

除《古兰经》外，"圣训"中也有许多类似的人文思想。一则流传广泛的圣训宣布，"知识远在中国，亦当求之"，表达了对学习掌握文化知识的重视和求知的决心。还有一则圣训谈及对有知识有文化者的重视和尊敬，确认并宣布"学者是先知的继承人"。这里所谓先知，是指伊斯兰教的创始人穆罕默德，足见有知识有文化的人才能继承和弘扬伊斯兰教的事业。由此可见，努力学习文化知识，完全符合伊斯兰教的宗教精神。在这里，神性的要求与人性的意愿是一致的。

宗教活动与文教事业相结合，是伊斯兰教的历史传统之一。为了便于人们学习文化知识，历史上伊斯兰国家规模较大的清真寺同时也都是学校，清真寺附设经文学校、经学院乃至综合大学是建寺、办学、办教育的惯例。尽管同现代世俗教育相比，传统宗教教育在课程安排上可能偏重于宗教学方面的内容，但也开设阿拉伯语、语法修辞、逻辑学、世界史等学科。如同欧洲大学是在修道院基础上兴起的，阿拉伯国家一些著名的大学则是在传统宗教院校的基础上发展起来的。这种教育实践印证了宗教思想也可以体现某种人文价值。

再次，在伊斯兰文化传统中，神性转化为人性是人文价值得以实现的基本方式。鉴于伊斯兰教是传统穆斯林社会的统治思想，人文思想、人文价值只有转化为宗教的术语和价值才能取得合法地位，得到社会舆论的支持。例如，作为社会成员，每个人都应遵守为人处世的基本准则，而这样的行为准则，在伊斯兰传统下只能是根据《古兰经》制定的伊斯兰教法（沙里亚）。法自真主意志而出的人文立法思想体现了神圣宗教的道德要求，但法律的具体规定讲的又都是人世间的事情。而且，伊斯兰教法的显著特点之一，是把人际关系"转化"为人与真主的关系予以审视，再还原为人事关系予以协调处理。经典中提出的人的五种行为规范正是如此。

　　然而，神圣与世俗之间毕竟存在张力，为了理顺二者之间的关系，宗教学者们也做过许多有益的探讨。这方面最突出、最敏感的问题莫过于如何理解真主启示与人的科学理性的关系问题，即知识与信仰的关系问题。关于这一长期争论不休的理论问题，到 11 世纪，伊斯兰教学术界公认的权威大师安萨里作出了令人满意的解答。他提出了"知"与"信"相分离的主张，认为只有得到证明的知识才是真理，而信仰不需要理性论证，故不属于实证知识领域；信仰的基本方式是心灵感悟、身体力行。①

　　认知与信仰相分离的思想有利于人文价值的实现，这在自然科学领域更为明显。为了进一步发挥这一思想，后来有的宗教学者提出，真主"降示"了两本书，"启示之书"是《古兰经》，而"创造之书"则是自然科学，二者同源，但认知方式有别。这便是伊斯兰宗教哲学中著名的"双重真理"之说。

二　如何理解伊斯兰文明的开放性、创造性和宽容精神

　　在当今的世界上，由于美国和西方大国在经济、政治、思想文化各领域的影响力不断加强，在国际竞争中处于弱势地位的发展中国家对于全球化的浪潮多有戒备和防范。在伊斯兰世界，一方面许多国家仍然积极地与西方友好交往与合作，另一方面社会舆论中也不断发出反对和谴责西方化、世俗化的声音。与此同时，一些知名的欧美学者往往根据伊斯兰原教旨主义反对西方价值观的思想文化倾向大发宏论，宣称伊斯兰教本质上是保守落后和封闭的，伊斯兰教一贯与西方为敌。② 这种片面、偏激的观点，我们实在不敢恭维。

---

① 详见吴云贵《伊斯兰教义学》，中国社会科学出版社 1995 年版，第 81 页。
② J. L. 埃斯波西托：《伊斯兰威胁：神话还是现实？》，社会科学文献出版社 1999 年版，第 255 页。

古典伊斯兰文明是以伊斯兰教为核心而逐渐发展起来的一种独具特色、个性鲜明的文明方式。世界信仰伊斯兰教的各个民族，甚至生活在伊斯兰世界的非穆斯林民族，都在不同程度上参加了这一文明体系的创建。伊斯兰文明体系结构的复杂性和开放性，决定了文明自身的开放性。开放性所体现的主要是世界意识和文明解释主体的自信心。在这一社会和文化氛围影响下而产生的人文思想，同样体现了开放意识和自信的文化心态。

如果说"世界意识"或"世界主义"是文化开放性的基本要求和标识，那么在伊斯兰文明中，这种文化意识的形成正反映了伊斯兰教由阿拉伯"民族宗教"演化为世界宗教的历史进程。历史上伊斯兰教从阿拉伯沙漠进入富饶的两河流域并建立阿巴斯帝国之后，伊斯兰教自身开始受到希腊、埃及、波斯、印度等外来思想文化的影响，逐渐形成具有超越性、开放性的精神文化、制度文化和物质文化。超越性是世界宗教的本质要求，要打破原有的血缘、部落、民族、国家、地域疆界的界线，宗教教义思想必须具有超越性和开放性，以便为更广阔的地域和人群所接受。开放性不仅表现了当时幅员辽阔的伊斯兰帝国的力量、威望和信心，也反映了主体伊斯兰文化吸纳、消化、借鉴外来异质文化的能力。历史表明，外来的哲学、科学思想，一般都是在经过伊斯兰化、阿拉伯化的加工处理之后才成为伊斯兰文明的一部分。如在宗教哲学方面，阿拉伯穆斯林由于深深地受到古希腊哲学思想的影响，提出了以真主为本原的原子论的宇宙观。这一宇宙观实际上是把希腊哲学思想运用于伊斯兰教信仰体系的结果。它既不是纯希腊哲学的，也不是纯伊斯兰阿拉伯宗教的。

创造性是人文思想的重要体现，没有创造力也就无从体现人类的主体性，即人的本质要求。尽管伊斯兰教把创造力归诸于万能的真主，将宇宙万物视为真主的"造化物"，但这一宗教信条不等于从根本上完全否定和取消了人的主体性和创造力。否则，我们应该如何解释历史上的阿拉伯人在哲学、医学、数学、天文学等诸多领域做出的举世公认的杰出贡献呢？有人认为，阿拉伯人当时在哲学、科学领域的成就不属于"原创性"的贡献，因为他们只是传承了希腊、波斯、印度已有的哲学、科学成果，而没有留下完全属于自己的东西。这种说法恐怕不能成立，因为继承与创新很难分开，没有继承谈不上创新，而创新也是更高层次的继承和发展。

人文思想的另一重要体现是文化宽容精神。从理论上讲，宽容应当是人类宗教的本性，但从实际的宗教传统看，有时由于宗派林立、纷争不已，有些教派又最缺乏宽容精神。也许正因为这一点，近代英国著名政治学家约翰·洛克撰写发表了他的名著《论宗教宽容》，就政教分离、信仰自由、各教各派一律平等等原则表达了系统、深刻的见解。从总体上看，伊斯兰教是主张和平与宽容的宗教。尽管历史上伊斯兰封建帝国经常以宗教名义对外扩张领土，并强迫被征服的异教民族交纳人丁税、接受其统治，但在宗教信仰问题上一直遵照"对于宗教，绝无强迫"（《古兰经》2：256）的行事原则，没有强制改变他人的宗教信仰、礼仪制度和生活习惯。

海纳百川，有容乃大。应当看到，伊斯兰文明巅峰时期所体现的宗教宽容精神，与当时阿拉伯人总体的对外文化政策是一致的。沙漠中一路走来的早年阿拉伯穆斯林本无文化传统可言，只是因为谦逊好学，才在吸纳外来多民族文化基础上创造出引以为荣的伊斯兰文化。与此同时，我们也应当看到，伊斯兰文明中的人文思想也在不断发生变化，有时会发生质变。近代以来，伊斯兰世界在同西方的较量中从强者变成弱者，宗教思想也随之发生了许多相应的变化。人们注意到，今天在许多非政府宗教组织那里，在那些对西方强烈不满的伊斯兰原教旨主义派别组织那里，听到的不再是与人为善、和平宽容，而是义无反顾、不屈不挠的"斗争"（"杰哈德"，一译"圣战"）精神。

三　如何评价伊斯兰文明与西方文明的关系史

人文思想是个内涵十分宽泛的概念。依个人所见，用什么样的立场、观点和方法来看待文明的多样性问题，归根结底反映了一个人总体的文化态度。近年来有关"文明冲突论"的讨论，凸显了两种对立的思想观点。以塞缪尔·亨廷顿教授为代表的一种观点，不仅主张用"文明冲突论"来描述、界定未来世界的政治格局，而且对人类的历史也按照这种理论预设随意加以解释。亨廷顿断言，西方与伊斯兰文明之间的关系史是不断互相冲突的历史，这种交恶不可能缓和，而很可能更趋激烈。①而另一种观点尽管不同程度地肯定了"文明冲突论"有助于人们全面认识冷战后世界格局下的国际关系，但反对片面夸大和强调文明之间的矛盾冲突。

伊斯兰国家与西方之间的关系史是否可以用"文明冲突论"来概括？除了对立、冲突、战争之外，伊斯兰文明与西方文明之间是否也有友好交往、互相学习、互相吸纳的历史事实存在？这是探讨伊斯兰文明中的人文思想不能回避的问题。理由是：不仅文明冲突会影响人们的文化态度，文明交融同样会对人文思想产生重要影响。

为了全面认识和了解伊斯兰文明与西方文明的关系史，这里我们根据史实就二者间的交往交流略予评述。我希望这一评述有助于人们更加重视文明交往的重要意义，同时也有助于人们正确认识和评价伊斯兰文明方式下的人文思想、人文精神。

引起我们注意的头一件大事是中世纪伊斯兰文明史上的"百年翻译运动"。我们知道，从"文化沙漠"中崛起的阿拉伯穆斯林，之所以创造出辉煌的伊斯兰文明，决定性的因素是向当时已有的各种文明学习，并在此基础上开拓创新。因此，文明交往、文化交流是人文精神的本质要求。这方面最突出的事例是阿巴斯王朝初期历时近 200 年的"百年翻译运动"（750—944）为了繁荣科学文化当时采取的一项重大举措，是由国家出资在首都巴格达兴建了"智慧馆"，这一建筑群由科学院、图书馆和翻译局组成。为了学习、借鉴外国的优秀文化成果，国家还专门派人到君士坦丁堡、亚历山大、塞浦路斯等地去搜集希腊、罗马古籍，还委托拜占廷代为搜集古典抄本。这些图书资料和文献著作后来陆续由"翻译局"译成阿拉伯文，供专家学者使用。当时翻译过来的东西方古籍，内容包括希腊的哲学、数学和天文学著作，波斯的史学、典章制度、童话故事，印度的天文学、医学、数学和文学等。翻译不只是技术性的文字工作，也是整理和保存文化遗产工作，译者们在翻译过程中做了大量的考证、勘误、增补和注释工作。这些历史事实，可谓彰明昭著，无可否认，只是近代以来很少有人提及。

---

① 塞缪尔·亨廷顿："文明的冲突？"，美国《外交季刊》，1993 年秋季号。

　　翻译运动既是西学东渐也是东学西渐的过程。阿拉伯人通过译介继承了东西方优秀的科学、哲学文化成果，提高了民族文化科学素养，展现了勇于进取、开拓创新的人文精神。作为文化交流的一方，西方也以翻译运动为起点，深深地受到这次大规模的文化交流活动的影响，并逐渐改变了对阿拉伯伊斯兰文明的看法和态度。

　　西方人开始向阿拉伯人学习，那是在"百年翻译运动"以后百余年间的事，这也是本文所要讲的第二件大事。约自 10 世纪下半叶起，阿巴斯王斯渐趋衰落，濒于解体，伊斯兰文明与西方文明交往的场所转移到阿拉伯人在西班牙领土上建立的后伍麦叶王朝（756—1031）。一位 19 世纪的欧洲历史学家认为，阿拉伯人和欧洲人在文化、经济、政治上的交流，使得阿拉伯文化越过西班牙，深入到西方基督教世界。如同阿拉伯人得益于"百年翻译运动"一样，欧洲人接受阿拉伯文化同样是从翻译工作开始的。不同的是，欧洲的基督教徒是在赶走和战胜阿拉伯统治者之后开始译介、研究和利用"敌人"的文化成果的。据说 1085 年当西班牙的托来多市重新回到西班牙人手里时，欧洲的基督教徒在清点战利品过程中发现了阿拉伯人留下的丰富的图书资料、文献著作。为了译介这些珍贵的学术文化成果，当地的一位大主教专门在托来多成立了一个翻译局，邀请欧洲各地的专家学者来这里开发、利用阿拉伯人的文化资源。翻译工作从 1135 年一直接续到 1284 年，史称"第二个百年翻译运动"。[①]在此过程中，欧洲人几乎把当时所能搜集到的阿拉伯人最有价值的哲学、科学著作全部译成拉丁文。到 13 世纪末，随着大量译著的出现，欧洲人已经不需要学习阿拉伯文就能利用阿拉伯人的学术成果，发表论文时也不必引用阿拉伯原著。如今欧洲人常把自己的文化渊源与古希腊、古罗马传统联系起来，但请勿忘记，在这一知识文化链条上还有古典阿拉伯文明这一重要的中间环节。

　　阿拉伯人在东西文化交流中的桥梁纽带作用是无可否认的。

　　欧洲启蒙运动的先驱者伏尔泰说："继罗马帝国衰落、分裂以后，在我们所处的野蛮无知时代里，我们的一切——天文学、化学、医学，特别是比从希腊人和罗马人那里得知的更为温和、更为有益于身体的药物，几

---

① 　菲亚兹·马茂德：《伊斯兰教简史》，中国社会科学出版社 1983 年版，第 211 页。

乎都是来自阿拉伯人。代数是阿拉伯人的发明，甚至我们的算术，也是由他们传来的。"①

美国前总统尼克松说：当欧洲还处在中世纪的蒙昧状态的时候，伊斯兰文明正经历它的黄金时代……几乎所有领域里的关键进展都是穆斯林在这个时期取得的……当欧洲文艺复兴时期的伟人们把知识的边界往前开拓的时候，他们能眼光看得还远，是因为他们站在穆斯林世界巨人的肩膀上。②

美国著名历史学家菲利普·希提说：讲阿拉伯语的各国人民，是第三种一神教的创造者，是另外两种一神教的受益者，是与西方分享希腊—罗马文化传统的人民，是在整个世纪时期高举文明火炬的人物，是对欧洲文艺复兴做出慷慨贡献的人们。③

当然，在充分肯定古典伊斯兰文明对西方文明所做的重要贡献的同时，我们也应当看到，近代以来西方文明也对伊斯兰世界的新思想新文化运动产生了广泛的历史影响。而且，今天迅猛发展的全球化运动，对伊斯兰文明而言，实际上也是一场大规模的西学东渐运动。尽管伊斯兰世界的民族主义和原教旨主义对于西方的精神文明、制度文明多有拒斥，而以引进西方的现代物质文明为限，但西方对于现代性的诠释也曾对伊斯兰现代主义文明思潮产生巨大的影响。近代兴起的伊斯兰复兴运动，既反映了穆斯林社会现代化的历史要求，也是西方影响不断增强的必然结果。

伊斯兰现代主义与西方文明的渊源关系，似乎可以从以下几方面予以考察和认定。

第一，现代主义虽是伊斯兰教内部的一种社会思潮，但它正是在欧洲殖民化浪潮冲击影响下兴起的。它的社会基础主要是一批受到西方现代思想影响的穆斯林知识分子。现代主义的精英人物，如赛义德·阿赫默德·汗、哲马鲁丁·阿富汗尼、穆罕默德·阿布杜、穆罕默德·伊克巴尔等，都曾深深地受到欧洲宗教改革、启蒙运动和工业革命的思想影响。

---

① 伏尔泰：《风俗论》上册，转引自王小强《文明冲突的背后——解读伊斯兰原教旨主义复兴》，大风出版社2000年版，第211页。

② 尼克松：《抓住时机》，新华出版社1992年版，第160页。

③ 希提：《阿拉伯通史》，马坚译，商务印书馆1979年版，第904页。

第二，面对西方近代工业文明所取得的辉煌成就，伊斯兰现代主义者们普遍主张拜先进的西方为师，以便迅速改变伊斯兰世界的落后面貌。现代物质文明建设的需求对精神文化也有直接的影响，用现代科学观点重新解释《古兰经》，成为一种时代的要求。现代主义解经原则强调，宗教经典中没有违反科学常识的内容，重视科学价值、尽力消解宗教与科学之间的张力，为新的经注学带来了巨大的思想活力。

第三，科学理性本是西方近代文明的精神支柱之一，但伊斯兰现代主义也认同科学理性，宣称伊斯兰教是以科学理性为基础。基于这一认识，现代主义者们认为理性主义原则为伊斯兰教所固有，而他们的历史使命之一就是恢复理性至上的宗教精神。为此，调和宗教与理性、对超验的宗教启示（天命）作符合理性要求的诠释，成为现代主义经注学的另一基本特征。与此同时，现代经注学也是伊斯兰世界改革创新的重要理论依据。

第四，西方近代启蒙主义思想曾对伊斯兰世界社会、政治领域里的改革创新起过推动作用。但改革创新的基本形式一般不是直接引进西方的新思想、新观念、新制度，而是以"伊斯兰化"的名义使改革创新合法化，以争取社会舆论的支持和认可。如：政治体制中的议会民主制度，被解释为伊斯兰文化传统中的"协商"制度（shura）；现代立法机构的政治合法性被解释为伊斯兰教法中"公议"原则（ijma）；而根据科学理性精神进行改革创新的权利，则被解释为传统宗教思想中的"创制"原则（ijti-had），如此等等。

第五，既主张"改革开放"，又坚持伊斯兰文明的主体性。伊斯兰现代主义者们普遍对中世纪宗教学者阶层因循守旧、不思进取的文化保守主义倾向采取批判态度，主张通过复兴与改革来恢复伊斯兰教的思想活力、社会活力和政治活力。但他们也强烈反对彻底否定传统文化而鼓吹全盘西化的思想倾向。他们在价值观问题上的基本观点，是把伊斯兰教视为世界穆斯林民族唯一可接受的主导思想，把伊斯兰文化遗产视为"传统文明"，而把当代物质文明看做是非道德性的手段和工具，认为当代物质文明应当与传统文明融合。①

---

① 穆瓦法格·穆加尔：《简明伊斯兰百科全书》，旅游教育出版社 1991 年版，第 35 页。

　　尽管现代主义的影响只限于知识阶层，但它同民族主义、原教旨主义一样，都是在近代西方文明影响下兴起的现代文明思潮。这些不同的文明解释主体的存在，提示我们，在当今的世界上，不能简单地把伊斯兰文明视为西方文明的对立物，而要作具体的分析。

（原载《宗教学研究》2008 年第 3 期）

伊斯兰宗教与伊斯兰文明

尽管当今世界各种文明体系每一种都与人类宗教相关，但像伊斯兰文明这样至今仍与宗教形影不离、密不可分的现象，即使不是特例，也实属罕见。对于阿拉伯人以及世界许多"全民信教"的民族而言，伊斯兰教不仅是文明的重要渊源，而且这一宗教本身构成了古老文明的基本内容和表现形式。人类文明发展史表明，任何一种文明都受时空限制，伊斯兰文明也是如此。在时间上，当代伊斯兰文明可以理解为中世纪伊斯兰文明在当代的继续和发展。在空间上，伊斯兰教是世界性宗教，伊斯兰文明也超越了国家、民族、地域的限制范围，成为世界性的文明体系之一。

因篇幅所限，我们将把讨论的范围限定在中东阿拉伯世界。这样处理有两条依据：一是历史上阿拉伯文明先于伊斯兰文明产生，后来由于受到宗教文化的影响，而被吸纳为泛伊斯兰文明的一部分；二是阿拉伯世界是伊斯兰世界的基础和核心，伊斯兰文明亦称阿拉伯文明或阿拉伯—伊斯兰文明。

在人类文明研究中，一种广为流行的观点和做法是按照文明的形态、性质和功能来区分文明的类型和层次，乃有物质文明、精神文明、制度文明之说。如果沿用此说来衡量伊斯兰教就会发现，它同样具有上述三类文明的基本形态、属性和功能。这在我国宗教学术界已成为一种共识，如几年前出版的一本专著就以《伊斯兰文明》命名。[①] 此外，近20年来中外学者有关当代伊斯兰复兴的论著也都表达了类似的观点。他们强调，"伊斯兰"不只是一般意义的宗教，而且是一种经济制度、社会制度和法律制度，同时也是一种具有广泛影响力的社会生活方式与文明方式。

---

① 秦惠彬：《伊斯兰文明》，中国社会科学出版社1999年版。

一　伊斯兰教与个体身份认同

作为社会成员，个体是社会文明的创建者和传承者，个体的价值取向直接关系到文明成果的形式和内容。从社会文化学角度看，个体的价值取向实质上是"文化认同"问题，只是个体身份认同所涉及的，主要是个体关于文化身份问题的一种"自觉"或"自我意识"。而宗教信仰以及由此而产生的宗教意识，则是个体身份认同的基本要素和重要标识之一。

在传统伊斯兰社会制度下，由于社会上不存在独立于宗教的思想文化体系，因此所谓个体身份认同，亦即认同伊斯兰宗教价值观。历史上这种传统的宗教文化价值观主要体现为以真主名义颁布的伊斯兰教法（沙里亚），其相关规定成为穆斯林个体日常生活各个领域必须严格遵从的道德规范和基本行为准则。① 它对穆斯林民众个体身份认同的影响主要表现为以下三方面：

首先，它为穆斯林个体身份认同提供了唯一、不可替代的价值源泉。对于穆斯林个体而言，信仰伊斯兰教既是价值观的一种自我选择认定，更是践行真主"预定"的道德义务。《古兰经》中宣布，真主"已选择"伊斯兰教为穆斯林的宗教（5：3），穆斯林与真主的关系是"奴仆与主人"之间"敬畏"和"服从"的关系。伊斯兰教坚持"认主独一"的基本教义，这一严格的一神论信仰的确切含义是：真主只有一个，真主所代表的真理只有一个，真主所体现的宗教文化价值观，即至真、至善、至美的精神境界和源泉只有一个。伊斯兰教排他性的宗教信仰在满足了自身价值需求的同时，也为信徒接受外来的思想文化和价值观造成很大的障碍。

其次，它为穆斯林个体的身份认同制定了具体的伦理道德规范和行为准则。伊斯兰教法以《古兰经》和圣训为依据，以真主启示、诫命的形式，就穆斯林日常生活各个领域（宗教礼仪、婚姻家庭、遗产继承、商事交易、刑事犯罪和处罚等）应当遵循的基本原则和具体要求作出相应规定。它以宗教的名义将人际关系转化为信徒个体与真主的关系，并作出相

---

① 吴云贵：《伊斯兰教法概略》，中国社会科学出版社1993年版。

应的规定，以便从宗教信仰、宗教义务的角度去指导、约束、规范人的行为。法自真主意志而出的思想观念，在极大地增强了教法教规的神圣性、永恒性、不谬性的同时，也使伊斯兰教法的现代改革成为一项艰巨任务。伊斯兰教法对于穆斯林个体身份认同最显著的影响是"区别"意识，即把世界区分为"伊斯兰领土"和"非伊斯兰领土"，将人群区分为"穆斯林"与"非穆斯林"。而判定一种行为是否正义得体，要看该行为是否符合伊斯兰教法的相关规定。从现代价值转换角度看，这意味着一种外来的价值准则，只有想方设法将其"转化"为伊斯兰文化价值准则，才有可能为穆斯林所接受。

最后，它为穆斯林个体身份认同规定了终极目标。伊斯兰教提倡"两世吉庆"，轻今生而重来世的思想不像有些宗教那样强烈。尽管如此，伊斯兰教仍坚持认为，今世的物质生活是短暂的、次要的，而后世的精神生活则是永恒的、根本的。因此，相信"世界末日"和"死后复活"成为伊斯兰教的基本信条之一。对于穆斯林个体而言，这意味着只有在今生就被列入"天道"，并不断用善行义举来证明自己的虔诚，才能在后世进天堂享福乐，获得"两世吉庆"。伊斯兰教法所指明的"大道"、"主道"，实际上也是在精神信仰上为穆斯林所确定的终极目标；穆斯林个体只有终生遵循真主指引的大道，其人生才具有真正的价值和意义。

二　伊斯兰教与群体社会生活

伊斯兰教是具有广泛社会参与性的一种宗教信仰和文化方式，以其宗教精神和价值准则来指导社会生活并对偏离"正道"的社会行为予以匡正，是这一宗教传统的显著特色。历史上伊斯兰教对于社会生活的影响，涉及政治、经济、伦理道德、法律制度及文化教育等诸多领域。概而言之，伊斯兰教的历史影响以"政教合一"的国家观、族教同源、族教一体的民族观和社会发展观更为重要。

公元 7 世纪伊斯兰教在阿拉伯半岛北部兴起之际，阿拉伯社会正处在由原始公社制向统一的民族和国家过渡的历史进程之中。初兴的伊斯兰教，从一开始就肩负着历史赋予的重要使命，这一使命就是在宗教的名义下把分散的部落联合为统一的民族和国家。7 世纪下半叶始建于麦地那的"乌玛"（umma），是伊斯兰教历史上第一个以宗教名义成立的社会组织。作为穆斯林的社会共同体，最初的乌玛实际上只是一个部落联盟，后来逐渐发展演变为民族和国家。不同于氏族、部落、家庭等以共同血缘关系为基础的社会组织，乌玛是以共同的宗教信仰为纽带的穆斯林社团组织。历史上首次对"乌玛"予以界定的是《古兰经》（3：110）一节经文启示，将乌玛称为世界上"最优秀的民族"，而伊斯兰教则是真主为这一穆斯林民族所"选择"的宗教（5：3）。《古兰经》以明确无误的语言肯定了宗教信仰的民族性和民族构成的宗教性。乌玛既是以伊斯兰教信仰为基础的民族实体，又是这一新兴宗教的社会载体。《古兰经》中从宗教角度对民族成员所提出的基本要求，诸如劝善戒恶、谨守拜功、完纳天课和服从真主及其使者等（9：71），表达了用宗教属性来界定民族属性的意向。在伊斯兰教看来，"族"与"教"不仅是同源的，而且是一体的。今天看来，族教同源、族教一体的民族宗教观，虽然不完全符合世界上许多已有自己的文化传统后又改奉伊斯兰教的民族的历史实际，但作为一种宗教理论"原型"，其影响无疑是巨大和深广的。

伊斯兰教先知穆罕默德亲政的麦地那时期（632—661），被后世宗教史学家认定为穆斯林社会发展史上的"黄金时代"。当时生产力水平低下，社会组织结构非常简单，人际关系较为平等和谐。这种比较素朴、民主、平等的社会状况，在经训、教法、典籍等文献中多有反映和美化，成为伊斯兰社会发展观的历史文化依据。族教同源的典型社会发展观认为，对于阿拉伯民族而言，伊斯兰教的兴起是一个具有深远意义的重大历史事件。"蒙昧时代"的阿拉伯人，直到伊斯兰运动在阿拉伯半岛勃然兴起后，才真正开始成为一个文明的族群。不仅阿拉伯民族的起源和发展史与早期伊斯兰教的历史血肉相连，在民族共同体基础上发展起来的国家也同样被看作是社会伊斯兰化的一个结果。因此，由宗教先知穆罕默德亲手创建的乌玛，既是民族、国家和社会，又是承载着伊斯兰教使命的宗教社团。伴随着历史上伊斯兰运动不断取得辉煌胜利，早年伊斯兰教的社会历史意义也不断得到肯定和扩展，并被提升到新的高度和层次。作为伊斯兰文明的起点和源头，麦地那时期穆斯林社团的历史意义可以概括为以下三点：

第一，伊斯兰教事业的成功证明了功利主义原则的必要性和有效性。早年麦地那穆斯林社团是在同反对伊斯兰教的旧势力、旧秩序斗争中不断成长起来的。它的胜利和成功结束了昔日穆斯林民众受压迫、被奴役的历史遭遇，而跃居为新国家、新社会的主人。以宗教的名义捍卫信徒的物质利益，直接关系到伊斯兰教事业的成败，功利主义因此而成为伊斯兰文明的重要原则之一。

第二，麦地那时期的社会实践证明了宗教精神对社会现实的指导作用。先知穆罕默德在创教过程中，曾分别在麦加和麦地那向民众传达真主的启示。在麦加，他的布教传道几乎无任何进展，而在麦地那则取得了巨大的成功。成功的决定性因素在于他把宣教与建立社团组织的社会实践紧密结合起来。从此，作为真主启示的《古兰经》经文，不仅在精神领域对穆斯林有启迪作用，在社会政治领域也同样具有重要和不可替代的指导作用，宗教经典因此而成为伊斯兰政治文明的基石和重要源泉之一。

第三，麦地那时期确立了伊斯兰教创始人穆罕默德作为宗教先知和使者的崇高地位和人格魅力。随着事业的成功，这位历史人物被信众拥戴为杰出的宗教领袖和国家首脑，集立法、司法、军事和行政大权于一身，其决断具有至上的权威性，其言行成为必须效仿和遵循的"圣言"、"圣行"，由此而产生的对于"政教合一"的精神领袖的尊崇和信仰，成为伊斯兰教基本信条之一。因此，所谓伊斯兰文明，也即宗教先知穆罕默德所开创并不断得到发展和创新的一种文明方式。

三　伊斯兰教与国家政治体制

不同于西方的基督教，传统上伊斯兰教是"政教合一"的宗教。所谓"合一"，首先是指政治观念并非独立于宗教意识形态；其次是指宗教的设立和功能并未与国家体制和职能分离。进入现代社会以后，伊斯兰国家的政治文化建设，由于受到了西方化、世俗化潮流的巨大冲击和影响，发生了许多显著的变化。但就大部分国家而论，明确、彻底的政教分离的实现，还要经过漫长的岁月。

"政教合一"的国家体制，是由伊斯兰教的特性所决定的。创立伊斯兰教的根本宗旨是把真主的启示传达给全人类，以便他们按照真主"预定"的方式过上幸福美好的生活。真主教化人类的崇高目标以及真主无与伦比的地位，从一开始就确定了伊斯兰精神文明的宗教性。伊斯兰教相信真主为宇宙万物的创造者和主宰者，而民族、国家、社会和个人都是真主的"造化物"，它们不可能脱离真主的意志而独立存在。相反，作为真主"创世计划"的一部分，国家政权和行政制度不过是践行真主意志的工具，其宗旨和职能同样是神圣的，而非纯粹世俗性质的。

伊斯兰教神学思想高度重视真主本体和属性的统一性。伊斯兰教"认主独一"的教义思想，强调真主创造世界与管理世界的统一性，在理念上否认"分离"、"分权"，而主张"合一"、"一体"等思想观念。这种传统宗教理念在认识论上否认精神与物质、神圣与世俗、国家与教会之间的本质区别，因为它们的存在都取决于真主的意志，都是真主的造化物。因此，从根本理念或文化基因上看，伊斯兰教完全不同于信奉二元论政治哲学的基督教，难以像基督教那样接受"分权制"观念，将短暂的、有限的、世俗的权力归于国家政府，而把永恒的、绝对的、灵性的权力留归真主（上帝）自身。

历史上宗教与国家政权的关系问题曾受到宗教学者的密切关注，他们阐述的"哈里发学说"成为中世纪伊斯兰教政治学说的核心内容，其影响一直延续到近现代。伊斯兰教认为，国家政府的组成不是为了有效地管理行政事务，而是为了按照真主的诫命去弘扬宗教的智慧和真理。真主为世人所指明的"大道"称为"沙里亚"（sharia），它是国家政府的根基，国家政府只是为了践行"沙里亚"规定的准则而设立的。"伊斯兰国家的根基不是意识形态，不是政治、领土、版图或伦理性质的，它的基本目的是捍卫和保护信仰。"①

中世纪伊斯兰制度文化的主旨，既是为了从国家体制上来保障宗教信仰的神圣性，也是为了用宗教信仰的神圣性来确证王权统治的合法性。在"正统哈里发"学说所设计的政治权力三角结构中，国家政权或政治合法

---

① A. K. S. Lambton., *State and Government in Medieval Islam*, London, Oxford University Press, 1981, p. 13.

性的渊源来自代表真主意志的"沙里亚",它是绝对的善、社会正义或良心的象征;作为一个整体,穆斯林社团(乌玛)是先知根据真主的启示所创建的,其根本宗旨是代表民意、作证象征着光明和正义的真主;先知去世后,民意的代表者则是精通经训、教法知识、德高望重的伊斯兰宗教学者(乌来玛);而伊斯兰国家政府则由称为"哈里发"(意为代表者、代理人)的封建君主主持,其主要职能是"替天行道",即以"真主使者的代理人"名义实施真主"预制"的伊斯兰大法(沙里亚),并具体地主持政务、统治伊斯兰国家。中世纪伊斯兰政治学说正是为了协调上述三角关系,而由历代宗教学者所阐释的。从对后世的影响看,他们所论述和争论的问题主要包括以下三方面:

第一,国家政权的宗旨和政治合法性问题。关于这一问题,主流的思想观点是竭力调和两种互相对立的思想倾向。一方面,宗教学者在理论上坚持"真主主权论"思想,认为不论是早期的穆斯林社团(乌玛),还是晚期的哈里发国家,都是根据真主的启示创建的,国家的最高主权属于真主,而国家的根本宗旨是实施体现真主诫命的伊斯兰教法(沙里亚);作为真主在大地上的"代治人",国家君主哈里发的权威源自真主的"委托",哈里发忠诚于"真主的法律",其统治权才是合法的;另一方面,宗教学者又根据现实政治利益的需要,对封建王权的合法性予以认可,尽管他们所构建的哈里发学说在名义上承认"真主主权",而封建君主只是"真主的奴仆",但同时又认为哈里发制度也是保障社会公共利益、维持社会秩序所必需的,哈里发必须拥有广泛的权力。

第二,伊斯兰国家政权在多大程度上依赖君主的品质问题。历史上大多数宗教学者都把国家的兴衰荣辱归结为哈里发个人的品行操守问题,在其著述中对于国家君主的资格和品行提出了很高的要求和预期,认为哈里发最重要的品质和能力是信仰虔诚、学识渊博、精通律法、执法公正、亲理朝政、执政为民。[①] 这种将国家政权的性质与统治者个人的宗教信仰和品行联系起来的思想,至今在伊斯兰世界仍有广泛的影响。如许多阿拉伯

---

① 吴云贵、周燮藩:《近现代伊斯兰教思潮与运动》,社会科学文献出版社2000年版,第15—22页。

国家的宪法除规定伊斯兰教为"国教"外，还规定国家元首只能由穆斯林公民担任。此外，传统伊斯兰宗教政治学说强调，国家君主哈里发应当通过推举方式产生。当今伊斯兰世界流行的观点则认为，当年的推举制度也即今天的"伊斯兰民主制度"。

第三，臣民与君主的关系问题。传统伊斯兰宗教政治学说在名义上肯定"真主主权"的同时，主张对违犯教法教规的不称职的君主可以废黜，但并未在制度上作出具体规定。相反，主流的思想是强调"权威与服从"观念，以利于社会的稳定，避免社会动乱。《古兰经》明确要求穆斯林信众要"服从"真主、服从使者和民众的"主事人"（4：59）。这里所讲的"主事人"，是指上自君主下至基层民众领袖的各级行政官员，而以代行"真主主权"的哈里发地位最高。顺从真主是行天道，而服从君主则是尽人道，二者相辅相成。"圣训"中也有类似的言论："服从真主就是服从我，服从伊玛目就是服从我；反叛我就是反叛真主，反叛伊玛目就是反叛我。"① 这里所讲的"伊玛目"与"哈里发"同义，指伊斯兰国家的封建君主。可见，伊斯兰教所讲的"权威与服从"，实质上是"君权神授"的一种说法，主政的国家君主只要在名义上尊重代表"天道"的伊斯兰教法（沙里亚），便自动取得了统治人民的合法权力。尽管如此，在法理和道义上，神权仍然是对王权的一种限制和约束。

四　伊斯兰宗教与伊斯兰世界

当今世界三大宗教，每一个都代表一种古老的文明。尽管三大宗教文明都是世界性的，但"佛教世界"、"基督教世界"之说，皆因不常使用而有陌生之感，唯独"伊斯兰世界"仍然是一个使用频率较高的概念。因此，弄清它的多层次含义，有助于人们正确理解伊斯兰文明，包括它与伊斯兰教的复杂关系。

"伊斯兰世界"的首要含义，可从宗教地理学角度加以诠释，它使人联想到伊斯兰教流行的地理范围或世界穆斯林的人口分布。历史上伊斯兰

---

① 吴云贵、周燮藩：《近现代伊斯兰教思潮与运动》，社会科学文献出版社2000年版，第15页。

教经过三次大规模的扩张和宣教运动，迅速从阿拉伯民族宗教演变为世界性宗教。目前伊斯兰教主要流行于西亚、北非、中亚、南亚、东南亚、东西非洲等地，世界穆斯林总人口约为12亿，约占世界总人口的1/5。从国际政治学意义上看，"伊斯兰世界"是指由伊斯兰国家组成的松散联盟。所谓伊斯兰国家，一般是指穆斯林人口占其总人口半数以上的国家或历史上受伊斯兰教影响较深的国家，伊斯兰国家均为伊斯兰会议组织的成员国，目前这一泛伊斯兰国际组织共有57个成员体，其中大部分是亚洲和非洲的发展中国家。

在国际政治领域，"伊斯兰世界"之说大体始自19世纪下半叶，当时奥斯曼土耳其帝国在欧洲列强的联合攻击下，面临解体的危险。为了挽救帝国，奥斯曼苏丹阿布杜勒·哈米德二世自称为全世界穆斯林的精神领袖（哈里发），发起泛伊斯兰哈里发运动。这一运动以泛伊斯兰主义为政治工具，号召全世界的穆斯林联合起来，在奥斯曼苏丹—哈里发的领导下，用伊斯兰"圣战"来打败欧洲列强。泛伊斯兰哈里发运动以失败告终，但作为政治文化遗产，泛伊斯兰主义仍有一定的影响力，与西方对立的"伊斯兰世界"之说，正是泛伊斯兰团结的重要体现。

"二战"后，随着国际政治格局的变迁，泛伊斯兰主义的内容和形式都发生了明显变化。为了重新整合支离破碎的伊斯兰世界，以便在经济、政治、外交等领域开展有效的互助合作，伊斯兰国家采取了许多措施。1969年9月于摩洛哥首都拉巴特召开的第一次伊斯兰国家首脑会议首次就加强伊斯兰国家团结问题展开了广泛的讨论，会后发表的声明强调，共同的信仰是伊斯兰各国人民彼此接近、团结合作的"有利因素"，各国决心维护旨在促进人类进步的伊斯兰精神、道德、社会、经济的价值，坚信作为人类平等权利基础的伊斯兰教义，努力维系伊斯兰国家人民之间的兄弟情谊、精神纽带，维护建立在公正、谅解、摒弃种族歧视基础上的文明遗产。[①]

尽管战后伊斯兰世界一体化问题已引起重视，但不论经济一体化还是

---

① 穆瓦法格·贝尼·穆加尔：《简明伊斯兰世界百科全书》，旅游教育出版社1991年版，第63页。

政治一体化，皆因种种难以逾越的障碍，未能取得重大、实质性的进展。仅就政治一体化而言：伊斯兰世界政治一体化的呼声自"二战"后从未停止过。在这一问题上，主流的意见是在现有的国际合作组织基础上采取渐进合作的方式，逐步过渡到成立统一的伊斯兰国家联邦。为此，有人建议可由各伊斯兰国家通过立法，规定伊斯兰教为"国教"，确认该教为穆斯林民族可以接受的唯一思想和实现民族政治统一的合适框架。同时，各国政府和人民应当共同努力保持伊斯兰文明，并把当代物质文明与传统伊斯兰精神文明、道德文明紧密结合、融为一体。可考虑分两步具体实施：第一步是不断提高伊斯兰国家间在各个领域合作的水平，以增进友谊、拉近彼此间的距离；第二步是在条件成熟时，将阿拉伯国家联盟或伊斯兰会议组织转变为统一的联邦制国家。在拟议中的联邦制国家中，每一个阿拉伯或伊斯兰国家可保持相对的独立性，保留适合本国国情的政治制度，各国政府根据宪法，行使联邦政府赋予的权力。

战后数十年间，促进、推行伊斯兰世界一体化进程最卖力的国家是沙特，它对促进和维护伊斯兰世界的团结、互助、合作发挥了突出作用，也因此而被公认为伊斯兰世界的"精神盟主"。在沙特政府的大力支持下，始建于1962年的伊斯兰世界联盟和始建于1970年的伊斯兰会议组织都很活跃，成为推进泛伊斯兰团结统一的得力工具。前者是泛伊斯兰国际宗教组织，后者是泛伊斯兰国际政治组织。此外，为促进伊斯兰世界的一体化，伊斯兰会议组织设立了许多分支机构，诸如伊斯兰开发银行、伊斯兰教科文组织、伊斯兰国际通讯社、伊斯兰国家广播组织、伊斯兰文明遗产保护委员会等。这些组织机构的宗旨、分工和日常工作各不相同，但在总体上都是为了促进伊斯兰国家在各个领域的团结、互助、合作这一战略目标而设立的。尽管如此，伊斯兰世界至今仍然不是统一的政经实体，它的联系纽带是共同的宗教信仰以及共同的伊斯兰文化。

五　伊斯兰文化的统一性与多样性

学界盛行的观点认为，文明是人类在实践中为实现自己的本质力量所创造的物质文化、制度文化与精神文化的总和，是特定历史阶段的经济结构、政治结构和文化精神的综合形态。①　如果沿用这一学说，则可将伊斯兰文明理解为中世纪历史上世界穆斯林各民族在伊斯兰教名义下创造的物质文化、制度文化与精神文化的总和。"总和"所表达的不限于三种文化的综合或整体，也包括共同的文化精神或伊斯兰文化精神的共性。共性与个性或多样性相结合，是伊斯兰文化相辅相成、互为依托的两大基本特征。

伊斯兰文化的共性，是指伊斯兰教精神文化本质的同一性。它是伊斯兰教教义思想传播过程中系统化、规范化、制度化的结果。无论伊斯兰教传播到何处，世界各地的伊斯兰文化都具有这一共同的本质。具体说来，伊斯兰文化的统一性表现为三个不同的层次：

首先是"认主独一"的宇宙观、人生观。"认主独一"是伊斯兰教信仰体系的基础，即承认真主是宇宙万物唯一的创造者、主宰者和恩养者，而包括人类在内的宇宙万物则是真主的"造化物"。真主创造和主宰宇宙万物的信念，确立了真主对于国家、社会和个体的主导地位，国家、社会乃至个体的行为只有符合真主的意志，才被视为是正确和得体的，才可能产生积极的意义和效果。对于世界各国的穆斯林信众而言，"认主独一"不仅是他们共同的宇宙观和认识论，而且也是他们普遍接受的人生哲学。对于许多虔诚的穆斯林来说，毫不动摇地坚信真主、身体力行地遵照真主的意志行事并在人生旅途结束时最终回归真主的精神家园，是他们人生哲学的基本要义和终极目标。在政治文化层面上，"认主独一"信念也有广泛的影响力。"认主独一"所肯定的"真主主权"观念，原来只是对真主属性的一种确认和表述，后来则成为伊斯兰政治文化的重要内容之一。"真主主权"观念在现代政治生活中转化为一种"双重忠诚"观念。作为一个穆斯林，首先要在信仰上绝对忠诚于真主，其次是在世俗意义上忠诚于民族、国家和人民。也就是说，"信教"与"爱国"是可以统一的，并非互不相容。

其次是伊斯兰制度文化对于世界穆斯林的知与行的深广影响。传统上伊斯兰教制度文化是由作为知识精英的宗教学者阶层所代表。世界各国都

---

① 姚介厚、李鹏程、杨深：《西欧文明（上卷）》，中国社会科学出版社 2002 年版，第 3 页。

有一批知名度较高的伊斯兰宗教学者，他们对制度化的伊斯兰教所作的权威解释，在枝节问题上会有一些差异，但在基本方面则是完全一致的。如在认知方式上，他们都主张把不证自明或先验的宗教启示知识（《古兰经》）、世代相传、经过考证的传述知识（圣训）与包含逻辑推论的宗教法学知识（伊斯兰教法）相结合而又有所侧重。启示知识直接源自真主的启示，属于不容怀疑、永无谬误的"绝对知识"；传述知识源自伊斯兰教先知穆罕默德及早年穆斯林一代的社会历史经验，是对启示知识的权威注释和重要补充。在伊斯兰文化传统中，这两种知识为基本知识，也是伊斯兰宗教文化最重要的源泉，它们代表智慧和真理，是可信的知识；而作为"辅助知识"的宗教法学则不同，它既在一定程度上被看作是人类理性知识的成果，又对这种成果的可靠性持怀疑态度。这种矛盾心态反映了伊斯兰文化传统中真主启示与人类理性之间固有的矛盾冲突。基本倾向是重天启而轻理性，认为人类独立获取的理性知识是易谬的，因而必须用天启来匡正理性的谬误。

最后是伊斯兰教法对传统伊斯兰文化的决定性影响。伊斯兰教素以"法律宗教"和"规范性宗教"著称。以真主启示名义颁布的伊斯兰教法，为穆斯林信众提供了一整套宗教道德性质的行为规则，据以指导、规范其日常生活。作为一部完整的社会立法，伊斯兰教法以统一的法律规定、道德准则和行为规范来约束全体社会成员，有利于社会的整合、稳定和有序运作。历史上伊斯兰教法的内容因教派、学派不同而互有一些差异，但总体上是基本一致的，分歧只限于细枝末节问题。作为伊斯兰文化传统的一部分，伊斯兰教法为世界各族群的穆斯林提供了一部共同的法律，至今许多伊斯兰国家仍以教法为民事基本法。即使那些居住在非伊斯兰国家的穆斯林少数民族群体，他们在习惯上仍然遵守教法教规，并以教法学派归属作为宗教文化身份认同的基本标志。至于伊斯兰文化的个性或多样性，则主要是指这一文化系统内部子系统之间的差异性。这些差异是在伊斯兰文化统一性前提下的差异，因而也是伊斯兰文化千姿百态、丰富多彩的一种体现。这种文化差异性或多样性，主要是因为伊斯兰文化在形成和发展过程中受到外来的民族文化、地域文化影响造成的。

伊斯兰教诞生之际，这一宗教文化的社会载体主要是生活在阿拉伯半岛北部的阿拉伯人，特别是贝都因游牧民族和城市商人。后来随着伊斯兰教势力的不断壮大，半岛以外被征服地区的埃及人、波斯人和其他许多民族的新穆斯林，甚至许多基督教徒、犹太教徒和琐罗亚斯德教徒都参与了伊斯兰文明的创造。历史上的阿拉伯—伊斯兰帝国幅员辽阔、人口众多、民族文化资源丰富，正在形成中的伊斯兰文化不可避免地要接受和吸纳外来文化以丰富自身。仅从阿拉伯语言中的外来语之多和来源地之广，就足以说明外来思想文化对阿拉伯—伊斯兰文化的广泛影响。有专家指出，源自波斯文和希腊文的政治术语、源自希伯来文和叙利亚文的神学和宗教术语以及源自希腊文的哲学和科学术语，都显示出历史上各个地区、不同民族原有文化对正在诞生中的伊斯兰新文明的巨大影响力。① 希腊文化对伊斯兰文化影响至深，甚至有一种说法认为，伊斯兰教是希腊文化遗产的第三位继承人，前两位是希腊的和拉丁的基督教徒。

　　伊斯兰文化消化、吸纳外来的地域、民族文化的过程，既是一个按照伊斯兰教信仰的要求统一化、规范化的过程，同时也是一个异质的非伊斯兰文化影响伊斯兰文化的过程。在此文化碰撞、交融和创新过程中形成的伊斯兰新文化，是一种独具特色、个性鲜明的综合文化。如果以民族语言为区分标准，伊斯兰文化又可细分为阿拉伯伊斯兰文化、波斯伊斯兰文化、突厥伊斯兰文化、乌尔都伊斯兰文化、马来伊斯兰文化、中国伊斯兰文化等板块，而每一个板块实际上都是各具特色的亚文化体系。它们相互区别的根本标志，正是在阿拉伯化、伊斯兰化过程中保存下来的世界各民族本土文化中富有生命力的内容。

　　伊斯兰文化统一性与多样性并存的事实表明，它具有两个基本特征：一是伊斯兰文化有很强的同化能力。历史上阿拉伯—伊斯兰帝国凭借其强大的军事实力和政治权力，借助其语言文字和宗教信仰，曾经统治着一块辽阔的领土。在其领土版图内，异质的希腊文化、拜占廷文化、犹太文化以及更具东方特点的古老波斯文化能够融为一体，充分证明了伊斯兰文化巨大的同化能力。伊斯兰文化因吸纳外来文化而具有多种不同的渊源，但每一种外来文化都因受主体文化的影响而被打上了阿拉伯—伊斯兰文化的

---

① 伯纳·路易：《历史上的阿拉伯人》，中国社会科学出版社 1979 年版，第 153 页。

烙印。因为吸纳外来文化，实际上是以伊斯兰文化为基础不断创新的过程，被纳入伊斯兰新文化的外来文化因素已经被同化、改造或重新组合了；二是伊斯兰文化具有很强的宽容精神。宽容来自文化本身的自信心和开放性。历史上阿拉伯穆斯林是统治者，他们虽在宗教身份认同上表现出强烈的区别意识，但他们感到没有必要把自己的信仰强加于他人，诚如《古兰经》所指明的，"宗教信仰，决无强迫"（2：256）。宗教信仰上提倡宽容，宗教文化上同样也倡导纳百川于大海的文化宽容精神和开放态度，因而各种不同的宗教文化都得到了应有的尊重和保护。这种态度同今天某些具有极端主义倾向的伊斯兰原教旨主义派别盲目排拒外来文化的保守主义态度形成鲜明对照。

（原载《阿拉伯世界研究》2009 年第 1 期）

伊斯兰与西方:文明冲突与对话

　　当今世界各大宗教,所处环境各异、发展态势不一,不可一概而论。如果说确有一大宗教经常吸引全球的目光,那么肯定是在传媒上出现频率很高的伊斯兰教。受媒体关注不一定是件好事,"坏消息"也会成为热点新闻。西方传媒近年来关于伊斯兰教的报道就充斥着"负面"新闻。特别是在2001年"9·11"事件以后,"拿伊斯兰说事"几乎成为西方某些国家主流媒体的一种时尚。

　　冰冻三尺非一日之寒。西方社会舆论对于伊斯兰的歧视、偏见和误解,阿拉伯和世界穆斯林对于西方的冷淡、隔膜、质疑,是由漫长的互不信任的历史和错综复杂的政治现实造成的。要改变这种不愉悦、不和谐的关系,双方都应当付出巨大的努力。

伊斯兰与西方谁威胁谁

　　同佛教、基督教等世界性宗教一样,伊斯兰教是和平的宗教。作为一种信仰,伊斯兰本身不是与西方发生矛盾冲突的根源,这是人们广泛认同的一个基本观点。然而,今天少数西方人,往往把伊斯兰看做是怀疑乃至敌视西方的社会力量。对于这种看法,多数穆斯林不仅不予理会,也从不掩饰自己的观点。这种冷淡、对立情绪是长期积累的一个结果。

　　所谓伊斯兰世界,在地理范围上是指信仰伊斯兰教的各族人民居住生活的区域,即北非、西亚、中亚、南亚、东南亚等地。在"二战"后初期那个风起云涌的年代,伊斯兰世界当时的主流话语是"国家要独立、民族要解放、人民要革命"。当时西方密切关注的是民族解放的烽火是否会烧到自己头上,而根本无暇顾及所谓伊斯兰问题。20世纪70年代末80年代初，即使在伊朗伊斯兰革命高潮迭起的态势下，因"人质危机"而直接受到冲击的美国，在外事决策中也从未提到"伊斯兰问题"。西方明确将伊斯兰与战略安全问题联系起来，是在20世纪90年代初苏联解体、冷战宣告结束以后，即所谓"后冷战时期"。而代表性的观点则是"伊斯兰威胁论"，从此"伊斯兰威胁"无论是神话还是现实，不论在西方还是在伊斯兰世界，都是人们热议和争论不休的话题。

"伊斯兰威胁论"包括三个基本观点。一是"政治威胁"之说。冷战结束以后，由于旧的世界格局不复存在，而新的世界秩序一时难以建立，局部地区出现了动荡不安的局势。在新的形势下，西方在战略安全上需要树立一个假想敌，于是有人提出了伊斯兰是"新共产主义"的论调，声称跨国的"伊斯兰联合"可能成为后冷战时期唯一在政治意识形态和战略安全上足以威胁西方的力量。二是"文明威胁"之说。美国和西方的一些学者、政客宣称，伊斯兰作为一种异质的文明，本质上是仇恨和反对西方的。因此，"伊斯兰复兴"只能意味着对西方文明的强势地位构成严重威胁和挑战。三是"人口威胁"之说，此说反映了一些西方发达国家对汹涌澎湃的"穆斯林移民潮"问题的忧虑。有一种观点认为，随着世界各地的穆斯林移民不断涌入西方国家，在不久的将来，这些迅速增长的外来人口很快便会打破居住国原有的人口比例和文化结构，从而在政治上"压倒西方"。

可见，近年来盛传于西方的"伊斯兰威胁论"，涉及广泛、复杂的内容，而不限于西方公众如何看待伊斯兰宗教问题。可以说，"伊斯兰威胁论"所关注的主要还是西方国家的战略安全问题。即使不熟悉伊斯兰教的中国人，在听到上述言论之后也会有似曾相识之感。因为近年来随着中国经济力量的崛起，西方的传媒舆论中时常冒出"中国威胁论"的种种说法。如同"中国威胁论"一样，"伊斯兰威胁论"的出台也同样是西方的一种政治需要，不必过于重视，因为不用多久它就会自生自灭。

在当今世界上，"强权即公理"的时代毕竟已经过去，因此强者有时仍需要把自己说成是弱者，以动员社会舆论的支持。西方故意散布"伊斯兰威胁论"就属于这种情况。因为常识告诉人们，伊斯兰世界不是统一的政治经济实体，名义上属于其成员的伊斯兰国家实行不同的政治体制，有些国家（如埃及、土耳其、沙特阿拉伯）甚至是美国或西方的盟友。伊斯兰世界很可能不大赞赏西方的文化价值观，不愿接受西式民主制度，但根本不存在反西方的联合阵线。此外，弱者威胁强者的说法也明显不合逻辑。当然，弱者如铤而走险、不顾后果，也可能对强者构成某种威胁，如国际恐怖主义策划的"9·11"事件，就对美国的国家安全造成严重威胁。但这种特例不属于"伊斯兰威胁论"的适用范围，因为连美国布什政府也曾公开宣示，恐怖主义与人类宗教并无本质联系，"反恐"既不是针对伊斯兰教，也不是针对阿拉伯民族。

文明之间既有冲突也有融合

20世纪90年代以来，在如何看待伊斯兰与西方之间的关系问题上，西方流行的话语除"伊斯兰威胁论"外，还有炒得更加火热的"文明冲突论"。就其内容而论，塞缪尔·亨廷顿的"文明冲突论"并非专门针对伊斯兰文明与西方文明的关系而发，但在涉及二者关系问题上，可以说"文明冲突论"简直就是伊斯兰威胁论的翻版。

西方以及伊斯兰世界的文明冲突论者在某些基本观点上有惊人的相似之处。他们都强调文明冲突之所以不可避免，是因为每一种文明都是独特和不可改变的，都有悠久的历史传统，也就是说文明差异必然引起文明冲突。此外，他们都认定伊斯兰与西方的关系史，也即伊斯兰文明与基督教文明之间不断冲突的历史。

应当看到，文明差异必然引起文明冲突的结论是极端片面和武断的。所谓文明，一般是指人类在实现自我本质力量过程中所创造的物质文化、精神文化、制度文化的总和。人类各个民族群体在从蒙昧走向文明过程中，在各不相同的社会历史环境下创造出具有民族、地域和时代特色的文化，是极其正常的一种人文社会现象。不同文化、文明之间互有差异，不仅是正常的和合理的，而且是必然的和有益的。没有人类文化、文明的多样性，就没有丰富多彩的人类世界。

单用"文明冲突"来解释人类历史，解释国际政治、国家关系，本来就很难讲清楚。据说"文明冲突"（the conflict of civilizations）一词是英国历史学家汤因比最先使用的，他在著作中把历史上罗马人与犹太人之间的战争称为"文明冲突"。但汤因比并没有讲那场战争是因为"文明之间的差异"所引起。其实，要想具体地说明国与国之间何以会发生战争，撇开大而无当的"文明冲突论"也完全是可行的，甚至更容易讲清楚。因为无数事实表明，包括战争在内的国际冲突，归根结底是因为国际行为主体（主要是国家）之间争夺权力和利益所引起。受权力和利益驱动，同一文明体系的国家也会兵戎相见；反之，不同文明、不同社会制度的国家之间也完全可以真诚合作、友好相处。

"文明冲突论"在论及伊斯兰文明与西方文明的关系问题上沿用了"伊斯兰威胁论"的基本观点。论者宣称，只要伊斯兰还是伊斯兰，西方还是西方，二者就必然会发生冲突，因为西方与伊斯兰文明的关系史本来就是一部不断冲突的历史。这后一种说法完全没有历史依据，实际上是对历史的曲解。中世纪历史上，后起的阿拉伯伊斯兰帝国与基督教的欧洲之间不仅有"新月对十字"这样的所谓"文明的冲突"，两种文明之间也有过互相学习、借鉴、友好交往的历史。只讲文明冲突，不讲文明融合，很难令人信服。

任何文明在其形成和发展过程中都很难是完全封闭的，都要受到外来文化的影响。以伊斯兰文明为例，从沙漠中走出来的早年阿拉伯先民本无文化传统可言，他们之所以能够创造出璀璨的古典伊斯兰文明，决定性的因素在于他们勤奋好学，在学习、借鉴已有文明成果的基础上开拓创新。为了引进外来的科学文化，历史上的阿拉伯人曾在西亚两河流域发起著名的"百年翻译运动"（750—944）。当时译介过来的东西方古籍，内容包括希腊的哲学、数学和天文学著作，波斯的史学、典章制度、童话故事，印度的天文学、医学、数学和文学著作等。通过百年翻译运动，阿拉伯人提高了民族文化科学素养，增强了文化交流意识，展现了勇于进取、开拓创新的人文精神。"知识远在中国，亦当求知"的阿拉伯古训，真实地记录和表达了当年阿拉伯先民们求知的欲望和信念。

如同阿拉伯人得益于"百年翻译运动"所体现的文化交流一样，中世纪基督教的欧洲也在同阿拉伯文明的友好交往中丰富、发展了自身的文化。在此过程中，深深地受到阿拉伯文化影响的西班牙人发挥了重要的文化纽带作用。就在"百年翻译运动"结束后不到 200 年，西班牙的一位大主教曾在当地发起和领导了一个译介阿拉伯文典籍文献著作的运动，史称"第二个百年翻译运动"（1135—1284）。百余年间，欧洲学人几乎把当时他们所能搜集到的阿拉伯文最有价值的哲学、科学著作全部译成了拉丁文。到 13 世纪末，随着大量拉丁文译著的出现，欧洲学人已经不需要学习掌握阿拉伯文就能获取和利用阿拉伯学术文化成果，发表论文也不必像过去那样引用阿拉伯文原著。如今有文化素养的西方人经常把自身的文化传统与古希腊、古罗马文明联系起来。不可否认，中世纪基督教的欧洲在罗马帝国衰落、分裂以后，只是通过阿拉伯人保存下来的古希腊、古罗马的思想文化遗产才得以接续自身的文化传统，才有近代欧洲的文艺复兴。

人类不同文明间的交流和融合是无可否认的历史事实。欧洲启蒙运动的先驱者伏尔泰在其《风俗论》中谈到，近代以前，欧洲人的数学、天文学、化学、医学知识，都是由阿拉伯人传到西方的。美国前总统尼克松认为，欧洲文艺复兴时期的大师们之所以具有丰富的阅历、广阔的视野，那是因为"他们站在穆斯林世界巨人的肩膀上"。美国著名历史学家菲利普·希提也曾明确肯定阿拉伯文明与西方文明间的"亲缘关系"。他指出，阿拉伯人与西方人都信仰同出一源的一神教，是与西方共享希腊—罗马文化传统的人民，是在整个中世纪时期高举文明火炬并对欧洲文艺复兴做出慷慨贡献的人们。这些热情洋溢的评价，都如实地、充分地肯定了伊斯兰文明与西方文明友好交往、互相学习和借鉴的历史。

用文明对话来代替文明冲突

在当今全球化的形势下，认清世界文明的基本发展趋势，采取正确得体、行之有效的文化战略，对于一个民族、一个国家具有十分重要的意义。20 世纪 90 年代初，就在冷战格局刚刚终结之后不久，世界一批知名的宗教领袖曾联合发表宣言，希望以最低限度的"全球伦理"为基础，构建一个和谐美好的人类世界。这种愿望无疑是善良和美好的，但我们这个世界所缺少的似乎并非某种共同的"宗教伦理"，因为即使我们能够找到这样的"伦理金律"，也无法保障持久的和平。这是因为冲突的真正根源不是伦理问题，当今世界上有许多冲突就发生在同一文明的内部，在这里人们的宗教信仰和伦理传统几乎是完全一致的。

　　与文明冲突不可避免的观点相反，如今越来越多的人开始认识到，只有用文明对话来代替文明冲突，人类才可能携起手来，共同塑造一个美好的世界。在伊斯兰世界，较早提出文明对话的，是曾任马来西亚联邦政府副总理的安瓦尔·易卜拉欣。1994 年 10 月他在美国一所大学发表的一次讲演中，专门就"文明对话"的必要性问题发表了很好的见解。他着重论述了亚洲文明与西方文明进行对话的重要意义，认为随着全球化的不断提速，世界不同区域、不同文化背景的人们互相交往愈益频繁。同时，作为对全球化的一种反应，人们文化认同和文明差异的意识明显加深。因此，文明对话最重要的意义在于通过真诚友好的对话，增进不同文明间的互相了解，通过交流、沟通消除彼此间的成见和误解，为不同文明间的广泛合作奠定基础。安瓦尔强调，亚洲文明与西方文明对话要想取得积极成果，双方都需要走出历史恩怨，用发展和向前看的眼光来看待对方。为此，伊斯兰世界在对西方的态度上要超越"十字军"和殖民统治情结；西方在对东方和伊斯兰世界的态度上，应当克服傲慢与偏见，以新的眼光来看待东方文明。

　　文明对话的必要性和迫切性，由于联合国组织的积极介入和推动，逐渐为更多的国家所认同。1998 年 9 月，伊朗前总统穆罕默德·哈塔米建议联合国成员国通过决议，将新世纪岁首的 2001 年确定为"联合国文明对话年"。这项建议反映了世界各国主流的民意，于同年 11 月召开的联大会议上获得通过。为落实联大决议的精神，2001 年 2 月，在有关国家的共同努力下，于伊朗首都德黑兰举办了"亚洲文明对话第一次国际研讨会"。在为期两天的会议上，亚洲各国的代表和政府官员们就亚洲文明的多样性、亚洲文明在当今世界的地位、作用和影响等问题广泛交流了意见。会后发表的宣言就文明对话的基本原则和重要意义表达了见解。宣言强调，人类所有文明都具有丰富的文化遗产，并对世界文明做出了重要贡献，各种文明之间和每一种文明内部都应当开展平等、友好、真诚的对话，以增进互相理解，并在求同的基础上共同分享人类共同的价值，积极、有效地应对人类在和平、安全、生态环保、消除贫困等领域所遇到的威胁、挑战。宣言号召各国政府、地区和国际组织,特别是肩负重要使命的联合国组织,采取切实的行动,鼓励、促进和支持各种文明间的对话、交流、沟通。

作为中国学者,我们不仅认为应当用文明对话来取代文明冲突,而且相信中国传统文化中的"和"的概念和"和而不同"的思想,如果加以合理的现代诠释,可以为文明对话指明一个正确方向,提供一种正确的态度和方法。所谓"和",意思是和谐、调和、和合。"和而不同",其前提是承认世界上不同事物的存在,承认、肯定、容许万事万物间的差异、区别和分歧,然后把不同的事物加以适当的调整、配置和妥协的安排处理,使不同事物之间的矛盾和分歧得到调和、和合。用这种观点去看待世界,首先应当承认世界文明和各种文化发展的多样性。当然,承认文明、文化发展的多样性,并不意味着一种文明可以置身于世界文明总体发展潮流之外,实行闭关锁国的文化保守主义。相反,"和而不同",要求各种不同的文明之间应当通过真诚友好的对话达到交流、沟通和合作。互相尊重,互相学习和借鉴,取长补短、共同前进,人类文明才能发展到更高的层次。

我们真诚地希望,"和而不同"的思想同样会有助于改善伊斯兰文明与西方文明之间不和谐、不愉快的关系。

(原载《中国宗教》2008 年第 6 期)

第四编

近当代伊斯兰教著名代表人物

略议阿富汗尼其人

在当今的穆斯林世界，泛伊斯兰主义仍然是富有魅力的宗教社会思潮之一，它的理论奠基人哲马鲁丁·阿富汗尼（1839—1897）的名字，可谓家喻户晓、尽人皆知。然而，长期以来，由于种种客观原因的限制，中外学术界对这一历史人物缺乏深入系统的研究，甚至连阿富汗尼的生平也诸说不一，未有定论。人们还时常产生一种误解，以为阿富汗尼仅仅是一位泛伊斯兰主义者，而对他的丰富的政治思想、哲学思想、宗教思想则多有忽视。令人欣慰的是，近年来美国加州大学历史学教授尼基·凯迪（Nikki R. Keddie）在多年潜心研究的基础上，发表了一部大部头的《阿富汗尼传记》，以翔实的史料、公允的立论，全面评述了阿富汗尼这一富有传奇色彩的历史人物，澄清了许多错误认识和传统偏见，阅后使人大开眼界、耳目一新。本文依据最新资料，就阿富汗尼其人略予评述。

一　关于阿富汗尼的生平

阿富汗尼出生于伊朗西北部哈马丹城附近的阿萨达巴德（Asadabad）小镇一穆斯林家庭，据说为圣族后裔，故在名字前冠以"赛义德"。早年从父学习阿拉伯文和《古兰经》，青年时代赴德黑兰及伊拉克的什叶派圣地纳杰夫求学，受到传统伊斯兰教思想的熏陶。他精通波斯文、阿拉伯文和英文，对伊斯兰哲学和苏非神秘主义教理颇有兴趣。1858 年至 1865 年，旅居印度，曾在孟买、加尔各答等地居住，开始接触西方的科学思想，并因目睹英国殖民者在印度的侵略暴行而萌生反帝思想。1866—1868 年，小有名气的阿富汗尼转赴邻国阿富汗，在赫拉特等地攻读伊斯兰教经院神学集大成者安萨里的著作。其间阿富汗王室内部因争夺继承权而发生内战，阿富汗尼支持内战中的一方，曾短期出任首相。失败后被逐，被迫转赴土耳其的伊斯坦布尔。值得注意的是，阿富汗尼在自传中故意缩短旅居印度的时间，而延长了旅居阿富汗的时间，并大肆渲染他的阿富汗背景（阿富汗尼意即阿富汗人），以争取逊尼派穆斯林的广泛同情和支持。外界以讹传讹，造成长时期的误解。

阿富汗尼旅居土耳其期间，适值土耳其推行自上而下的现代改良主义运动，他因力主宗教改革而受到王室中改良派的欢迎，但其激进思想为因循守旧的保守派所不容。阿富汗尼终因"诋毁"伊斯兰教"正宗"信仰的罪名而被保守势力驱逐出境，于 1871 年转赴埃及居住。旅居埃及的 8 年间，阿富汗尼一面在家中教授哲学，一面宣传维新思想，提倡文学革命、改造社会，吸引了大批青年学生。他曾组建"青年学会"，读书办报，反映埃及人民的苦难，诉说人间的不平，讴歌独立、平等、自由，抨击愚昧、落后、麻木不仁，号召人们以哲学的方式思考现实、寻求出路。后因他同情、支持阿拉比领导的埃及民族起义，引起英国殖民当局的注意，终于将他逐出埃及，旋于 1879 年转赴印度孟买。在印度期间，阿富汗尼仍通过著述、讲演等方式，抨击英国殖民统治，受到殖民当局的严密监视，后被迫经伦敦迁居法国巴黎。流亡巴黎期间，阿富汗尼同弟子穆罕默德·阿布杜一起创办了《团结报》，宣扬泛伊斯兰主义，号召全世界穆斯林联合起来，共同反对欧洲殖民统治，争取民族独立。《团结报》只出了 18 期就被法国当局查封。1885 年以后，阿富汗尼四处流浪，曾在英国、俄国、伊朗等地逗留。晚年定居于土耳其首都伊斯坦布尔，靠苏丹发放的养老金为生。后因受到宫廷中保守势力的迫害，丧失政治和人身自由，悲惨地死于狱中。

二　关于阿富汗尼的著作

以往介绍阿富汗尼的著述，一般只提及他的代表作《驳自然主义者》，使人误以为阿富汗尼著作贫乏。为了更全面地揭示阿富汗尼的思想，现根据发表时间，将阿富汗尼的主要著作介绍如下：

（1）《论直觉主义》（1867 年 4 月）。以新柏拉图学派哲学观点论述了苏非神秘主义信仰和实践。

（2）《阿富汗史》（1879）。撰写于旅居埃及期间。着力描述了英国侵犯阿富汗的战争（1878—1880），号召其他国家的穆斯林君主以阿富汗君主为榜样，抗击英国侵略者。

（3）《论英格兰与阿富汗》（1879）。以美国独立战争、印度 1857 年民族起义和阿富汗人民抵抗英军入侵为例，抨击了英国殖民者的对外扩张政策。

（4）《论专制政府的类型》（1879）。以东西方国家各种形式的君主专制为立论依据，批判了封建制度的消极腐败，号召以宪政制度取而代之。

（5）《人类幸福的真正因由》（1879）。从一种理想的社会制度出发表述了政治信念，认为只有包括统治者在内的所有社会成员皆履行自己的职责，国家维护人民的利益，有健全的法制，才谈得上人类的幸福。继之揭露了英国殖民当局在印度兴建铁路、开设工厂、开办学堂的伪善性。

（6）《致土耳其苏丹的信》（约于 1880 年前）。

向土耳其苏丹表明心迹，愿在苏丹的领导下，组织、发动中亚的穆斯林，以对异教徒举行"圣战"的方式来抗击欧洲殖民扩张，呼吁苏丹予以物质和道义上的支持和援助。

（7）《论教学和学问》（1882）。强调现代科学和哲学的重要地位，指出科学是一切先进技术的基础。而哲学则是关于"普遍灵魂"的科学，它指明了人类的前提需求，确定了各类科学的方位。抨击了厌恶科学、排斥理性的传统伊斯兰宗教学者的因循守旧、抱残守缺思想，指出不懂科学和哲学的民族是没有前途的。

（8）《哲学的益处》（1882—1883）。从发展、进化的观点，批评了古典伊斯兰哲学的局限性，论述了哲学对人类生产、生活的重大意义。指出哲学以宽广的人类情感来代替狭隘的动物情感，以自然的智慧之光来破除迷信，为黑暗带来一片光明，使人类脱离野蛮、愚昧状态，步入知识和技术的"德性之城"；哲学的目标是追求人类在理智、心灵、灵魂和人生诸方面的完满，是人类知识活动的初因，是知识、科学、现代物质文明的泉源。

(9)《人类幸福和痛苦的真正根源》（1882—1883）。以弘扬民族主义、爱国主义思想，反对滥用宗教为基调。认为保卫祖国、维护民族尊严同捍卫宗教信仰的愿望是一致的，由此产生出爱祖国、爱民族、爱宗教的情感。但爱教与盲目排外是两回事。指出印度人民所要反对的是欧洲殖民统治，而不是同西方文明相联系的先进的科学、文化和艺术。

(10)《驳自然主义者》（1882—1883）。为批驳印度现代派穆斯林宗教领袖赛义德·阿赫默德·汗的全盘西化思想而作。认为自然主义者或唯物论者散布对信仰的怀疑论，以虚妄的原则、有害的学说、致命的言论破坏源自先辈的信仰和品格，瓦解人类社会秩序的根基，导致国家和民族的衰亡。宣称宗教信仰有三大精神支柱：相信人类是最高尚的生灵，信仰者的团体是最高尚的社团，人生的目的在于获得完满的人格。由此产生出人类的三大美德，即羞耻感、信赖感、忠诚感，它们是进入幸福之门前的"道德之城"的前提信念和必备的高尚品格。

(11)《答里南》（1883）。为反驳法国东方学家里南关于伊斯兰教敌视科学、阿拉伯人没有哲学的论点而作。从护教论的观点出发，较系统地评述了历史上伊斯兰教对科学、哲学的认识过程。指出早年的阿拉伯人敌视科学和哲学，并非民族本性所致，而是因为愚昧无知，不了解宇宙万物间的因果联系。然而，步入文明史以后的阿拉伯穆斯林，不仅笃信万能的真主，而且笃信科学和哲学，创造了光彩夺目的阿拉伯—伊斯兰文明，对人类的文明史作出了杰出的奉献。在答辩的同时，作者还批判了中世纪伊斯兰教因循守旧、不思进取的思想，呼吁尊重科学和哲学，反对消极遁世思想，号召以对自己、对社会负责的精神面对现实，主宰自己的命运。

三　关于阿富汗尼的思想

阿富汗尼作为 19 世纪伊斯兰世界最负盛名的哲学家、宗教改革家、社会活动家和泛伊斯兰主义的奠基人，有着极其丰富的思想，这是他成为一呼百应的宗教领袖人物的先决条件。从他的著述和社会活动看，阿富汗尼的思想似可概括为下述几个方面：

(一) 哲学思想

一个人的哲学观念的形成，往往同他生活的环境和所受的教育密切相关。阿富汗尼成长于什叶派教义居主导地位的伊朗，社会环境明显不同于逊尼派的阿拉伯世界。在阿拉伯地区，由于正统伊斯兰教义、思想的长期统治，以理性思辨、逻辑论证为特色的希腊哲学传统，早已伴随着唯理派穆尔太齐赖学派的泯灭而不复存在，其后兴起的艾什尔里学派和苏非神秘主义信仰中，虽含有古希腊哲学成分，但毕竟影响微弱，不居主导地位。而在近代什叶派伊斯兰教的伊朗，古希腊的哲学传统不仅从未中断，而且有所发展。例如，伊朗的十二伊玛目派教法传统在重视天启知识、传述知识的同时，尤为重视源自理性判断的人类知识，视为伊斯兰教法的四大法源之一；而以照明学派、神智学派为代表的苏非哲学传统，又以人主合一、直觉体认等方式，将神秘主义宗教哲学推向更高的层次。阿富汗尼青年时代深受十二伊玛目派、谢赫学派和巴布教派运动的影响，后来又接触了近代欧洲自然科学，开阔了视野，形成了以神秘主义宗教哲学为基础的宇宙观，其核心即"存在单一论"。

存在单一论以伊本·阿拉比哲学为代表，坚信安拉是绝对存在，为宇宙万有的本原，先在的宇宙万有以观念的形态存在于安拉的知识之中，历经不同的阶段，显现为后天的宇宙万有，宇宙万有终将回归安拉的观念中去。阿富汗尼在原则上赞同伊本·阿拉比哲学思想，坚信安拉创世之说，认为安拉是存在的根据，人类情感的源泉，人类意志的施动者，是唯一的实在，物质、力量、情感皆为安拉的德性。但他在坚持安拉前定之说的同时，尤为重视作为造化物的人类自身的主体性、主动性、进取性，反对消极等待安拉恩赐的宿命论思想，提倡创制精神，掌握自身的命运。

阿富汗尼的哲学思想集中体现在他对哲学、科学和宗教的认识上。诚然，在19世纪的伊斯兰世界，还找不到一位全然脱离宗教影响的哲学家，但阿富汗尼的哲学思想已明显地表现出二元论的倾向。他在抽象地肯定安拉创世之说、安拉前定之说的同时，尤为重视哲学和科学的能动作用，强调人类的主动精神和创造性。他在题为《论教学与学问》的演讲中指出，哲学的研究对象是普遍性的，哲学是各门科学的基础，其地位相当于"普遍灵魂"，它能保存各种科学思想，将它们应用于适当的领域，促进其进步。阿富汗尼进一步指出，一个民族如果没有哲学而只有各门具体的科学，那么这些科学便不可能持久；反之，一个民族如果具有哲学精神而在某一科学领域毫无建树，那么这个民族便会运用哲学精神来促进科学的发展。阿富汗尼还以伊斯兰哲学、科学发展史为例，说明哲学的重要意义。他指出，早年的穆斯林不懂科学，但后来他们接受了希腊哲学，产生了哲学精神，并以这种哲学精神来探讨世界和人生问题，以开放的心态译介了叙利亚、波斯、希腊和印度的科学著作，终于在哲学、科学各个领域跃居领先地位。阿富汗尼据此批判了现代伊斯兰学者的保守思想。他指出，当今的穆斯林学者因囿于传统偏见，人为地把科学分为穆斯林科学和欧洲科学，接受前者而拒绝后者，这是一种陈腐的皮相之见。须知科学是一种高尚之物，它是没有民族界限的。事实是凡属已知的事物，皆因科学而知，凡属著名的民族，皆因科学而著名。阿富汗尼还对宗教信仰予以科学的解释。他指出，许多穆斯林学者对亚里士多德哲学推崇备至，而对伽利略、牛顿、开普勒、达尔文等近代欧洲科学家却一无所知、严加拒绝，这是不可思议的。阿富汗尼严厉谴责那些假宗教之名而拒绝现代科学思想的保守派，视他们为真正宗教信仰的大敌。他曾明确表示，伊斯兰宗教是最接近科学和知识的宗教，科学知识与伊斯兰信仰的基础之间没有不一致之处。在《哲学的益处》一文中，阿富汗尼更深刻地揭示了哲学对人类发展的重大作用。他指出：哲学使人类从狭隘的动物情感进入宽广的人类情感的领域。它以自然智慧的光芒破除迷信和黑暗；它使人从盲目、肤浅状态过渡到清醒、深沉状态；它把人类从野蛮、愚昧、无知中解救出来，使之步入知识和技术的"德性之城"。总之，它使人成为人，过着神圣、理智的生活。哲学的目的在于实现人类在理性、心灵、灵魂和生活方式上的完满。个人在生活方式、日常生计、福利上的完满是心灵和灵魂完满的主要前提条件。哲学是知识活动的第一因，也是部落和民族从游牧和野蛮状态过渡到文化、文明状态最根本的因由。它也是人类知识、科学、工业发明、艺术创造最重要的因由。

（二）历史观

阿富汗尼从宗教哲学的高度来观察、认识人类自身的历史，认为人类历史是不断发展和进化的，而推动历史前进的动力是宗教道德和文化，是少数宗教圣贤和知识精英。总之，他的历史观是一种英雄史观，其特点是安拉救赎史观与知识精英史观相结合。

阿富汗尼在著述和演讲中经常谈古论今，多处论及历史，流露出他的强烈的历史意识和时代精神。他1870年2月于伊斯坦布尔的一次演说中，提请人们切勿忘记自己光荣的过去。他指出，信奉伊斯兰教的各族人民曾经是最强大、最有价值的民族，如今却在外强的奴役下，过着屈辱的生活。穆斯林各族人民何以会有如此不幸的遭遇？在阿富汗尼看来，这一切皆因他们愚昧、闲散、不思进取所致。因而，他呼吁愿安拉通过"信仰者们的统帅"，增强宗教与民族的实力，号召人们摆脱愚昧、落后，开创光明的未来。在1870年秋的一次讲演中，阿富汗尼在总结伊斯兰民族的兴衰史时，明确肯定宗教圣贤和知识精英的决定性作用。他认为从历史上看，最崇高的大师莫过于宗教先知、哲学家、哈里发（封建君主）、伊斯兰教法学家和法律顾问。然而，并非每个时代皆需要一位宗教先知，因为永恒不谬的宗教和律法可以哺育和指引千秋万代。但每个时代皆需要一位富有经验的博学者，没有这样的知识精英，人类秩序和人类复兴便无从谈起。他还把哲学家与宗教先知加以比较，认为二者肩负着同样的使命，即设计人类社会秩序。区别在于：先知通过灵感和启示获取真理，哲人通过思辨和论证认知真理；先知不会犯错误，而哲人则可能出现谬误。但哲人的哲理，具有普遍性，而先知的学说则受时代条件的局限。

阿富汗尼充分肯定宗教在人类文明发展史上的积极作用，认为穆斯林各族人民只是在伊斯兰教诞生后，才真正结束蒙昧时期，步入文明史阶段。他在《驳自然主义者》一文中，较详尽地阐述了他的社会发展史观。他在驳斥自然主义者无视宗教价值的论点之后，着力阐述了宗教道德和文化的社会价值。阿富汗尼指出，伊斯兰教的"三大信仰"是坚信人类是最高尚的生灵，穆斯林社团是坚守正道的社团，人生的意义在于实现完满的人格。由此引申出宗教与社会的三大美德：知羞耻、讲信赖、尽忠诚，它们也是人类社会秩序和历史发展的基础和动力。但唯有少数智者和精英才能毫不动摇地坚守"正道"，不断完善自我的人格，高居于文明阶梯的顶峰，并以其虔诚、学识和人格不断教化愚昧无知的民众，推动历史的前进。而阿富汗尼正是以此为己任。

（三）政治思想

可以认为，阿富汗尼毕生都在从事社会、政治活动，他对许多重大的政治问题皆有自己的见解。他的政治思想散见于他的著作、演说、书信、活动之中，大致可概括为以下几方面：

（1）反对欧洲殖民统治，争取民族独立。阿富汗尼之所以成为广大穆斯林民众爱戴的宗教领袖，主要是因为他具有强烈的民族主义思想，毕生致力于反对欧洲殖民统治、争取民族独立、民族解放的事业。为建立广泛的民族统一阵线，他曾以各种方式宣传民众、组织民众，号召全世界穆斯林联合起来，共同反对欧洲殖民统治者。他提出建立一个超国家、超民族，不受肤色、语言限制的世界穆斯林共同体的主张，虽然未能实现，但在当时的条件下是有进步意义的。泛伊斯兰主义虽有历史局限性，但它毕竟反映了世界上广大被压迫穆斯林民族要求独立、解放和自决的正义呼声。

（2）反对君主专制，提倡政治自由。阿富汗尼在宣扬泛伊斯兰团结的同时，曾对土耳其苏丹等封建君主抱有幻想，期待能有一位开明君主对内实行改革，对外抵御外强侵犯，这当然是一种局限。但纵观阿富汗尼的政治思想，他显然是主张开明政治的。他在《论专制政府的类型》一文中指出，东方人因为种种原因，不愿讨论共和制政体问题，不了解它的本性、优点及人民在共和制度下的幸福。他在分析政治体制时提出了五种类型：①征服者建立的残暴政府；②东方的压迫政府；③西方的压迫政府；④英国在印度的殖民统治；⑤开明政府。他认为共和制和宪政制政府（即开明政府）是最理想的形式，它在有知识的专家的协助下，大力促进经济生活，促进商业、科学、教育的发展，保障人权、合理税收和平衡预算，国泰民安，人民幸福。为此，他在旅居埃及期间，曾鼓吹建立埃及民族党，实行议会制。

（3）关于政治改革思想。阿富汗尼是政治改革的热烈鼓吹者，他虽未提出明确的政治体制改革方案并付诸实施，但他曾就此发表过许多议论。阿富汗尼认为，一种公正的政治制度的前提，首先包括统治者在内的社会全体成员均须按照法律行事，各尽其职责，国家必须维护民众的利益。其次，民族热情与宗教热情相结合。阿富汗尼认为保卫祖国、维护民族尊严与捍卫宗教信仰的愿望是一致的，密不可分的，爱国家、爱民族、爱宗教是社会一体化和凝聚力的重要因素。再次，通过获取知识获得政治意识。应当通过教育使民众了解自身的权利和义务，提高妇女的地位，增强民众参政议政的意识，使民众懂得荣誉只存在于民族之中，力量只存在于社会大家庭之中，光荣只归于祖国。阿富汗尼相信，只有通过开明君主、有觉悟的臣民与知识精英的精诚团结、通力合作，才能创建一种公正的社会政治制度。

（四）宗教观

以往评述阿富汗尼宗教观的著作，特别是穆斯林学者们的著述，往往把阿富汗尼描述为一位正统观念很强的宗教思想家，这是不切实际的假托。实际上，阿富汗尼是一位具有深刻见解和胆识的宗教改革思想家，有些西方学者甚至深信，若不是因为热衷于民族独立而分散了精力，阿富汗尼注定会成为"东方的路德"。影响人们正确评价阿富汗尼的主要障碍来自东方穆斯林学者的正统观念，他们往往把自身的宗教观念强加于历史人物，以获得精神上的快慰和满足。纵观阿富汗尼的宗教思想，可以清晰地看到两个互相关联的方面，即正统观念与改革思想并存。

第一，阿富汗尼作为一位穆斯林哲学家、宗教思想家和社会活动家，在他身上仍深深地保留着伊斯兰教信仰、文化和宗教道德的印记，他的宇宙观、历史观、政治观皆深受宗教信仰的影响，这是易于理解的。例如，他的哲学思想实际上是以"认主独一"为基础的宗教哲学；他的历史观中仍以宗教启示、宗教道德为历史发展的动力；他的政治观中仍充斥着传统伊斯兰政治学说关于建立一个"正义之国"的理想，等等。然而，只要我们把阿富汗尼其人置于特定的历史环境之下加以考察，就会发现他的宗教改革思想是高于同代人的，是因循守旧的保守派望尘莫及的。

　　第二，让我们用比较观点来分析阿富汗尼的宗教思想。首先是关于基本信仰。当传统派伊斯兰学者仍满足于以经训、教法为基础的"六大信仰"时，阿富汗尼在著述中却一再强调"三大信仰"，即坚信人类是最高尚的生灵，信仰者的团体是高尚的社团，人生的意义在于实现完满的人格。显然，他所强调的是人类的主体性、穆斯林民族的尊严和人生的价值。其次是关于宗教道德。传统派伊斯兰宗教学者强调信仰者对安拉的敬畏、服从，履行各种宗教义务，苏非派强调信仰者个人的虔修、人格的不断完善、升华，精神上不断求得解脱，而阿富汗尼则以知羞耻、讲信赖、尽忠诚为伊斯兰教的"三大美德"。显然，他已不满足于传统宗教道德的说教，而企望从穆斯林民族的现实处境出发来重建富有活力的宗教道德。

　　第三，是关于宗教与科学、哲学的关系。19世纪当传统派伊斯兰学者在外来欧洲文化的冲击下发起复兴信仰运动时，阿富汗尼却以冷静心态泰然处之。他一方面号召穆斯林民众恢复民族自尊心、自信心，以独立自主、自强不息的奋斗精神来回应时代的挑战；另一方面他又以民族自责精神回顾历史、正视现实、展望未来，较深刻地认识到穆斯林民族衰落的根源，呼吁发展科学、改善教育，学习先进的科技、文化知识，指出现代科学、哲学与伊斯兰信仰是一致的。他还针对印度穆斯林盲目排外的思想，指出他们所欲反对的是欧洲殖民统治，而不是同西方相联系的科学、文化、艺术。这些见解都远远高于同时代因循守旧、坐井观天的保守派的认识。

　　第四，是关于泛伊斯兰主义与民族主义的关系。阿富汗尼提倡泛伊斯兰团结，使人联想到他无视民族主义和各国人民的利益。实际上，他在提倡泛伊斯兰主义的同时，并不绝对排斥民族主义。如果人们把世界上被压迫的穆斯林各族人民视为精神上的同一体，那么在共同反对欧洲殖民统治的意义上，也不妨视泛伊斯兰主义为扩大了的民族主义。而且我们应当看到，阿富汗尼在埃及是支持埃及民族主义的，在印度是支持印度民族主义的。他在著作中还明确指出，在英国殖民统治下的印度，应当大力弘扬基于多种语言或共同领土之上的民族团结而非泛伊斯兰团结，认为离开共同的语言谈不上民族，离开民族无幸福可言，而语言和民族较之宗教更为稳定恒久。阿富汗尼重视宗教的价值，但反对滥用宗教狂热。他在《人类幸福和痛苦的真正根源》一文中表示，他以一千遍遗憾的心情对印度穆斯林盲目排外的宗教狂热深感不安，认为鼓吹宗教狂热将导致毁灭性的后果。

哲马鲁丁·阿富汗尼在近代伊斯兰教和东西方关系史上是位举足轻重的人物，今天历史的脚步已步入 20 世纪 90 年代，时代为人类提出了许多有待解决的新课题，但愿今人能从历史的篇章中受到教益和启迪。

（原载《世界宗教资料》1993 年第 3 期）

伊斯兰现代主义者阿布杜

19 世纪后半叶兴起的伊斯兰教现代主义，基本上是一股社会改良主义思潮。在现代主义影响下出现的一系列宗教和社会改革运动，曾经对近现代伊斯兰教的发展方向和伊斯兰国家人民的政治生活产生深远的影响，至今现代主义仍然是同原教旨主义并存的重要社会思潮之一。现代主义，有各种不同的解释。总的来说，它试图回答和解决的一个根本问题，就是古老的、传统的伊斯兰教如何适应现代社会发展所提出的各种需要问题。在穆斯林世界，现代主义运动的两个著名先驱者是印度的赛义德·阿赫默德·汗（1817—1898）和埃及的穆罕默德·阿布杜（1849—1905）。本文对阿布杜的生平、改革活动和宗教思想略予评介。

一　生平和改革活动

自幼受传统宗教教育　阿布杜确切的生年和出生地已不可考。一般认为，他的生年当在 1849 年左右，其时适值穆罕默德·巴沙（1805—1849 在位）在埃及统治的末期。阿布杜出生在尼罗河三角洲一座小村庄的一个贫苦农民家庭。后来可能因为家境有所好转，父亲为他请了一位家庭教师，教他读书习字。9 岁那年，父亲送他到一位经师（hafiz）家里学习古兰经诵读。1862 年，入坦塔的阿赫默德清真寺学校，继续攻读《古兰经》，接受更严格的经学训练。两年后，阿布杜因不满于刻板的教学方法，中途辍学，回村务农。婚后，父亲又逼他复学，他于途中躲到叔父哈达尔家里。哈达尔是个虔诚的苏非派信徒，在其开导下，阿布杜终于返回学校读书。这时，年轻的阿布杜开始接受苏非神秘主义思想。他藐视尘世生活，专心致志于神秘知识，探索接近"安拉"的奥秘之道。

　　大学时代　1866年2月，阿布杜转入他向往已久的爱资哈尔大学。该校当时并非现代综合大学，人们习惯上称它为"大学"，是因为它是传统穆斯林教育的最高学府。培养目标是宗教职业者，教学思想是严格的正统神学教育，课程主要有经院神学、古兰经注释学、圣训学、教法学等。全部课程均以天启为最后依据，不准学生进行独立思考和自由探索。阿布杜就曾因为对艾什尔里学派正统教义提出异议，受到校长的严厉训斥，险些通不过毕业考试。正统宗教教育，特别是苏非神秘主义的影响，在他年轻的心灵里铸下深深的烙印。在校读书期间，阿布杜深居简出，谨守拜功，平素身着粗布硬衣，走路时低垂着头，很少与同学搭话，几乎与外部世界隔绝了。只是在结识著名的泛伊斯兰主义者哲马鲁丁·阿富汗尼（1838—1897）以后，他的人生道路上才翻开新的一页。

　　拜阿富汗尼为师　阿布杜认识阿富汗尼是在1868年，当时阿富汗尼正在开罗作短期访问。两人一见面就很投机。阿富汗尼渊博的知识、开阔的视野和谴责殖民主义的演说，对当时埃及的青年一代颇有感染力。从此，他便拜阿富汗尼为师，形影不离地追随着他。在阿富汗尼的教导下，阿布杜系统地学习了哲学、新闻学、写作和研究方法，思想上开始发生明显的变化。其间，他在创办不久的埃及《金字塔报》上，连续发表5篇文章，呼吁普及教育，发展民族文化，提倡现代科学技术，以赶上先进的西方国家。在宗教思想上的变化尤为突出。他在1876年撰写的一篇阐述艾什尔里正统教义学的论文（阿布杜《论统一》法文本，巴黎，1925年）中，首次迸发出理性的火花。文章在引用一条著名的"圣训"（这条"圣训"的真伪有争议，大意是：我的后代将分裂为七十三派，除一派而外，都将是火狱的居民。）之后，阐发了宗教宽容思想，进而引申出一个大胆的结论：理性是引导人们走向纯正信仰的向导。[①]

　　教育和新闻工作　1877年至1882年，阿布杜先后从事教育工作和新闻工作。最初任阿拉伯语文学校历史课教员。这所学校是具有自由倾向的现代学校，目标是培养具有现代思想的宗教学者（ulema）。在教学中，阿布杜向学生介绍中世纪著名穆斯林史学家伊本·赫尔东（1406年卒）的

----

①　阿布杜：《论统一》，第25页。

著作，讲授民族兴衰的历史根源和社会根源、文明社会的准则等新鲜内容。与此同时，他还兼任另一所语言学院的阿拉伯语言和文学的教学工作。这时，他的胸中已燃起社会改革的热情。他的基本目标是从改革教育入手，复兴阿拉伯语文和伊斯兰学科，培养和造就一批具有现代思想的新一代穆斯林知识分子。

但是不久，他的教育事业就被迫中断了。1879 年 6 月，墨守封建传统的新任海迪浮塔菲克·巴沙上台伊始，就下令驱逐哲马鲁丁·阿富汗尼，同时命令阿布杜退休回故里。这项命令是趁具有自由思想倾向的里亚德·巴沙首相出国访问时下达的。后来，里亚德任命阿布杜为埃及政府官方刊物《埃及大事》的总编辑。在从事新闻工作期间，阿布杜仍念念不忘教育改革。为此他发表了大量文章，批评学校设施、师资质量和落后的教学方法，并提出自己的改革方案。在他的建议下，埃及教育部于 1881 年 3 月成立了高等教育委员会，阿布杜被提名为委员。其间，他总共发表了三十六篇文章，内容涉及社会生活各个方面。他批评历史遗留下来的一夫多妻制，要求废止有害的宗教习俗，抨击社会上的腐败现象，认为埃及人民的真正贫困就在于愚昧无知、缺乏教育，而改变这一切的前提，则是通过教育"改变民族的性格、思想和行为"。[1]

然而没有多久，阿布杜又被迫中止了新闻工作，这同样是因为政治事变所致。当时，以阿拉比为首的一批爱国军官因不满于奥斯曼帝国的统治和帝国主义的干涉，发动了武装起义。但在英军的残酷镇压下，民族主义运动归于失败。阿布杜虽与民族主义者存有原则分歧，但在思想上同情和支持他们，因而遭到逮捕，于 1882 年 9 月被判处流放 3 年零 3 个月。

流放生活与泛伊斯兰主义宣传　被逐以后，阿布杜原想留居叙利亚，以便在适当的时机重返祖国。但在贝鲁特居住一年以后，他收到他的老师阿富汗尼的来信，约他到巴黎会合，乃于 1884 年初抵达巴黎。其间，他们成立了一个名为"团结"的秘密组织，并创办了一家同名刊物，开始从事泛伊斯兰主义宣传活动。《团结报》呼吁世界穆斯林各族人民捐弃分歧，

---

① 查尔斯·亚当：《埃及的伊斯兰教与现代主义》，牛津大学出版社 1933 年版，第 49 页。

团结一致，共同反对西方殖民主义的侵略。报纸仅发行了十八期，即被查封。不过，泛伊斯兰主义实际上只是阿富汗尼本人的思想。之后，这种思想只在 1885 年阿布杜就宗教教育和改革问题致伊斯坦布尔总穆夫提的一封书信中才闪现了一下。

改革爱资哈尔大学的尝试　三年以后，阿布杜终于得到赦免，于 1888 年自贝鲁特返回埃及。流放归来的阿布杜，一时成了载誉而归的英雄，受到埃及各阶层人士的热烈欢迎。海迪浮任命他为地方初审法庭的法官，后来又晋升为开罗上诉法庭的法律顾问。但阿布杜的兴趣仍在于教育改革，并把爱资哈尔大学作为改革目标。早在学生时代，阿布杜就立志改革这所古老的大学，他认为爱资哈尔改革了，整个伊斯兰教也就随之改革了。为此，他向校长提议增设一些现代学科，遭到断然拒绝。这使他认识到，若没有当权者的有力支持，任何改革措施都是行不通的。1892 年，阿布杜趁新任海迪浮即位之际，提出他的改革建议。1895 年 1 月，爱资哈尔大学设立了行政管理委员会，阿布杜以政府代表身份参加工作。在他的大力倡导下，学校增设了算术、代数、几何、作文、语法、伊斯兰教史等新学科，为改革这所旧大学迈出了第一步。按照他的设想，如能实现行政管理、课程设置、教学方法三方面的改革，爱资哈尔就能赶上欧洲第一流的大学了。但是，改革的阻力是相当大的，一旦当权者改变态度，改革就会前功尽弃。这样的事情果然发生了。于绝望之下，阿布杜于 1905 年 3 月正式辞职，改革以失败而告终。

埃及的穆夫提　1899 年 6 月 3 日，由海迪浮亲自提名，阿布杜被任命为全埃及的总穆夫提，成为伊斯兰教法典的权威解释者。以往担任这项荣誉职称的人，实际上只是政府的官方法律顾问，活动范围很小。阿布杜上任以后就一改过去的传统，为个人咨询服务提供方便，从而增强了这个职务的重要性。他在任职期间，曾发表两个大胆而引起争议的法律见解（fatwa）：第一，穆斯林食用犹太教徒和基督徒宰杀的动物的新鲜的肉是合法的；第二，穆斯林在政府开设的有息邮政银行里储蓄是合法的。为改进宗教法庭的工作效率，阿布杜还就法庭的审判程序做过大量调查研究，并根据调查结果起草了一份报告。后来政府分别成立了由法学家和宗教学者组成的两个委员会，一个负责搜集、整理所有法庭判决，作为法官工作的参考资料；一个负责拟订计划，成立一所法官培训学校。

复兴阿拉伯语文　阿布杜一向重视和鼓励正确使用阿拉伯语文。早在担任《埃及大事》主编时，他就为此做了不少有益的工作。这同他复兴伊斯兰教的目标不无关系。阿布杜认为，阿拉伯语是《古兰经》的语言，是伊斯兰教的基础，应当把复兴阿拉伯语作为复兴伊斯兰文化的重要手段。而要复兴古典阿拉伯语文，则需要重新出版早期大教长、大学者们的古典著作。为此，他于1900年成立了"阿拉伯科学复兴会"，自任会长。在"学会"的大力赞助下，出版了大量阿拉伯文著作，其中影响较大的有两部修辞学著作和十七卷本的阿拉伯语言学丛书。

病故与未完成的计划　1905年6月，阿布杜在动身前往欧洲旅行的前一天夜晚，病倒在亚历山大郊区他的好友穆罕默德·伯伊·拉欣家里，于7月11日病故。埃及政府派了一辆专车，把他的灵柩运回开罗，在爱资哈尔大清真寺里为他举行了隆重的葬礼。

阿布杜忙碌一生，留下了大量未完成的计划。在离开爱资哈尔大学时，他曾表示愿意继续担任伊斯兰教史的教学工作，还计划借此机会编写一部符合现代观点和方法的课本。因为与学校里的保守势力难以共事，加之体力不支，这项计划只得放弃。晚年阿布杜曾设想另辟一块基地办学，以推行他的教育改革方案，但因为过早离世也未能付诸实施。最能代表他的宗教思想的《古兰经注释》，也只完成了很少一部分（《古兰经注释》写到第7章第125节）。他的宗教改革思想和现代主义传统，后来由他的得意门生叙利亚人拉希德·里达承袭，他的全部遗稿、著作和传记，也是由里达编辑出版的。

二　基本宗教思想

阿布杜作为近代埃及宗教和社会改革的一位著名领导者，其影响是全面而广泛的。在宗教思想方面，他开创的现代主义传统对中东乃至整个伊斯兰世界的宗教改革，都有着直接的、明显的影响。可是因为时代的局限性，加之广泛参加各种社会活动，阿布杜未能留下大量的宗教理论专著（阿布杜的主要著作有《论统一》、《古兰经注释》、《论伊斯兰教与基督教》等。）。未能系统阐发他的宗教改革思想，甚至从未使用过"改革"这个字眼。不妨说，他的宗教改革思想是在正统教义的外衣掩饰下的不彻底的、不完整的理论。人们饶有兴趣地注意到，在阿布杜的身上既可以看到自由化的倾向，又时常流露出强烈的正统观念；既有现代改良主义的思想，又不乏原教旨主义的清教徒观念。这种游移、妥协和软弱的思想倾向，几乎是大部分伊斯兰教现代主义者的共同特征。由于阿布杜在其文章、著作中经常使用中世纪正统神学的语言来表述他的现代神学思想和宗教改革主张，因此除少数专家学者外，一般读者不易了解阿布杜的宗教改革思想。概括起来，他的改革思想大致有以下几个方面：（1）净化伊斯兰教，改革传统伊斯兰教法，清除中世纪遗留下来的不良影响；（2）改革穆斯林的高等教育事业，培养符合现代社会需要的新一代穆斯林知识分子，作为宗教与社会改革的中坚；（3）按照现代主义观点，即正在形成的民族资产阶级的政治需要，重新解释以《古兰经》为基础的基本教义，反对反映封建传统的带有泛神论倾向的苏非神秘主义；（4）从护教论的立场出发，在伊斯兰教内部寻求改革的动力，以捍卫伊斯兰教的正统性和纯洁性，抵制基督教等外来思想的影响。下面仅就阿布杜宗教思想方面两个最突出的特征略予评述。

（一）原教旨主义的提倡者

综观阿布杜的一生，不论是著述、教学、办报，还是从事其他社会活动，都表现出一个首尾一贯的出发点，那就是把改革和复兴伊斯兰教作为社会改革的基础。这种思想同他所处的时代和所受的正统宗教教育有直接的关系。阿布杜生活的时代，埃及人民正处在外国殖民主义和本国封建主义的双重统治之下，一些具有进步倾向的思想家都在探索救国救民的道理，渴望能够找到一条可行的变革现实之路。由于长期接受传统宗教教育，他们很自然地要从伊斯兰教内部寻找出路。在阿布杜看来，国家和民族之所以长期陷入落后状态，首先是统治者造成的，他们抛弃了宝贵的宗教遗产，用人为法律代替了神圣法律，导致目无纲纪章法；其次是神学家、教法学家们的责任，他们热衷于派别纷争，忽视了《古兰经》和圣训的教育；再次是苏非派宗教领袖们的过错，他们以信众的宗教导师自居，却把人们的心灵引入了歧途。①总之，唯一的根源就在于伊斯兰教早已丧失了早期的纯洁性、素朴性，似乎只要拨动那根信仰的琴弦，重新点燃人们心灵里的火炬，恢复纯真的伊斯兰教，一切问题就迎刃而解了。

那么，什么是纯真的伊斯兰教呢？我们知道，伊斯兰教同其他两个世界性的宗教一样，经过长期曲折的历史发展，早已形成宗派林立、纷争不已的局面；到了近代又有传统派与现代派、保守派与改革派之分，每一派都标榜自己为纯真的伊斯兰教义的代表者。所以，如果不给予必要的限定，所谓纯真的伊斯兰教便仍然是个模糊不清、捉摸不定的抽象概念。对此，阿布杜作了进一步的解释："谁要想就某一宗教下判断，他在考察该宗教时，首先应当清除其中因袭自习惯或别的宗教的外来物，并着重考虑它的教理，因为这些教理取决于在时间上最接近创教时期的人们，即以素朴的方式直接从创教者那里承袭宗教的那些早期信仰者的言行。"②可见，阿布杜所提倡的，是现实中已不复存在的早期最素朴、最原始的宗教形式和基本教旨，一切违反这种理想化的宗教教义和社会习俗的东西，则应予批判和摈弃，其复古主义倾向可见一斑。

阿布杜推崇的原教旨主义，实际上是建立在对早期宗教美化的基础之上的。在他看来，早在创教者穆罕默德在世时期，伊斯兰教就已经臻于完善，它的全部基础，包括基本信仰、宗教制度、伦理准则、宗教习俗乃至法律制度都已最后定型。因此，后人所要做的只是恢复伊斯兰教的本来精神。然而，严酷的现实和美好的理想之间毕竟横着一条鸿沟。所以，以阿布杜为首的现代主义者们又确立了一条基本原则，即把宗教教义区分为基本部分和辅助部分。基本部分即"基本要道"或基本教旨，只包括《古兰经》和与习俗有关的一小部分真实的"圣训"，此外均属辅助部分。前者为永恒的，适用于一切时代，因而是绝对的，不可动摇的；而后者则是暂时的，随着时间、地点、条件的变化而变化，因而是相对的，无关重要的。有了这样一条原则，要改革一切不合时宜的陈规陋习，清除一切"邪恶的"外来影响，也就有了理论根据了。正是

---

① 拉希德·里达：《阿布杜传》，第 2 卷，开罗，1908 年，第 234—235 页。
② 查尔斯·亚当：《埃及的伊斯兰教与现代主义》，第 60 页。

基于这种原教旨主义的清教徒思想，现代主义者们对盛行一时的圣徒崇拜以及历史遗留下来的一夫多妻制、蓄奴制等封建传统，给予了一定的批判，并简化了宗教礼仪。

伊斯兰教原教旨主义思想潮并非始自近代，更不是现代主义者们所独创。这种以复古、返璞为形式的清教徒改革运动，在伊斯兰教历史上是个循环往复的现象。自然，历史现象的每一次重复，其背后的动机和包含的具体内容不尽一致。从思想渊源上看，阿布杜领导的现代改革运动与 13 世纪著名教法学家伊本·泰米叶（1263—1328）的清教徒思想是一脉相承的。伊本·泰米叶精通罕百勒派法律，在法学思想上他试图将理性、传统和自由意志融为一体，反对因袭传统观念（taglid），要求独立判断（ijti-had）的权利。在神学或宗教教义问题上，他提出了"回到古兰经里去"的著名口号，宣布经典原文具有至高无上的权威。这种反传统的原教旨主义思想方法，为阿布杜提供了求之不得的思想武器，因此他在著作中时常大量援引伊本·泰米叶。更重要和更直接的思想源泉，则是 19 世纪初期发生于阿拉伯半岛的瓦哈比派清教徒运动。在宗教思想领域，瓦哈比派的历史功绩在于通过对伊斯兰教内部滋生出来的"附饰"和"创新"的批判，重新打开了批判性地研究中世纪圣训学的大门，为现代派改革廓清了道路，奠定了基础。由于经常求助于瓦哈比派思想，以阿布杜为首的现代派又有"现代瓦哈比信徒"之称。阿布杜既要改革传统，又不得不求助于传统的支持，就只能在反传统的"传统"武器库里寻找思想武器，于是现代主义与原教旨主义两股对立的潮流便在他的身上合而为一了。

（二）宗教与理性的调和者

如前所述，现代主义的基本目标是改造僵化的中世纪伊斯兰教，使之适应现代社会生活的需要，而现代主义的基本思想武器则是理性与科学。不妨说，它的终极目标是试图建立一个理性化的宗教。伊斯兰教历史上，宗教与理性，或真主启示与人的理性之间的关系，历来是个争论不休的老问题。在这个问题上，阿布杜采取了一种调和的立场。

首先，他认为它们是互为依存、互为补充的关系。这种关系，他在试图给伊斯兰教下定义时作了扼要的说明："宗教应当看做是对人设置的一道障碍，以防止他们走向极端，减少他们的过错。"①可见，天启是不谬的，而人的理性则是易谬的，并且是有局限性的；人的理性只能认识事物和现象的次要性质，而不能认识与宇宙、时空、知识、力量、权能有关的那部分真主的本质属性，因为它们是先验的，超验的，高于理性的。但是，"理性具有最后的权威，这权威就在于对宗教这一'总的感官'的确认，对它在特定范围内的活动给予指导，接受它所发现的信仰和行为的准则"。②可见，宗教离不开理性，理性更离不开宗教，二者是合而为一、相辅相成的。

其次，是论证伊斯兰教是理性的宗教。这方面主要求助于对《古兰经》启示作理性主义的解释，有些牵强附会和简单化。阿布杜认为，《古兰经》尊重理性，把理性提高到首要地位，"这表现在判定什么是真理，什么是谬误，什么是有益的，什么是有害的方面，理性具有最后的权威。"③进而认为，人可以借助理性认识真主：在认识真主的存在和独一上，"伊斯兰教所依赖的不是别的，而是激发理性，正确地运用类比判断，了解事物的因果关系，从而相信宇宙背后有一个无所不在，无所不知，无所不能的创造者。"④

再次，是试图确立理性至上的原则。这种思想集中反映在对传统伊斯兰教法学所持的态度上。阿布杜认为，如果理性与神圣法律的字面意义相悖时，则应服从理性的决断。在解释这一立场时，阿布杜写道："穆斯林一致同意，如果理性与某段圣训的字面意义相矛盾，则应首先考虑根据理性得出的结论。这样，关于那段圣训会有两种可能性：或者承认圣训的真实性，同时承认没有能力理解，从而将这个疑案提交真主裁决，或者在不违反语法规则的前提下，将其解释为符合理性所确定的意义。"⑤这一原则也适用于"圣言"即《古兰经》经文的解释。在这里，阿布杜采取了实用主义的随意性方法，首先断言"天启中不可能含有不合理性的东西"。

---

① 阿布杜：《论统一》，第 142 页。
② 阿布杜：《论伊斯兰教与基督教》，开罗，1923 年，第 48 页。
③ 阿布杜：《论统一》，第 9—10 页。
④ 同上书，第 142 页。
⑤ 阿布杜：《论伊斯兰教与基督教》，第 51 页。

退一步说，如果某段经文中确有似是而非的矛盾，则应认为，经文中的字面意义并非天启的本意。这就要求人们，或者根据有疑问的经文的上下文，作合乎逻辑的解释，或者宣布此节经文为"奥秘"，不再探究。

这样，在肯定伊斯兰教尊重理性的同时，以阿布杜为首的现代派有意识地摈弃了中世纪以来穆斯林学者们所提倡的盲信。不问原由盲目地遵从权威者的意见，在伊斯兰教的术语里称为"塔格里德"，意思是因袭传统。这种墨守传统的保守主义思想构成伊斯兰国家近现代法制改革的巨大障碍，为现代派所深恶痛绝。早在学生时代，阿布杜就呼吁"把思想从盲目信仰的牢笼里解放出来"，[①]后来更对提倡盲信的神学家、教法学家和伊斯兰学者给予了无情的批判和嘲讽，指出老百姓身上的疾病是受了他们的传染。阿布杜还针对传统派的厚古非今思想展开批判，认为今人与古人一样聪明，因此今人应当享有与早年穆斯林同等的权利，呼吁敞开理性的大门。

总之，阿布杜的宗教改革思想，尽管其出发点在于复兴伊斯兰教，但在当时和今天埃及人民和阿拉伯各国人民反封建传统的斗争中，无疑是有进步意义的。与此同时，我们还应当看到，这种思想又是有其明显局限性的。首先，由于理论上的软弱性，现代改良派在传统派面前往往不堪一击；其次，现代派所提倡的理性，是不要社会实践检验的思辨哲学，在认识论上并非唯物主义的反映论；最后，按照马克思主义的认识论，任何宗教就其世界观和思想体系而言，本身就是反理性主义的，这种自相矛盾的窘境，在宗教传统内部不可能得到克服。

（原载《世界宗教资料》1985 年第 3 期）

---

① 拉希德·里达：《灯塔》第 8 卷，第 892 页。

当代伊斯兰复兴运动理论家毛杜迪

近 10 年来，国际伊斯兰复兴运动以其强劲的势头，引起各国政界和学术界广泛的关注，人们在追溯其思想理论时，经常会提到巴基斯坦著名伊斯兰学者毛杜迪（Abul Al'a Mawdudi, 1903—1979）的名字。他与埃及穆斯林兄弟会理论家赛义德·库特布和伊朗什叶派宗教领袖霍梅尼齐名，被誉为当代伊斯兰原教旨主义三大理论家之一。他创建和领导的巴基斯坦伊斯兰教促进会（Jamaat-i-Islami）极为活跃，为当代伊斯兰复兴运动一支重要力量。

简略生平

毛杜迪出生于印度德干地区奥朗则布小镇一苏非圣徒家庭，其父系苏非派契斯提教团成员。早年受传统宗教教育，后入海德拉巴德一高等学校深造，因故中途辍学，旋以非凡的毅力，自学掌握了阿拉伯语、波斯语、乌尔都语和英语，成为小有名气的伊斯兰学者。青年时代，毛杜迪热心于新闻事业，曾任德里等地多家穆斯林报刊编辑。1925—1928 年，任信德伊斯兰学者联合会机关刊物《贾米叶特》（al-Jamiyat）主编，其间曾加入泛伊斯兰哈里发运动，反对英国殖民统治，同情和支持被废黜的土耳其末代苏丹。后因与伊斯兰学者联合会意见分歧，毛杜迪辞去主编职务，重返海德拉巴德。1933 年任《古兰经集萃》月刊主编，该刊后来成为毛杜迪宣扬其宗教、政治主张的喉舌，至今影响广泛。1937—1947 年，毛杜迪以极大的热情投身于印度的政治斗争。他既反对印度国大党的"非暴力不合作运动"及与之合作的以迪欧班德（德里附近一小镇）经学院为代表的正统派伊斯兰学者（ulema）的主张，亦反对现代派印度穆斯林联盟领导的分离主义运动。为扩大影响，毛杜迪于 1941 年创建伊斯兰促进会，自任主席，称为"艾米尔"，从此致力于伊斯兰原教旨主义运动。

1947 年印巴分治后，毛杜迪及其追随者从印度迁居西巴拉合尔地区，继续从事教权主义运动，其宗教组织成为巴基斯坦历届政府主要的政治反对派之一。1953 年，毛杜迪曾因参与煽动取缔被视为"异端"的阿赫默迪亚教派运动，引起教派冲突和大规模流血事件，被判处死刑，后在国际舆论呼吁下获赦。阿尤布·汗当政时期，毛杜迪多次被捕入狱，其组织一度被迫停止活动。布托人民党执政时期，促进会强烈抵制该党的伊斯兰社会主义理论、政策，谴责其世俗化倾向和腐败，继续鼓吹国家体制伊斯兰化。该派后来一度加入由 8 个反对党组成的联合阵线，掀起倒阁运动。

毛杜迪生前曾出访过许多国家：埃及、叙利亚、约旦、沙特阿拉伯、科威特、土耳其、英国、美国、加拿大等地。曾举行记者招待会、专题讲座、发表演说 1000 余次，以广播、电视、报刊等大众媒介影响舆论，寻求支持。著作有 120 部，主要有《伊斯兰圣战》、《古兰经注释》、《先知传》、《伊斯兰教之基础》、《伊斯兰运动的道德基础》、《伊斯兰复兴运动简史》、《伊斯兰革命的过程》、《伊斯兰教法和宪法》等。大部分著作已被译成多种文字。

早期宗教思想

毛杜迪生长在一个虔诚的穆斯林之家，在动荡不安的岁月中度过了他的前半生，其思想观点的形成，同他所处的那个时代的特殊环境息息相关。在大英王冠统治下的印度，广大劳苦大众丧失了生存的权利，争取民族独立早已成为印度人民共同的心声。然而，由于宗教信仰、历史文化传统迥异，加之英国殖民者实行分化瓦解、分而治之的政策，同样受压迫的印度教信徒与穆斯林长期对立，未能形成一支统一的力量。自 19 世纪起，在争取民族独立斗争中，逐渐形成以国大党为代表的印度民族主义集团和以穆斯林联盟为代表的民族分离主义集团。双方虽有过短暂的合作，但终因利益冲突、政见各异而分道扬镳。穆斯林分离主义运动的思想基础，是现代派穆斯林思想家赛义德·阿赫默德·汗、穆罕默德·伊克巴尔和阿里·真纳提出的"两个民族"理论，认为印度教和伊斯兰教这两个曾经在印度次大陆产生过深远影响的宗教，同时也是两种互不相容的文明方式的体现，构成两大民族的载体，应当各自为政，各有自己独立的国家。这一以宗教信仰为基础的现代民族国家的理论，为穆斯林分离主义运动提供了不可或缺的理论依据，但同时也激化了业已存在的政治分歧。值得注意的是，它的反对派不仅来自印度国大党，也来自穆斯林集团内部。印度大部分伊斯兰学者虽然亦强烈要求改变自身的处境，但他们并不赞同分离主义的巴基斯坦运动。毛杜迪即是反对派中的一员，但其思想又不同于印度的正统派伊斯兰学者。分歧根源于对伊斯兰教政治与社会学说的不同理解。以阿萨德为首的正统派认为，伊斯兰教提倡一种超越种族、国度、肤色、语言的"人类兄弟情谊"，唯有这种人道主义的博爱和宽容的精神才是一切行为的根本出发点。因此，他们主张与印度国大党合作，强调以"非暴力不合作运动"等方式，向英国殖民者施加压力，企望在"议会民主"的基础上实现民族独立，创建一个充分保障民族自决、自治的联邦制国家。其理论基础是一种"合成"民族主义，即坚持印度是一个多民族组成的大家庭，印度的穆斯林只能在统一的印度民族主义旗帜下实现自己的权益。与此相反，毛杜迪坚信，无论是"合成"的印度民族主义还是"分离"的穆斯林民族主义，皆有悖于伊斯兰的真谛。他认为，"合成"论的危害性在于它否认印度穆斯林的主体意识，而在印度教信徒居人口大多数的情况下，解决印度政治问题的任何未来方案都意味着"多数统治"，而处于少数地位的印度穆斯林只能沦为二等公民，他们所珍视的伊斯兰文明也将荡然无存，为印度教文明所吞没。但他认为，从长远观点看，"分离"论甚至更加有害。其虚妄有二：一是它以狭隘民族主义来代替伊斯兰教的普世主义，而伊斯兰教不是民族宗教，它与民族主义是水火不相容的；二是它以世俗主义来代替伊斯兰主义，作为巴基斯坦立国的思想基础，满足于暂时的世俗物质利益，而忽视了穆斯林大众的精神需求和长远利益。这是一种鼠目寸光的、赤裸裸的功利主义。

综观毛杜迪的一贯思想，他所主张的是一种介于正统派与现代派之间的毫不妥协的伊斯兰原教旨主义，坚信伊斯兰教作为一种政治体制、意识形态、社会制度和文化方式，它本身是自足的，它不需要任何来自外部的补充，而一切行为，包括关系到国家和民族生存的重大政治行为，皆须根据伊斯兰信仰作出选择。因此他认为，捍卫印度穆斯林的权益，首先需要在印度次大陆恢复伊斯兰政治制度，复兴日见衰微的伊斯兰文明。也就是说，他把英国殖民势力控制下的印度视为伊斯兰教历史上的"敌占国土"，主张以"圣战"的方式来恢复"伊斯兰的统治"，使整个印度成为"伊斯兰国土"。以此为出发点，毛杜迪构筑了他的原教旨主义宗教思想体系，包括：

（1）"自然主义"的人主关系。相信宇宙和人类系安拉按其法则所创造，自然界和人类社会按安拉"预定"的自然法则运行，因而作为受造物的穆斯林只要遵循"安拉之法则"，就能兴旺发达，永远立于不败之地。故伊斯兰教所强调的"服从"，即要求世人无条件地服从"安拉之法则"，这是一切行为的出发点和最后归宿。

（2）行动主义的今世观。认为普通穆斯林民众因受邪恶势力的诱惑，时常表现出软弱、动摇、妥协等弱点，但他们作为安拉在尘世间的代理人，肩负着艰巨而危险的使命，这是不容退缩的。一个穆斯林既然要在这个世界上生存，他就必须依据安拉启示的永恒、不谬的法则持身律己，铸造人类社会。故今世是"行动的世界"，在此神圣使命面前，任何消极、退缩、遁世或满足于神秘主义境界中的自我修炼，皆有悖于安拉的诫命，而不屈不挠的斗争精神才是一个信士的本色。

（3）以信仰为基础的人类道德观、文化观和社会观。毛杜迪宣称人类道德的思想基础是信仰，信仰可以是宗教的或世俗的，它也是人类文化与社会的根基，而以宗教信仰为基础的伊斯兰文化要优于仅以人类理性为基础的世俗文化，它更加广泛，包容一切，经久不衰，其规范适用于一切时代、一切民族，不受国界、种族、肤色、语言等外界条件的限制。故以宗教信仰为基础的伊斯兰社会具有强大的生命力，是一种理想的社会制度。

（4）启示宗教与传统宗教并重的宗教观。按照现代派的解释，"启示宗教"系指以安拉启示为依据的基本信仰，它是永恒的、不谬的，不容更易的，而"传统宗教"是指伊斯兰教演进过程中以教法为主体的宗教传统，它是历史的产物，可依据时代、社会环境的变化予以新的解释。毛杜迪在理论上亦承认二者的区别，但因对进化论的厌恶，在实践中他否认宗教传统的进化过程，认为二者皆有恒久价值。

（5）圣战高于一切的思想。同赛义德·库特布一样，毛杜迪认为英国殖民统治下的印度处在邪恶势力主宰一切的"蒙昧"状态（Jahiliyah，贾希利亚），它相当于历史上异教徒占领下的"战争国土"，而摆在穆斯林面前的首要任务，是以各种形式的"圣战"战胜侵略者，恢复伊斯兰统治。但因敌强我弱，亦不排除渐进主义策略，可以采取各种形式的合法斗争，直到取得胜利。

伊斯兰国家理论

印巴分治后，新生的巴基斯坦作为一个独立的政治实体开始执掌权力。国家在建国初期曾对宗教界作过许多让步，强调伊斯兰教在国家政治生活中的地位和作用。但巴基斯坦国家并非教权主义者所企盼的伊斯兰神权政体，其领导者并非伊斯兰主义者，而是世俗民族主义者，宗教在国家政治生活中处于从属地位。这种状况引起教权主义者的不满，他们总有一种理想失落感，而以毛杜迪为首的伊斯兰促进会，则成为国体"伊斯兰化"的积极鼓吹者，同政府的关系日趋紧张。在新的形势下，出于策略考虑，毛杜迪在观点上作了许多修正。如不再号召以"圣战"来推翻不义的统治者，而主张在宪法和法制的范围内逐渐实现伊斯兰化；宣称未来的伊斯兰国家同时也是以穆斯林为主体的民族国家，而非泛伊斯兰政治实体等等。但其基本观点依然如故，仍然强烈反对世俗主义、民族主义、现代主义，而以创建一个名副其实的伊斯兰国家、伊斯兰社会、伊斯兰秩序为己任。毛杜迪关于伊斯兰国家的著述，观点较为系统，堪称为当代伊斯兰原教旨主义国家学说的代表作。那么，究竟何为伊斯兰国家？一个穆斯林居民占人口大多数的国家是否必然是伊斯兰国家？这些问题，在原教旨主义者看来是事关重大的政治问题。毛杜迪认为，人们通常所说的伊斯兰国家是个习惯用语，只表示穆斯林为社会的主体，而同国体、政体没有联系，因而确切说来，应称为穆斯林国家。而一个名副其实的伊斯兰国家，应当是一个以伊斯兰法治为基础的政教合一的神权政体。其基本原则是：

（1）承认安拉的绝对排他性主权。安拉作为宇宙万物的"创造者、恩养者和统治者"，为真正的主权者，具有至高无上的立法权威。任何个人、集团、阶级皆没有立法权，不得制定、颁布立法，而只有遵循安拉律法的义务。国家必须以神圣的沙里亚（伊斯兰教法）为基础，实行伊斯兰法治，其权威来自"安拉之委托"，只能在神圣法制范围内行使权力。国家颁布的任何有悖于神圣律法的政令、法规、政策，对穆斯林没有拘束力。

（2）承认使者和先知的权威。先知穆罕默德作为安拉在人间的代言人，直接承受和传达安拉的启示，有权代行安拉的政治和法律主权。信安拉、信使者为伊斯兰教的基本信仰。"谁服从使者，谁确已服从安拉"（《古兰经》4∶80），此节经文明确规定了先知的地位，其"圣言"、"圣行"为立法、行教的根本依据，也是伊斯兰国家的指导原则。

（3）国家仅仅是安拉的代理人。国家自身虽无立法权，但国家作为受命于安拉的代理人，有权代行安拉之律法，并据此行使统治、管理国家。因此，就其本来的性质和意义而言，理想的国家应称为"代理制度"（caliphate），即"代行"安拉主权的体制，而世俗意义的"主权国家"，仅表示国家在其领土内的有限权威，但其权威不能超越"安拉之法度"。此外，作为社会主体的全体穆斯林也是安拉的代理人，安拉通过穆斯林大众授权国家行使统治，故国家不是任何特权阶层的工具，而是对安拉、对民众负责的有限权威机关。

（4）以协商制为国家的基本政治制度。"协商制"（shura）为"伊斯兰民主制"的体现，但协商只限于全体穆斯林。鉴于历史上伊斯兰教未明确规定具体方式，这个问题可根据民意商定。一般可取广泛的直接协商制或由推举的代表组成的间接协商制两种形式，包括通过自由协商产生或罢免国家元首，决定国家的大政方针等。因此，一个理想的伊斯兰国家既是神权政体，也是民主政权，称为"安拉之国"或"神权民主政体"（theo-democracy）。

除以上四项基本原则外，毛杜迪认为，伊斯兰国家有许多不同于世俗国家的特征，主要是：

（1）国家具有权威主义性质。毛杜迪认为，较之"安拉之主权"，国家的主权自然是有限的，但国家既然代行"安拉之主权"，其权威又是极其广泛的。这是因为国家的宗旨不限于消除暴政、制止邪恶、保卫领土、维护治安等一般世俗职能，更重要的还在于建立一种保障社会公正的平衡制度。因此，国家必须拥有广泛的权力，不容许社会生活的任何领域不受国家的监控。为此，国家必须加强干预作用，因为其权力和职能不仅来自国家和民众利益的需求，而且来自层次更高的神圣律法的要求和核准。毛杜迪甚至认为，伊斯兰国家的极权主义职能颇类似于现代法西斯国家。这个比喻也为他的"神权民主政体"作了脚注：他曾表示，与其区别民主的好坏，不如区别极权的优劣。意即强权是民主的前提和机制，但强化国家权力并不意味着取消民主，相反正是为了保障社会所有成员都享有更广泛的民主，更充分的自由、平等和尊严。

（2）国家以伊斯兰意识形态为指导思想。毛杜迪认为，伊斯兰国家是由全体信仰者组成的穆斯林共同体，它与世俗国家的根本区别在于，国家的凝聚力来自全体公民共同的宗教信仰。因此，为了维护国家的统一、安定、团结，国家必须强化伊斯兰意识形态的指导地位，并以此来"改造"人类社会。由此引申出两个后果。其一，国家只能由信奉伊斯兰教的穆斯林来管理，国家元首和政府重要职务只能由穆斯林担任，而非穆斯林作为少数民族，虽然亦受法律的保护，但无权享有充分的政治权利。其二，国家承认两种不同的公民身份：穆斯林公民与非穆斯林公民。前者享有更充分的权利，承担更多的义务；后者享有较少的权利，承担较少的义务，实际上是伊斯兰国家里的二等公民。

运动与组织

早在印巴分治前，毛杜迪就积极投身于政治运动，并同情、支持别国的泛伊斯兰运动。他从历次伊斯兰运动的失败中得出教训，认为失败的根本原因是因为穆斯林民众受西方民族主义思潮的影响而自行分裂，互相攻击，各行其是，被帝国主义分而治之、各个击破。因此，必须在伊斯兰的旗帜下，联合全体穆斯林进行长期不懈的斗争。伊斯兰促进会的建立正是为了肩负起这项使命。

然而，由于社会早已分裂为对立的阶级，即使在印度穆斯林社团内部也早已四分五裂，形成不同的思潮、集团、派别和组织，泛伊斯兰主义早已丧失了号召力。所以，毛杜迪及其组织缺乏广泛的群众基础。尽管如此，毛杜迪仍一如既往地坚持其行动纲领。印巴分治前，其追随者人数有限，其威望和影响远不如穆斯林联盟。印巴分治后，为适应新形势的需要，毛杜迪对伊斯兰促进会作了改组，使之成为一个组织严谨、纪律严明、效率较高的宗教政党。

改组后的伊斯兰促进会，其政治纲领强调宣传、组织群众、扩大影响，以议会斗争等合法方式向政府施加压力，通过法制伊斯兰化逐步实现巴基斯坦国体、政体伊斯兰化，使世俗国家演变为名副其实的伊斯兰国家。毛杜迪在其著作中阐述的伊斯兰国家的基本原则和特征，实际上也是该党的行动纲领。其基本口号是建立伊斯兰制度（Nizam-i-Islam）。这一斗争目标对其组织成员提出了更高的要求，而伊斯兰促进会也正是为此目的而改组的。毛杜迪深信，伊斯兰复兴运动是一项十分艰巨的任务，为此确定了宁缺毋滥的组织原则，只有诚挚、勇敢、克己奉公、立场坚定的穆斯林才准许入会。其组织系统分为三层：最高领导阶层，通过选举产生，由50人组成中央执委会，任期3年，毛杜迪任终生主席。下设由12人组成的工作委员会，在秘书长主持下分管各部门的工作，包括财政、人员培训、社会服务、劳工福利、成人教育、公共关系、议会事务、出版发行等。第二层是外围组织，由同情、支持其纲领的知名人士、社会贤达组成，以扩大社会影响、协调各种活动。第三层为基层组织，由一般会员组成，包括工人、农民、手工业者、城市贫民和中小知识分子。为吸引下层群众，毛杜迪还提出许多实际纲领：如在经济领域，提出禁止高利盘剥、反对少数富人垄断社会财富、消灭资本主义制度等主张；在农村提出"耕者有其田"，反对封建地主占有过多的土地；在社会分配问题上，提出关心穷人的生活，向孤儿、贫民、失业者提供社会救济；在教育事业上，提出大力发展宗教教育，使青少年了解伊斯兰生活方式，恪守宗教伦理准则；在法制上，提出恢复、强化伊斯兰教法，禁止酗酒、赌博、卖淫、通奸、偷窃等不法行为，等等。但伊斯兰促进会的纲领过分强调抽象的宗教原则，在政治、经济思想上缺乏现代观念，而民众所关心的是现实物质利益，因而这一行动纲领缺乏号召力。

值得注意的是，自中世纪以来伊斯兰教在许多国家都形成了两个极端：由正统派乌里玛解释的"官方伊斯兰"，在社会学说上偏于保守，通常是现存秩序的维护者；而由民众解释的"大众伊斯兰"则与此形成强烈反差，往往在宗教旗帜下要求变革现实。伊斯兰原教旨主义反映了同正统派对立的教内改革潮流，但这种潮流是否能取得社会的认可和支持，则取决于各国的具体条件。外界观察家认为，毛杜迪领导的伊斯兰复兴运动之所以难以形成气候，是因为它在强大的世俗集团和乡村封建势力面前无能为力。巴基斯坦历届政府，包括阿尤布·汗和齐亚·哈克军政府，可以对教权主义者作出某些让步，但绝不会容许教权主义者掌握政权。封建势力指的是乡村的地主阶级及苏非圣徒（Pirs，皮尔）。封建地主占有大量土地，"皮尔"拥有大批信徒，他们从维护既得利益出发，强烈抵制原教旨主义经济纲领。另一不利因素来自宗教界，由乌里玛组成的巴基斯坦伊斯兰学者联合会（Jamaitul-Ulema-i-Pakistan）和伊斯兰学者联合会（Jamaitul-Ulema-i-Islam）这两个宗教政党，虽然同伊斯兰促进会有某些共同点，但它们并不赞同其政治纲领，而仅以获取权势为目的。其传统的教义宣传和强烈的宗派情绪使巴基斯坦伊斯兰教界长期陷入分裂，不能通力合作。此外，地方民族主义极大地削弱了伊斯兰促进会的号召力。巴基斯坦的穆斯林长期受宗族主义影响，分裂为帕坦人、旁遮普人、信德人、俾路支人和自称为"迁士"的来自印度的难民，各民族集团自成一体，互相对立，难以共事。毛杜迪的追随者多为"外来户"，主要是分治后自印度迁居巴基斯坦的难民，他们受本地各族人的歧视、排挤，难以深入到地方势力控制下的信德、旁遮普、俾路支和西北边境诸行省。但伊斯兰促进会仍不失为巴基斯坦最有战斗力的宗教政党，这一方面是因为其组织系统极为严密、纪律性很强，又有国际伊斯兰组织的大力支持，另一方面则是因为其领导人毛杜迪作为一位宗教领袖，有高尚的人格和威望，其浩瀚的著作在国内外有广泛的影响力。因此，其组织即使在毛杜迪去世后，仍未分裂。

　　毛杜迪的一生是为复兴伊斯兰教而奋斗的一生。作为一个教权主义者，他的一整套理论观点都充满着宗教的虔诚和激情，他深信宗教传统的净化和复兴能为广大贫困、落后的穆斯林大众带来希望，他的许多宗教、政治主张，只有在像巴基斯坦这样的特殊社会历史环境下，才是可以理解的。但宗教家尽管可以从精神现象来解释苦难的物质世界，而真正要改变旧世界、建立一个充满阳光的新世界，他们就爱莫能助了。尊重科学和理性的现代人，包括具有新思想的穆斯林青年一代，很难相信原教旨主义的复兴，会给穆斯林世界带来福音。

（原载《世界宗教资料》1991 年第 1 期）

试论伊克巴尔的宗教哲学思想

巴基斯坦著名诗人、哲学家伊克巴尔（Muhammad Iqbāl，1873/1877—1938），又是一位有着深广影响的宗教思想家，他以宗教的虔诚、诗人的浪漫、哲学家的哲理，构建起一个独特、神秘的宗教思想体系，因而在伊斯兰教现代主义中占有重要的一席之地。他的宗教哲学思想早已引起东西方宗教学界的重视，而我国尚未见到系统的专论。本文仅以伊克巴尔的代表作《伊斯兰宗教思想之重建》为依据，对其宗教哲学思想略予评述。

关于宗教与哲学、科学的关系

宗教作为唯心主义的信仰体系，它同科学唯物主义的世界观是对立的。但宗教作为人类主体活动的一部分，同样曲折地表达了人类的意志、情感和追求，宗教思想中也蕴含有许多科学和理性的成分。这些积极因素使宗教有可能协调同现实的关系，而且宗教同时代和外部环境相适应，现已成为一种主导性趋向。就伊斯兰教而论，近代以来，伴随着现代改良主义思潮的崛起，调和宗教与理性、宗教与科学的冲突，已成为现代宗教改革思想的两根支柱。伊克巴尔就是继穆罕默德·阿布杜（Muhammad 'Abduh，1849—1905）、赛义德·阿赫默德·汗（Sayyid Ahmad Khan，1817—1898）等现代主义先行者们之后的一位著名代表人物。区别在于，他的前趋者们有的侧重于复兴早年素朴、纯洁的原旨教义，有的转向了提倡西学，而伊克巴尔虽然熟知近代欧洲科学和哲学，亦深受传统宗教文化的影响，却以二者相结合，创建了一个综合性的宗教哲学体系。

作为一位卓有成就的诗人、哲学家、宗教思想家，伊克巴尔兼具三种不同气质，但他更珍重的是伊斯兰教信仰，而诗歌和哲学常常成为他表述宗教思想的工具。在他看来，诗歌、哲学和宗教皆对宇宙、世界、人生问题作出回应，但唯有宗教的回应对人类至关重大，亦更为有益。伊克巴尔热爱祖国、热爱人民，一生曾写过许多充满激情的诗篇，但他认为诗歌所表达的只限于个人的情怀，诗歌灵感所赋予的知识"性质上属于个别的知识"。①而"高级形式的"宗教则不同，它把立足点从个人的情思移至对社会群体命运的关切，因而具有更广泛的意义。同样，较之于宗教，哲学也只能屈居于从属地位。伊克巴尔深信，哲学是关于宇宙万物的理性主义观点，其精神是自由探索、否认一切权威，其功能是对人类思想作思辨性的批判研究。他曾明确表示，宗教极需以理性主义作为其终极原则的基础，但他又认为，宗教的理性化并不意味着承认哲学优越于宗教。相反，哲学只能以宗教为参照系来审视、综合宗教的经验资料，并且"必须承认宗教的中心地位"（第 2 页）。这是因为宗教是"人生关注的焦点"，宗教所涵盖的"不限于思想、情感或行为"，它是一个人的"全部表现"，其宗旨是"改造和指导人的内在和外在生活"（第 15 页）。由此可见，伊克巴尔首先是一位宗教思想家，实际上他是以宗教—哲学家的心态，从现代哲学的高度来审视伊斯兰教总体架构的；他所极欲"重建的"，正是一度深受希腊哲学和苏非神秘主义影响的伊斯兰教的哲学基础，即创建现代宗教哲学。其浓重的宗教信仰主义色彩预示着，在"重建"中哲学只配扮演论证宗教信仰体系的次要角色。

宗教作为一种信仰体系，它所关怀的首先是人类在自然界的位置，即宗教与自然科学的关系。历史上人类在征服自然过程中每一次重大的突破，往往对宗教的种种"创世"之说构成挑战，近代以来尤其如此。因此，现代宗教哲学尤为重视协调宗教神学与自然科学的关系，尽力消解二者之间的张力。这也是伊克巴尔撰著《重建》一书的初衷。在现代派伊斯兰宗教思想家中，伊克巴尔可谓最博学多才的一个，他在著述中广征博引，从牛顿、达尔文到爱因斯坦，列举了现代自然科学一系列重大的成果和理论建树。但自然科学的惊人发展并未动摇他的宗教信念，而只加深了

---

① M. Iqbal, *The Reconstruction of Religious Thought in Islam*. Oxford University Press, 1934, p. 1（伊克巴尔：《伊斯兰宗教思想之重建》，牛津大学出版社 1934 年版，第 1 页。以下文中只注本书页码。）

他用新的科学观点来重新解释宗教信仰的使命感。他在《重建》一书的序言中确信，宗教与科学解除互相怀疑、走向互相和谐的日子已经为期不远了。他从经验论出发，把人类知识界定为经验，认为科学不外乎人类的经验，而经验在时间中展现为三个层次，即物质层次、生命层次和心灵、意识层次，分别构成物理学、生物学和心理学的题材。伊克巴尔相信，科学理论构成可信的人类经验知识，有益于人类预见和把握自然。但他又告诫人们，切勿忘记"所谓科学并非关于实在的唯一系统的观点"（第40页），科学只能部分地回答物质、生命和心灵的问题，而绝无可能为全部人类经验提供完满的答案。既然宗教所企求的是关于"全部实在"的"真知"，因而同科学相比，"宗教在人类经验全部资料的综合中必须占据中心位置"（第40页），而这正是伊克巴尔力求证明的结论。

以"自我"为核心的真主观

任何形态完备的宗教信仰体系皆需求助于哲学，从宗教哲学这一最高层次来论证信仰的实在性、普遍性。但哲学思想的发展时常伴之以观念的更新，从而直接危及到宗教信仰体系的根基，而不断用新的宗教哲学来确证信仰，也就成为现代宗教一项永久性的使命。生活在科学与理性新时代的伊克巴尔，以哲学家所持有的洞察力，敏锐地意识到现代伊斯兰宗教思想的困惑，坚信用现代知识和独立的态度来重新审视和解释伊斯兰教才是唯一可选择的出路。但他所说的"现代知识"更多地不是作为观察问题的视角，而是强调宗教信仰必须给人以时代感、新鲜感，而所谓"独立态度"指的是必须坚持宗教信仰体系的独立性，亦即"重新思考伊斯兰教全部体系而又无意完全割裂同过去的联系"（第92页）。为此，只能在伊斯兰教传统的知识结构内部来调整其信仰体系。

现代宗教哲学的根本使命是如何证明上帝的存在并据以系统地说明作为创造者的上帝与宇宙万有的关系。为此，西方基督教神学提出了宇宙论、目的论、本体论三种主要论证。伊克巴尔认为，这三种论证皆软弱无力、自相矛盾，其根本原因就在于它们都把人类的思想仅仅视为从外部来思考事物的一种工具，因而在观念与存在、理想与现实之间总是横有一条难以逾越的鸿沟。他进而提出，真正的本体论和目的论的证明，只有在确认"思维与存在最终是一个东西"的前提下才能成立。为此，他把人类的宗教经验界定为生命和意识，认为人类在现实生活中的种种物质和精神的需求皆源自生存的欲望，而人类意识的功能是为人生提供精神指导准则。生命和意识源自作为宇宙万有本原安拉的不断的创造，而创造是在理性指导下的过程，故作为造化物包括人类在内的宇宙万有是完满、合理和有序的。但由于人类自身的"过错"，人类在追求外部事物时，在原本合理的人类自我周围编织了一道帷幕，模糊了自我的视力，因而不能正确地认识自我。人类欲破解自我的秘密，首先需要重新思考人类自我在安拉创造过程中的位置和本色，恢复人类所固有的良知和属性。伊克巴尔所说的思维与存在最终是一个统一体，指的正是作为终极实在的、作为宇宙本原的理念的安拉。这一关于真主安拉的观念，可谓伊克巴尔的一种"独创"，故此需要系统的论证。

在伊克巴尔看来，传统的安拉观念已不足以解释人类与自然界的关系，更不足以正确地认识人类自我意识的能动作用，故此需要修正、补充。事实上，他正是在修正正统的艾什尔里学派宇宙论并吸取苏非神秘主义教理的基础上，提出他的以"自我"为核心的安拉观念的。

中世纪伊斯兰教历史上，艾什尔里学派是在批判深受希腊哲学影响的"唯理派"基础上取得统治地位的。但该派仍以希腊哲学思想来论证正统信仰，强调对独一真宰安拉的内心诚信、口头招认、身体力行。艾什尔里学派用原子论来解释争论不休的安拉的创造方式问题，认为宇宙万有是由无数最小的、不可分割的实体原子所组成，而称为"偶性"的万物的性质因不能自立，故为依附于物质和原子的；宇宙万有系由安拉所创，安拉不断创造原子，而原子不断联合，这便是不断扩延的大千世界。伊克巴尔认为，原子论较之希腊哲学思想更符合《古兰经》安拉创世说的精神。但它有两大明显缺陷：一是它把原子的存在解释为安拉创造潜能赋予的一种品质，安拉创造潜能自显乃有万物，但自显后的原子只有联合，而没有空间位置上的移动，故不足以解释物体的运动；二是它只承认原子这一单一存在系列，即只承认物质存在，而把灵魂视为一种不能自立的"偶性"。故不足以解释宗教信仰中至关重要的精神现象。为弥补这些缺陷，伊克巴尔只得求助于对苏非神秘主义的重新解释。一方面，他用现代哲学和心理学观点重新肯定苏非神秘宗教体验的特征，诸如它的直接性、不可解析的整体性、不可言传交流的神秘性，等等；另一方面，他又力图对苏非派非理性的认知安拉的方式予以理性的解释，认为人的"直觉体认是理智的高级形式"（第 3 页）。据此，伊克巴尔构建起一个神秘、抽象的以"自我"（Ego）为核心的安拉概念体系，作为伊斯兰教的哲学基础。

伊克巴尔的安拉概念体系，其核心概念称为"自我"、"终极自我"、"绝对自我"、"创造自我"。这是伊克巴尔在对人类宗教经验作思辨性评价后提出的一个新概念，其内涵和外延不同于历史上苏非文献中的"自我"。"自我"既是一个哲学概念，又是一个宗教概念；"自我"之前所加的限制词，一是为了用哲学术语将理念的宇宙主宰者安拉同人们习以为常的安拉观念予以区别，二是为了强调它同作为造化物的"人类自我"的联系和区别。从伊克巴尔的论述中，可以看到它有多层次的内涵：

首先，作为对安拉别称的"自我"，它所强调的是被称为"终极自我"、"终极实在"的安拉的"个性"或独特性，即"真主独一"。也就是说，安拉作为宇宙万有本原的独一实在、最高实在，是宇宙万物的最初原因。最高实在作为人类经验的终极基础，其本质是"理性引导的创造意志"（第 59 页），是精神性质的而非物质的。因此，人们在承认"认主独一"的宇宙论的同时，还必须对作为造化物的宇宙万有作唯理主义的解释。可见，"自我"首先是指作为宇宙绝对理念或绝对精神的安拉。

其次，称为"创造自我"的"自我"，强调的是"生命创造进化论"。伊克巴尔相信，作为"终极实在"的创造者安拉，有一种独具的"创造潜能"，其功能是作为"自我实体"存在的根据，故而"绝对自我"中所释放出来的只能是无数的"自我实体"，即宇宙间的万事万物的本体，亦即艾什尔里学派所说的原子。既然创造过程是理性主义的，因而由"自我实体"组成的宇宙万有是合理而有序的。"自我实体"又分为不同的品级。在所有存在品级中，唯独有生命和思维的人类级别最高，因为人类的"自我"已经进化到"相对完善"的境界。因此，在安拉的所有造化物中，"唯独人类能够有意识地参与创造者创造生命的活动"（第 69 页）。显然，伊克巴尔是用运动、发展、进化的宇宙观来看待人与安拉的关系，强调人的主体性、主动性，他是按照人类的现实欲求来塑造安拉形象的。

最后，称之为"绝对自我"的"自我"，意在强调作为创造者安拉的绝对性，而非安拉"无所不在"。伊克巴尔根据《古兰经》"光"节经文（24：35）指出，经典中之所以将安拉比喻为"光"，是因为在宇宙大千世界中，光速无与伦比，光滋养万物、普照大地，因而最近似安拉的绝对性。而"无所不存"的安拉易引起误解，导致对独一安拉作泛神论的解释。伊克巴尔主张用本体一无论（存在单一论）来代替一度广泛流行于苏非派中的"现象一元论"（见证单一论），其观点同近代印度伊斯兰教界新正统派的代表人物阿赫默德·希尔信迪（Ahmad Sirhindi，1563—1624）、瓦利·安拉（Wali Allah，1703—1762）及正统的纳克希班迪苏非教团的传统一脉相承。

综上，伊克巴尔的安拉概念体系，尽管在思维与存在、物质与精神的关系上是唯心主义的，但在本体论上却是严谨的一元论的，他所强调的人类的主体性、主动性、个体自由、个性解放等思想观点，反映了印巴次大陆新兴穆斯林资产阶级的利益、愿望和欲求。

关于"人类自我"和意志自由

任何宗教信仰体系中皆含有功利主义的目的性。伊克巴尔的宗教哲学亦无例外。他提出以"自我"为形态的真主观，正是为了呼唤作为个体的人类的自由，这同他强烈反对欧洲殖民统治、争取民族独立和民主、自由的社会思想是一致的。为此，伊克巴尔针对传统伊斯兰教中的命定论等观点，在重新解释《古兰经》有关经文基础上，提出了关于"人类自我"（human ego）和意志自由的系统见解。

人类在安拉的创造计划中位置何在？这是宗教哲学需要回答的另一重大问题。伊克巴尔通过引征有关经文（20：115，2：30，6：165，33：72）明确提出：（1）人是安拉的"选民"；（2）人是安拉在大地上的代理人；（3）人是自由人格的信托人。据此伊克巴尔指出，既然《古兰经》尤为重视人的个性和品格，强调个人只能对自己的行为负责，而人类意识的统一性构成人类人格的核心，因而必须对人类的灵魂问题予以高度的重视。

但纵观伊斯兰教思想史，他发现人们一般都不大重视灵魂问题。例如，有的学派将灵魂视为依附于肉体的"偶性"，有的学派以二元论的观点来解释灵魂与肉体，而唯有苏非神秘主义较为重视灵魂问题，认为基于心灵的人类的内省体验为《古兰经》所指明的三大知识源泉之一。伊克巴尔进而指出，尽管现代心理学尚不能对人类心灵现象中的神秘意识层面作出科学的解释，但其重要性是不言而喻的。实际上，伊克巴尔正是通过把现代西方宗教心理学的成果同苏非神秘主义的知识论相结合，提出关于"人类自我"的概念体系的。

那么何谓"人类自我"？按照伊克巴尔的解释，它是人类所特有的灵魂、心灵或生命。"自我"作为人类经验的有限的中心，虽然其实在性难以作理性化的界定，但仍不容怀疑。而欲洞察"人类自我"的秘密，只有一种方式，即通过对人类意识和经验的研究和解释求得答案，因为"人的内省经验即工作中的自我"（第97页），亦即人的心理活动。那么，"人类自我"有何基本特征？伊克巴尔提请人们注意以下几点：

首先，"自我"的自显性和统一性。"自我"自显为人的各种心理状态的有机的统一体，人的各种不同的心态并不是孤立的，而是互相交织在一起的，而各种复杂的心理阶段的统一体，即人们所说的心灵。"自显"，即人的主观意识和内省经验。

其次，"自我"的无限性。"自我"作为一种特殊的精神统一体，在性质上不同于物质的统一体；物质实体可以分割，它的各个部分可以独立存在，而人的心灵和思想则无从分割，故为一种"绝对的统一体"。作为人的心灵或灵魂的"自我"，亦不同于人的肉体；肉体的活动受时空的限制，而心灵的活动不受时间、空间的限制，因而是无限的。也就是说，肉体的活动在时空上只限于现在的事实，而心灵的活动则可同过去和将来相关联。

再次，"自我"的私有性。"自我"作为个人的心灵的统一体，它所揭示的是人类各个不同"自我"的个性或独特性。一个人的喜怒哀乐情绪、意志、愿望、追求，只能是源自个人心灵的精神现象或心理意向，不能由他人代替。当个人面临着诸多不同的价值取向时，"真主亦不能代替他的情感、判断和抉择"（第95页）。

最后，"自我"的双重功能。"自我"作为人的心灵的统一体，只有通过对人的意识经验进行解释才能达到。这就是说，所谓灵魂、心灵或"自我"实际上是一个经验体系，只有分析作为人的心理活动的内省经验体系，才能破解"人类自我"的秘密。但经验体系同时又是行为体系，因为人的肉体活动不过是"灵魂习惯或行动的累积"（第100页）。据此，伊克巴尔得出结论："人类自我"同步的双重功能实现了精神与物质、肉体与灵魂、存在与意识、知与行的统一。

不言而喻，伊克巴尔的"人类自我"论是一种带有宗教神秘色彩、唯心主义的内省经验论，其本质特征是把人类的宗教信仰解释为内省体验，即把经验认作纯主观的个人内在心理活动，而根本否认外界事物为感性经验的泉源。它是为适应"终极自我"者、理念的安拉的要求而预设的一个概念。它的提出满足了宗教信仰、宗教道德、宗教知识三方面的要求：信仰上人类个体以"认主独一"的宇宙观为认同"终极自我"的基础；道德上以生命的不断运动、品格的不断完善来实现"人类自我"的价值；知识上以非实证、非逻辑、非理性思辨的直觉体验方式，通过情感、意识、心灵的感应、交融来沟通"人类自我"与"终极自我"，从而把人际关系、人与客物的关系转换为单一的人主关系，缩短了人与主的距离，建立起人主之间的亲缘感、合作感、趋同感。因而，其认知方式既不同于科学和哲学，亦有别于正统的艾什尔里学派的认知方式。

值得注意的是，伊克巴尔的"人类自我"论具有重要的批判现实主义意义。如前所述，它是针对历史上争论不休的安拉前定之说与人类意志自由等问题而提出的一个论点。为此，伊克巴尔作了两方面的论证：一方面，他虽不赞同用科学和哲学的因果论来解析人类的精神现象，但他认为人类不妨据此来解释自然现象，而了解、把握了人类生存的外部环境，人类也便获得和扩大了"自我"的自由；另一方面，他坚信"人类自我"内部蕴含有一种自由个体人格的"诱因"，它同作为"终极自我"的安拉相比，虽然不能自立、自足，但它可以"分享终极自我的生命和自由"（第102页），而"终极自我"在诱导人类"有限自我"的自由人格不断发展、进化、完善的过程中，实际上也限制了自身的自由意志。伊克巴尔还以人们习以为常的每日按时礼拜为例予以说明。他指出，礼拜的根本目的在于使个体的"人类自我"在心灵上同作为生命和自由泉源的安拉沟通，以便使"自我"摆脱机制、恢复自由和活力。由此我们再次看到，伊克巴尔所说的"人类自我"，指的既不是肉体的个人，也不是社会群体的一员，而是一种抽象的人类个体的人格。由此亦可窥见伊克巴尔"自我"论的公式：宇宙是由持续不断的生命所创造，生命即个体，个体的最高形式（人）即个性，个性的最高形式即与"绝对自我"相通的"人类自我"或人的心灵、灵魂、意识。

在提倡人类精神自由的同时，伊克巴尔还就永生、天园、火狱等问题作了新的解释。他认为，欲正确理解这些问题，首先需以《古兰经》为依据，端正对"人类自我"的认识。为此，他提出三点认识：（1）人的生命在时间上是有始的，在空间秩序中不是先在的；（2）人死后不可能重返人间；（3）人生的有限性并非一种不幸。据此伊克巴尔提出，所谓永生并非人类肉体的长存，而是"人类自我"或灵魂的不灭，即个体人格的永存；只有通过个人的不断努力，个体人格才能达到如此高尚的境界。既然人的生命是由"自我"所支持，因而生存意味着"自我"的不断增长，而死亡则是"自我"的解体、毁灭。由于"自我"或人格的发展需要时间，因此火狱并非安拉对恶人永久性惩罚的场所，而是给予恶人悔改自新的机会，使其僵死的"自我"在安拉精神的感召下恢复活力。而天园也并非"休假日"，因为人生是"自我"生命的不断的运动，而"自我"的每一次运动都创造了一个新的情境，并为未来的创造活动提供一种可能性，故此人类必须不断地进取、奋斗。运动停止了，生命也就结束了。

伊斯兰教结构中的运动原理

作为一位唯心主义的哲学家、宗教思想家，伊克巴尔自然会倾倒于唯心主义的宗教哲学。但他并非彻头彻尾的主观唯心论者，他的哲学体系中也有唯物论和辩证法的因素。例如，他在肯定安拉创世论的同时，亦承认物质世界的实在性；他尊重自然科学的成果，力图用发展、进化的观点来解释人生、物质世界，强调人的主观能动性，等等。伊克巴尔的辩证思想尤为明显地体现在他的社会文化观上，他提出的"伊斯兰教结构中的运动原理"就是最有力的证明。

伊克巴尔是在回顾、反思伊斯兰教思想文化史时，提出这一思想的。他认为，伊斯兰教作为一种文化运动，从一开始它就拒绝用僵化、静止的观点来看待宇宙万物，逐渐形成了一种活力论的宇宙观，主张用发展、进化的观点来观察人类世界。伊克巴尔进而指出，一个社会欲富有生机，必须有一套永恒性的精神指导原则，以制约人们的社会生活、增强社会群体的凝聚力。但这些原则必须是灵活、变通、富有生命力的，必须体现发展、创造和探索精神；反之如成为僵化的教条，就会导致社会的解体。那么，何谓伊斯兰教的运动原理呢？

伊克巴尔指出，伊斯兰教作为一种新文化，以"认主独一"原则所体现的世界一体为精神基础，忠于真主也就是忠于人类自我的理想。伊斯兰教认为，人类精神基础的永恒性在时空中表现为多样性和变化，它既是统一的又是多变的，唯此才富有生命力。而这一体现发展、进化的辩证思想，即"创制"（ijtihad）原理，亦即伊斯兰教结构中所固有的"运动原理"。"创制"，作为早期伊斯兰教法的法理原则之一，其本意是指根据已知的事实或前提，通过分析、比较、归纳等方法，对未知的问题作出判断，求得结论。创制过程中所体现的理性思辨、逻辑论证和探索精神，因体现了发展和进化的思想，故为伊克巴尔所推崇。他据此认为，中世纪后期伊斯兰教思想陷于僵化、守旧，其根本原因就在于否定、放弃了这一行之有效的运动原理。

在伊克巴尔看来，历史上有三大因素导致伊斯兰宗教思想的后退。一是阿巴斯王朝初期逊尼正统派对唯理派穆尔太齐赖学派的批判。正统派后来在统治者的支持下取得胜利，但在胜利中包含有灾难性的后果。这场论战虽然捍卫了《古兰经》的神圣地位，但却导致在教义、法理上对人类理性探索的否定。从此，理性思辨在教义学上仅限于用以论证正统信仰，在法理学上"创制"原理徒有其名，致使伊斯兰教法成为封闭、僵化的体系。二是苏非神秘主义的兴起。就宗教形态而言，带有民间崇拜色彩的苏非教团的兴起，是对以四大教法学派为代表的"官方宗教"的一种抗议；就宗教思想而论，苏非神秘主义在教义上尤为重视隐义、里义，而轻视拘泥于形式和字面的表义，它是自由思想的一种形态和唯理主义的同盟军。

但晚期苏非主义寄希望于彼岸世界的消极思想，模糊了人们的视野，使人们更加脱离现实。三是 1258 年蒙古铁骑攻占巴格达。由于穆斯林知识生活的中心不复存在，为防止社会解体，伊斯兰教中的保守派思想家们企图在墨守宗教传统中求得生存，因而顽固地排斥一切革新思想，致使思想上更加因循守旧、不求进取。伊克巴尔指出，伊斯兰教历史上，在现代改革思想出现以前，唯有 14 世纪的伊本·泰米叶和 18 世纪的瓦哈比教派运动的领导者阿布杜勒·瓦哈布的原教旨主义思想真正体现了"创制"原理。

伊克巴尔从土耳其资产阶级革命的胜利中看到了希望。他说："如果伊斯兰复兴是件事实的话，那么我们也会有一天，像土耳其人一样，重新评价我们的知识遗产。"（第 145 页）他还就"创制"原理在土耳其革命进程中的能动作用作了分析和论证。他指出，当大部分穆斯林国家还在机械地重复陈旧的价值观念时，土耳其已经走上了创造新价值的道路。他认为，土耳其人民以革命的方式废除了陈腐的、政教合一的哈里发制度，创建了共和制民主政体，确立了政教分离原则，这些创举都是运用"创制"原理的范例。

伊克巴尔还根据"创制"原理，就当时颇为敏感的一大难题，即伊斯兰教法能否改革的问题，作了肯定性的回答。他就教法的四大渊源发表了颇有创见性的见解，产生了广泛的影响。

第一是《古兰经》。伊克巴尔指出，《古兰经》中虽有一系列具有法律内涵的原则和规定，但它不是一部法典。经典的精神是唤醒人们的意识，重视信仰者个人与安拉的关系。《古兰经》的重要意义在于它指明了一种活力论的观点，引导人们以"创制"精神来对待人生面临的困境。《古兰经》为法律原则提供了基础架构，但仍为人的思想和立法活动留下了广阔的余地。因此，"当代的穆斯林自由主义者们要求按照自身的经验和变化了的现代生活条件来重新解释根本的法律原则，完全是正当的"（第 160 页）。

第二是圣训。伊克巴尔认为，圣训作为第二个法律渊源，仅限于具有法律内涵的圣训，而非泛指一切圣训。今人在理解圣训时，首先需要有历史意识，因为伊斯兰教先知在启示律法时，"尤为重视领受律法的那个民族的习惯、方式和特性"（第 163 页）。所以，今人在应用圣训律例时，必须了解立法原则的精神实质，尊重本民族的传统习惯，采取灵活变通的态度。

第三是公议。伊克巴尔指出，公议是最重要的法律概念。然而，不可思议的是，迄今它在任何穆斯林国家里都未成为永久性的制度，原因就在于，永久性的立法制度有损于专制独裁者的利益。伊克巴尔从共和精神的增长和部分穆斯林国家立法议会的建立受到启发，认为必须建立一个机制，以保障公议的实施。"创制的权力从各学派的个人代表转移至一个穆斯林立法会议是公议在现代唯一可取的形式。"（第 165 页）

第四是类比。伊克巴尔认为，历史上伊拉克学派与希贾兹学派围绕类比问题的争论，反映了两种不同文化传统的冲突。前者受希腊哲学影响较深，重视推导知识，主张用理性和逻辑来解释律法；后者坚持的是闪族文化传统，重视归纳知识，主张通过启示和传述方式来解释律法。关于历史上影响至深的"创制之门关闭说"，伊克巴尔持断然否定的态度，视为一种"虚构"，认为现代伊斯兰教较之过去有更良好的条件，完全可以高举起"创制"的旗帜前进。

综观伊克巴尔的宗教哲学思想，我们可以发现，他是一位虔诚的、唯心主义的宗教思想家和人道主义者。诚如他在《重建》一书结束语中所坦露的：重建伊斯兰宗教思想是一项严肃而艰难的使命，而重建的根本宗旨是弘扬伊斯兰教中所固有的人道主义。他相信人道主义包括三方面内容：对宇宙的精神性的解释、个体的精神解放和据以指导以精神为基础的人类社会进化的宇宙目的性的基本原则。他以思辨性很强的六篇讲演（《重建》一书即是讲演稿的汇集）表述了个人的见解。他的许多观点都反映了传统宗教文化对一位哲学家的根深蒂固的影响，他对宗教信仰的许多见解又都流露出现代西方哲学在他身上留下的印记。伊克巴尔在宗教哲学体系和社会观上的种种矛盾，是处在殖民文化氛围下的一位富有进取心的穆斯林民族资产阶级知识分子的必然表现。

（原载《世界宗教研究》1993 年第 3 期）

论伊克巴尔宗教哲学体系中的"自我"

巴基斯坦著名诗人、哲学家伊克巴尔（1877—1938），同时又是一位颇有影响的宗教思想家，他的《伊斯兰宗教思想之重建》被誉为伊斯兰现代主义的代表作。他在融合传统的东方宗教思想与现代西方哲学的基础上，构建起一个以"自我"为核心概念的、神秘、独特的宗教哲学体系。本文仅以他的上述代表作为依据，对他的宗教哲学思想略予评述。

一 "自我"即作为宇宙万物本源的理念的安拉

任何形态完备的宗教信仰体系皆需求助于哲学，从宗教哲学这一最高层次来论证宗教信仰的实在性、普遍性。宗教哲学的根本使命是如何论证上帝的存在和权能，据以说明作为本体的上帝同宇宙万有的关系。为此，现代西方宗教哲学提出了宇宙论、目的论、本体论三种主要的证明。生活在科学、理性新时代的伊克巴尔，以哲学家所特有的洞察力，敏锐地意识到现代伊斯兰教思想的困惑，急欲为之寻求出路。他曾明确表示，"宗教极需以理性主义为其终极原则的基础"，但根深蒂固的宗教信念又使他确信，"信仰的理性化并不意味着承认哲学优于宗教"。相反，他深信，哲学在评价宗教时，"必须承认宗教的中心地位"。科学与宗教的关系亦无例外，伊克巴尔一方面坚信，科学是人类可信的经验知识，有益于人类预见、把握自然界；另一方面他又告诫人们，"切勿忘记所谓科学并非关于实在的唯一系统的观点"。他进而认为，既然宗教所企求的是关于全部实在的真知，因而较之于科学，"宗教在人类经验全部资料的综合中必须占据中心位置"。伊克巴尔相信，宗教、科学和哲学皆属人类经验知识，它们是互补的。但伊克巴尔所说的经验知识，主要是指唯心主义的内省体验知识，他的知识充满着明显的内在矛盾。一方面他推崇理性，坚信"信仰的时代亦即理性的时代"，另一方面他又认为哲学理性与宗教的直觉体验并无矛盾，"直觉体验是理智的高级形式"。①伊克巴尔否认前述西方宗教哲学提出的三种论证，认为其谬误就在于它们把人类思想仅仅认作从外部来认识事物的一种工具。在他看来，真正的目的论和本体论的证明必须有个前提，即承认思维与存在最终是一个东西。而思维与存在的统一体，首先是指源自宇宙真宰安拉创造的人类个体的灵魂、心灵或生命，称之为"自我"（ego）。但"人类自我"作为安拉的造化物，其本身又取决于作为最高实在的"终极自我"（ultimate ego），只有同"终极自我"相沟通，人类才能真正实现精神与物质、肉体与灵魂、思维与存在、理想与现实、知与行的最终统一。这正是伊克巴尔在伊斯兰宗教思想"重建"中所要论证的一种思辨性的宗教哲学观点。

伊克巴尔在反思伊斯兰教总体架构时曾明确表示，他所采取的态度是既用现代知识来重新解释伊斯兰教教义，又无意完全割断同过去的联系，亦即科学性与独立性相结合的态度。实际上，他是在用新的哲学、科学观点重新审视传统伊斯兰教的宇宙观、本体论、知识论的基础上，开始他的"重建"工作的。

历史上伊斯兰教的宇宙论系以正统的艾什尔里学派为代表，其理论观点称之为原子论。原子论以形而上学的宇宙观来解释安拉创世之说，认为安拉是从创造原子开始创造过程的，而宇宙万有是由最小的、不可分割的实体原子和不能自立的、依附于原子实体的事物的性质"偶性"组成的。安拉不断创造原子，而原子不断联合，这便是宇宙大千世界。伊克巴尔认为，原子论较之古希腊哲学更符合《古兰经》创世之说的精神，但它有两个缺陷：一是相信从安拉潜能释放出来的原子只有联合，而未有空间位置的移动，故不足以解释现代物理学公认的物体的运动；二是它只承认原子这一单一存在系列，而把灵魂视为不能自立的"偶性"，故不足以解释人类宗教视为重要的精神、心理现象。为此，他提出以"自我"来界定安拉

① 以上引文分别见伊克巴尔《伊斯兰教思想之重建》，牛津大学出版社1934年版，第2、3、40页。

的本质属性，并据以解释宇宙和人类世界。那么，何谓"自我"？从伊克巴尔的论证中可以看出，宇宙论和本体论意义的"自我"有多种不同的内涵：

首先，"自我"作为对通常意义的真主安拉的别称，它所强调的是被称之为"终极自我"、"终极实在"的安拉的"个性"或独特性，即"认主独一"。也就是说，"终极实在"的安拉是作为宇宙万有本源的独一实在、最高实在，是万物的最初原因，一切事物皆可溯源于这一最高实在。而最高实在作为人类全部经验的终极基础，其本性是精神的而非物质的，是"理性引导的创造意志"，①犹如人的灵魂、心灵，故称为"自我"。因此，人们在承认"认主独一"的宇宙论的同时，还必须对作为造化物的宇宙万有作唯理主义的解释。可见，"自我"首先是作为宇宙绝对精神、绝对理念意义的安拉。

其次，"自我"作为对安拉创造属性的指称，称为"创造自我"，强调的是一种"生命创造进化论"的观点。伊克巴尔深受柏格森的生命哲学和尼采的"超人"哲学的影响。但他并非照搬现代西方哲学思想，而是将它们同《古兰经》启示和苏非神秘主义教理融合在一起，作为立论的根据。他相信，作为"终极实在"的安拉有一种独具的潜能，其功能是作为"自我实体"存在的根据或能源。也就是说，从"绝对自我"安拉中所释放出来的只能是无数的"自我实体"，即宇宙间万事万物的本体，亦即艾什尔里学派所说的原子。既然创造是理性主义过程，因而由"自我实体"组成的宇宙世界是有序的，分为高低不等的存在序列。但序列品级的差异并非创造者安拉所前定，而是后天进化的结果。在所有存在序列中，唯独有生命和思维的人类品级最高，因为人类的"自我"已经达到"相对完美"的境界。因而，唯独人类有资格作为安拉的"合作者"，"能够有意识地参与创造者创造的生命的活动"②。显然，伊克巴尔重视人类的主动性、进取性，他是按照人类的现实需求来塑造安拉形象的。

最后，"自我"作为安拉的另一重要属性，称为"绝对自我"，意在

---

① 以上引文分别见伊克巴尔《伊斯兰教思想之重建》，牛津大学出版社1934年版，第59页。
② 同上书，第69页。

强调创造者安拉的绝对性，而非"安拉无所不在"。伊克巴尔据《古兰经》光节经文（24∶35）指出，经典中之所以以光来比喻安拉，是因为光速无与伦比，光滋养万物、普照大地，因而最近似安拉的绝对性，而通常所说的安拉"无所不在"，易导致对安拉存在方式作泛神论的解释，故不可取。在这里，伊克巴尔强调用更严谨的本体一元论（存在单一论）来取代伊本·阿拉比的现象一元论（见证单一论），其观点同印度新正统派伊斯兰学者阿赫默德·希尔欣迪和瓦利·乌拉的宗教思想传统一脉相承。

综上所述，伊克巴尔宗教哲学体系中的"自我"，作为一个精心设计的主体概念和对非人格化的宇宙主宰安拉的别称，是为顺应、协调现代科学、哲学的发展而提出的一个新概念、新称谓，它在宗教观念上是一个更新。"自我"论尽管在思维与存在、物质与精神的关系上是本末倒置的，但较之以往粗俗的安拉创世说，它在宇宙观、本体论、知识论三方面则是更为精致和严谨的一元论；它的出现反映了印巴次大陆新兴穆斯林资产阶级的利益、愿望和要求。

二　"人类自我"即人类意识的经验体系

人类在安拉创造计划中的位置何在？这是宗教哲学必须回答的另一重大问题。前文已述及，在伊克巴尔的宇宙观、本体论概念体系中，"人类自我"是作为最高实在的造化物而存在的；作为一种观念体系，它同被称之为"终极自我"、"绝对自我"、"终极实在"的理念的安拉，既有联系又有区别。那么，究竟何谓"人类自我"？它同"终极自我"是一种什么样的关系？这是伊克巴尔最关心的问题。伊克巴尔针对历史上艾什尔里学派的前定之说和宿命论观点，作出了截然不同的回答。

伊克巴尔首先引证《古兰经》有关经文（20∶115，2∶30，6∶165，33∶72），得出三个结论：（1）人是安拉的选民，故有别于其他造化物；（2）人是安拉在大地上的代理人；（3）人是自由人格的信托人。伊克巴尔据此认为，既然《古兰经》尤为重视人的个性或独特性，强调个人只能对自己的行为负责，而个人的人格取于人类意识的统一体灵魂或心灵的活动，因而必须高度重视人类的灵魂问题。但纵观伊斯兰教思想史，伊克巴尔发现历史上正统的艾什尔里学派不大重视灵魂问题，视灵魂为不能独立于肉体的"偶性"，而唯有苏非神秘主义较为重视灵魂或心灵在信仰知识中的作用，认为源自心灵的直觉体认的内省经验知识为《古兰经》所肯定的三大知识源泉之一。伊克巴尔指出，尽管现代心理学尚不能就人类心理现象中的神秘意识层面作出科学的解释，但其重要性是不言而喻的。

伊克巴尔之所以强调非理性的直觉体验的认知功能，意在寻求一条通道，沟通作为相对自我的人类个体与作为绝对自我的理念的安拉。为此，伊克巴尔根据他对人类经验知识所作的思辨性研究，提出了自认为"充分有力"的论证。首先，他把人类知识界定为经验，而经验在时间中体现为物质、生命、心灵与意识三个层次，分别构成物理学、生物学和心理学的题材。而"宗教经验的事实同人类其它经验事实一样，经过解释，同样能产生知识"。①但宗教信仰知识既以安拉的天启为基础，故在认知方式上又明显有别于实证的自然科学知识和注重理性思辨、逻辑论证的哲学知识，它是以安拉所特有的方式来认知作为"终极实在"、"终极自我"的安拉，亦即通过在情感、意识、心灵上与安拉沟通来破解"终极自我"的秘密。因此，只能以非实证、非理性、非逻辑的内在方式，即直觉体验为认知方式。其次，他认为，直觉体验作为一种传统的认知方式，其现代表述即人们所说的宗教心理学途径。历史上这一认知方式尤为苏非神秘主义所重视，苏非文献中所描述的苏非神秘体验的特征，诸如它的直接性、不可解析的整体性、亲密无间的交融性、不可言传只能意会的神秘性，等等，极大地丰富了人类的宗教意识、宗教情感、宗教经验。人们之所以对苏非神秘主义知识采取怀疑、否定的态度，完全是因为一种认识上的"误解"，即把不同领域的人类经验材料及与之相适应的不同的认知方式当作一回事。因此，应当重新审视和恢复苏非神秘体验的地位。最后，他援引《古兰经》（17：87）指出，所谓灵魂或精神是真主的秘密，常人难以了解，但近主者可以获得丰富的真知。为此，作为"个体自我"的求知者需要具备两项条件：近主意识和证主意识。既然"终极自我"的安拉本质上是"理性引导的创造意志"，因而作为造化物和被引领者的"人类自我"只

---

① 以上引文分别见伊克巴尔《伊斯兰教思想之重建》，牛津大学出版社1934年版，第15页。

有通过在心灵上与安拉沟通、感应、交融，才能亲近、体认安拉，获得关于安拉的真知。这一独特的认知方式把人际关系、人与客物的关系转化为造化物与创造者的单一关系，缩短了人主之间的距离，在情感上建立起人主之间的亲近感、趋同感。可见，所谓"人类自我"指的既不是肉体的个人，也不是社会群体中的个人，而是一种抽象的自我人格和自我意识。在认知体系中，它是为顺乎"终极自我"的需求而精心设计的。从伊克巴尔关于"终极自我"的界说中，人们可以看到"人类自我"的投影，而从他对"人类自我"特征的描述中，人们可以看到，它是唯心主义的人类经验体系。其主要特征可概括为：

第一，"人类自我"的自显性和统一性。"自我"作为人类经验的有限中心，自显为人的心理状态有机的统一体，人的各种不同的心态并非孤立的而是互相关联、交织在一起的，而各种心理阶段的复合体即人的心灵或灵魂。自显，即人的主观意识或内心体验，而"内省经验即工作中的自我"，①所以只有通过对自我意识中的经验加以解释才能达到"自我"。

第二，"人类自我"的精神性和无限性。"自我"作为人的精神或意识的统一体，不同于物质的统一体；物质实体可以分割为独立存在的各个部分，而人的心灵和思想则无从分割，故为"绝对统一体"。人的心灵或灵魂的"自我"亦不同于人的肉体，肉体的活动受时空的限制，而心灵的活动则不以时空为限制条件。

第三，"人类自我"的私有性。"自我"作为人类个体的心理活动，它所揭示的只限于各个不同"自我"的个性或独特性。一个人的情绪、态度、愿望、追求，只是个人心理活动的外露，他人无法代替。当个人面临着多种不同的价值选择时，"真主亦不能代替他的情感、判断和抉择"。②

第四，"人类自我"的双重功能。"自我"作为人的内省经验体系的中心，同时又是行为体系的中心，因为人的肉体活动不过是"灵魂习惯或行为的累积"。③ 因此，人类自我的同步的双重功能实现了精神与物质、灵

① 以上引文分别见伊克巴尔《伊斯兰教思想之重建》，牛津大学出版社1934年版，第97页。
② 同上书，第95、100页。
③ 同上书，第97页。

魂与肉体、知与行的统一。

由此可见，伊克巴尔所说的"人类自我"，是一种带有宗教神秘色彩的、唯心主义的内省经验论，其根本特征是把人的宗教信仰知识歪曲地解释为个人所固有的内省体验，把经验认作纯主观的内部心理活动，而根本否认外界事物为感性经验的源泉。既然这种经验成为一种无源之水、无本之木，当然需要为其寻求一个源头，而这个源头就是前文述及的"生命创造进化论"。正是由于作为"终极自我"的安拉的不断创造，乃有不断进化直至达到"相对完美"的人格境界的"人类自我"；反之"人类自我"则因受赐于安拉的良知和虔诚之心，得以按照安拉预定的方式近主、认主、知主，参与人生世界的物质、精神活动。不言而喻，这是一种以我证我的宗教神学的约定论的观点，其前提是约定作为"终极自我"的安拉是超验的、具有目的性和创造性的最高实在。

三 "自我"论的积极意义

宗教作为一种唯心主义的信仰体系，它同科学唯物主义的世界观是对立的。但宗教作为人类主体活动的一部分，同样曲折地反映了人类意愿、情感和追求，对之应作具体的分析。同样，伊克巴尔以"自我"为核心概念的宗教哲学体系，尽管其体系是唯心论的，其中亦含有不少积极的因素。

伊克巴尔宗教哲学中的"自我"，不单是伊斯兰教意义上的真主安拉，也是宇宙的主宰、生命的源泉和人类社会发展的动力。总之，是一切存在的基础，因之对其全方位、多层次的内涵，尚需作某些补充性的分析和评价。

首先，需要指出的是，伊克巴尔是一位客观唯心论者，他的宗教哲学体系中充满着内在的矛盾，其中也含有某些唯物论和辩证法的因素。例如，他在肯定宇宙万有为先在、无始、独一的"终极自我"者安拉所造的同时，他并不怀疑、否认客观世界的实在性；相反，他不仅确信客观物质世界的存在，而且深信世间的一切事物都处在不断的运动、发展、演进、变化之中，反对静止不变的形而上学的宇宙观；他在确信、张扬安拉创世说的同时，相信安拉并非随心所欲、不负责任地创造宇宙万物，而是按照"理性引导的创造意志"创造一个秩序井然、合理的理性世界；他在肯定安拉的绝对性、无限性、人类个体的相对性、有限性的同时，强调人不应消极地等待安拉的恩赐，而应当积极进取，相信处在进化顶峰的"人类自我"完全有能力达到理想的"完人"的境界，主宰自我的命运；他在肯定人类内省的宗教经验知识的同时，并不绝对排斥其他的经验知识；相反，他坚信自然科学知识和哲学知识各有特定的研究对象和方法论，其成果同样有益于人类的进步，如此等等。

其次，伊克巴尔作为一位具有自由主义色彩的宗教思想家，他的"自我"论是针对传统伊斯兰教中的僵化、保守、因袭传统的思想而阐发的，具有批判现实的意义。其批判的锋芒主要是指向艾什尔里学派的前定之说和否认人的自由意志的宿命论观点。按照传统的前定之说，人在安拉面前毫无自由可言，人世间的一切皆取决于真主的意志；真主之所以命人行善，并非因为某物本身性善，之所以止人作恶，亦并非因为某物本身性恶，因为善恶、是非、美丑皆取于真主的意志。正是针对这种宿命论观点，伊克巴尔明确提出，安拉的本质属性是"理性引导的创造意志"，指出创造是理性主义的过程。因而，从前提上看，安拉自由创造的意志同人的理性活动之间并无矛盾，前定之说限制理性自由的观点不攻自破。伊克巴尔进一步指出，作为安拉造化物的宇宙万有是由连续不断的生命所创造，而生命就是个体，个体的最高形式是人的个性，个性的最高形式是"终极自我"，即理念的安拉。因此，只承认创世之说而否认生命的不断发展、进化，是有悖于安拉本意的。而承认"生命创造进化论"，也就意味着对宿命论观点的批判和否定。因为按照伊克巴尔的解释，人不是以旁观者的身份站在真主的对立面，消极地等待真主的恩赐，而是以"合作者"的姿态，有意识地参与创造生命的不断的运动，人在参与过程中也便分享了源自真主的意志自由。由此可见，伊克巴尔的"自我"论蕴涵有对人类个体自由、个性解放的呼唤，对人类主体意识、主动性、创造性的向往，他把人类个体和宇宙真宰安拉皆称为"自我"，正是为了表明二者在情感、意识、精神上是相通的，可谓心心相印，你中有我，我中有你。

值得注意的是，伊克巴尔还按照这种自由主义的宗教观，对某些传统宗教观念提出了新的见解。例如，他认为伊斯兰教尤为重视人的心理活动，而心理过程的一个重要方面是人的心灵急欲获得自由，以保障行为的自由。因此，伊斯兰教所规定的每日按时礼拜，其意义就在于激发"人类自我"的主体意识，使心灵摆脱机制、获得解放。这一灵活变通的解释也适用于永生、天园、火狱等观念。他认为欲正确理解这些观念，首先需要以《古兰经》为依据，端正对"人类自我"的认识。据此他指出：生命在时间上是有始的，在空间上不是先在的；人死后不能复活，但人生的有限性并非一种不幸。因此，所谓永生并非人类肉体的长在，而是个体人格精神的永存，只有个人不断进取，个体人格才能达到如此高尚的境界。既然生命源自"自我"的运动，因而生存意味着"自我"的不断增长，死亡则因"自我"解体所致。由于自我人格有个发展过程，因此所谓火狱并非对恶人永久性惩罚的场所，而是给予其改过自新的机会，使其僵死的"自我"得以在安拉精神的感召下恢复活力。而天园也并非善人的"休假日"，因为生命的意义在于"自我"的不断运动，而自由自我的每一次运动都创造一个新的情境，并为未来的创造活动提供了一种可能性，故此人类必须不断进取。运动停止了，生命也就终止了。

最后，伊克巴尔还把他的"自我"论应用于社会史观上，提出了著名的伊斯兰教中的"运动原理"。这一原理即体现为伊斯兰教法四大渊源之一的"创制"原则。他是在回顾、反思伊斯兰教思想发展史过程中提出这一思想的。伊克巴尔坚信，伊斯兰教本质上是一种连绵不断的文化运动，它充分体现了运动、发展、进化的观点和刻意创新的探索精神。伊斯兰教之所以能够从无到有、由弱变强、发展为一种影响广泛的世界性宗教，一种集共性与个性于一体的多民族的宗教历史文化传统，其内在的生命力就在于伊斯兰教在坚持、弘扬"认主独一"、世界一体的基本信仰的同时，提倡用发展、变化的观点来看待人生世界，因而具有灵活性、适应性，即很强的应变能力。在其后的发展中，伊斯兰教之所以一度陷入停滞、僵化的落后状态，其根本原因就在于奉教的穆斯林民族自我放弃了这一行之有效的"运动原理"。故此，只要恢复伊斯兰教所固有的活力，树立起民族自尊心、自信心，一切问题皆可迎刃而解。基于这一信念，伊克巴尔就伊斯兰教架构内的"创制"问题，提出了一些颇有见地的观点，产生了很大的影响。他指出:《古兰经》作为一部宗教典籍,其重要性是不言自明的,但经典的精神是激发人们的创造意识,因而今人必须根据现实的环境和需求,对之加以新的解释;圣训的地位仅次于经典,但圣训已顾及到不同民族的文化方式和礼俗习惯,故今人必须以灵活的态度解释圣训,领会其精神实质;体现了"现代民主思想"的公议,实为伊斯兰教立法原则之最,但历史上公议徒有其名而未形成制度,故今人应当建立一个类似穆斯林立法会议性质的机制,以保障公议的实施,防止独裁专制;而类比原则实为"创制"原理的别称,历史上所谓"创造之门关闭"之说实为因循守旧的教法学家们的一种"虚构",对今人没有约束力,今人完全有理由高举起"创制"的旗帜前进,力主改革,锐意创新。

总之,作为一位富有进取心的宗教思想家,伊克巴尔的宗教哲学思想是在浓烈的宗教氛围下形成的。人们在评价其宗教哲学体系时,既应指出其局限性,又应当对其体系中的积极方面作出实事求是的评价。而透过错综复杂的宗教现象来揭示人类自身活动的轨迹,这正是科学、严肃的宗教学术研究的起码要求。

(原载《南亚研究》1992 年第 4 期)

结　　语

当今世界伊斯兰教若干问题评述

长期从事宗教学研究使我形成一个信念：宗教和宗教学研究几乎是没有边界的。伊斯兰教研究也是如此，研究主体可以从不同角度、不同层面，采用各种不同的方法展开研究，发表言之成理而又不尽相同的各种学术观点和看法。研究内容的广泛性一方面增加了研究的难度，另一方面也为研究者提供了充分的选择自由，研究个体可以就自己熟悉或感兴趣的领域开展研究。

我在一部著作的序言中谈到自己是宗教学领域的一个"老兵"，这是就年龄而论的。从理论上讲，我从 20 世纪 60 年代大学毕业走上工作岗位后就同宗教学结缘相识，但真正开始研究实际上是在 20 世纪 70 年代后期。从世界伊斯兰教形势看，当时始自中东阿拉伯世界的伊斯兰复兴主义思潮，在伊朗"伊斯兰革命"的激励和推波助澜之下，正在迅速席卷世界各地。当时刚步入改革开放新时期的中国正在走向世界，以热切的目光关注着外部世界的发展变化。正是在这种形势下，伊斯兰教与中东地缘政治、世界政治的密切关联开始引起中国伊斯兰教学者的重视。尽管世界伊斯兰教研究涉及的领域相当宽泛而不限于伊斯兰复兴问题，但我们有理由相信，当代伊斯兰复兴运动作为一个迫切性的课题，对我国伊斯兰教学术界的走向产生了巨大、深刻和久远的影响。关于这一主题，多年来国内外已有大量的成果陆续出版，但今后还会有新的研究成果面世，因为现实中的事情，后人会比今人看得更清楚。

多年来我在研究中为自己确定的努力方向，是希望把历史意识、时代精神、理论兴趣三者有机地结合起来。这件事情没有完全做好，还要继续做下去。这里就当今世界伊斯兰教若干重要问题所提出的看法，实际上也是多年来我在伊斯兰教研究过程中所积累的一些心得体会。我希望这里所提出的思想观点和看法能够尽力体现历史、现实与理论相结合的基本原则要求。

一　伊斯兰教与现代民族国家

从历史传统看，伊斯兰教作为一种制度文化，对国家与社会生活确有重要影响，这是不言而喻的。问题在于在当今的时代，如何界定宗教与国家政治结构、社会制度的关系，对此不同的社会力量在看法上会有很大差异。在当代伊斯兰复兴运动中，人们曾广泛讨论过这一问题，甚至发生过激烈争论。其实，这不是一个新问题，至少在"二战"结束以后，随着一系列伊斯兰国家获得独立和新生，在建设新国家过程中普遍遇到类似的问题。20世纪60年代，一位西方学者写过一本书，书名叫做《现代民族国家中的伊斯兰教》。这本书的主题实际上就是希望通过实例研究，使读者了解伊斯兰教在现代民族国家构建的背景下遇到的新情况、新问题，以及有关国家如何应对时代变迁所造成的困难、危机和挑战。

近代以来，特别是"二战"以后，随着殖民统治体系的崩溃，建立独立自主的现代民族国家成为伊斯兰世界各民族共同的呼声。在此过程中需要解决的重大问题很多，主要包括国家政治体制、社会制度、发展道路、文化教育、妇女地位以及伊斯兰教在国家政治生活中的地位、作用等问题。这些困难和问题，从根本上说并非都与伊斯兰教相关，因此也并非全部需要从伊斯兰教文化资源中求得答案。最突出的实例是土耳其，凯末尔主义在指导土耳其革命和建设过程中就选择了与宗教传统无涉的世俗主义道路，并取得了骄人的佳绩。当然事情也有另一面。对于大部分伊斯兰国家而言，如何妥善地处理好宗教文化传统与现代民族国家构建的关系问题，仍然面临着诸多困难。从某种意义上讲，当代伊斯兰复兴正是传统与现代之间的张力所引起。

伊斯兰教与现代民族国家的关系问题，可以说是时代课题。尽管泛伊斯兰主义拒绝民族主义，但迄今为止任何国家都是以共同的民族利益为基础，还没有发现哪个国家是以世界主义为基本理念。这意味着人们只能根据国情来思考宗教与国家的关系问题，而不是相反。

二　当今伊斯兰国家的政教关系问题

有人认为当今世界各国的政教关系大致有三种类型：政教合一、政教分离和政教有分有合。这种说法也适用于伊斯兰世界。不过在讨论这个问题之前，需要明确政教关系的含义。政教关系不应理解为宗教与政治的关系，因为宗教思想观念是社会意识形态的一部分，观念形态的宗教很难完全与政治意识形态无涉。这里所讲的政教关系，其含义应当是指国家机构在体制上与宗教机构、宗教组织之间的关系。如果政治结构与宗教无涉，即政教分离；如果政治结构与宗教关系密切、甚至融为一体，即政教合一；如果政治结构的某些部分与宗教机构同一，某些部分与宗教无涉，这也许就是所谓"有分有合"。

从实际情况看，当今伊斯兰世界的政教关系似乎可以区分为以下三种类型。第一种是明确宣布实行政教分离的国家，以土耳其和突尼斯等为典型代表。其根本标志在于，不仅宗教不再是国家政治体制的一部分，而且国家坚持以世俗主义为政治发展方向，伊斯兰教法不再是民事基本法。其中尽管突尼斯以伊斯兰教为国教，但"国教"仅指伊斯兰教为"全民信仰"。此外，长期受苏联影响的中亚五国也属于此种类型。第二种类型是实行政教合一体制的国家，以沙特阿拉伯和伊朗为典型代表。沙特政治结构的显著特点是王权、家族、宗教密切结合、互为依托，三者的根本利益和治国原则是高度一致的。国家没有宪法，《古兰经》和"圣训"为国家执法的重要依据，伊斯兰教法为民事基本法。伊斯兰革命后的伊朗，实行传统与现代相结合的政治体制。国家机构实行三权分立、权力制衡原则，但在三权之上不仅有一部约束国家政府行为的伊斯兰宪法，而且有一位统揽全局的最高精神领袖，以体现伊斯兰教法治国和教法学家主政。第三种类型是实行事实上政教分离的国家。埃及、叙利亚、阿尔及利亚、巴基斯坦、印尼、马来西亚等大多数伊斯兰国家属于这种类型。其特点是在法律和官方文件中没有政教分离原则的相关规定，相反一些国家的宪法甚至规定伊斯兰教为"国教"，但实际上实行政教分离，禁止宗教干预政治。

有一种观点认为，政教分离源自西方，只适用于欧美基督教国家，而不适用于伊斯兰世界；伊斯兰国家按其历史传统，只能实行政教合一。这种说法是否言之成理？值得深入思考。有人认为政教分离是历史的进步，而政教合一是保守落后的表现，是否如此简单？我看这个问题取决于两条，一是一国的大多数民众拥护哪种体制，二是哪种体制有利于政治稳定、社会发展。

三 伊斯兰教与国际热点问题

过去的 30 余年间，伊斯兰教与地缘政治、世界政治的关系问题，引起中外研究者的广泛关注。国际政治中的伊斯兰因素，因现实需求而成为一个重要的前沿性研究课题，出版了大量相关著作。这种现实需求使许多原来不专门研究宗教问题的专家学者转向伊斯兰教研究，从而不仅扩大了研究队伍，而且拓宽了研究领域，丰富和深化了对一些问题的认识。

伊斯兰教何以会与国际政治热点相关联？这里面有诸多原因。一是世界穆斯林各民族居住的中东地区，是世界各种矛盾冲突交汇的热点地区。二战以后，除了朝鲜战争、越南战争、波黑战争和科索沃战争之外，中东地区是大规模战争的多发地区。战争是政治的特殊形态。居住在矛盾冲突热点地区的穆斯林各族人民，即使想置身于政治纷争之外，也几乎是不现实的。二是中东是伊斯兰世界的核心地区，中东 20 多个国家中除以色列和塞浦路斯外，都是以穆斯林居民为主体的伊斯兰国家。伊斯兰国家的国际行为，即使与伊斯兰教全然无涉，也经常被外界视为"伊斯兰的反应"。三是伊斯兰教是社会参与性很强的一种宗教。作为一种源远流长的传统文化和民众基本生活方式，伊斯兰教的世界观、人生观、价值观对民众的知与行有广泛持久的影响。因此，在涉及地区政治乃至世界政治问题上，不论国家、民族还是人民，都可能从宗教文化传统角度加以思考并作出某种回应。因为在这里宗教文化其实也是民族文化，至少是民族文化的重要组成部分。

概而言之，如果说伊斯兰教可以作为国际政治中的因素之一加以研究，那么其研究客体主要包括国家政府的行为、非政府宗教组织的行为以及阿拉伯联盟、伊斯兰会议组织、伊斯兰世界联盟等国际组织的行为。从我们所接触到的文献资料看，研究者们对非政府宗教组织，其中包括一些激进的、非法的乃至诉诸暴力和恐怖的伊斯兰教组织投以更多的目光。这些派别组织的思想观点和行为，人们往往用激进、保守、狂热、极端、偏激等带有否定含义的词语加以描述。这里所讲的"伊斯兰因素"，与主流宗教思想文化有很大出入，它所代表和反映的，是少数人对伊斯兰教历史传统的理解和诠释。这种易引起争议和非议的片面乃至极端的解释，不能被认定为伊斯兰教自身的"异化"或者"蜕变"，因为极少数人的思想观点不能代表伊斯兰教的主流，而且每一种大文化体系中都会有各种不同的声音。

四 何谓"名副其实"的伊斯兰国家

当代伊斯兰复兴运动中流传最广泛的口号莫过于反对西方化、世俗化，主张伊斯兰化，包括国家体制、社会制度伊斯兰化。据说最早提出这些口号的，很可能是巴基斯坦著名宗教学者阿拉·毛杜迪。毛杜迪是在印巴分治后特殊的历史环境下提出这些主张的，其根本目的是企图使新兴的、世俗主义的巴基斯坦成为其政治理念中的"伊斯兰国家"。

毛杜迪认为，一个名副其实的伊斯兰国家应当符合四方面的要求。其一是承认"真主主权"。真主既是宇宙万物的创造者、主宰者、恩养者，当然也应当是国家的真正主权者。以往的政治哲学在主权问题上的谬误，从根本上说，是"错位"，即把主权归于人，因此造成人统治人的"权力错位"。其二是承认先知的权威。宗教先知作为真主的代表，其根本使命是代行真主的政治和法律主权。其三是国家代行真主主权的原则。国家自身没有本源性权力，但国家作为真主意志的代行者，可以在不违反"真主主权"的前提下治理国家。因此，所谓伊斯兰国家，也即代行"真主主权"的一种体制。其四是承认"政治协商"原则。伊斯兰教传统中没有关于协商制度的具体规定，协商体制可以不同，但重大决定必须经过充分的协商。以上四方面也即著名的"四论"。

在巴基斯坦，毛杜迪关于构建伊斯兰国家的理论思想只代表少数人的立场、观点。毛杜迪生前所创建和领导的巴伊斯兰教促进会是少数派组织，其社会基础主要是当年在印巴分治过程中从印度迁移过来的移民。巴基斯坦是多民族国家，主要有旁遮普、信德、普什图、俾路支等民族。毛杜迪的追随者没有民族背景，无法从任何族群获得支持，只能在伊斯兰教信仰的基础上加强团结。但即使诉求共同的信仰，毛杜迪的一派也面临着巨大阻力，因为巴两大宗教政党（伊斯兰学者协会和巴基斯坦伊斯兰学者协会）也都反对巴伊斯兰教促进会的观点，认为它曲解了伊斯兰教教义。

值得注意的是，毛杜迪关于伊斯兰国家的理论思想在国外却不乏支持者。"二战"以后，随着一系列世俗性现代民族国家的兴起，伊斯兰世界的许多地区都出现了宗教反对派组织和团体。如在世界穆斯林人口最多的国家印尼，实力强大的马斯友美党在苏加诺主政时期一直企图使印尼成为教权主义的伊斯兰国家。在阿拉伯世界，构建伊斯兰国家而非民族主义、阿拉伯社会主义国家的主张，一直是埃及、叙利亚、约旦、苏丹等国的穆斯林兄弟会的基本政治理念。甚至在至今仍未真正建立独立自主的主权国家的巴勒斯坦，主张建立伊斯兰国家的巴伊斯兰抵抗运动（哈马斯）也极其活跃，现已对世俗性的巴民族权力机构的政治威信构成实质性的威胁和挑战。

伊斯兰国家理论思想的其他版本，也许以哈桑·图拉比的版本更为重要。在立论方法上，二者都有一个共同点，即撇开国家政府的具体形式和政治结构，而只谈伊斯兰教对国家政权的限制条件。第一，国家的意识形态基础，强调伊斯兰国家应以"认主独一"的信仰为基础。因此国家在性质上是非世俗主义的，全部公共生活是宗教性的。第二，伊斯兰国家并非民族国家。国家实质上是由信仰者组成的社会共同体（乌玛），它应该具有超越性。因为对于伊斯兰教而言，国家、社会、民族、地域的限制都不是最终目的。第三，伊斯兰国家并非绝对的主权实体。国家必须遵从更高的行为规范，即代表真主意志的沙里亚。国家的使命是"替天行道"。第四，伊斯兰国家并非国家制度的原型，其原型是"乌玛"。此外，有一种观点强调"伊斯兰国家"概念本身是一种词语失范，因为国家只是穆斯林集体努力在政治层面的一种体现；国家司法制度只涉及伊斯兰教法的部分内容，还有很大部分的内容是靠个人良心去实现。

五　关于伊斯兰教法的政治工具化问题

广义的伊斯兰文明包括精神文明、物质文明、制度文明三部分。就制度化的伊斯兰教而言，制度文化最重要的体现，当然也就是以真主的名义和权威颁布的伊斯兰教法。人们常讲伊斯兰教是一种广泛的生活方式，而这种生活方式的制度化、规范化，也即伊斯兰教法，包括法源理论、法律实体、司法审判制度三部分。

"二战"以后，在新的时代与社会历史环境之下，伊斯兰教法的改革与复兴成为伊斯兰世界具有深远影响的一件大事，引起社会各阶层的广泛关注。中外研究教法学的许多专家学者在其著作中都谈到，尽管伊斯兰教法是一个包罗万象的体系，但经过改革和历史沉淀，当代伊斯兰教法的基本内容只限于婚姻家庭关系和遗产继承两个领域的相关规定。教法教规的名称也大都改为"穆斯林家庭法"或"个人身份法"。尽管如此，当代伊斯兰教法作为一个重要的研究领域仍然引起研究者的密切关注，并且出版了相当可观的著作。

有的研究者指出，当代伊斯兰教法发展演变过程中出现了一些值得注意的态势，教法的政治工具化即是一种重要表现。历史上伊斯兰教法的具体内容与政治无关，号召信众遵从教法教规的不是高高在上的国家统治者，而是那些学识渊博、德高望重的宗教学者。但在始自 20 世纪 70 年代的当代伊斯兰复兴运动中，由于伊斯兰教思想在一些国家成为政治斗争的工具，伊斯兰教法的解释和颁布也出现了随意性。

首先引起人们注意的是 20 世纪 70 年代末 80 年代初齐亚·哈克军政府在巴基斯坦采取的"伊斯兰化"举措。齐亚·哈克在政变上台后为压制布托的人民党而采取的主要措施，称为"引进伊斯兰制度"。1978 年 12 月，齐亚·哈克总统在就职演说中首次宣布引进伊斯兰制度。1979 年 2 月，以立法的形式颁布实施，称为"引进伊斯兰教法"。包括四项内容：其一，以国家政府的名义宣布每日礼拜和周五聚礼为必须严格遵行的制度，要求各级政府官员必须作出表率。其二，在思想教育领域进行改革。通过教育使每一个国家公民了解巴建国思想，强化伊斯兰意识形态的指导地位。其三，在经济领域实行改革。引进某些传统的经济政策措施，包括禁止利息、用天课代替个税，用欧什尔税（什一税）代替过去的农产品税。其四，在司法领域实行改革。引进传统伊斯兰教刑罚（胡杜德，hudud），对《古兰经》中规定的五种"大罪"严加惩罚，以维护治安、打击社会犯罪。

继南亚的巴基斯坦之后，东北非洲苏丹的军政强人尼迈里也采取了几乎是一模一样的做法。尼迈里是阿拉伯民族主义者，自称为阿拉伯社会主义的拥护者。尼迈里突然对伊斯兰教产生兴趣，完全是出于权宜政治需要。为了借助国内的穆斯林兄弟会以削弱北部的两大反对党的势力，尼迈里于1983年以总统的名义颁布"九月法令"，宣布在国内实施"国家与社会伊斯兰化纲领"。其主要内容为：全面实施伊斯兰教法，要求人们在商业交易、社会公共生活和婚姻家庭生活等领域恪守教法教规；恢复早已被撤消的宗教法庭，责成其依据伊斯兰教刑法，对偷窃、酗酒、抢劫、通奸、诬告私通五种"重罪"予以严惩。

齐亚·哈克和尼迈里都是为了某种政治目的而利用伊斯兰教在社会上的影响力。将伦理道德规范性质的伊斯兰教法作为随意性的政治工具，不符合宗教文化"劝善戒恶"的本性，也很难达到预期效果。巴基斯坦和苏丹的伊斯兰化都是短命的，并在国内外遭到广泛的批评。

广义的伊斯兰教法称为"沙里亚"，其含义是指"真主之言"、"真主之道"。历史上部分伊斯兰宗教学者在哈里发大权旁落、强权至上的情况下强调，沙里亚是政治合法性的最高依据，符合伊斯兰教法的政治决策才是正义的。这种传统思想本身就包含有政治因素，因此教法政治工具化也有合理性的一面。这在20世纪90年代初的海湾战争期间特别引人注目。一方面大多数阿拉伯国家迫于形势不得不追随美国对伊拉克动武，另一方面，阿拉伯国家的民众大多反对美国借海湾战争称霸中东、干涉阿拉伯国家的内部事务。在这种情况下，利用伊斯兰教法来说事就成为一种普遍性的选择。民间宗教界人士发布的"教令"，在反美的同时，大都对沙特、埃及等国与美国结盟去反对另一个穆斯林国家进行谴责和质疑。而官方机构发布的"教令"则相反，如时任埃及共和国总穆夫提的坦塔维长老发布的"教令"（题为《关于海湾危机的伊斯兰判决》），就对海湾战争中的大是大非问题进行了全面系统的阐述。这种"战争政治"使人联想到宗教问题的复杂性、敏感性。

六　伊斯兰教解释主体多元化问题

除了非制度化的苏非宗教传统之外，中世纪时期制度化的伊斯兰教的阐释者主要是宗教学者。解释主体的单一性是宗教思想比较一致的重要原因之一。历史上伊斯兰教社团内部在教义思想上的差异性，主要表现为教派、学派、教法学派之间的差异性，以及因地域和民族文化不同造成的多样性。这些差异是在基本信仰体系比较一致的前提下的差异，引起差异的原因，在大多数情况下，是由于对社会、政治问题持不同见解所引起，如教派纷争就属于这种情况。

进入近代以后，由于社会的性质和结构急剧发生变化，宗教学者阶层的地位、角色和社会功能已同过去有所不同，在有些社会中甚至处于边缘化的状况，与此同时出现了许多新的解释主体。特别是在"二战"以后，伴随着一系列现代民族国家的兴起，伊斯兰宗教思想的阐释愈益多元化、多样化。特别是在经济、政治、社会发展与变革等根本问题上，传统解释主体由于所受教育的历史局限性，发言权越来越少。因此，所谓宗教解释主体的多元化、多样化，几乎是不可避免的。随着现代民族、国家、阶级、政党、集团、领袖人物的出现，传统伊斯兰教思想观念的解释越来越受到社会思潮和运动等相关因素的影响。观察和了解不同的解释倾向，有助于我们全面了解伊斯兰教的发展趋势。

先说现代主义解释主体。伊斯兰现代主义是在西方启蒙主义影响下产生的一种思潮和运动。作为思想文化运动，现代主义属于文化适应主义潮流。现代主义不是旨在反对欧洲殖民主义的政治运动，人们似乎不必因此对其提出批评、指责。现代主义主张向先进的西方学习，在科学、教育、思想文化等领域为伊斯兰世界带来许多新思想、新观念。现代主义者对历史、现实和未来有较清醒的认识，它是有史以来唯一曾就伊斯兰教自身的不足作过自我批评的解释主体。现在有一种说法认为伊斯兰教需要现代性，但不要现代主义。不知何出此言？也许是因为把现代主义与殖民主义联系在一起吧。

再说泛伊斯兰解释主体。近代兴起的泛伊斯兰主义，其最初的动机是为了保卫奥斯曼帝国，反对欧洲列强的侵略扩张。奥斯曼帝国解体后，泛伊斯兰主义作为一个政治运动，失去存在和发展的历史条件。"二战"以后，单一的现代民族国家在伊斯兰世界蓬勃兴起，共同的民族利益成为国家的基础，各种形态的民族主义都反对和抵制泛伊斯兰主义。伊克巴尔认为，哈里发制度已经过时，但泛伊斯兰主义仍有存在的必要性。他进一步强调，狭隘的民族主义不能引导伊斯兰教走上复兴之路，世界穆斯林各民族的团结、互助、合作才是伊斯兰教兴旺发达的基本要求。泛伊斯兰主义解释所固有的政治倾向，仍有被保守势力利用的可能性。例如，始建于约旦和巴勒斯坦的"伊扎布特"（伊斯兰解放党）就鼓吹推翻现政权的世俗统治，建立伊斯兰教法统治的、统一的哈里发国家。据说其第一步行动计划是把包括中国新疆在内的中亚联合为一个国家。

与泛伊斯兰主义相对立，"二战"后民族主义成为伊斯兰世界最具活力的政治思潮和运动。民族主义者包括其领袖人物，也是穆斯林，但他们首先是民族主义者。当代伊斯兰复兴运动中，民族主义者主政的国家政府因西化、世俗化的罪名和过失受到伊斯兰主义者们的批评。但公正地说，"二战"后兴起的民族主义及其政党，不论在革命还是建设方面，都有其历史功绩，不能一笔抹煞。民族主义者作为国家领导者，其对伊斯兰教的基本理论观点和政策主张是从政治意识形态出发，至今在伊斯兰世界仍有很强的影响力。只是我们没有花大力气进行研究。凯末尔主义的理论体系中以世俗主义和政教分离与伊斯兰教关系更为密切。西方政界、学界很赞赏凯末尔主义，而宗教观念较深的穆斯林经常发出批评的声音。今天的土耳其人对凯末尔主义的评价已同过去有很大不同。当年凯末尔期盼伊斯兰教完全退出公共生活，但伊斯兰教是土耳其民族文化的底色，恐怕很难完全抹掉。具有伊斯兰教背景的繁荣党、美德党、正义与发展党的施政记录就是明证。纳赛尔主义没有对伊斯兰教采取简单否定和排拒的立场，而主张加以民族主义和社会主义的解释。纳赛尔是阿拉伯民族主义最有威望和人脉的领袖人物，但如日中天的纳赛尔最终未能与伊斯兰教，特别是与埃及的穆斯林兄弟会建立起和谐、友善的关系。

　　最后是原教旨主义解释倾向问题。"原教旨主义"一词不是一个贴切的概念，但我认为"伊斯兰主义"、"政治伊斯兰"、"伊斯兰复兴主义"等词语概念更加宽泛、随意，因此仍使用这一词语。至少它使人联想到当代伊斯兰复兴运动中许许多多主张回归传统的派别组织。作为非政府宗教组织，原教旨主义有两个引人注意的特征。第一，原教旨主义派别组织不论规模大小，在各国都不属于主流的伊斯兰教社团组织，而是非主流派。第二，原教旨主义派别组织的领袖人物和骨干力量一般都受过现代世俗教育，有些甚至是大学理工科专业的毕业生，因而在文化知识背景上不同于传统宗教院校（经学院校）培养的学生。原教旨主义派别组织是以伊斯兰教的名义建立起来的现代组织和团体，其固有的政治倾向要求他们以宗教的名义"讲政治"，因而他们对伊斯兰教思想的解释几乎全部是着眼并落脚于一个国家的社会政治问题。原教旨主义既是传统的，也是现代的。原教旨主义企图使伊斯兰教成为一种对改变现实具有全面指导作用的政治意识形态。在宗教思想政治化的过程中，原教旨主义对传统思想确有许多改革和创新，这也正是"原教旨主义"一词不足以完全揭示其全貌的一种表现。

　　不久前一位美国朋友出了一本书，书名叫做《谁代表伊斯兰讲话》。[①]作者的本意是想说明，在当今的伊斯兰世界，极端主义和恐怖主义尽管时常打着伊斯兰教的旗号，但不能代表伊斯兰教。作者所讲的实际上是"话语权"问题。多种不同的解释主体都在谈论伊斯兰教，正说明伊斯兰教具有广泛的社会影响力。提倡宽容，就要耐心听取各种不同的意见。

七　关于伊斯兰教与西方

　　伊斯兰教与西方是个沉重的话题。长期以来，由于历史恩怨、现实权力与利益冲突以及双方在世界观、价值观方面的分歧、对立，伊斯兰教与西方一直处于某种不愉快、不和谐、乃至对峙状态。伊斯兰教在西方一直是一种负面的形象。公正地说，即使在殖民统治时代，欧洲的东方学家虽

---

　　① 该书已由中国社会科学出版社于2010年6月出版。

然并非完全出于纯学术的目的来研究伊斯兰教，仍然写出了大量较为客观、公正并具有很高学术价值的著作。甚至在 20 世纪 80 年代初，当伊斯兰复兴运动开始引起西方关注时，也有许多西方学者对运动做了较为客观、全面的介绍。这似乎表明，伊斯兰教在西方的负面形象并非西方学术著作造成的直接后果。当然，确有少量学术著作起到了煽风点火的作用。

伊斯兰教与西方关系急剧恶化大体上始自 20 世纪 90 年代初。苏联解体、冷战结束以后，以美国为首的西方在新的形势下需要寻找一个战略对手，跨国的泛伊斯兰联合正适合扮演这样的角色。有兴趣的读者可以看看相关著作，埃斯波西托的译著《伊斯兰威胁：神话还是现实？》为我们提供了丰富的信息资料。在这部通俗著作中，作者谈到在一些西方人看来，伊斯兰教对西方的安全和战略利益构成三个层次的威胁。一是"政治威胁"，认为伊朗革命的胜利以及伊斯兰复兴主义思潮的泛起，标志着整个伊斯兰世界的政治觉醒，这种觉醒最重要的含义是在全世界掀起一个认同伊斯兰而强烈反对西方的政治运动。二是"文明威胁"。此说武断地认为，伊斯兰代表了一种异质的文明，其本质是崇尚暴力和权力，仇恨和反对西方，伊斯兰复兴意味着对西方文明的主导地位构成威胁和挑战。三是"人口威胁"之说，此说反映了某些欧洲大国对境内穆斯林移民问题的关切和忧虑。有人撰文宣称，穆斯林移民因为不实行计划生育而"多子多孙"，因为善于经营而"兴旺发达"，因此不要很久其后裔就可能在人口规模和政治影响上"压倒西方"。著名美国籍犹太裔学者伯纳德·刘易斯甚至在不久前发表的一篇文章中警告欧洲密切注意被阿拉伯化的问题。他认为迅速增长的中东穆斯林移民人口势必对欧洲社会的人口结构造成影响，其不可避免的后果是"欧洲阿拉伯化"。

其实，不论"伊斯兰威胁论"还是"文明冲突论"，都不是单纯的学术理论问题，它们所涉及的也不只是用什么样的立场、观点、方法来看待伊斯兰教及其文化的问题。这里面所涉及的学理上的是是非非，多年来中国学术界也在一定范围和层次上进行过讨论，发表过不少文章。从学术研究的角度，我个人也不赞成对伊斯兰教种种错误、偏激、武断、片面的看法，但更重要的是需要弄清缘何会有这些看法。一位美国学者在分析伊斯兰教与西方不愉快的关系时谈到，这种互不信任、互相攻击和谴责的关系格局是历史遗产，同时也与不断冲突的现实直接相关。显然，从国际政治史角度来看待伊斯兰教与西方的关系史，这里所讲的"伊斯兰"不限于作为宗教信仰的伊斯兰宗教，也包括作为信仰主体的穆斯林各民族，包括建立在传统宗教文化基础上的伊斯兰国家，以及由差异性很大的各个国家构成的伊斯兰世界。显然，这里所讲的是一个出自各种原因和政治需要而被人为地无限放大了的"伊斯兰教"。尽管无论在西方还是在伊斯兰世界，都有少数人喜欢用这种大而化之的观点和方法来研究问题并得出许多"惊人"的结论，但这种研究问题的方法本身很值得怀疑。

一位长期从事伊斯兰教研究的美国学者在不久前主持的一项专题研究报告中谈到，当他们就普通美国人是否了解伊斯兰教和穆斯林信仰者这一问题提问时，大多数人的回答是否定的。这提示人们，伊斯兰教与西方"互不信任"的历史不仅是政治、军事冲突使然，互不了解、互相误解也是不可忽视的重要原因之一。人类文明的发展史表明，世界各大文明体系都是在互相碰撞、互相交往的过程中发展起来的，正常的文明冲突并不可怕；可怕的是互不往来、自我封闭、自以为是的文化孤立、保守主义的态度。实际上伊斯兰文明与西方文明之间不仅有互相冲突的一面，也有互相友好交往、互相学习、共同发展进步的历史事实。因此，今天我们在谈论伊斯兰教与西方的关系时，应当鼓励双方走出历史恩怨，通过平等对话和友好交往不断增进和加深互相了解，在求同存异、共同发展的原则下携手走向未来。

(原载《宗教与世界》2010 年第 8 期)